L'ÉTAT DU DROIT COMMUNAUTAIRE EN AFRIQUE

Actes du colloque de la Société africaine de droit communautaire

Sous la direction de

Alioune SALL

L'ÉTAT DU DROIT COMMUNAUTAIRE EN AFRIQUE

Actes du colloque de la Société africaine de droit communautaire

L'Harmattan
Sénégal

10 VDN, Sicap Amitié 3, Lotissement Cité Police, DAKAR

senharmattan@gmail.com
senlibrairie@gmail.com

ISBN : 978-2-336-50884-9
EAN : 9782336508849

Sommaire

AVANT-PROPOS

PRÉSENTATION GÉNÉRALE DU DROIT COMMUNAUTAIRE EN AFRIQUE

Pr Alioune SALL

Le présent ouvrage est constitué des actes du colloque organisé par visioconférence le 12 novembre 2022, et qui a porté sur les fonts baptismaux la *Société africaine de droit communautaire.* C'est pour moi un insigne honneur d'avoir été porté à la présidence du comité scientifique de ce colloque et, d'avoir en outre, à présenter l'ouvrage que voici.

La notion de droit communautaire, dont il est question ici, renvoie simplement au « droit des communautés économiques régionales » (les CER, appellation tellement africaine…), aux normes secrétées par ces organisations qui sont en réalité « sous-régionales », si l'on part du principe que l'Afrique constitue bien une « région » à l'échelle du monde. Il s'agit également d'appréhender ces réalités juridiques locales dans une perspective continentale car la spécificité africaine consiste précisément à penser l'intégration ou l'unité en termes de strates, d'échelons ou de gradation : l'union continentale doit être précédée par les rapprochements sous-régionaux, initiés précisément par les CER.

La problématique de l'intégration des États sur le continent africain est riche et foisonnante. Les actes de notre colloque inaugural en portent déjà le témoignage, mais il faut bien comprendre que les diverses interventions enregistrées sont loin d'épuiser le sujet. Il n'est pas vraiment question, ici, de présenter celles-ci dans leur globalité et dans leurs détails. D'abord parce que ce propos-ci n'est pas la synthèse de notre rencontre, cette sorte de compte-rendu des débats par lequel on a coutume de clore des congrès de cette nature, même s'il sera renvoyé, de temps à autre, aux communications qui ont été présentées. Ensuite parce qu'il serait quelque peu déraisonnable, en tous les cas hardis, de prétendre rendre compte de manière exhaustive de l'ensemble des présentations qui ont été enregistrées au cours de cette journée – plus d'une douzaine ! –.

Le présent exorde sera plus modeste. S'il ne manquera pas de se référer aux communications qui ont été faites, ainsi qu'on l'a dit précédemment, il consistera essentiellement en une évocation – forcément cursive, là également – de quelques problématiques liées aux processus d'intégration en Afrique.

Une analyse de l'état du droit communautaire – c'est-à-dire de l'état du droit de l'intégration – sur le continent africain laisse paraître, à cet égard, des atouts et des handicaps, et les communications qui suivent reflètent dans une large mesure cette réalité contrastée. Il nous semble utile et approprié de procéder à cette manière d'inventaire, à l'heure de la mise en place de la *Société africaine de droit communautaire*. L'un des motifs de la mise sur pied d'un tel Forum, il ne faut pas le dissimuler, est que ce droit secrété par les organisations d'intégration est insuffisamment pensé, étudié ou présenté, et qu'il importe de réparer cette anomalie. Mais cette posture « militante » n'implique nullement une ferveur ingénue, un enthousiasme béat, elle appelle au contraire une certaine lucidité tant il est vrai, pour parler comme Jean Jaurès, qu'il faut connaître le réel pour aller à l'idéal. Il s'agit dans les lignes qui suivent d'évoquer quelques points forts et quelques handicaps de l'intégration des États en Afrique.

I. Les atouts

Il est possible d'en dénombrer au moins trois : le caractère « mythique » et mobilisateur de l'idéal intégrationniste, la conquête de domaines de compétence majeurs, et des constructions juridiques originales, à l'aune de pratiques enregistrées dans d'autres cadres d'intégration dans le monde, originalités qui sont déjà un démenti au préjugé mimétique.

A. Le caractère « mythique » de l'idéal intégrationniste

La notion de « mythe » doit être comprise ici dans son sens sorélien. Le mythe constitue alors un horizon, une promesse, un idéal mobilisateur. Au moment même où ils naissent, les États africains pensent leur mort, c'est-à-dire leur dissolution dans des ensembles plus vastes. D'où la récurrence de la thématique de l'« unité africaine », dans les Constitutions de ces États notamment. La toute première conférence panafricaine après les indépendances, précisément consacrée à la mise en place de l'Organisation pour l'unité africaine (OUA), reste traversée de débats et de discours sur la stratégie à adopter pour parvenir à l'unité continentale, unité dont il est clairement dit qu'elle implique la fin des États souverains et la mise en place de structures de gouvernement à l'échelle du continent.

L'idéal panafricaniste ne cessera plus de s'imposer dans les débats. Et si la conférence d'Addis-Abeba de mai 1963 ne parviendra pas à réaliser un consensus sur la stratégie de l'unité, la réunion subséquente de Dakar (réunion des ministres des Affaires étrangères d'août, trois mois plus tard) établira la doctrine officielle sur la manière de réaliser cette unité. L'unification graduelle du continent, avec l'intégration préalable des sous-régions via les CER, constitue l'essentiel de cette doctrine. Si cette stratégie gradualiste n'est pas toujours corroborée par les faits, sa réitération de principe est encore vivace aujourd'hui.

Il s'y ajoute que cette espèce de prédisposition idéologique, naturellement favorable à l'intégration des États, a rapidement trouvé un écho sur le terrain du droit. Les Constitutions élaborées par les États, hier comme aujourd'hui, prennent acte des exigences de l'union, à des degrés certes divers car si les unes vont jusqu'à admettre un « abandon total de souveraineté », d'autres ne franchissent pas ce seuil et se limitent à énoncer la nécessité d'une coopération ou d'une intégration régionale ou sous- régionale. Mais le fait est que les obstacles juridiques d'une union des États sont moins redoutables sur le continent africain que sous d'autres latitudes, comme celles de l'Europe par exemple. La jurisprudence africaine pertinente, celle qui a pu être articulée par des juges de la Constitution, en atteste amplement.

Tous ces éléments tendent à établir une forme de précocité, d'antériorité, du phénomène de l'intégration des États. Un tel climat psychologique et une telle donnée historique, sont de nature à favoriser cette intégration, même s'il ne faut pas oublier que celle-ci fut et reste un combat, et que sa nécessité n'était pas, n'est pas ressentie par tous les États au même degré.

B. La conquête de domaines de compétence importants

Aux contempteurs invétérés des organisations africaines d'intégration, il convient de rappeler celles-ci ont réalisé des progrès indéniables sur certains points, comme la conquête, dans un passé assez récent, de domaines de compétence importants. Des matières comme les marchés publics, les investissements ou les finances publiques sont aujourd'hui largement gouvernés par des règles supranationales. On se reportera respectivement, pour cela, aux contributions de **Zulandice Zankia** (relative au cas de l'Afrique centrale), de **Sanae Bouyayachen** (qui note que l'œuvre des CER tend à l'émergence d'une véritable *lex mercatoria* africaine) et d'**Alexandre Barro** (qui s'est intéressé au Cadre harmonisé des finances publiques de la CEMAC mais dont les enseignements seraient sans doute susceptibles de s'appliquer à sa « pendante » ouest-africaine, l'UEMOA). S'agissant de cette dernière matière – la gouvernance des finances –, on devine à quel point les réticences des États aux immixtions supranationales peuvent être vives. Que la prétention régulatrice des organisations d'intégration ait pu être, à ce sujet, couronnée de succès, est bien la preuve que tout, dans l'œuvre de ces organisations, n'est pas à rejeter, qu'il advient même que les communautés africaines puissent servir de modèle à d'autres aires d'intégration qui ont peiné, ou peinent encore, à imposer un contrôle international dans ce domaine tellement sensible.

Il n'y a pas que les exemples précités de domaines conquis qui peuvent être évoqués. L'on aurait pu tout autant mettre en exergue les processus politiques qui accompagnent les intégrations présentées comme « économiques » d'abord. L'intéressement des organisations aux processus électoraux ou démocratiques, dans leur facette positive (assistance et missions électorales dans les États) ou pathologique (réactions aux changements anticonstitutionnels de gouvernement) est une illustration de cette dynamique conquérante. Ne parlons pas de l'appropriation des questions sécuritaires, avec le développement, dans les aires subrégionales, de mécanismes de maintien et de gestion de la paix, pourvus d'ambitions très fortes, comme le montre l'action de l'ECOMOG dans le cadre de la CEDEAO ou du COPAX à l'échelle de la CEEAC.

C. Des constructions juridiques originales

Contrairement à une certaine antienne, le droit des communautés régionales africaines ne se contente pas toujours de « recevoir » ou de « mimer » des institutions qui ont cours sous d'autres latitudes. L'inventivité juridique de ces cadres d'intégration n'a pas suscité toute l'attention qu'elle mérite, et la création de notre *Société africaine de droit communautaire* doit précisément être comprise comme une manière de réhabiliter cette pratique et d'appeler l'attention sur les enrichissements que les CER africaines sont susceptibles d'apporter aux théories de l'intégration ou des organisations internationales.

La communication de **Kazadi Mpiana Joseph** participe d'une telle entreprise de valorisation, sous l'angle de l'élaboration d'une nomenclature d'actes de droit dérivé, et notamment de la notion d'« acte additionnel ». Cette catégorie juridique est une originalité, même si elle a pu poser des problèmes, au plan notamment de sa justiciabilité. Plus fondamentalement encore, **Ilo Allaye Diall** s'est attaché à montrer comment un concept comme celui de citoyenneté communautaire – citoyenneté « internationale » – a été élaboré dans le cadre de la CEDEAO dix ans (Protocole de 1982) avant qu'elle ne soit initiée dans l'Union européenne (traité de Maastricht de 1992). Certes, la définition et le contenu de la notion restent encore problématiques à certains égards, mais le fait est qu'il existe une antériorité africaine en la matière, et que l'accomplissement d'une telle fulgurance doit être souligné au plan international. Ajoutons, pour finir, que le précédent ouest-africain a inspiré l'Afrique centrale, laquelle projette, au moment où ces lignes sont écrites, de mettre en place une citoyenneté communautaire.

Il s'agit là de données qui non seulement démentent bien des critiques adressées aux organisations d'intégration africaines, mais sont susceptibles de fonder une prétention à l'exemplarité. Malheureusement, une forme de paresse intellectuelle, ou un préjugé plus ou moins enraciné, a conduit à ne pas s'intéresser comme il conviendrait aux expériences africaines. Il est de temps de rompre avec une telle ignorance.

Une telle rupture ne doit pourtant pas signifier que les limites du droit des communautés d'intégration doivent être ignorées ou sous-estimées. De redoutables défis se dressent devant cette intégration, des manquements sérieux sont parfois imputables aux États ou aux institutions communautaires elles-mêmes, et le droit que celles-ci sécrètent n'est pas toujours exempt de reproches. La valorisation ou la mise en exergue des atouts de l'intégration ne doit pas voiler les carences de celle-ci.

II. Les limites

À l'instar des atouts de l'intégration, il est possible d'évoquer trois sujets de préoccupation majeurs, trois obstacles importants qui se dressent devant la réussite du projet de rapprochement des États. Ils sont relatifs à l'ancrage du droit communautaire, sa réalité en somme, à la volonté des États d'assumer toutes les implications de leur engagement et enfin à la lisibilité même du projet intégrationniste, sachant que celui-ci se conçoit, comme on l'a souligné, en termes d'étagement ou d'articulation entre le niveau sous-régional et le niveau continental.

Il ne s'agit là, précisons-le, que de la recension de quelques sujets d'interrogation, et non d'une présentation de la totalité des problèmes à résoudre. Il reste évident, pour ne prendre que cet exemple, que le débat sur la multiplication ou la concurrence d'organisations internationales dans une même aire géographique et le risque subséquent d'une déperdition d'énergie et de ressources constitue une autre question essentielle, sur laquelle il importe de réfléchir, même si elle n'est pas traitée ici.

A. Le faible ancrage du droit communautaire

Il existe un moyen très concret de vérifier l'ancrage de ce droit, c'est sa part dans le contentieux judiciaire. Il apparaît qu'au plan national comme dans l'ordre communautaire, ces normes sont très rarement invoquées, leur part dans les affaires dont traitent les juridictions compétentes reste assez faible.

Deux communications enregistrées au cours du colloque ont permis de mesurer cet état de fait. L'une est celle de **Julie Basaane Gneba**, elle porte de manière générale sur l'appropriation des normes communautaires, appropriation qualifiée de « difficile ». De façon plus topique encore, l'examen de la pratique du renvoi préjudiciel opéré par les juges nationaux en direction des juridictions sous- régionales d'intégration confirme que les acteurs judiciaires ne se tournent pas beaucoup vers les règles secrétées par les organisations d'intégration. **Eugène P. P. Nkili Mbida** a qualifié le bilan de cette technique de collaboration entre le juge national et le juge international de « décevant ». En somme, le droit communautaire serait sous-utilisé, voire ignoré par les avocats et les juges.

Il convient bien entendu de dépasser ce simple constat, et de tenter d'explorer les raisons d'un tel délaissement. Deux éléments explicatifs au moins pourraient sans doute être avancés ici. L'un est précisément « la faible appropriation » du droit communautaire, formule quelque peu euphémique pour dire que celui-ci n'est pas connu comme il devrait l'être. De fait, il est encore possible, dans un certain nombre de pays, d'accéder à des fonctions judiciaires importantes - juge, auxiliaire de justice- sans avoir nécessairement été initié aux rudiments de ce droit. À cette non-connaissance du droit communautaire, il faut ajouter la difficulté à accéder aux sources de celui-ci : les administrations et les juridictions nationales, les universités, ne disposent tout simplement pas des moyens nécessaires pour cela, même si, il faut le souligner, les organisations d'intégration ont fait ces dernières années des efforts louables pour diffuser des informations et nourrir leurs « sites ».

Une autre explication du faible ancrage du droit communautaire pourrait être trouvée dans des facteurs plus structurels, des facteurs économiques notamment. Il faut rappeler ici une évidence sociologique : les conflits qui sont portés devant les juges naissent de rencontres et d'échanges en général, et de relations d'affaires en particulier. Faute d'un minimum d'échanges commerciaux, le contentieux est condamné à rester dans les limbes ou, au mieux, à demeurer dans un état embryonnaire.

C'est aussi cela, l'état du droit communautaire aujourd'hui en Afrique. À intervalles réguliers, la faiblesse des échanges est déplorée, le commerce intra-régional a encore du chemin à faire. Il n'y a pour ainsi dire pas de secret : si le renvoi préjudiciel est si présent dans le contentieux soumis aux juridictions de l'Union européenne par exemple, c'est tout simplement parce que les pays membres échangent prioritairement entre eux, que ce commerce génère naturellement un contentieux et, enfin, que les ressources du droit supranational sont connues et mobilisées aussi bien devant les juridictions nationales qu'européennes. En 1957, au moment où la CEE est créée, les six États initiateurs du projet pratiquent les trois quarts de leur commerce entre eux. Il y a fort à parier que si les États africains échangeaient plus entre eux, si les acteurs et opérateurs économiques entretenaient des relations plus poussées dans l'aire géographique dont ils relèvent, le droit communautaire, qui est susceptible de gouverner certains aspects de leurs relations, serait plus sollicité.

B. La soumission des États et des organisations au droit

Un reproche souvent fait aux États membres d'organisations d'intégration africaine est leur manque de volonté politique. Le fait attesterait qu'en dépit de leurs proclamations de principe, les États ne se délestent pas facilement de leur souveraineté – mais cela n'est pas vraiment surprenant –.

La soumission des États au droit communautaire pose problème d'abord parce que nous sommes témoins, à intervalles réguliers, de violations de ce droit par des gouvernements, qu'il s'agisse d'entraves à la liberté de circulation, de fermeture illégitime de frontières ou de pratiques protectionnistes ou discriminatoires, etc.

La soumission au droit est également problématique lorsque les États récalcitrants agissent sans coup férir, c'est-à-dire ne font l'objet d'aucune procédure judiciaire ou politique tendant à réprimer leurs incartades. Le fait que sur une période de près de vingt-cinq ans, quasiment aucune procédure de manquement n'ait été initiée dans les diverses CER est parlant. C'est la preuve que la « peur du gendarme » n'opère pas nécessairement dans ces organisations et que dans ces conditions, il est permis de s'interroger sur l'utilité de concevoir certaines règles et procédures.

Il faut le dire clairement : dans une certaine mesure, le carburant qui fait fonctionner ces organisations n'est pas le droit, mais la politique, avec ses mécanismes informels et ses procédures souples, ses conventions tacites et ses arrangements *intuiti personae.* Mais entendons-nous bien, là également : il ne s'agit pas de dévaluer ou de discréditer de telles options, que le droit international lui-même reconnaît aux États, ni de suggérer une quelconque supériorité qualitative ou intrinsèque des modes de règlement juridictionnels sur les modes diplomatiques. Il s'agit seulement de noter les limites actuelles du mode de régulation juridique – et donc du « droit communautaire » – s'agissant de certaines questions ou de certaines conjonctures.

La question de la soumission des États au droit se pose encore lorsqu'il est constaté que ceux-ci restent réticents à assumer leurs obligations contributives ; les vicissitudes de la « taxe communautaire d'intégration » en sont le témoignage éloquent, comme l'a montré **Léopold Nouffeussie Ngueuta**.

Réticence, encore, à exécuter les décisions rendues par les juridictions de l'intégration. Il est révélateur que sur les communications présentées, deux portent spécifiquement sur ce point : celles de **Benjamin Allahamne Minda** et de **Roland Guirao**.

Dans la première présentation, il est beaucoup question de la résistance des États lorsque les juridictions supra nationales ont entendu investir le domaine, tellement sensible et « politique », des droits de l'homme. Ce sont les juridictions de la Communauté d'Afrique de l'Est (CAE) et de la Communauté de Développement de l'Afrique australe (SADC) qui ont été confrontées à cette résistance. Ayant proclamé leur compétence à connaître des violations des droits de l'homme, dans des conditions certes discutables, elles ont vite été rappelées à l'ordre par les États – c'est-à-dire par les organes intergouvernementaux –, et ont vu leurs prétentions promptement « recadrées ». Pour d'autres organisations d'intégration, le constat est à peu près le même : **Roland Guirao**, dont l'étude portait sur les Cours de justice de l'UEMOA et de la CEMAC, relève des « violations de l'autorité des décisions des deux Cours ».

La résistance des États membres au droit communautaire prend donc plusieurs formes. Mais l'intériorisation de la contrainte juridique ne se pose pas que pour les États, elle concerne aussi les organisations d'intégration elles-mêmes. La question posée consiste alors à savoir si ces organisations agissent toujours dans le respect de leurs chartes constitutives, qui leur confèrent des pouvoirs mais leur tracent des limites. La vérité est que la tentation de l'excès de pouvoir a pu gagner certaines de ces organisations.

Des illustrations peuvent être données, dont deux ressortent déjà du colloque. La communautarisation du droit pénal, telle qu'exposée par **Natacha H. Ngo Nlep**, signifie certes l'investissement d'un nouveau domaine par les organisations internationales, mais porte également le risque d'altérer le principe de légalité, nous dit l'auteure. Rappelons à ce stade que sous prétexte de réglementer le droit d'établissement et l'exercice de la profession d'avocat, un règlement de l'UEMOA a donné lieu à quelques critiques dans la mesure où le législateur communautaire aurait outrepassé sa prérogative en cherchant à régir des aspects touchant la procédure pénale *stricto sensu* (conditions de la présence de l'avocat pendant la garde à vue par exemple). Quant à la contribution de **Jeremie Coulibaly**, elle s'interroge sur la légalité des sanctions prises par la CEDEAO et par l'UEMOA contre le Mali à la suite du changement anticonstitutionnel de gouvernement qui a eu lieu dans ce pays en 2022. La question posée paraît légitime, eu égard au fait que le traité constitutif de l'UEMOA n'énonce nulle part l'existence, au profit de la Conférence des chefs d'État et de gouvernement, d'un pouvoir de sanction proprement dit. Ajoutons que quelques mois plus tard, la question s'est de nouveau posée au sujet du Niger, qui a connu un semblable changement de régime. La saisine de la Cour de justice de l'UEMOA par les deux États concernés atteste qu'en apparence au moins, la question de la légalité de ces sanctions prises par l'UEMOA se posait.

Toutes ces affaires ont un dénominateur commun, qui se trouverait dans une certaine propension des organes des organisations en général, des « Conférences des chefs d'État et de gouvernement » en particulier – cette institution systématiquement qualifiée de « suprême » et portée à reproduire la logique « présidentialiste » des systèmes constitutionnels nationaux – à s'affranchir des contraintes inscrites dans l'acte constitutif de l'organisation internationale.

C. La lisibilité et la cohérence du projet d'intégration

Les limites du droit communautaire qui sont évoquées ici doivent être comprises comme touchant à l'articulation des deux niveaux d'intégration, que sont le niveau des CER et celui du continent tout entier. Il faut rappeler à ce stade ce qui a été dit plus haut : le projet des États africains a d'emblée été conçu dans une optique gradualiste, postulant le couronnement des intégrations sous-régionales par une intégration proprement « régionale », c'est-à-dire continentale.

Or, cette vision articulée et stratifiée a été sévèrement remise en cause par au moins trois faits, ce qui affecte la lisibilité et la cohérence de cette entreprise.

Le premier est la concurrence des organisations internationales, dont il a été précédemment dit qu'elle ne serait pas traitée en profondeur ici. Cette concurrence se traduit par le fait que sur une même aire géographique, des organisations regroupant les mêmes États membres prétendent concurremment à la réalisation de l'intégration : CEDEAO et UEMOA en Afrique de l'Ouest (même si l'UEMOA n'est pas labellisée « CER »), CEEAC et CEMAC en Afrique Centrale (même si la CEMAC n'est pas non plus une « CER » au sens de l'OUA/UA), SADC et COMESA ou encore CAE en Afrique orientale et australe.

Une deuxième manifestation de l'illisibilité du projet d'intégration est l'espèce d'« intrusion » de « nouvelles » organisations dans le schéma initialement retenu, parfois avec l'assentiment de l'OUA/UA. On peut citer l'exemple de l'IGAD (Intergovernmental Authority for Development) : créée en 1986 dans le cadre de la lutte contre la sécheresse, elle a élargi son objet à l'intégration économique et pu accéder au label de « CER », délivré en 1996 par l'OUA elle-même. L'évolution d'une organisation comme la CEN-SAD (censée regrouper les pays sahélo-sahariens) est justiciable des mêmes remarques. Créée en 1998 après le sommet de Tripoli, cette organisation se voit attribuer le statut de CER par la Conférence des chefs d'État et de gouvernement de l'OUA elle-même, en juillet 2000, avant l'acquisition d'un statut d'observateur à l'Assemblée générale des Nations unies. Ajoutons que dans sa composition, la CEN-SAD intègre des États qui ne sont ni « sahéliens » ni « sahariens » – le Maroc ou la Somalie par exemple –, hétérogénéité qui n'est pas de nature à clarifier les découpages subrégionaux initiaux.

Enfin, l'on constate que des projets d'intégration « dissidents » naissent et se développent en marge du schéma continental. Une organisation comme le COMESA a été créée en 1993 par le traité de Kampala, mais elle s'étend au-delà des cinq régions initialement définies par l'OUA (à travers notamment une résolution adoptée en 1976). De la même manière, la CAE (Communauté d'Afrique de l'Est) a été créée en 1967, dissoute puis recréée en 2000. Elle compte six États membres et veut mettre en place un « marché commun » (2010) ; elle a par la suite envisagé la mise en place d'une monnaie commune (2012) et d'une « Fédération d'Afrique de l'Est » (2015). Il est évident qu'un projet aussi ambitieux se situe aux antipodes de la vision articulée et systématisée au niveau continental.

Un dernier sujet de préoccupation est la perspective de l'activation de la ZLECAf, le projet de Zone de libre-échange africaine, adopté le 21 mars 2018 à Kigali. S'il cite simplement et subrepticement le traité d'Abuja de 1991 créant le Marché commun africain (Communauté économique africaine), lequel reprend la doctrine officielle de l'intégration par cercles concentriques, le traité constitutif de la ZLECAF ne dit mot de son articulation au projet continental initial. Ce silence interroge, plus généralement, sur l'actualité même du schéma conçu depuis les années 60, et réitéré en 1980 (Plan d'action de Lagos), 1991 (traité d'Abuja créant la CEA) et 2000 (Acte constitutif de l'UA). On comprend dans ces conditions que l'avènement de la ZLECAf, qui tend à instaurer un marché unique continental, pose la question de la survie ou de la pertinence des CER, comme l'a bien montré **Pierre-Claver Kamgaing** dans sa contribution consacrée précisément à cette question.

On le voit, le débat sur le droit de l'intégration en Afrique est riche, foisonnant, multidimensionnel. Ce droit est un objet d'étude sur lequel beaucoup de choses restent à dire, et la création de la *Société africaine de droit communautaire* entend précisément répondre à cette nécessité. Société ouverte, celle-ci entend intégrer toutes les sensibilités, abstraction faite des « écoles », des langues, des régions, pas seulement du continent, mais du monde entier. Le vœu est formé que ce message soit entendu, et que le colloque dont les actes sont réunis dans cet ouvrage soit le prologue d'une série d'échanges intenses et fructueux.

Alioune SALL

Professeur à l'université Cheikh Anta Diop de Dakar, Avocat
Ancien Juge à la Cour de Justice de la CEDEAO
Membre de la Commission du Droit international de l'ONU
Membre de la Cour Permanente d'Arbitrage

ACTE I

L'AFFIRMATION RECHERCHÉE DU DROIT COMMUNAUTAIRE EN AFRIQUE

Sous la présidence
de Ricardo ABELLO-GALVIS[1] (Colombie)

Je veux commencer par exprimer ma plus profonde gratitude pour cette invitation à accompagner cette importante publication. C'est un privilège dans la mesure où j'ai toujours exprimé le caractère fondamental de revendiquer le développement du droit des régions, en particulier de l'Amérique latine, ma région, pour cette raison je suis très honoré de pouvoir accompagner cet événement qui cherche à montrer et à renforcer le droit communautaire de, et pour, l'Afrique. Un travail fondamental pour renforcer le dialogue face à un développement progressif d'un droit communautaire mondialisé et non sous des structures juridiques imposées qui sont copiées des systèmes juridiques qui, historiquement, ont leur propre vision du monde et leur propre identité juridique. Afin d'avancer dans ce renforcement, ces dialogues sont essentiels pour que nous puissions visualiser l'importance du travail qui est effectué dans les différentes régions du monde et ainsi être en mesure de générer des contributions au droit qui proviennent de ces régions.

Grâce aux nouvelles technologies, nous avons pu participer au colloque qui est à l'origine de cette publication. C'est ainsi que lors d'une froide matinée à Bogotá (Colombie), j'ai pu être le modérateur

---

[1] Professeur titulaire à la *Universidad del Rosario* (Colombie), Directeur de l'Annuaire Colombien de Droit international (ACDI).

du panel intitulé « L'affirmation recherchée du Droit communautaire en Afrique », ce qui nous laisse avec les précieuses contributions qui sont présentées ci-dessous. Je ne peux pas manquer l'occasion pour faire référence du besoin des différentes régions du monde, que certains appellent le « Sud et le Nord global », de pouvoir montrer les différentes contributions historiques qui ont contribué à la construction du droit international, en général, et du droit communautaire en particulier. En ce sens, je voudrais me référer à l'idée de **Simon Bolívar**, le libérateur de plusieurs États d'Amérique latine, qui a dit en 1815, dans le texte connu sous le nom de *Lettre de Jamaïque*, que :

> « C'est une idée grandiose que de prétendre créer dans ce Nouveau Monde une seule nation avec un seul lien qui relie ces parts les unes aux autres et faisant un tout. Puisqu'elle a une origine, une langue, des coutumes et une religion, elle devrait donc avoir un gouvernement unique qui confédérerait les différents États qui vont être formés. »[2]

En ce sens, avec cette vocation intégratrice de Bolívar, **Alfredo Cock-Arango** affirme que : « [l] a phrase du Libérateur Simon Bolívar dans la lettre de la Jamaïque : « Une seule doit être la patrie et elle doit l'être pour tous les Américains, car nous avons une parfaite unité », est considérée, et à juste titre, comme la première idée de panaméricanisme. »[3]

C'est, sans aucun doute l'idée originaire de l'intégration latino-américaine qui a vu le jour en en 1948 sous le nom d'Organisation des États américains, comme l'affirme la publication de l'Institut interaméricain d'études juridiques internationales, « Simon Bolívar, dont la vision, sans doute, prophétique d'une confédération latino-américaine a été le principal moteur du mouvement en faveur de l'unité continentale, et qui a fait de lui le grand précurseur de l'intégration régionale ».[4]

---

[2] Bolivar, Simon ; *Carta de Jamaica: Contestación de un Americano Meridional a un caballero de esta isla* (Kingston, le 6 septembre 1815), Freeditorial, Pg. 20. Peut être vu : https://web.seducoahuila.gob.mx/biblioweb/upload/carta_de_jamaica.pdf (Révisé le 17 septembre 2024). (Traduction libre de Ricardo Abello – Galvis).

[3] Cock-Arango, Alfredo ; *Derecho Internacional Americano*, Imprenta Nacional, Bogotá, 1948, Pg. 5. (Traduction libre de Ricardo Abello – Galvis).

[4] García-Amador, Francisco V., Orrego-Vicuña, Francisco y Tolosa, Alberto ; *Derecho de la Integración Latinoamericana*, Instituto Interamericano de Estudios Jurídicos

Personnellement, je voulais mettre en avant cette vision intégrationniste dont l'idée vient de l'aube du XIXe siècle. Hélas, aujourd'hui encore, nous n'avons pas une véritable intégration en Amérique latine.

Pour tout ce qui précède, cette invitation m'a rempli de joie dans la mesure où je considère qu'il est essentiel de créer ces espaces dans lesquels se développent différentes initiatives de mécanismes d'intégration dont nous avons tellement besoin.

En ce qui concerne les différentes contributions, le lecteur trouvera dans ce chapitre cinq articles avec des sujets variés qui nous permettent d'entrevoir un spectre des besoins de l'intégration communautaire du point de vue normatif et jurisprudentiel. C'est ainsi que le premier article du professeur **Joseph Kazadi**, ***la contribution de l'Afrique au système normatif du Droit communautaire. Vers un enrichissement du droit communautaire dérivé ?*** nous montre une analyse du besoin de chercher, et trouver, les différents apports de l'Afrique « à l'évolution du système normatif rompant ainsi cette étiquette de mimétisme généralement attribuée aux mécanismes de production du Droit en Afrique ».

De son côté, **Natacha Hermine Ngo Nlep épse Bodiong**, analyse dans sa contribution intitulée ***la communautarisation du droit pénal face aux exigences du principe de la légalité criminelle***, ce qui est lié à la construction d'un espace pénal communautaire, en tenant compte du fait qu'il y aura toujours un ordre public commun dans ces espaces. Ainsi, la sécurité juridique peut être atteinte en ayant une clarté sur le droit pénal régional.

D'un point de vue fiscal, **Léopold Ngueuta Nouffeussie**, dans sa contribution ***la Taxe communautaire d'Intégration de la Communauté économique et monétaire de l'Afrique centrale (CEMAC) : entre consécration du droit communautaire et résistance des États membres***, propose une vision dans laquelle il est nécessaire de trouver un nouveau mode de financement qui soit autonome et donc, qui ne dépende pas des contributions des États parties exclusivement. Il est essentiel de parvenir à voir une autonomie totale du budget des différents mécanismes d'inté-

---

Internacionales, Ediciones De Palma, Buenos Aires, 1969, pg. 429. (Traduction libre de Ricardo Abello – Galvis).

gration, ce qui permettrait que toutes les décisions prises dans le cadre de l'organisation soient vraiment indépendantes des intérêts des États.

Ensuite, **Jermie Coulibaly**, nous propose, dans son article ***la légalité de la résistance malienne aux sanctions de la CEDEAO et de l'UEMOA prises en 2022***, une vision des obligations étatiques vis-à-vis des organisations d'intégration, spécifiquement « le non-respect des engagements pris par l'État malien en relation avec la Communauté Économique d'États de l'Afrique de l'Ouest (CEDEAO), ainsi que la compétence et l'importance des décisions des tribunaux internationaux ».

Finalement, **Julie Basaane** dans son article ***la difficile appropriation des normes communautaires africaines***, nous propose une vision de l'importance de l'apparition des normes communautaires. Pour cela, elle cherche à répondre la question ci-après : « quelle est la nature juridique de la difficile appropriation des normes communautaires africaines ? » Elle estime sur fond de langage des décisions et des normes, qu'il existe des difficultés sérieuses pour l'accès aux différents documents communautaires, lesquelles rendent cette appropriation difficile et lointaine. Toute chose qui va à l'encontre d'une réelle intégration, qui soit à la portée des individus, véritables bénéficiaires de cette ingénierie juridique.

Comme nous pouvons le constater, ce chapitre nous montre le besoin impératif d'avoir un droit communautaire dont sa source normative puisse répondre aux besoins des différentes régions, pour cela ce droit doit se produire de l'intérieur même des États parties de ces mécanismes d'intégration et irradier la construction commune du droit communautaire et du droit international. De cette façon le développement et l'appropriation même de ce droit par les citoyens seront plus compréhensibles et en conséquence plus faciles d'être appréhendés.

Thème 1

La contribution de l'Afrique au système normatif du Droit communautaire. Vers un enrichissement du Droit communautaire dérivé ?

Joseph KAZADI MPIANA[1]
(République Démocratique du Congo)

Résumé

La constitution de la Société africaine pour le Droit communautaire (SADC) et le colloque qu'elle a organisé le 12 novembre 2022 nous ont offert l'opportunité d'analyser cette nouvelle nomenclature des actes de droit dérivé qui se fraie son parcours dans certaines OIA aux fins d'en apprécier la contribution au développement du système normatif du Droit communautaire en général et du Droit communautaire africain en particulier. Pour l'auteur de ces lignes, l'inspiration européenne du Droit communautaire africain n'a pas épuisé les possibilités de l'Afrique de participer à l'évolution du Droit communautaire à travers son enrichissement normatif. C'est la catégorie d'actes additionnels, en vigueur au sein de l'UEMOA, de la CEDEAO et de la CEMAC, qui est au centre de notre analyse. La contribution se fonde aussi bien sur les traités de certaines OIA, sur le droit dérivé que sur la jurisprudence pertinente produite par les juridictions communautaires africaines. Le fil conducteur de cette contribution réside dans la mise en exergue de l'apport de l'Afrique à l'évolution du système normatif rompant ainsi cette étiquette de mimétisme généralement attribuée aux mécanismes de production du Droit en Afrique.

[1] Professeur à l'Université de Lubumbashi et à l'Université Nouveaux Horizons de Lubumbashi (R.D.Congo). kazadimpiana@hotmail.com

Introduction

La plupart des Organisations internationales africaines, chargées d'intégration, se développant sur le continent africain à partir des années 1990 ou les réformes institutionnelles entreprises dans certaines OIA, principalement de coopération, se sont inspirées, du point de vue de la nomenclature des actes du droit dérivé, de celle forgée par le droit communautaire européen, devenu par la suite droit de l'Union européenne. Cette nomenclature classique comprend les règlements, les directives, les décisions, les avis et recommandations. Elle a été reprise dans le droit communautaire africain qui l'a toutefois enrichi, du moins dans certaines OIA, par des actes du droit dérivé aux dénominations variées telles que les actes additionnels (UEMOA, CEMAC et CEDEAO), les lois de la communauté (Communauté d'Afrique de l'Est), les lois-types (Union africaine), les actes uniformes (OHADA).

Nous situons l'OHADA au sein des Organisations internationales d'intégration juridique et non économique du fait qu'elle ne prévoit pas les différentes étapes classiques d'une Organisation d'intégration économique (Zone de libre-échange, Union douanière, marché commun, union économique, etc.). Cette particularité de l'OHADA a conduit certains auteurs à lui dénier la qualité d'une OIA produisant du Droit communautaire. C'est notamment le cas de DOUMBE-BILLE. Pour ce dernier, l'OHADA est « une organisation intergouvernementale chargée de coordonner la coopération entre les États membres dans le domaine de l'harmonisation du droit des affaires. Sa pleine personnalité juridique internationale (…) ne repose pas sur un transfert de souveraineté de la part des États membres mais sert à fonder sa capacité à agir. (…). C'est dire que c'est dans le cadre d'une organisation intergouvernementale que le Traité bâtit pourtant un droit matériel dont l'originalité a été largement soulignée. La nature de ce droit, qualifiée hâtivement de communautaire, n'est donc tout à fait exacte (…). Droit secrété par une organisation interétatique, son autorité repose sur une supranationalité de fait qui en fait la condition même de la participation à l'Organisation »[2]. P. G. POUGOUE et Y. KALIEU ELONGO abondent dans une optique

---

[2] St. DOUMBE-BILLE, « À propos de la nature de l'OHADA », *Mélanges Madjid Benchikh*, Paris, Pédone, 2011, pp. 423-435, spéc. aux pp. 429-434.

similaire. L'OHADA est simplement et avant tout un outil technique de sécrétion du droit pour les besoins des États et des communautés économiques et monétaires, même si, *in fine*, un espace juridique se construit[3]. Emile-Derlin KEMFOUET KENGN est du même avis quand il affirme que l'OHADA, malgré son auto présentation comme une organisation visant la réalisation progressive de l'intégration économique de ses États membres, ne relève pas du Droit communautaire et n'est pas une organisation d'intégration économique[4].

Quoique ces arguments soient, dans une certaine mesure, persuasifs vu la plume de leurs auteurs, il convient de faire remarquer que l'OHADA se démarque d'autres Organisations internationales africaines (OIA) qui s'investissent principalement dans un schéma d'intégration économique (zone d'échanges préférentiels, zone de libre-échange, Union douanière, Marché commun, Union économique et monétaire et voire une fédération politique)[5] par une intégration fondée sur la production des actes uniformes qui concourent à faciliter les investissements au sein de l'OHADA et par un cadre judiciaire approprié se greffant sur celui des États membres. Cependant, la procédure de son fonctionnement et celle de production de ses normes, ne peuvent pas la priver du qualificatif d'une OIA produisant du Droit communautaire qui, au demeurant, traduit une certaine originalité à travers l'adoption des actes uniformes. Ces derniers sont d'application directe au sein des États membres et ce, à l'instar des règlements communautaires.

---

[3] P.-G. POUGOUE et Y. KALIEU ELONGO, *Introduction critique à l'OHADA*, PUA, 2008, p. 32 cité dans P. -G. POUGOUE (dir.), *Ohada. Encyclopédie du droit*, Paris, Lamy, 2011, p. 1126.

[4] E.-D. KEMFOUET KENGNY, *Les juridictions des organisations d'intégration économique en Afrique*, Paris, LGDJ, Lextenso, Eja, 2018, p. 24.

[5] Voy. Par exemple le Préambule du Traité de la Communauté de l'Afrique de l'Est de 2006 : « (…). Déterminés à consolider leurs liens économiques, sociaux, culturels, politiques, technologiques et autres en vue d'un développement rapide, équilibré et durable par l'établissement d'une Communauté d'Afrique de l'Est dont une Union douanière de l'Afrique de l'Est et un Marché commun constitueraient des étapes transitoires et des parties intégrantes de cette Communauté, plus tard une union monétaire et à la fin une fédération politique ». Toutefois il convient de préciser que la vocation de la fédération politique a été remplacée par celle d'une confédération politique dont la réalisation constitue un défi majeur.

C'est l'interaction entre les différents organes de l'OHADA, le processus de production normative en son sein, les rapports entre le droit OHADA et le droit des États membres, qui s'expriment mieux par le principe de la primauté, les interactions entre les juridictions nationales et la CCJA, qui nous conduisent à affirmer que le droit OHADA est essentiellement un droit de nature communautaire. Ce droit communautaire est produit par une OIA d'intégration juridique.

Selon le dictionnaire de Droit international public, l'organisation d'intégration est une organisation « caractérisée par un transfert de compétences, de pouvoirs, de facultés et de fonctions étatiques à des organes communs supranationaux, distincts des gouvernements des États membres »[6]. Les États membres de l'OHADA renoncent librement à l'exercice de leur compétence législative en matière du droit des affaires, couverte par les actes uniformes au profit du conseil des ministres de l'OHADA qui constitue un organe de cette Organisation internationale agissant pour le compte de celle-ci au regard de sa personnalité juridique. L'unanimité requise pour l'adoption des actes uniformes au sein de l'OHADA ne constitue que l'une des modalités de fonctionnement de cette organisation et n'influe pas de manière intrinsèque sur sa nature. Cette intégration juridique par les normes secrétées participe de finalités économiques. En outre l'intégration peut être sectorielle ou générale. Le cas de l'OHADA relève de l'intégration sectorielle.

Notons aussi que c'est par le recours aux dispositions relatives à l'intégration figurant dans les préambules de certaines Constitutions africaines[7] ou le recours aux dispositions constitutionnelles par lesquelles

---

[6] J. SALMON (dir.), *Dictionnaire de Droit international public*, Bruxelles, Bruylant/AUF, 2001, p. 591.

[7] Avis n° 3/C/93 du 16 décembre 1993 du Conseil constitutionnel du Sénégal reproduit sur le site www.ohada.com consulté le 10 janvier 2015. Le Conseil constitutionnel y affirme, entre autres, ce qui suit: « Bien que les articles 14 à 16 du Traité OHADA réduisent les attributions de la Cour de cassation sénégalaise telles qu'elles sont définies par l'article 82, alinéa 3 de la Constitution, ils sont compatibles avec l'article 3 du préambule qui dispose que le peuple sénégalais, soucieux de préparer l'unité des États de l'Afrique et soucieux d'assurer les perspectives que comporte cette unité ne ménagera aucun effort pour la réalisation de l'unité africaine d'autant plus que le Traité OHADA, dans son Préambule, ne prescrit des limitations de compétence nationales qu'en vue d'accomplir de nouveaux progrès sur la voie de l'unité africaine ». La Cour constitutionnelle du Bénin, s'est fondée, sur d'autres

certains États consentent l'abandon de quelques attributs de souveraineté en vue de promouvoir la réalisation de l'unité africaine[8] que les juridictions constitutionnelles du Bénin, du Sénégal et de la RDC ont jugé que les dispositions du Traité de l'OHADA n'étaient pas incompatibles avec les Constitutions des États précités[9].

C'est ainsi qu'analysant la clause relative à la conclusion des accords d'association ou de communauté comportant un abandon partiel ou total de souveraineté dans certaines Constitutions africaines (Sénégal, Bénin), Saidou NOUROU TALL estime que « cette disposition traduit

considérations, dans sa décision DCC 19-94 du 30 juin 1994 pour conclure en la compatibilité du traité OHADA avec la Constitution. Elle affirme « *qu'un abandon partiel de souveraineté dans le cadre d'un traité ne saurait constituer une violation de la Constitution dans la mesure où celle-ci, à l'article 144, a prévu que le Président de la République négocie et ratifie les traités et accords internationaux et que ledit traité se justifie, au surplus, par la nécessité de l'intégration régionale ou sous-régionale affirmée par le préambule et l'article 149 de la Constitution (...)* ».

[8] Art. 217 de la Constitution de la République Démocratique du Congo du 18 février 2006 est ainsi libellé : « *La République Démocratique du Congo peut conclure des traités ou des accords d'association ou de communauté comportant un abandon partiel de souveraineté en vue de promouvoir l'unité africaine* ». Cette disposition est quasi identique à celle de l'article 96.4 de la Constitution du Sénégal du 22 janvier 2001, telle qu'ajournée au 15 juin 2014, qui dispose : « La République du Sénégal peut conclure avec tout État africain des accords d'association ou de communauté comprenant abandon partiel ou total de souveraineté en vue de réaliser l'unité africaine ». Cette disposition est reprise comme telle par l'article 146 de la Constitution du Burkina Faso dans sa révision du 11 juin 2012 (La loi n° 033-2012/AN du 11 juin 2012), par l'article 133 de la Constitution du Niger de 1999 dans sa mise à jour au 22 septembre 2004. La grande différence avec la Constitution de la RDC réside dans la possibilité d'un abandon total de souveraineté qui n'est pas prévue dans cette dernière. L'article 117 de la Constitution malienne du 27 février 1992 était rédigé dans la même optique que l'article 217 de la Constitution de la RDC (abandon partiel de souveraineté).

[9] Dans son arrêt du 5 février 2010, la Cour suprême de justice (CSJ) de la République démocratique du Congo conclut, en ayant à l'esprit la particularité du traité soumis à son appréciation que « de *l'examen des dispositions susvisées, la C.S.J. constate que celles-ci sont des clauses de transfert de compétence et de limitation de souveraineté des États membres au profit de l'OHADA, susceptibles d'être adoptées en vertu de l'article 217 de la Constitution qui édicte : La République Démocratique du Congo peut conclure des traités ou des accords d'association ou de communauté comportant un abandon partiel de souveraineté en vue de promouvoir l'unité africaine. S'agissant des autres dispositions du traité, elle relève que celles-ci n'appellent aucune observation particulière ; il s'ensuit que le susdit traité ne comporte aucune clause contraire à la Constitution* ». Souligné par nous.

les limitations de souveraineté opérées par la participation à des organisations communautaires (UEMOA, CEDEAO, OHADA) avec un droit communautaire originaire ou dérivé prenant le pas sur le droit interne. Elle constitue ainsi un pari sur l'avenir de l'intégration du continent »[10]. Le domaine du Droit communautaire africain étant vaste, la contribution se focalise sur le système normatif de ce Droit, inspiré largement par le système de l'Union européenne.

Cette contribution illustre l'un de ces actes juridiques en vigueur au sein de la CEMAC, de l'UEMOA et de la CEDEAO constitués par les actes additionnels. Ces derniers peuvent enrichir le système normatif du Droit communautaire à travers leur rationalisation, laquelle peut s'avérer une contribution de l'Afrique au Droit communautaire.

L'existence du Droit communautaire en Afrique relève d'une lapalissade même si son contenu et son approche ne font pas l'objet d'unanimité dans la doctrine[11]. Les organisations d'intégration africaine qui produisent ce droit rendent ce dernier effectif. Il en est de même de la doctrine qui accorde de plus en plus d'attention au développement du Droit communautaire en Afrique à travers les différents aspects de ce

---

[10] S. N. TALL, « Les références au droit international public dans les Constitutions africaines francophones : exemples du Bénin, du Sénégal et du Togo », in *Démocratie en question ? Mélanges en l'honneur du Professeur Théodore HOLO*, Toulouse, Presses de l'Université Toulouse 1 Capitole, 2017, pp. 121-130, spéc. à la p. 129.

[11] Pour une brève présentation de ce Droit, voy., à titre indicatif, L.M. IBRIGA, SAIB ABOU COULIBALY et DRAMANE SANOU, *Droit communautaire ouest-africain*, Ouagadougou, Université de Ouagadougou, 2008 ; O. NDESHYO RURIHOSE (dir.), *Manuel de Droit communautaire africain*, Kinshasa, Éditions États et Société (ES), 2011 ; L.M. IBRIGA, *Droit communautaire ouest-africain*, Ouagadougou, Maison de droit, 2012 ; A. SOW, « La diffusion du Droit communautaire ouest-africain », *Civitas Europa*, 2016/2, N° 37, pp. 351-370 ; SAIDOU NOUROU TALL, *Droit des Organisations internationales africaines.* Théorie générale. Droit communautaire comparé. Droits de l'homme, paix et sécurité, Paris, L'Harmattan, Publication CREDILA, 2015 ; KEMOKE DIAKITE, *Droit de l'intégration africaine.* Organisations communautaires en Afrique de l'Ouest. Rapports entre les Organisations sous-régionales, l'Union africaine et l'Organisation des Nations unies. Défis prioritaires de l'intégration en Afrique, Paris, L'Harmattan, 2017 ; J. KAZADI MPIANA, « La problématique de l'existence du droit communautaire africain. L'option entre mimétisme et spécificité », *Revue libre de Droit*, 2014, pp. 38-78 ; A. SOMA, « Les caractères généraux du droit communautaire », *Revue CAMES/SJP*, N° 001, 2017, pp. 1-10 ; S. F. SOBZE, « Existe-t-il un ordre juridique africain ? », *Revue de droit international et de droit comparé*, 2017, Vol. 94, N° 2, pp. 221-262.

Droit qui sont analysés du point de vue institutionnel, normatif[12] et juridictionnel[13]. Plusieurs définitions ont été proposées pour cerner la

---

[12] À titre illustratif, M. FAU-NOUGARET (dir.), *La concurrence des Organisations régionales en Afrique,* Paris, L'Harmattan, 2012 ; A. TCHAMENI, *Les évolutions du régionalisme africain. Le fonctionnement des Communautés économiques régionales*, Paris, L'Harmattan, 2013 ; TOGBA ZOGBELEMOU, *Droit des Organisations d'intégration économique en Afrique (CEDEAO-CEMAC-UEMOA-ZMAO)*, Paris, L'Harmattan, 2014; SAIDOU NOUROU TALL, *Droit des Organisations internationales africaines.* Théorie générale. Droit communautaire comparé. Droits de l'homme, paix et sécurité, Paris, L'Harmattan, Publication Credila, 2015 ; J. -M. PEMBELLET-SOUNGANI, *Le système institutionnel de la CEMAC.* Droit communautaire, Paris, L'Harmattan Congo-Brazzaville, 2016 ; A. SALL, *Les relations extérieures de la CEDEAO*, Paris, L'Harmattan, 2016 ; KEMOKE DIAKITE, *Droit de l'intégration africaine.* Organisations communautaires en Afrique de l'Ouest. Rapports entre les Organisations sous-régionales, l'Union africaine et l'Organisation des Nations unies. Défis prioritaires de l'intégration en Afrique, Paris, L'Harmattan, 2017 ; A. SALL, « L'institution parlementaire dans les processus d'intégration des États en Afrique de l'Ouest. Les exemples de la CEDEAO et de l'UEMOA » in I. BOSSE-PLATIERE (dir.), *La parlementarisation des processus d'intégration régionale.* Approche comparée. Europe, Afrique, Amériques, Rennes, Presses Universitaires des Rennes, 2020, pp. 133-156 ; S.J. PRISO-ESSAWE, « Institutions parlementaires régionales en Afrique : une approche critique », in I.BOSSE-PLATIERE (dir.), *op.cit.*, pp. 157-176 ; DI GORE SIMMALA, « Fondement et réponses à la non-parlementarisation d'un processus d'intégration communautaire : le cas de l'Union monétaire ouest-africaine », in I.BOSSE-PLATIERE (dir.), *op.cit.*, pp. 235-257 ; F. COEURBIE MANGA DIABA, *La Communauté économique des États de l'Afrique centrale et la gouvernance démocratique de ses États membres*, Paris, L'Harmattan, 2021 ; J. C. TCHEUWA (dir.), *Les Organisations internationales africaines. Regards croisés et défis contemporains*, Paris, L'Harmattan, 2022 ; HASSAN ADOUM-BAKHIT HAGGAR, *La Communauté économique et monétaire des États de l'Afrique centrale (CEMAC). Les obstacles à l'intégration en zone CEMAC*, Paris, L'Harmattan, 2022 ; DJIBRIHINA OUEDRAOGO, SENI MAHAMADOU OUEDRAOGO, O. KOLIE (dir.), *L'internalisation des directives UEMOA sur les finances publiques au Burkina Faso*, Paris, L'Harmattan, 2023 ; C. NYAMUGABO BAZIBUHE, *La République démocratique du Congo dans les Communautés économiques régionales : entre rationalité et rentabilité*, Paris, L'Harmattan, 2023.

[13] ALIOUNE SALL, *La justice de l'intégration. Réflexions sur les institutions judiciaires de la CEDEAO et de l'UEMOA*. Deuxième édition revue, corrigée et augmentée, Paris, L'Harmattan, 2018 ; E.-D. KEMFOUET KENGNY, *Les juridictions des Organisations d'intégration économique en Afrique*, Paris, LGDJ, EJA, 2018 ; MOUSTAPHA FALL, *Les cours de justice africaines et l'intégration,* Paris, L'Harmattan, 2021; J. MOUANGUE KOBILA, *La jurisprudence de la Cour de justice de la CEMAC*, Bruxelles, Bruylant, 2021 ; PIABIE J.-B. BAKO, *Les méthodes d'interprétation des Cours de justice des Organisations africaines d'intégration,* Bruxelles, Bruylant, 2021 ; MAMADOU KONO KONATE, *Contentieux du Droit*

notion de Droit communautaire (africain) se recoupant autour du Droit produit par les Organisations internationales africaines d'intégration. C'est le cas d'Augustin TCHAMENI qui définit le Droit communautaire comme étant « *l'ensemble des règles élaborées par les institutions intégrées, en vue de la régulation du processus ; ou des activités soumises à l'intégration* »[14].

Un rapprochement est établi entre droit de l'intégration et le Droit communautaire jusqu'à se confondre. C'est dans cette perspective qu'Abdoulaye SOMA reprend la définition du Droit communautaire comme étant « le droit des organisations intergouvernementales d'intégration »[15]. Ces définitions rejoignent celles proposées par NDESHYO RURIHOSE concevant le Droit communautaire africain comme :

> « Un ensemble des normes objectives et subjectives, un ensemble d'institutions et d'organes étatiques, régionaux, sous-régionaux, continentaux, un ensemble des cours et tribunaux (des juges), constituant une totalité cohérente et organisée, ayant pour finalité la réalisation de l'unité africaine, un droit d'intégration reconnu par groupe d'États autour d'un ensemble d'intérêts communs, de valeurs communes et ayant transféré un pouvoir effectif au service de ces intérêts, aux autorités autonomes »[16].

C'est aussi :

> « Un ensemble des règles sociales supranationales, élaborées par les organisations intergouvernementales africaines intégrées, d'application immédiate et appliquées directement par les États membres à leurs populations respectives »[17].

---

communautaire africain. Le juge national et le contentieux des normes communautaires, Paris, L'Harmattan, 2023.

[14] A. TCHAMENI, *Les évolutions du régionalisme africain*. Le fonctionnement des Communautés économiques régionales, Paris, L'Harmattan, 2013, p. 32.

[15] L. M. IBRIGA, *Droit communautaire ouest-africain*, Ouagadougou, Maison de droit, 2012, p. 28 cité par A. SOMA, « Les caractères généraux du droit communautaire », *Revue CAMES*/SJP, n° 001/2017, pp. 1-10, spéc. p. 1.

[16] O. NDESHYO RURIHOSE (dir.), *Manuel de Droit communautaire africain*, Kinshasa, Éditions États et Société (ES), 2011 p.33. Souligné par nous.

[17] *IDEM*, p.77. Souligné par nous.

Dans un autre cadre le Professeur NDESHYO RURIHOSE avait défini le Droit communautaire africain comme :

> « L'ensemble des normes édictées par les Communautés économiques africaines et l'Union africaine, destinées à régler les questions et les problèmes afférents au système politique et social africain et aux rapports particuliers entre l'Afrique et le monde »[18].

Togba ZOGBELEMOU propose une autre définition, au sens large, du droit communautaire, c'est-à-dire *l'ensemble des règles écrites ou non (jurisprudence ou principes généraux du droit) ou des règles d'origine extérieure à l'ordre juridique communautaire comme les conventions internationales conclues par les Communautés*[19].

Tenant compte de l'apport des uns et des autres, nous pouvons proposer cette définition du Droit communautaire africain comme étant *l'ensemble des règles et des institutions dont se dotent les OIA en vue de réaliser, par la coopération et d'autres mécanismes appropriés, l'intégration africaine entendue dans la perspective de l'unité sous-régionale, régionale et continentale africaine.* Cette définition se focalise, non pas sur les objectifs, mais sur le fonctionnement du système institutionnel et normatif mis en place au service desdits objectifs[20].

Certaines juridictions communautaires africaines ont contribué à dégager la nature communautaire de l'ordre juridique. C'est le cas de l'ordre juridique de l'UEMOA qui est de nature communautaire. Dans

---

[18] O. NDESHYO RURIHOSE, «Le système africain de sécurité collective», in G. BAKANDEJA wa MPUNGU et O. NDESHYO RURIHOSE, (dir.), *Annales de la Faculté de droit.* Édition spéciale droits de l'homme. Commémoration du 59e anniversaire de la Déclaration Universelle, Kinshasa, Presses universitaires de Kinshasa, 2007, pp.161-189, spécialement à la p.175. Mis en relief par nous.

[19] Guy Isaac et Marc Blanquet cités par T. ZOGBELEMOU, *Droit des organisations d'intégration économique en Afrique.* (CEDEAO-CEMAC-UEMOA-ZMAO), Paris, L'Harmattan, 2014, p. 181 et s. Souligné par nous.

[20] Cette définition comprend aussi bien le droit communautaire institutionnel (les règles gouvernant le fonctionnement de l'OI, la répartition des compétences entre les institutions, la production normative, la procédure de production normative, la nature de l'O.I, les sources, les rapports entre l'OI et les États membres, etc.) que le droit communautaire matériel (l'ensemble des règles applicables aux domaines de la compétence de l'OI).

son Avis du 2 février 2000, la Cour de justice de l'UEMOA, interprétant la compétence de l'Union dans la conclusion des accords internationaux, dégage à cette occasion la nature juridique de l'Union se caractérisant notamment par *l'autonomie institutionnelle*, *le partage des compétences avec les États membres*. Pour la Cour, « Il importe de souligner tout d'abord que l'Union constitue en droit une organisation de durée illimitée, dotée d'institutions propres, de la personnalité et de la capacité juridique et surtout de pouvoirs issus d'une limitation de compétences et d'un transfert d'attributions des États membres qui lui ont délibérément concédé une partie de leurs droits souverains pour créer un ordre juridique autonome qui leur est applicable ainsi qu'à leurs ressortissants »[21].

Les considérations développées par cette juridiction communautaire peuvent être reprises, *mutatis mutandis*, à propos de l'ordre juridique de la CEDEAO, de la CEMAC, de l'OHADA, de la Communauté d'Afrique de l'Est, etc. Les différents ordres juridiques sont en interaction avec le niveau continental, régional et sous-régional. Leur convergence participe de l'émergence et de la consolidation du Droit communautaire africain.

C'est dans cette optique que s'inscrit la présente contribution en cernant l'un des volets du Droit communautaire africain, à savoir le système normatif. Ce système, qui reprend la nomenclature des actes de droit dérivé prévus dans le Droit communautaire européen et se déclinant, principalement, du point de vue du Droit dérivé, en règlements, directives, décisions, recommandations et avis, a été repris dans la plupart des OIA d'intégration (CEDEAO, UEMOA, CEEAC, CEMAC, COMESA, etc.). Cette nomenclature classique n'a pas épuisé l'idée de la compléter. L'OHADA enrichit cette nomenclature par l'édiction des actes uniformes adoptés par le Conseil des ministres. La Communauté d'Afrique de l'Est innove par l'adoption des lois de la Communauté résultant d'une action concertée ou conjointe de l'Assemblée législative de la Communauté d'Afrique de l'Est et de la Conférence des Chefs d'État et de gouvernement. L'UEMOA, la CEMAC et la CEDEAO innovent par l'adoption

---

[21] Pour une étude de l'ordre juridique de l'UEMOA et de l'OHADA, AMADOU YAYA SARR, *L'intégration juridique dans l'Union économique et monétaire ouest-africaine (UEMOA) et dans l'Organisation pour l'harmonisation du droit des affaires en Afrique (OHADA)*, Marseille, Presses Universitaires d'Aix-Marseille, 2015, 654 p.

d'une catégorie d'actes particuliers appelés « Actes additionnels » adoptés par la Conférence des Chefs d'État et de gouvernement.

Ces actes présentent une importance particulière et méritent que nous puissions les illustrer en cernant, entre autres, leur nature juridique d'autant plus qu'elle oscille entre le droit primaire et le droit dérivé, l'indétermination de leur domaine d'intervention, leur justiciabilité, la spécificité des actes additionnels de la CEDEAO ainsi que leur contribution au système normatif du Droit communautaire.

Bien que les actes additionnels fassent partie des actes juridiques applicables au sein de trois Communautés africaines (CEDEAO, UEMOA et CEMAC) depuis plus de vingt ans au sein de l'UEMOA et une quinzaine d'années au sein de la CEMAC et de la CEDEAO qui se sont inspirées de l'expérience de l'UEMOA, ils n'ont pas suscité un intérêt particulier de la doctrine tendant à une étude systématique de cette innovation. Certes, des ouvrages portant sur le Droit communautaire en Afrique et dont certains ont été rappelés, ont évoqué, en passant, cette catégorie d'actes juridiques et la question du contrôle de leur légalité par les juridictions communautaires, mais des travaux spécialisés portant sur l'analyse de ces actes font défaut, du moins en tenant compte des recherches que nous avons effectuées.

C'est cette particularité des actes additionnels qui a attiré notre attention dans une optique de procéder à leur présentation, à leur analyse critique et aux perspectives qu'ils ouvrent à l'enrichissement du Droit communautaire africain. Étant donné les objectifs de la Société africaine de Droit communautaire et de l'objet du colloque organisé par cette société en novembre 2022 et dont la présente contribution étoffe la communication présentée à cette époque, nous nous proposons de nous focaliser sur cette innovation que notre contribution porte sur le boisseau. Les points faisant l'objet de cette contribution se déclinent dans la présentation des actes additionnels (I), les domaines couverts par les actes additionnels (II), l'appréciation de la légalité des actes additionnels (III), l'appréciation critique de la distinction entre actes additionnels de portée générale et individuelle (IV) et pour une rationalisation des actes additionnels (V).

I. Présentation des actes additionnels

Cette catégorie d'actes est prévue dans le traité de l'UEMOA[22], des protocoles additionnels au sein de la CEMAC[23] et CEDEAO[24]. Le traité révisé de la CEN-SAD prévoit que la Conférence des Chefs d'État et de gouvernement adopte des actes. Ces derniers ont une portée générale ; ils ont force obligatoire à l'égard des États membres et des institutions de la Communauté. Ils sont adoptés par consensus.

Les actes de la CEN-SAD peuvent, à notre avis, constituer une voie médiane entre les actes additionnels de la CEMAC, de l'UEMOA et de la CEDEAO d'une part et les règlements communautaires d'autre part. Les actes de la CEN-SAD n'entrent pas dans le cadre de cette contribution.

Les actes additionnels constituent des actes juridiques obligatoires adoptés par la Conférence des Chefs d'État et de gouvernement (CEMAC, CEDEAO, UEMOA) et qui s'imposent aussi bien aux institutions et organes communautaires qu'aux États membres. Ils

---

[22] Article 19 du Traité de l'UEMOA du 10 janvier 1994 : « La Conférence des Chefs d'État et de gouvernement prend, en tant que de besoin, des actes additionnels au Traité de l'Union. Les actes additionnels sont annexés au Traité. Ils complètent celui-ci sans toutefois le modifier. Leur respect s'impose aux organes de l'Union ainsi qu'aux autorités des États membres ». Cette disposition est reprise de manière identique à l'article 19 du Traité révisé de l'UEMOA du 29 janvier 2003.

[23] Art.40 : La Conférence des Chefs d'État adopte des actes additionnels au Traité et prend des décisions. Art.41 : Les actes additionnels sont annexés au Traité de la CEMAC et complètent celui-ci sans le modifier. Leur respect s'impose aux institutions, aux organes et aux institutions spécialisées de la Communauté ainsi qu'aux autorités des États membres. Art.43 : Les actes additionnels entrent en vigueur ä la date qu'ils fixent ou ä défaut, le vingtième jour suivant leur publication aux journaux officiels des États membres. Traité révisé de la CEMAC du 30 janvier 2009.

[24] Art.9 nouveau de l'Acte additionnel A/SA.3/01/10 du 16 février 2010 portant amendement de l'article 9 nouveau du Traité de la CEDEAO tel qu'amendé par le Protocole additionnel A/SP1/06/06. Il est consacré au régime juridique des actes de la Communauté1. Les Actes de la Communauté sont dénommés Actes additionnels, Règlements, Directives, décisions, déclarations, Règlements d'exécution, Recommandations et Avis. 2. Pour l'accomplissement de leurs missions, la Conférence adopte des actes additionnels, des directives, des décisions, fait des déclarations et des recommandations. 3. Les Actes additionnels sont des actes qui complètent le Traité et y sont annexés. Le respect des Actes additionnels s'impose aux États membres et aux institutions de la Communauté, sous réserve des dispositions de l'article 15 du Traité.

complètent les traités fondateurs auxquels ils sont annexés. Au sein de la CEMAC et de l'UEMOA, les actes additionnels complètent le traité fondateur auquel ils sont annexés sans toutefois le modifier. Par contre, les actes additionnels de la CEDEAO complètent le traité fondateur et en font partie intégrante. Dans la pratique, certains actes additionnels de la CEDEAO abrogent les dispositions d'un Protocole additionnel[25] et même du traité fondateur. Les actes additionnels sont signés soit par tous les membres de la Conférence des Chefs d'État et de gouvernement, soit uniquement par le Président dudit organe (CEMAC et UEMOA). Ils sont signés par tous les membres de la Conférence des Chefs d'État et de gouvernement de la CEDEAO.

Les actes additionnels ne sont pas soumis à la procédure de ratification au sein des États membres. Ils entrent en vigueur après leur publication au Journal officiel de la Communauté et/ou aux journaux officiels des États membres. Les actes additionnels, les règlements, les directives et les décisions sont publiés au Bulletin officiel de l'Union. Ils entrent en vigueur après leur publication à la date qu'ils fixent (Art.45 du Traité révisé l'UEMOA du 29 janvier 2003). Aucune exigence de leur motivation n'est prévue en vue de leur adoption.

Les actes additionnels de la CEDEAO se démarquent de ceux prévus par l'UEMOA et la CEMAC dans la mesure où, non seulement ils font partie intégrante du Traité fondateur, mais aussi ils sont soumis aux formalités d'enregistrement auprès des Nations unies, de l'Union africaine et des autres Organisations internationales[26]. Cet enregistrement rapproche davantage les actes additionnels de la CEDEAO des traités ou protocoles. Ces actes additionnels couvrent certaines matières bien

---

[25] À titre illustratif, l'Acte additionnel A/SA.1/12/16 du 17 décembre 2016 relatif au renforcement des prérogatives du Parlement de la CEDEAO abroge le Protocole A/P2/8/94 relatif au Parlement de la Communauté et le Protocole additionnel A/SP.3/06/06 portant amendement du Protocole A/P.2/8/94 relatif au Parlement de la Communauté.

[26] À titre illustratif, l'Acte additionnel A/SA.1/0110 du 16 février 2010 relatif à la protection des données à caractère personnel dans l'espace de la CEDEAO; l'Acte additionnel A/SA.3/01/07 du 19 janvier 2007 relatif au régime juridique applicable aux opérateurs de fournisseurs de services; l'Acte additionnel A/SA.1/12/16 du 17 décembre 2016 relatif au renforcement des prérogatives du Parlement de la CEDEAO, l'Acte additionnel A/SA.6/01/07 du 19 janvier 2007 relatif à l'accès universel/ service universel.

spécifiques ou sont adoptés à la discrétion par la Conférence des Chefs d'État et de gouvernement dans les matières qu'elle détermine librement.

II. Les domaines des actes additionnels

Le champ matériel des actes additionnels n'est pas clairement défini. À titre illustratif, au sein de l'UEMOA, l'Acte additionnel est utilisé par la Conférence des Chefs d'État et de gouvernement tantôt pour des nominations[27], tantôt pour des dispositions générales de l'Union[28], tantôt pour des mesures d'ordre institutionnel, fiscal[29]. Aux termes de l'article 19 du traité de l'UEMOA, l'acte additionnel, annexé au traité, complète ce dernier sans le modifier[30]. Il en est de même de la CEDEAO où les domaines de l'acte additionnel ne sont pas définis. Il intervient tantôt pour les nominations du Président de la Commission tantôt pour les questions institutionnelles[31], budgétaires et administratives, tantôt pour la recherche[32]. Les actes additionnels de la CEDEAO se rapprochent parfois de directives car ils prévoient un délai de leur transposition par les États. C'est le cas de l'Acte additionnel A/SA.3/01/07 du 19 janvier 2007 relatif au régime juridique applicable aux opérateurs et fournisseurs de services d'une part et de l'Acte additionnel A/SA.6/01/07 du 19 janvier 2007 relatif à l'accès universel/service universel d'autre part. Ils prévoient un délai de transposition de deux ans au plus.

---

[27] Acte additionnel n° 01/2011/CCEG/UEMOA portant nomination des membres de la Commission de l'UEMOA du 30 mai 2011 ; Acte additionnel n° 03/CCEG/ UEMOA portant renouvellement de mandat, nomination et fin de mandat de membres de la Cour de justice de l'UEMOA du 20 janvier 2007.

[28] Acte additionnel n° 01/2009/CCEG/UEMOA instituant une politique commune de l'UEMOA, dans le domaine de la circulation et du séjour des personnes non ressortissantes de l'Union adopté le 17 mars 2009.

[29] Acte additionnel n°07/99 portant relèvement du prélèvement communautaire de solidarité du 8 décembre 2007.

[30] Art. 19 : « La Conférence des Chefs d'État et de gouvernement prend, en tant que de besoin, des Actes additionnels au Traité de l'Union. Les Actes additionnels sont annexés au Traité. Ils complètent celui-ci sans toutefois le modifier. Leur respect s'impose aux organes de l'Union ainsi qu'aux autorités des États membres.

[31] Acte additionnel A/SA.1/12/16 relatif au renforcement des prérogatives du Parlement de la CEDEAO du 17 décembre 2016.

[32] Acte additionnel A/SA.1/12/12/14 sur l'amélioration de la performance de l'enseignement supérieur et la recherche scientifique. Abuja, le 15 décembre 2014.

L'Acte additionnel A/SA.3/01/10 portant amendement de l'article 9 nouveau du traité de la CEDEAO tel qu'amendé par le Protocole additionnel A/SP1/06/06 du 16 février 2010 circonscrit, dans une certaine mesure, les limites matérielles de la portée des actes additionnels. En effet, les hautes parties contractantes :

> « (…). Notant que les actes additionnels qui complètent le Traité et y sont annexés, ne peuvent être utilisés pour régir des matières qui relèvent de la compétence de la Conférence des Chefs d'État et de gouvernement telles que, des nominations à certaines fonctions de la Communauté, du suivi de la réalisation de ses objectifs et des demandes adressées à des États tiers, à des partenaires ainsi qu'à la Communauté internationale (…) »[33].

L'intervention d'un acte additionnel doit être prévue par le traité ou le Protocole additionnel. C'est dans ce sens que s'est prononcée la Cour de justice de l'UEMOA :

> « (...). Dans la mesure où le traité et le Protocole additionnel n°1 n'ont pas prévu l'intervention de la Conférence des Chefs d'État et de gouvernement pour leur application en ce qui concerne la Cour des comptes, la prise d'un acte additionnel pour ce faire interviendrait en violation même des dispositions à appliquer (...) »[34].

Les domaines matériels des actes additionnels de la CEMAC ne sont pas non plus délimités. Ils peuvent intervenir dans le domaine de la libre circulation des personnes[35], des nominations[36], ou encore dans le domaine institutionnel[37].

---

[33] Notre soulignement.

[34] Cour de justice de l'UEMOA. Avis n° 003/99 du 25 novembre 1999. Demande d'avis du Président de la Commission de l'UEMOA relative à l'interprétation de dispositions du traité de l'UEMOA et de son Protocole additionnel n° 1.

[35] Acte additionnel n° 01/13-CEMAC-070 U-CCE-SE portant suppression du visa pour tous les ressortissants de la CEMAC circulant dans l'espace communautaire.

[36] Acte additionnel n°02 CEMAC-CCE portant nomination du Président de la Commission du 8 août 2012.

[37] Acte additionnel n° 04/CEMAC-CCE-11 excluant du champ d'application du principe de rotation intégrale aux postes de responsabilité, l'État membre qui abrite le siège d'une institution de la Communauté du 25 juillet 2012 ; Acte additionnel n°01

Plusieurs actes additionnels de la CEDEAO ont modifié certaines dispositions du traité révisé[38]. Il en est de même de l'Acte additionnel A/SA.5/01/08 du 18 janvier 2008 qui modifie les articles 19 et 89 du traité sur les questions des attributions de la Commission et de son Président et du nombre de ratifications nécessaire pour l'entrée en vigueur du Traité et des protocoles[39]. L'Acte additionnel A/SA.1/12/16 du 17 décembre 2016 relatif au renforcement des prérogatives du Parlement de la CEDEAO abroge le protocole A/P2/8/94 relatif au Parlement de la Communauté et le Protocole additionnel A//SP.3/06/06 portant amendement du protocole A/P.2/8/94 relatif au Parlement de la Communauté. Cette modification contraste avec l'esprit de l'Acte additionnel qui est censé compléter le traité et non le modifier.

Il résulte de ce qui précède que la détermination du domaine d'intervention de l'Acte additionnel relève de l'exercice du pouvoir discrétionnaire de la Conférence des Chefs d'État et de gouvernement. Il peut, exceptionnellement, être prévu pour l'adoption de certains actes dans des matières spécifiques. Ce domaine couvert par l'Acte additionnel peut être qualifié de « réserve d'acte additionnel ». À titre indicatif, le traité révisé de l'UEMOA du 29 janvier 2003 prévoit que le régime sur les immunités et privilèges de l'UEMOA est déterminé par acte additionnel[40]. Il en est de même de la définition de nouvelles politiques sectorielles[41]. Aux termes de l'article 6 du traité révisé de la CEMAC, la Conférence des Chefs d'État et de gouvernement arrête par voie

---

autorisant les membres de la Cour de justice de la CEMAC, en fin de mandat, à rester en fonction jusqu'à l'installation de leurs remplaçants du 11 mai 2012.

[38] Acte additionnel A/SA.9/01/07 portant amendement des articles 1,3, et 6 et 21 du traité révisé du 19 janvier 2007. L'article 1er de cet Acte additionnel énonce : « *Sont abrogés les Protocoles A/P1/12/01 portant amendement des articles 1, 3,6 et 21 du Traité Révise et A/P2/12/01 relatif à la Banque d'Investissement et de Développement de la CEDEAO. Les articles 1 et 3 alinéa 2 (n), 6 alinéa 1 (g) et 21 du Traité révisé de la CEDEAO sont amendés ainsi qu'il suit (...)* ». Notre soulignement.

[39] TOGBA ZOGBELEMOU, *Droit des Organisations d'intégration économique en Afrique* (CEDEAO-CEMAC-UEMOA-ZMAO), Paris, L'Harmattan, 2014, p. 188.

[40] Art.10 du Traité révisé de l'UEMOA : « Le régime des droits, immunités et privilèges accordés à l'Union, aux membres de ses organes et à son personnel *est déterminé par voie d'acte additionnel* pris par la Conférence des Chefs d'État et de gouvernement ».

[41] Protocole additionnel n° 2 relatif aux Politiques sectorielles de l'UEMOA du 19 décembre 2001.

d'Acte additionnel, le régime des droits, immunités et privilèges accordés à la Communauté, aux membres de ses institutions et à son personnel. Par ailleurs, le régime des droits, immunités et privilèges accordés à la Cour de justice de la CEMAC et à ses membres est arrêté par acte additionnel.

L'Acte additionnel constitue, à titre indicatif, l'instrument approprié pour la nomination du Président de la commission et des Commissaires au sein de l'UEMOA et de la CEMAC alors que pour la CEDEAO seul le Président de la Commission est nommé par acte additionnel et non les autres membres de la Commission qui sont nommés par le Conseil des ministres. Au sein de l'UEMOA, les juges sont nommés par acte additionnel[42]. C'est aussi la Conférence des Chefs d'État et de gouvernement de la CEMAC qui nomme, par acte additionnel, les membres de la Cour de justice.

Certains domaines ou matières échappent au champ d'action des actes additionnels. La Cour de justice de l'UEMOA (CJ UEMOA) avait prévenu que l'Acte additionnel ne peut intervenir dans un domaine réservé au traité ou au protocole. Dans un Avis du 25 novembre 1999, elle avait repris ses considérations selon lesquelles :

> « L'Acte additionnel en tant qu'acte <u>unilatéral</u>, bien qu'il soit pris par la Conférence des Chefs d'État et de gouvernement, n'en constitue pas moins un acte de droit dérivé hiérarchiquement inférieur au Traité, et ne saurait en aucun cas se substituer à celui-ci, mais plutôt le compléter dans son application sans le modifier dans sa lettre ou dans son esprit ; c'est dire donc que l'Acte additionnel ne peut disposer dans un domaine réservé au Traité ou au Protocole additionnel »[43].

La CJ UEMOA précise que l'Acte additionnel ne saurait, en aucun cas se substituer à celui-ci mais plutôt le compléter dans son application

---

[42] À titre illustratif, Acte additionnel n° 01/2021/CCEG/UEMOA du 4 février 2021 portant nomination d'un membre de la Cour de la justice de l'UEMOA.

[43] CJUEMOA, Avis n° 003/99 du 25 novembre 1999. *Demande d'avis du Président de la Commission de l'UEMOA relative à l'interprétation de dispositions du Traité de l'UEMOA et de son protocole.* Notre soulignement. Voy. Aussi Avis n°002/99 du 25 juin 1999, Demande d'avis du Président de la Commission de l'UEMOA sur les projets d'acte additionnel portant statuts de la Cour des comptes et du contrôle.

sans le modifier dans sa lettre ou dans son esprit. C'est dire donc que l'Acte additionnel ne peut disposer dans un domaine réservé au Traité ou au Protocole additionnel. Il ne peut qu'appliquer les principes que les normes ont déjà dégagés[44].

Les actes additionnels ont fait l'objet d'un contrôle de légalité ayant permis aux juridictions communautaires de produire une jurisprudence convergente sur la justiciabilité des actes additionnels. Le fondement juridique de l'exercice de cette compétence et les motivations juridiques sont analysés dans ce troisième point.

III. L'appréciation de la légalité des actes additionnels

L'appréciation de la légalité ou mieux de la conformité d'un acte additionnel au traité fondateur se dégage de la lecture de plusieurs dispositions, qu'elles soient conventionnelles ou portant sur les statuts et les règlements de procédure des juridictions communautaires. Bien que ces dispositions n'établissent pas de manière expresse la justiciabilité des actes additionnels, celle-ci est déduite de l'économie générale de ces textes et de l'interprétation des juridictions communautaires. À titre illustratif, l'article 8 du Protocole additionnel n°1 relatif aux organes de contrôle de l'UEMOA dispose : « sur recours formé par un État membre, par le Conseil ou par la Commission, la Cour de Justice apprécie la légalité des règlements, directives et décisions. Le recours en appréciation de la légalité est ouvert, en outre, à toute personne physique ou morale, contre tout acte d'un organe de l'Union lui faisant grief. Les recours prévus au présent article doivent être formés dans un délai de deux (2) mois à compter de la publication de l'acte, de sa notification au requérant, ou, à défaut, du jour où celui-ci en a eu connaissance. Une amende de folle action peut être prononcée par la Cour à l'encontre de toute personne de droit privé, physique ou morale, en cas de recours manifestement abusif ou dilatoire »[45].

---

[44] CJUEMOA, Avis n° 003/99 du 25 novembre 1999, Demande d'avis du Président de la Commission de l'UEMOA relative à l'interprétation de dispositions du Traité de l'UEMOA et de son protocole.

[45] Notre soulignement.

En vertu de l'article 27 de l'Acte additionnel n° 10/96 portant statuts de la Cour de justice de l'UEMOA, celle-ci est compétente pour connaître notamment – des recours en annulation des règlements, directives et décisions des organes de l'UEMOA tels que prévus aux articles 8 et suivants du Protocole additionnel n° I. Aux termes de la Convention régissant la Cour de Justice de la CEMAC (30 janvier 2009), dans son rôle juridictionnel, la Cour connaît, entre autres, des recours en annulation des règlements, directives et décisions des institutions, organes et institutions spécialisées de la CEMAC (Article 23). Elle connaît, en outre, sur recours de tout État membre, de toute institution, organe ou institution spécialisée de la CEMAC ou de toute personne physique ou morale qui justifie d'un intérêt certain et légitime, de tous les cas de violation des dispositions du Traité de la CEMAC et des textes subséquents (Article 40).

Aux termes de l'article 9 du Protocole de la CEDEAO du 19 janvier 2005 relatif à la Cour de justice de la CEDEAO, celle-ci est compétente, pour connaître, entre autres, de l'interprétation et l'application des règlements, des directives, des décisions et de tous autres instruments juridiques subsidiaires adoptés dans le cadre de la CEDEAO ; l'appréciation de légalité des règlements, des directives, des décisions et de tous autres instruments juridiques subsidiaires adoptés dans le cadre de la CEDEAO[46]. L'article 4 dudit Protocole énonce que toute personne physique ou morale pour les recours en appréciation de la légalité centre tout acte de la Communauté lui faisant grief.

L'acte portant grief a constitué l'expression par laquelle l'Acte additionnel de l'UEMOA a été déféré devant la CJ-UEMOA qui a contribué, par l'arrêt *fondateur* Eugène Yai, à fixer le régime juridique applicable aux actes additionnels. Bien que l'arrêt Eugène Yai sot considéré comme le premier arrêt ayant fixé la nature juridique de l'Acte additionnel ainsi que les conditions pour l'appréciation de sa conformité au traité UEMOA, la CJ-UEMOA, par deux avis rendus en 1999, avait relevé que l'Acte additionnel, étant un acte dérivé, était

---

[46] Art. 9 du Protocole additionnel A/SP.1/01/05 du 19 janvier 2005 portant amendement du Préambule, des articles 1, 2, 9, 22 et 30 du Protocole A/P1/7/91 relatif à la Cour de justice de la Communauté ainsi que de l'article 4 paragraphe 1 de la version anglaise dudit Protocole. Notre soulignement.

hiérarchiquement inférieur au traité. Pour la CJ UEMOA, l'Acte additionnel, en tant qu'acte unilatéral, bien qu'il soit pris par la Conférence des Chefs d'État et de gouvernement et annexé au Traité, n'en constitue pas moins un acte du droit dérivé hiérarchiquement inférieur au Traité, et ne saurait en aucun cas se substituer à celui-ci, mais plutôt le compléter dans son application sans le modifier dans sa lettre ou dans son esprit[47].

Aux termes de l'article 8 (1) et (2) du Protocole additionnel n°1 relatif aux organes de contrôle de l'UEMOA, nous pouvons lire ce qui suit : « Sur recours formé par l'État membre, par le Conseil ou par la Commission, la Cour de justice apprécie la légalité des règlements, directives et décisions. Le recours en appréciation de la légalité est ouvert en outre, à toute personne physique ou morale contre tout acte d'un organe de l'Union lui faisant grief ». Quoique les actes additionnels ne soient pas expressément cités par cet article, la Cour de justice de l'UEMOA n'en a pas moins tiré sa compétence pour annuler, dans ses arrêts n°03/2005 du 27 avril 2005 et n° 1/2006 du 5 avril 2006, l'acte additionnel n°06/2004 du 15 novembre 2004 et l'Acte additionnel n°01/2005 du 11 mai 2005.

La Conférence des Chefs d'État et de gouvernement de l'UEMOA avait procédé au remplacement de Mr Eugène Yai en sa qualité de membre de la Commission de l'UEMOA par l'Acte additionnel n° 06/2004 du 15 novembre 2004 portant nomination de Monsieur Jérôme Bro GREBE en qualité de membre de la Commission de l'UEMOA. Le requérant sollicite l'annulation de cet acte additionnel étant donné que les membres de la Commission de l'UEMOA ne peuvent être révoqués que par la Cour de la justice et pour, entre autres, faute lourde. L'Acte additionnel querellé n'a pas satisfait à la procédure ci-dessus évoquée.

Saisie par le requérant dont l'Acte additionnel fait grief, la Cour de Justice de l'UEMOA procédera à l'annulation dudit acte additionnel

---

47 CJUEMOA, Avis n°002/99 du 25 juin 1999. Demande d'avis du Président de la Commission de l'UEMOA sur les projets d'acte additionnel portant statuts de la Cour des comptes et du règlement portant modalités de reddition et de contrôle. Voy. Aussi Avis n°003/99 du 25 novembre 1999, Demande d'avis du Président de la Commission de l'UEMOA relative à l'interprétation de dispositions du Traité de l'UEMOA et de son Protocole additionnel n°1.

dans son arrêt du 27 avril 2005. Cependant, la Conférence des Chefs d'État et de gouvernement, au lieu de tirer les conséquences de cet arrêt, adoptera un autre acte additionnel en date du 11 mai 2005 pour confirmer ledit remplacement, ce qui amènera une fois de plus la Cour sous-régionale d'annuler le nouvel acte dans son arrêt du 5 avril 2006. Les faits de cette cause ainsi que les passages saillants du raisonnement de la Cour de justice de l'UEMOA sont tirés aussi bien du site web de l'UEMOA que de l'ouvrage de Togba ZOGBELEMOU[48].

Dans l'arrêt du 27 avril 2005, la CJ UEMOA opère une distinction entre actes additionnels à portée générale et actes additionnels à portée personnelle. Le raisonnement de la CJ UEMOA mérite d'être reproduit dans certains de ses éléments :

> « [...] s'agissant de l'Acte additionnel attaqué, c'est un acte à portée individuelle. Il s'agit de l'Acte de nomination de Monsieur Jérôme Bro GREBE en qualité de Commissaire. [...].
>
> Pour la Cour de céans, il s'agit donc de distinguer deux catégories d'actes additionnels :
>
> – les actes additionnels à portée générale ou réglementaire (statuts de la Cour, textes relatifs aux politiques sectorielles par exemple…) ;
>
> – les actes additionnels individuels (nomination des Membres de la Cour de Justice ou des Commissaires…) ».

Après avoir opéré cette distinction entre les actes additionnels de portée générale et impersonnelle d'une part et les actes additionnels de portée individuelle d'autre part, la CJ-UEMOA se réfère au second alinéa de l'article 8 du Protocole additionnel n°1 relatif aux organes de contrôle, au terme duquel le recours en appréciation de légalité est ouvert, en outre, à toute personne physique ou morale, contre tout acte d'un organe de l'Union lui faisant grief. Pour la CJ-UEMOA, « [e] n l'espèce, il est évident que la nomination de Monsieur Jérôme Bro GREBE est de nature à porter grief à Monsieur Eugène YAÏ et qu'il a eu pour conséquence sa

---

[48] T. ZOGBELEMOU, *Droit des Organisations d'intégration économique en Afrique (CEDEAO-CEMAC-UEMOA-ZMAO),* Paris, L'Harmattan, 2014, pp. 190-192. Voy. aussi la note de TOGBA ZOGBELEMOU, Penant 859. Ohadata J-08-19. http://www.uemoa.int/ consulté le 4 novembre 2022.

révocation. En tout état de cause, la compétence de la Cour en matière de contrôle de légalité ne saurait se limiter aux seuls actes cités par le Protocole additionnel n°1 et par le Règlement de procédures ».

Enfin, il résulte de l'ensemble de ces considérations, que la Cour de Justice est compétente pour apprécier la légalité de l'Acte additionnel n° 06/2004 du 15 novembre 2004. (...) dit que l'Acte additionnel n° 06/2004 du 15 novembre 2004 portant nomination de Monsieur Jérôme Bro GREBE a été pris en violation des articles 16, 27, 28 et 30 du Traité de l'UEMOA.

À l'issue de son raisonnement, la Cour statue qu'« *il y a donc lieu d'affirmer au regard de ces dispositions tant du Protocole n°1 que du Règlement de procédures, que la légalité de l'Acte additionnel en question peut être contrôlée par le juge communautaire. La Conférence des Chefs d'État et de gouvernement est un organe de l'Union. Les actes additionnels à portée individuelle de la Conférence qui font grief sont attaquables devant la Cour de justice de l'UEMOA (...)* »[49]. Pour cette cour, sa compétence en matière de contrôle de légalité ne saurait se limiter aux seuls actes cités par le Protocole n°1 et par le Règlement de procédures.

La CJUEMOA a confirmé cette jurisprudence dans un autre arrêt rendu entre les mêmes parties. Pour cette Cour, s'il est vrai que l'article 19 du Traité de l'UEMOA dispose que les actes additionnels qu'il prévoit s'imposent aux organes de l'Union ainsi qu'aux autorités des États membres, ne bénéficient, toutefois, de l'obligation de respect découlant des dispositions de l'article 19 du Traité, que les seuls actes additionnels au Traité de l'Union qui le complètent sans pour autant le modifier. Or, dans le cas d'espèce, l'Acte additionnel n°04/2006 du 11 mai 2006, portant nomination de Monsieur Jérôme Bro GREBE en qualité de membre de la Commission de l'UEMOA ne pouvait en aucun cas être annexé au Traité pour s'imposer comme tel aux organes de l'Union et aux États membres. Pour la Cour, l'Acte additionnel précité constitue un acte additionnel à portée individuelle qui est susceptible de faire grief. (...). C'est pour ces raisons que les Actes additionnels à

---

[49] CJUEMOA, Arrêt n°03/2005 du 27 avril 2005, *Aff. M. Yai Eugène d'une part et la Conférence des Chefs d'État et de gouvernement, la Commission de l'UEMOA*, Recours en annulation de l'Acte additionnel n°06/2004 du 15 novembre 2004.

portée individuelle, adoptés par la Conférence des Chefs d'État et de gouvernement et qui font grief, sont attaquables devant la Cour de Justice de l'UEMOA. Il en résulte que le moyen tiré de l'incompétence est inopérant et doit être rejeté. Dès lors, la Cour de Justice retient sa compétente pour apprécier la légalité de l'Acte additionnel querellé[50].

Ces deux arrêts ont permis de répondre positivement à la question de l'appréciation de la légalité de certains actes additionnels. Pour la Cour, il est incontestable que l'Acte additionnel s'impose aux organes de l'Union. Toutefois, il convient de souligner qu'en exigeant de l'Acte additionnel de ne pas modifier le traité qu'il complète, le législateur communautaire a entendu le soumettre à la conformité de celui-ci. La Cour a établi par ailleurs une différence entre l'Acte additionnel à portée générale ou réglementaire de l'Acte additionnel à caractère individuel. Si le premier n'est pas susceptible de recours en appréciation de la légalité, le second l'est dans la mesure où il peut porter grief, comme c'est le cas sous examen.

Il convient par ailleurs de noter que si l'Acte additionnel de portée individuelle est justiciable dès lors qu'il porte grief, encore faut-il que dans le cadre de la Commission, que le commissaire ait déjà pris officiellement et régulièrement ses fonctions pour prétendre bénéficier de l'irrévocabilité en cours de mandat sauf pour faute lourde ou incapacité. La CJ a ainsi jugé que « le mandat court à compter de la date de prestation de serment qui consacre l'entrée en fonction (…). Qu'ainsi Monsieur EL HADJI ABDOU SAKHO n'ayant pas prêté le serment d'entrée en fonction (…) il n'avait pas officiellement et régulièrement pris fonction en qualité de commissaire de la Commission, malgré sa reconduction au poste de commissaire (…). Qu'en conséquence Mr EL HADJI ABDOU SAKHO ne peut légitimement invoquer, à son profit, les dispositions relatives à l'irrévocabilité du mandat, en ce que le bénéfice de ces dispositions suppose de la part du Commissaire qui l'invoque une entrée

---

[50] CJUEMOA, Arrêt n° 01/2008 du 30 avril 2008, *Affaire Monsieur Eugène YAI contre la Conférence des Chefs d'État et de gouvernement et la Commission de l'UEMOA*. Souligné dans le texte. La justiciabilité des actes additionnels à portée individuelle a été confirmée dans d'autres arrêts. Voy. CJ-UEMOA, arrêt n°04/2017 du 18 avril 2017.

en fonction officielle et régulière qui consacre le point de départ du mandat »[51]. La CJ UEMOA y développe ce raisonnement :

> « (...). Considérant que, dans le cas d'espèce, il n'est pas contesté que le requérant est une personne physique, que la Conférence des Chefs d'État et de gouvernement est un Organe de l'Union et que, aux dires du requérant, l'Acte additionnel en cause, le remplaçant par Monsieur Cheikh Hadjibou SOUMARE, lui cause un préjudice moral et financier ; Considérant qu'il a, du reste, été déjà jugé par la Cour de Justice de l'UEMOA que les Actes additionnels de portée individuelle, pris par la Conférence des Chefs d'État et de gouvernement de l'UEMOA, et faisant grief, sont attaquables devant la Cour de céans (…) ; Que dès lors, la Cour est compétente pour apprécier la légalité de l'Acte additionnel querellé (...) »[52].

Le raisonnement développé par la CJ UEMOA dans l'arrêt du 27 avril 2005 (*affaire Eugène YAI)* a été partagé et rappelé par la CJ de la CEDEAO du 29 juin 2018 : « enfin, la Cour doit rappeler les termes par lesquels l'organe judiciaire de l'Union économique monétaire ouest-africaine (UEMOA), confrontée à la question de contrôle d'un acte pris au nom de la Conférence des Chefs d'État et de Gouvernement mais faisant manifestement grief, a posé le principe de son aptitude à en connaître : « Le recours en annulation tend à assurer le respect de la légalité communautaire. Il serait contraire à cet objectif d'interpréter restrictivement les conditions de recevabilité du recours en limitant sa portée aux seules catégories d'actes visés par l'article 15 al 2 du Règlement de procédure de la Cour de justice ». *Voir arrêt 03/2005 du 27 avril 2005, Eugène YAÏ et Chefs d'État et Commission UEMOA.* 29- La Cour de la CEDEAO tient également du Protocole qui l'institue la mission d'« assurer le respect du droit et des principes d'équité dans l'interprétation et l'application du Traité ainsi que des Protocoles et

---

[51] CJUEMOA, Avis n°002/2014-15 du 29 décembre 2014. *Demande d'avis du Président de la Commission de l'UEMOA.*

[52] Cour de justice de l'UEMOA. Arrêt n°04/2017 du 18 avril 2017. *Recours en annulation. Recours en responsabilité aux fins d'indemnisation. Monsieur El Hadji Abdou Sakho c la conférence des Chefs d'État et de gouvernement et la Commission de l'UEMOA.*

textes y annexés et d'être investie de la responsabilité de régler tout différend pouvant lui être soumis…»[53].

La CJ CEDEAO tire sa compétence de l'article 9 b et c du Protocole de 2005 aux termes duquel la compétence de la Cour s'étend aux règlements, directives, décisions et tous autres instruments juridiques subsidiaires adoptés dans le cadre de la CEDEAO. Il s'agit là « d'une clause générale de justiciabilité de tous les actes dérivés adoptés dans le cadre de la CEDEAO. Il n'y est nulle part évoqué d'exception au contrôle exercé par la Cour sur ces actes »[54].

La CJ CEMAC est aussi compétente pour l'appréciation de la légalité des actes additionnels en s'appuyant sur l'article 24 de la Convention la régissant[55]. Elle a par ailleurs affirmé « (…) qu'il va sans dire que le contrôle de la légalité ne se limite pas aux actes communautaires figurant dans la nomenclature prévue aux articles 20 et suivant de l'Additif au Traité de la CEMAC relatif au système institutionnel et judiciaire de la communauté, mais s'étend à d'autres actes communautaires innommés ». Étant un acte communautaire dont le contrôle de légalité n'est pas expressément prévu, au regard de cette incise de la CJ CEMAC, celle-ci est compétente pour en assurer le contrôle[56].

Le contrôle des actes additionnels au sein de l'UEMOA est tributaire de la qualification retenue de l'Acte additionnel selon qu'il est de portée individuelle et qu'il porte grief, il est susceptible de contrôle par la

---

[53] Cour de justice de la CEDEAO. Affaire N°ECW/CCJ/APP/20/17. *Claude AKOTEGNON contre Commission de la CEDEAO.* Arrêt n° ECW/CCJ/JUD/19/18. Arrêt du 29 juin 2018.

[54] Cour de justice de la CEDEAO. Affaire N°ECW/CCJ/APP/20/17. *Claude AKOTEGNON contre Commission de la CEDEAO.* Arrêt n° ECW/CCJ/JUD/19/18. Arrêt du 29 juin 2018, § 26.

[55] Art. 24 de la Convention régissant la Cour de justice de la CEMAC adoptée le 30 janvier 2009 : « La Cour connaît, sur recours de tout État même, de toute institution, organe ou institution spécialisée de la CEMAC ou de toute personne physique ou morale qui justifie d'un intérêt certain et légitime, de tous les cas de violation des dispositions du Traité de la CEMAC et des textes subséquents ».

[56] CJCEMAC, 31 mars 2011, *Banque Atlantique du Cameroun, COBAC, Autorité monétaire du Cameroun et Amity Bank Cameroun PLC* c/ Arrêt n°010/CJ/CEMAC/CJ/09 du 13 novembre 2009, Arrêt n° 012/2011. Voy. aussi J. MOUANGUE KOBILA, *La jurisprudence de la Cour de justice de la CEMAC*, Bruxelles, Bruylant, 2021, pp. 235-237.

juridiction communautaire. Cette distinction comporte des inconvénients faisant partie de l'appréciation critique.

IV. Appréciation critique de la distinction entre actes additionnels de portée individuelle et actes additionnels de portée générale

La distinction entre actes additionnels à portée individuelle et actes additionnels à portée générale est pertinente pour des raisons académiques. Elle ne justifie pas, à notre avis, l'exclusion du contrôle de légalité des actes à portée réglementaire étant donné qu'ils demeurent des actes de droit dérivé et partant leur édiction doit obéir aux règles de compétence. Dans cette optique, un acte additionnel adopté dans le domaine du traité ou dans le champ d'action d'un autre organe ne peut prétendre bénéficier de l'immunité de juridiction et ce, indépendamment de son caractère réglementaire ou non.

La Cour de justice de la CEMAC n'a pas opéré la distinction entre actes additionnels de portée générale et impersonnelle d'une part et les actes additionnels de portée individuelle d'autre part. Dans son avis du 29 décembre 2014, elle a considéré que l'Acte additionnel qui modifie la Convention portant sur le parlement de la CEMAC était contraire à celle-ci. En effet, selon la Cour de justice, « (...), la Convention régissant le Parlement communautaire faisant partie intégrante du Traité révisé, il y a lieu de vérifier si l'article 1er de l'Acte additionnel du 25 juillet 2012 portant harmonisation de la durée des mandats des Responsables des Institutions, Organes et Institutions, est conforme à l'article 8 de la Convention du Parlement fixant la durée du mandat du Secrétaire général à quatre (4) ans. Sur ce point, le contrôle de conformité effectué par la Cour montre en réalité que l'Acte additionnel litigieux modifie l'article 8 de la Convention précitée, en ce qu'il fixe à cinq (5) ans la durée du mandat du Secrétaire général au lieu de quatre (4) ans ; ce qui est manifestement contraire à la lettre et à l'esprit de l'article 41 du Traité révisé qui définit l'Acte additionnel (...). Cela étant, la Cour demande à l'autorité compétente, d'exclure du champ d'application de l'Acte additionnel le Secrétaire général considéré à tort comme responsable de l'institution parlementaire communautaire ; mais également de s'en tenir à la durée du mandat fixée dans la Convention du Parlement, tant que celle-ci n'est pas modifiée (...)[57].

La Cour s'est prononcée par voie d'avis. Nous estimons que si elle était saisie en appréciation de la légalité de l'Acte additionnel précité, elle aurait été en droit de l'annuler pour contrariété avec le traité révisé de la CEMAC et ce, peu importe le caractère réglementaire dudit acte additionnel.

L'Acte additionnel que nous avons brièvement présenté dans ses manifestations au sein de l'UEMOA, de la CEMAC et de la CEDEAO constitue une contribution de ces trois Organisations internationales africaines à l'enrichissement de la nomenclature des actes communautaires. Cet apport mérite une rationalisation notamment dans l'utilisation des actes additionnels et dans les matières qu'ils sont susceptibles de régir.

V. Pour une rationalisation de l'Acte additionnel et son apport au droit communautaire

Nous avons, en présentant les actes additionnels, mis en exergue la spécificité de l'Acte additionnel de la CEDEAO qui se situe, à notre avis, entre le droit primaire, car il fait partie intégrante du traité auquel il est annexé d'une part et le droit dérivé d'autre part étant donné qu'il est adopté par la Conférence des Chefs d'État et de gouvernement, l'organe suprême de la CEDEAO. Ce raisonnement est partagé par Togba ZOGBELEMOU. Logiquement, l'Acte additionnel devrait faire partie du bloc du droit primaire. Mais sa prise par un organe communautaire, la Conférence des Chefs d'État et de gouvernement, et l'absence de ratification, le rattacheraient plutôt au droit dérivé[58].

Contrairement aux actes additionnels de la CEMAC et de l'UEMOA qui complètent les traités fondateurs sans les modifier, les actes additionnels de la CEDEAO se limitent à compléter le traité et se réservent la faculté de le modifier en abrogeant certaines de ses

---

[57] CJ CEMAC, Avis n° 002/2014 - 15 du 29 décembre 2014, Demande d'avis du Président de la Commission de la CEMAC du 29 décembre 2014.

[58] Togba ZOGBELEMOU, *Droit des Organisations d'intégration économique en Afrique* (CEDEAO-CEMAC.UEMOA-ZMAO), Paris, L'Harmattan, 2014, p. 188.

dispositions. Nous avons relevé l'existence des actes additionnels abrogeant des dispositions aussi bien du traité que des protocoles additionnels[59]. Dans un avis n° 001/2008 du 17 avril 2008, la CJ CEMAC estime que la modification de certaines dispositions régissant la Convention relative à la Cour de justice de la CEMAC par la Conférence des Chefs d'État et de gouvernement par le biais d'un acte additionnel viole les textes fondateurs et elle est entachée d'illégalité[60].

Pour des raisons de cohérence et de logique juridique, un acte additionnel qui modifie un traité devrait se placer au même niveau que le traité et par conséquent intégrer le droit primaire et non le droit dérivé. Le rapprochement de l'Acte additionnel (CEDEAO) d'un traité plutôt que d'un acte dérivé se manifeste aussi par les formalités d'enregistrement des actes additionnels auprès des Nations unies, de la Commission de l'Union africaine et de toute autre organisation internationale. Ce sont les traités qui sont soumis à cette procédure et non les actes de droit dérivé. *A fortiori*, rien ne peut expliquer le bien-fondé d'une telle procédure d'enregistrement si l'Acte additionnel n'avait qu'une portée interne en tant qu'acte unilatéral de manifestation d'une volonté imputable à une Organisation internationale.

Le pouvoir discrétionnaire de la Conférence des Chefs d'État et de gouvernement d'adopter les actes additionnels banalise cette innovation du droit communautaire africain et empiète sur les prérogatives des autres organes. À titre illustratif, certains actes additionnels ont été conçus sous forme de directives et fixent le délai de transposition[61]. Étant donné qu'aux termes de l'Acte additionnel A/SA.3/01/10 du 16 février 2010 portant amendement de l'article 9 nouveau du Traité de la

---

[59] Acte additionnel A/SA.1/12/16 du 17 décembre 2016 relatif au renforcement des prérogatives du Parlement de la CEDEAO. Il abroge le Protocole A/P2/8/94 relatif au Parlement de la Communauté et le Protocole additionnel A/SP.3/06/06 portant amendement du Protocole A/P.2/8/94 relatif au Parlement de la Communauté. L'Acte additionnel A/SA.3//01/10 du 16 février 2020 portant amendement de l'article 9 nouveau du traité de la CEDEAO tel qu'amendé par le Protocole additionnel A/SP1/06/06.

[60] J. MOUANGUE KOBILA, *La jurisprudence de la Cour de justice de la CEMAC*, Bruxelles, Bruylant, 2021, pp. 75-76.

[61] À titre illustratif, l'Acte additionnel A/SA.6/01/07 du 19 janvier 2007 relatif à l'accès universel/service universel, l'Acte additionnel A/SA.3/01/07 du 19 janvier 2007 relatif à la protection des données à caractère personnel dans l'espace de la CEDEAO.

CEDEAO tel qu'amendé par le Protocole additionnel A/SP1/06/06, la Conférence des Chefs d'État et de gouvernement dispose de plus de liberté quant au choix de l'acte juridique qu'elle peut adopter, elle pourrait recourir à l'adoption des actes autres que les actes additionnels. Parmi ces actes, figurent, outre les actes additionnels, les directives, les décisions, les recommandations, les déclarations. Dans cette optique, elle peut par exemple, pour la nomination du Président de la Commission de la CEDEAO, lever l'option en faveur d'une décision plutôt que d'un acte additionnel.

Au regard de ce qui précède, la contribution de l'Acte additionnel à l'enrichissement du système normatif du droit communautaire dépend d'une certaine rationalisation de son contenu et de sa forme.

Pour éviter la banalisation de l'Acte additionnel et la dilution de sa spécificité dans le contexte de la nomenclature des actes juridiques du droit communautaire, le recours aux actes additionnels serait justifié pour régir les dispositions statutaires, pour l'édiction des normes de caractère général régissant certaines matières ou certains domaines spécifiques. En revanche, il serait inapproprié pour l'adoption des actes de portée individuelle.

Les traités de la CEMAC et de l'UEMOA n'offrent pas la possibilité à leur organe suprême d'adopter un autre acte de droit dérivé que les actes additionnels. Cette possibilité est par ailleurs offerte au sein de la CEDEAO où la Conférence des Chefs d'État et de gouvernement ne statue pas uniquement par voie d'acte additionnel, mais aussi par voie de décision. À ce sujet la Conférence des Chefs d'État et de gouvernement de la CEMAC et de l'UEMOA peut s'inspirer de la pratique développée au sein de la CEDEAO consistant, pour le Conseil des ministres, à nommer les membres de la Commission de la CEDEAO par voie de décision.

La pratique d'enregistrement des actes additionnels CEDEAO auprès des Nations unies, de la Commission de l'Union africaine et des autres Organisations internationales est dépourvue de tout fondement juridique et n'apporte rien à la nature des actes additionnels. Pour renforcer davantage la suprématie du droit primaire au sein de la CEDEAO incarnée par le Traité fondateur tel que complété par des protocoles additionnels et assurer la cohérence de l'ordre juridique de la CEDEAO, les actes additionnels de la CEDEAO ne devraient pas être dotés de la force d'abroger les dispositions du Traité fondateur et des protocoles additionnels, textes juridiques dont la modification obéit à un régime de droit international conventionnel.

La distinction opérée par la CJ UEMOA dans l'arrêt Eugène YAI du 27 avril 2005 entre les actes additionnels de portée générale d'une part et les actes additionnels de portée individuelle d'autre part, aux fins du contrôle de leur légalité n'est pas pertinente. Pour la cohérence de l'ordre juridique communautaire, il est inconcevable que les actes additionnels adoptés en violation du droit primaire échappent au contrôle du juge communautaire pour la simple raison qu'ils ont un caractère réglementaire. Une telle autolimitation par la CJ UEMOA de ses prérogatives contraste avec le rôle de la justice dans le processus d'intégration et surtout de la cohésion de l'ordre juridique communautaire.

Les efforts de délimitation de la « réserve des actes additionnels » ou mieux du domaine couvert par les actes additionnels sont susceptibles de contribuer à la rationalisation de cet acte de droit dérivé spécifique au sein de la CEMAC, de l'UEMOA et de la CEDEAO participant de la contribution des Organisations d'intégration africaine à la nomenclature des actes du Droit communautaire, une nomenclature dominée par le Droit communautaire européen devenu, dans l'entre-temps, droit de l'Union européenne.

Les actes additionnels (UEMOA, CEMAC et CEDEAO), les lois de la Communauté (Communauté de l'Afrique de l'Est), les lois-types (Union africaine) et les actes uniformes (OHADA) illustrent les innovations ou l'enrichissement de la nomenclature des actes juridiques que les organisations internationales africaines d'intégration développent pour souligner, s'il en était encore besoin, que l'inspiration européenne du Droit communautaire n'a pas épuisé ou étouffé les spécificités du Droit communautaire africain. Celui-ci se construit, se consolide sous le regard et l'apport de la doctrine. La création de la Société africaine pour le Droit communautaire, mérite d'être saluée et encouragée pour la valorisation de ce droit en Afrique.

Conclusion

La contribution a illustré la spécificité d'une nouvelle catégorie d'actes communautaires appelée actes additionnels adoptés au sein de la CEMAC, de l'UEMOA et de la CDEAO par la Conférence des Chefs d'État et de gouvernement. Ces actes se situent dans l'intersection entre le droit primaire et le droit dérivé bien qu'ils soient formellement rattachés au droit dérivé. Nous avons par ailleurs démontré que les actes additionnels de la CEDEAO se rapprochent davantage du droit primaire et sont dotés de la force d'abroger certaines dispositions du traité fondateur ou du protocole additionnel. Le trait caractéristique de ces actes additionnels réside dans leur vocation de compléter le traité fondateur sans le modifier, exception faite de l'Acte additionnel de la CEDEAO qui demeure muet sur sa force de modifier le traité fondateur ou les protocoles additionnels.

Cependant, la pratique développée au sein de la CEDEAO nuit à la cohérence du système normatif dans lequel un acte adopté en vertu du droit primaire est susceptible de modifier ce dernier. La contribution des actes additionnels au système normatif du droit communautaire dépend de leur rationalisation pour laquelle nous avons indiqué quelques pistes à explorer.

La trame de cette contribution se proposait de faire ressortir au-delà de l'analyse des actes additionnels, la contribution des organisations internationales africaines au développement du droit communautaire à travers l'aspect normatif lié à la densité de la nomenclature des actes juridiques adoptés au sein de certaines OIA. Les actes additionnels s'inscrivent dans une dynamique amorcée en Afrique consistant à valoriser certaines spécificités du Droit communautaire africain. Ils rejoignent dans cette optique les lois de la Communauté d'Afrique de l'Est et les actes uniformes de l'OHADA. Ces deux dernières catégories n'ont pas été visées par cette contribution.

Thème 2

La communautarisation du Droit pénal face aux exigences du principe de la légalité criminelle

Natacha Hermine NGO NLEP
épse BODIONG[1] (Cameroun)

Résumé

La construction d'un espace pénal commun, garant de l'effectivité du respect de l'ordre public communautaire en Afrique ne va pas sans bousculer les frontières profondément marquées par les théories issues de la rationalité pénale moderne. Il faut observer que le droit communautaire engendrant inéluctablement un ordre public qui lui est propre, appelle la mise en place des règles contraignantes pour garantir son autorité et sa pérennité. Seulement, pour vaincre les replis souverainistes et donc, les résistances suscitées par la formation du droit pénal communautaire, le législateur va enclencher un processus de communautarisation du droit pénal atypique. Dans ce processus de production des normes pénales matérielles notamment, s'exprime une vision tantôt dualiste tantôt moniste. Privilégiant la première option, certains textes communautaires ont fait le choix de l'éclatement du pouvoir d'incrimination entre la description du comportement interdit et l'édiction de la peine.

Ce processus participe de la diversification des sources du droit pénal et éprouve grandement l'exigence de prévisibilité de la norme pénale. C'est dire que, le législateur communautaire, en se saisissant de la compétence de créer le droit pénal, mobilise des règles de droit interne au détour d'une interprétation spécieuse, facilitée par une multiplicité de qualifications. Ce modèle éprouve gravement le principe de la légalité criminelle dans ses exigences modernes, plongeant ainsi les sujets de droit dans l'insécurité juridique.

Mots clés : **Communautarisation, Droit pénal, Légalité.**

---

[1] *Docteure en Droit Privé et Sciences Criminelles, Chargée de Cours à la Faculté des Sciences juridiques et politiques. Maître-Assistant CAMES. Université de Yaoundé II Cameroun. Téléphone : (+237) 650885014/699747845/Email : natachanlep@yahoo.fr*

Abstract

The construction of a common penal space, guaranteeing the effectiveness of the respect for the community public order in Africa, does not happen without disrupting the borders deeply marked by theories arising from modern penal rationality. It should be noted that community law, inevitably generating its own public order, calls for the establishment of binding rules to ensure its authority and sustainability. However, to overcome sovereigntist retreats and therefore the resistances aroused by the formation of community penal law, the legislator will initiate an atypical process of communalization of penal law. In this process of producing material penal norms, a dualistic or monistic vision is expressed. Privileging the first option, some community texts have chosen to split the power of incrimination between the description of the prohibited behavior and the edict of the penalty. This process contributes to the diversification of sources of penal law and greatly tests the requirement of predictability of the penal norm. This means that the community legislator, by taking up the competence to create penal law, mobilizes internal law rules through a specious interpretation, facilitated by a multiplicity of qualifications. This model seriously tests the principle of criminal legality in its modern requirements, thus plunging legal subjects into legal insecurity.

Keywords: Communautarization, penal law, legality.

Introduction

S'il est un truisme de dire que les évolutions du droit affaiblissent le principe de la légalité criminelle, il nous semble opportun dans le cadre de cette réflexion d'en mesurer le degré d'anéantissement et partant, de définir de nouveaux piliers de cette normativité pénale. Ceci, permettrait d'assurer la rationalité de ce droit de punir extra-étatique, gage de l'effectivité du droit communautaire. L'histoire de la relation entre le droit pénal et l'intégration régionale est jonchée de contradictions. L'intégration est une réalité en Afrique dans la mesure où les États africains ont constitué des Communautés d'intégration dont les premières datent du lendemain des indépendances. Certes, les querelles doctrinales ont émaillé la question de l'existence d'un *Droit communautaire en Afrique*[2], cependant, il convient de relever

[2] D'après une doctrine, le droit communautaire africain peut se décliner de manière décroissante en 1) droit communautaire *largement* effectif 2) droit communautaire *partiellement* effectif et 3) *pseudo* droit communautaire, Lire Kazadi Mpiana Joseph, « La problématique de l'existence du droit communautaire africain. L'option entre

que la plupart des communautés régionales couvrent l'espace économique[3], très peu l'espace juridique. Dans le projet de mise en place du Droit communautaire, se développe une normativité communautaire. La normativité peut se définir comme la faculté qu'un ordre juridique a de constituer un ensemble de normes juridiques qui sont des sources de droits et d'obligations juridiques. Ces normes peuvent être permissives, consistant en ce que les membres de la communauté « peuvent faire », prescriptives, c'est-à-dire ce que les sujets de droit doivent faire ou prohibitives, c'est-à-dire ce qu'ils ne doivent pas faire. La normativité tient aussi en « l'aptitude d'une règle de droit à produire des effets normatifs ». Celle-ci donne lieu à la création des normes en fonction des origines géographiques, des valeurs protégées par les membres qui constituent la communauté. L'examen de la normativité du droit communautaire nous permet de mettre en lumière l'existence du droit communautaire en tant qu'ensemble de normes juridiques applicables aux communautés. L'intérêt de savoir le processus par lequel ces normes parviennent à se donner corps s'impose à tout esprit de recherche. Les communautés créées à l'issue de l'intégration régionale utilisent la théorie des compétences communautaires, en foi de quoi chaque institution agit dans les limites des attributions qui lui sont conférées par le traité qui la consacre. C'est en application de cette théorie que va s'opérer le transfert de compétences d'États souverains vers un organe regroupant plusieurs États situés dans une même région ou un même continent. Dès lors que ce transfert s'est opéré, la communauté peut légitimement s'introduire dans le droit pénal des États membres par la communautarisation des normes. Il existe des mécanismes de communautarisation du droit, souvent classés en deux catégories : les mécanismes de réduction de différences entre les législations nationales, au rang desquels la coordination et harmonisation, puis les mécanismes d'extinction des différences entre les

---

mimétisme et spécificité », *Revue libre de Droit*, 2014, p. 38-78. Voir aussi la communication du Professeur Ondoa Alain, « Existe-t-il un droit national de l'intégration communautaire en Afrique francophone », Symposium juridique de Libreville organisé les 21 et 22 novembre 2013 sur le thème *Comment fabrique-t-on le droit en Afrique*, inédit. Ngo Nlep Natacha Hermine, *La formation du droit pénal communautaire en Afrique noire*, Thèse soutenue à l'Université de Yaoundé II, Soa, 2016, 575 p.

[3] Aujourd'hui, deux traités visant l'intégration économique globale coexistent en Afrique de l'Ouest : la CEDEAO, l'UEMOA. Il en va de même en Afrique centrale, avec la CEMAC, la CEEAC.

législations nationales, par l'uniformisation et l'unification du droit. Dans le cadre du droit pénal, la communautarisation est un processus à deux versants. Le premier versant décrit le mouvement par lequel les normes pénales qui se développent au niveau communautaire en raison des intérêts communautaires protégés au plan pénal pénètrent le champ pénal national et l'élargissent et le modifient ou le redéfinissent sur le fondement de l'effet direct du droit communautaire sur le droit national. Le second variant de la communautarisation est celui par lequel les normes communautaires se saisissent des normes pénales nationales, les reconfigurent. Il en résulte que les intérêts juridiques ou les valeurs sociales nationales deviennent des valeurs communautaires et dans tous les cas, des valeurs définies dans la sphère communautaire. Ainsi, le droit pénal communautaire tel qu'il prévaut aujourd'hui, impose l'application du principe de la légalité, une légalité qui doit néanmoins prendre en compte la normativité du droit communautaire et la légalité pénale nationale. Quel que soit le type de communautarisation pris en compte, dès lors que la communauté s'est immiscée dans le droit pénal des États membres, considéré comme leur chasse-gardée, elle remet à mal le principe de la légalité criminelle. Ce principe, qui se traduit par le fait qu'on ne *peut être condamné pénalement qu'en vertu d'un texte pénal clair et précis* »[4] signifie qu'il ne peut y avoir d'infractions ou de peines sans lois, a une incidence sur la normativité de la loi pénale. Modernisé par la Cour européenne des Droits de l'Homme il emporte de nos jours des exigences supplémentaires à la contrainte de la légalité classique. C'est ainsi que les autorités chargées de l'édiction de la loi pénale doivent se soumettre à l'exigence de prévisibilité de cette loi. La prévisibilité de la loi pénale a été dégagée par la Cour européenne des Droits de l'Homme dans son arrêt Sunday Times c/ Royaume uni[5] puis précisé dans l'arrêt

---

[4] Principe attribué et développé par Cesare Beccaria au XVIIIe siècle, conceptualisé au siècle des lumières ; C'est dès 1748 que Montesquieu indique dans *L'esprit des lois*, livre XI, chapitre VI de la constitution d'Angleterre : « Les juges de la nation ne sont que la bouche qui prononce les paroles de la loi », article 8 de la Déclaration des droits de l'homme et du citoyen de 1749.

[5] Sunday Times c. Royaume-Uni du 26 avril 1979.

Cantoni c/ France que de 1996[6]. La prévisibilité de la loi[7] renvoie à deux composantes, son accessibilité et son intelligibilité[8]. Dès lors que le pouvoir d'intervention a été reconnu aux communautés en matière pénale, celles-ci ont mobilisé des principes propres au droit communautaire et une technique spécifique à la normativité communautaire, toutes choses qui vont affecter la technique législative de l'élaboration de la norme pénale au point de provoquer un déclin dangereux de la qualité des normes pénales.

Face à cette décadence, il convient de se poser la question de savoir si *les exigences du principe de la légalité criminelle sont prises en compte dans le mouvement de communautarisation pénale ?* Cette question qui sera examinée dans le cadre des dispositions édictées par les législateurs UEMOA ET CEMAC en matière pénale, permettra de poser un regard inquisiteur sur le constat d'une légalité éprouvée (I), mais qu'il convient d'encadrer au mieux pour assurer une production pénale communautaire respectueuse des nouvelles exigences de la légalité criminelle (II).

I. La légalité criminelle éprouvée par les méthodes d'élaboration des règles pénales

Le droit communautaire africain s'inscrit à l'orée du droit européen qui en est le précurseur dans un processus de transfert des compétences des États souverains vers les organisations communautaires. Dans le cadre de la communautarisation fermée, les normes pénales se forment au niveau communautaire en raison des intérêts communautaires protégés au plan pénal, sur le fondement de l'effet direct et de la primauté du droit communautaire sur le droit national. Ce processus d'introduction du droit communautaire dans le droit des États s'opère en bousculant la légalité

---

[6] Par un arrêt rendu à Strasbourg le 15 novembre 1996 dans l'*affaire Cantoni c/ France*, la Cour européenne des droits de l'homme dit, à l'unanimité, que la condamnation pénale du requérant pour exercice illégal de la pharmacie n'a pas enfreint l'article 7 de la Convention européenne des droits de l'homme.

[7] Le principe de légalité pénale a pour fondement la prévisibilité.

[8] L'accessibilité se rapporte à la possibilité d'avoir accès au droit applicable tandis que l'intelligibilité renvoie à la lisibilité du texte et à l'adoption de dispositions suffisamment précises et de formules non équivoques.

pénale qui exprime la double exigence de la définition par la loi des comportements répréhensibles et des sanctions. Dans une perspective communautaire, la fabrication du droit pénal instaurée par les organes communautaires permet-elle de trouver satisfaite l'exigence de prévisibilité de la légalité ? La question mérite d'être posée car elle permet de faire le constat de la fragilisation du dogme légaliste pénal en raison du partage des compétences institué dans le cadre communautaire pénal (A). Ce choix révèle à la réalité, une intervention *sui generis* des acteurs impliqués dans le processus d'élaboration des normes communautaires et entraîne des conséquences importantes (B).

A. La fragilisation de la légalité par l'idée d'une compétence pénale partagée

La compétence partagée ne peut être invoquée sans s'en référer à la compétence d'attribution[9]. Dans une logique de communautarisation[10], la légalité ne sera plus simplement appréhendée comme tributaire du seul cadre national, mais aussi communautaire. La compétence partagée entraîne un droit d'initiative légale de la communauté en concurrence avec celui des États membres[11].

---

[9] Les compétences d'attribution peuvent se décliner en trois variantes : les compétences « exclusives », « partagées » et « complémentaires ». Les compétences partagées peuvent aussi trouver appellation de compétences concurrentes. C'est en vertu de l'article 16 du traité UEMOA que ressort le principe d'attribution des compétences dans l'UEMOA : en effet, l'article 16 limite le domaine d'action de ses organes « aux attributions qui leur sont conférées par le traité de l'UMOA et le présent traité dans les conditions prévues par ces traités. »

[10] Il convient de préciser que, la communautarisation du droit pénal national implique la détermination communautaire d'une compétence nationale et non pas l'exercice d'une nouvelle compétence pénale (…) communautaire. Lire, Labayle Henri., « L'application du titre VI du Traité sur l'Union européenne et la matière pénale », RSC, n 1, 1995, pp. 35-64, sp. p. 42.

[11] Un auteur affirme à cet effet que, « compte tenu de la nature de ces politiques, des politiques nationales peuvent être conduites parallèlement à celles de l'Union, de façon additionnelle, sans être nécessairement incompatibles. », Lire Bribosia Henri, « Subsidiarité et répartition des compétences entre la Communauté et ses États membres. Commentaire de l'article 3B du traité de Maastricht », RMUE, n° 4, 1992, p.54. À cet effet, l'Article I-14 du Traité établissant une Constitution pour l'Europe dispose que, les domaines de compétence partagée : « §3. Dans les domaines de la recherche, du développement technologique et de l'espace, l'Union dispose d'une compétence pour mener des actions, notamment pour définir et mettre en œuvre des

C'est en vertu de la théorie des compétences communautaires que l'intervention communautaire sera justifiée en matière pénale. Absente des traités fondateurs, la compétence pénale des communautés va trouver des applications dans les actes tels que les règlements, directives, avis et recommandations[12]. Le partage des compétences normatives répressives aboutit à l'édiction par le législateur communautaire de la norme de comportement (1), le soin étant laissé au législateur national de prévoir la sanction applicable (2). Cette configuration de la légalité pénale communautaire se retrouve dans certains actes de l'UEMOA et la CEMAC alors même que par ailleurs, dans les mêmes instruments il est fait cas d'une attribution de compétence pénale plus claire et plus précise.

1. L'érection de la norme de comportement par le législateur communautaire

Il convient de relever que le processus de communautarisation des incriminations met au cœur de l'élaboration des normes pénales, les États membres et les organes communautaires. Or il est commun de recenser de franches oppositions entre les différents protagonistes pour arriver à imposer leur point de vue afin *in fine* d'arriver à s'arroger le pouvoir de création du droit[13]. La loi pénale communautaire s'apparente en ces circonstances en une loi précaire dans la mesure où, son initiateur peut être concurremment le législateur interne ou communautaire dès lors qu'aucune disposition n'a été envisagée pour séparer strictement le champ de compétence de chacune. Par ailleurs, le principe de la légalité sera édulcoré lors de la scission des constituants de l'infraction. Il faut reconnaître d'emblée dans le cadre des organisations qui font l'objet de nos développements (CEMAC et UEMOA) que leur intervention en

---

programmes, sans que l'exercice de cette compétence ne puisse avoir pour effet d'empêcher les États membres d'exercer la leur ». Voir aussi §4.

[12] Dans les organisations communautaires plus avancées, une base légale vise avec la technique du « rapprochement, en tant que de besoin, des règles de droit pénal des États membres » qui prend la forme de « mesures instaurant des règles minimales relatives aux éléments constitutifs des infractions pénales et aux sanctions », on assiste à la création des normes pénales dans les domaines de la criminalité organisée, du terrorisme et du trafic de drogue.

[13] Burgorgue-Larsen Laurence. « À propos de la notion de compétence partagée : Du particularisme de l'analyse en droit communautaire », *Revue générale de droit international public*, 2006, n° 2, pp. 373-390.

matière pénale lorsqu'elle consiste à opérer une scission dans les constituants de l'infraction pose de réelles interrogations quant au respect des exigences de la légalité criminelle. La norme pénale interne est entendue comme définition du comportement répréhensible assorti des sanctions. Elle est donc considérée comme un tout et ne devrait pas être fragmentée. Or c'est précisément ce qui arrive lorsque c'est le législateur communautaire qui procède à l'édiction de la norme de comportement, d'où l'entorse au principe de la légalité. L'organisation communautaire qui vise à une description des comportements répréhensibles, va affirmer que la violation est sanctionnée pénalement. Ainsi par exemple, le législateur CEMAC va utiliser l'expression « est puni de… » avant l'énonciation des éléments d'incrimination[14]. Seulement, à l'occasion de la communautarisation ouverte, et fermée, le législateur communautaire est souvent amené à utiliser la technique des renvois. Le renvoi peut être direct ou en cascade. En effet, la pratique des renvois a toujours été considérée comme un bémol à la définition rigoureuse des incriminations. Or ce rempart est souvent utilisé par le législateur communautaire. La directive n° 07/2002/CM/UEMOA, qui est relative à la lutte contre le blanchiment de capitaux dans les États de l'UEMOA procède dans ses dispositions, à des renvois aux lois nationales pour la qualification des délits d'où peuvent résulter les biens objets de blanchiment[15].

L'organisation communautaire législatrice pénale n'est pas toujours rompue à la définition claire et précise des éléments constitutifs de l'infraction. Cette défaillance lui vaut d'être à l'origine des normes floues, mettant à mal le principe de la légalité. Dans l'UEMOA par exemple, le législateur fait des opérations de concentration qui créent ou renforcent une position dominante, des actes interdits. Cette incrimination reste cependant floue dans la mesure où la notion de concentration n'est pas elle-même définie de manière claire et précise. Par ailleurs, le Titre V du Règlement n° 01/03-CEMAC-UMAC portant

---

[14] Voir par exemple l'article 237 du règlement n° 02/03/CEMAC/CM relatif aux systèmes, moyens et incidents de paiement : « ... est puni d'un emprisonnement (…), toute personne qui avec l'intention de porter atteinte aux droits d'autrui, émet un chèque sans provision ».

[15] Voir dans ce sens la directive n° 02/2015/cm/UEMOA relative à la lutte contre le blanchiment de capitaux et le financement du terrorisme dans les États membres de l'union économique et monétaire ouest-africaine (UEMOA).

prévention et répression du blanchissement des capitaux et du financement du terrorisme en Afrique centrale prévoit aux termes de l'article 46 qu'« est puni d'un emprisonnement de 5 à 10 ans et d'une amende pouvant aller jusqu'à 5 fois de montant des sommes blanchies sans être inférieure à 10 millions, celui qui aura commis intentionnellement un ou plusieurs des agissements énumérés à l'article premier ci-dessus relativement à la définition du blanchissement de capitaux ». Ces lacunes dans l'activité législative de la communauté peuvent s'expliquer par plus d'un argument. Il s'agit d'abord dans l'hypothèse de la communautarisation fermée, de l'absence des parlements nationaux du processus d'élaboration des normes communautaires. Dans le cadre de l'UEMOA, un Comité interparlementaire (CIP) a été créé par l'article 35 du Traité constitutif de l'Union, cependant, il reste constant que c'est la conférence des chefs d'État qui est l'organe de décision et partant de création de normes juridiques dans cet espace, supplée en cela par le Conseil des ministres. Dans le cadre de la CEMAC, le processus démocratique est certes plus prononcé mais il demeure que les organes de décision sont la Conférence des Chefs d'État et la commission. La conférence détermine la politique de la Communauté et oriente l'action du Conseil des ministres de l'UEAC et du Comité ministériel de l'UMAC. La Commission quant à elle, dispose du droit d'initiative en matière normative, ainsi que des pouvoirs d'exécution et de mise en œuvre des politiques et programmes communautaires[16], elle assure ainsi la mission de gardienne des Traités de la CEMAC, représente la communauté dans les négociations internationales. On peut le constater, le processus d'adoption des Actes communautaires repose sur la compétence des représentants du pouvoir exécutif, or la place du parlement dans l'édiction des normes pénales a toujours été préférée à celle de l'exécutif. Ensuite dans l'hypothèse de la communautarisation ouverte, même lorsque la norme pénale tire sa source du droit interne des États membres, on assiste ici encore à un dessaisissement *de facto* des parlements nationaux de leurs compétences législatives au profit

---

[16] Lire Serigne Diakhate, *La lutte contre la délinquance économique et financière dans l'Union économique et monétaire ouest-africaine (UEMOA) et dans l'Organisation pour l'Harmonisation du Droit des Affaires en Afrique (OHADA) : état des lieux et perspectives*. Thèse de Doctorat en Droit. Université Panthéon Sorbonne-Paris I, 2017, 466 p., spéc. p.31 et s.

des pouvoirs exécutifs. Absents de tout le processus d'élaboration des normes communautaires, les parlements nationaux seront chargés au meilleur des cas du vote des normes édictant les sanctions pénales. Si la fraction « *nullum crimen* » du principe de la légalité criminelle pose ces problèmes qu'en est-il de la fraction « *nulla peana* » ?

2. L'édiction de la sanction pénale par le législateur national

Dans le cadre de l'exercice des compétences qui leur sont dévolues par les traités, certaines organisations communautaires vont recourir aux directives pour imposer aux États parties, dans une procédure législative qui sied à chacun, de projets de lois visant à rendre effectives les sanctions pénales[17]. Ce système devrait *a priori* permettre d'avoir les mêmes sanctions, qui sont en fait édictées par des lois propres à chaque État partie. Cet élan n'est toutefois pas répercuté dans toutes les sphères communautaires, bien au contraire, le principe de la légalité des sanctions communautaires connaît des soubresauts.

La détermination des sanctions par les États participe non seulement de la répartition des compétences entre les sphères interne et communautaire, mais plus encore d'un devoir de mobilisation de l'État membre au service du droit communautaire[18]. Cette latitude laissée au droit interne signifie *a contrario* que, le quantum des peines sera le reflet axiologique du droit pénal de chaque pays de l'espace qui déterminera alors les sanctions en fonction de ses propres valeurs de référence. Dès lors que l'État membre est invité à participer à la réalisation des objectifs communautaires, cette faculté est rarement exploitée car les États semblent au contraire se contenter du caractère non obligatoire de ce dispositif, puisque le texte laisse aux instances nationales « la compétence quant à la forme et aux moyens ». L'adoption des sanctions pénales dans la directive UEMOA relative à la lutte contre le blanchiment de capitaux a connu une difficulté allant dans ce sens : En son article 42 la directive impose aux États l'adoption des textes uniformes relatifs à la lutte contre le blanchiment de capitaux en leur intimant un délai de six mois à

[17] Voir le cas de l'UEMOA.

[18] Par exemple, les articles 146 à 151 du Code de la navigation intérieure CEMAC-RDC renvoient expressément et systématiquement aux législations nationales pour le quantum des peines.

compter de la signature de la présente directive[19]. Cette énonciation expresse vient abroger l'article 36 adopté quelque temps avant et prévoyait qu'il incombera aux États membres de prendre les dispositions législatives relatives aux sanctions pénales applicables à toute personne physique ou morale ayant commis des infractions de blanchiment de capitaux. Nous constatons que le laxisme des États membres a obligé le législateur communautaire à être circonspect dans les délais impartis pour rendre effectif le régime de sanctions, sans que pour autant le résultat escompté soit absolument atteint.

Par ailleurs, la sanction pénale étant de la compétence du législateur interne, il est possible que l'on assiste à des *« forum shopping »* ou des paradis fiscaux… cette lacune est d'autant plus préoccupante que de manière générale, le législateur communautaire ne dit pas grand-chose sur la nature de ces sanctions à adopter en droit interne. La légalité est affectée par le régime des sanctions pénales dans la mesure où, il manque une visibilité de la sanction pénale. Il n'est institué aucun principe d'encadrement, encore moins des règles communes tendant à définir les quanta des sanctions. L'on ne saurait terminer cette démonstration sans évoquer l'éventualité des répressions multiples par la survenance du cumul des sanctions de même nature.

La légalité criminelle est largement compromise quant aux exigences de la qualité de la loi pénale dans le cadre de l'élaboration du droit pénal communautaire. Cette compromission est essentiellement le fait du partage de compétences pénales entre communauté et État membre.

Quid des difficultés qui en ressortent ?

B. Les difficultés induites du développement d'une compétence concurrente

En tenant compte du principe d'attribution des compétences, la compétence pénale se situerait totalement en dehors du champ d'application du droit communautaire. Cependant, avec l'admission de la compétence communautaire législative, le droit pénal prend une place

---

[19] L'article 42 intitulé obligation de transposition dispose expressément que : « Les États membres doivent adopter au plus tard six mois à compter de la signature de la présente directive, les textes uniformes relatifs à la lutte contre le blanchiment de capitaux ».

légitime dans la mise en place du droit communautaire. Cette légitimité tire son fondement du principe de la primauté et son corollaire l'effet direct du droit communautaire. Ainsi, en raison de sa primauté sur le droit national, le droit communautaire exerce une influence indiscutable sur le droit pénal national. Cette assertion trouve très tôt ses limites du fait de la mise en échec du principe de primauté communautaire sur les droits nationaux (1), des conséquences s'en suivent consécutives à l'absence d'obligation pour l'État membre d'adopter la norme pénale communautaire (2)

1. La mise en échec de la primauté du droit communautaire

On pourrait mesurer l'ampleur de la pénétration du droit communautaire dans le droit interne des États membres par la primauté et l'effet direct[20]. Si la primauté s'impose à tous les organes des États membres, et s'opère vis-à-vis de toutes les normes nationales même les normes pénales, l'applicabilité directe elle, se définit comme le droit pour toute personne de demander à son juge de lui appliquer les traités, règlements et directives ou décisions communautaires. Ces considérations nous amènent à voir dans quelle mesure ce principe est mis en échec dans la communautarisation du droit pénal. Le premier niveau d'obstacle et qui va vite être battu en brèche peut être considéré comme général. Il découle du fait que, l'effet direct ne sera retenu que dans « tous les cas où les dispositions apparaissent comme étant du point de vue leur contenu, inconditionnelles et suffisamment précises ». On peut dire que la normativité pénale communautaire revêt ce caractère dans la mesure où, les dispositions qu'elle prévoit sont souvent précises et s'adressent aux particuliers. Le second niveau d'obstruction apparaît du fait que les dispositions pénales communautaires nécessitent le plus souvent des mesures nationales ou communautaires pour compléter une autre obligation inconditionnelle, les États chargés de prendre des mesures d'application disposent d'une appréciation discrétionnaire pour le faire. C'est cette latitude qui va créer une situation de disparité entre les législations pénales internes au moment de la réception des exigences

---

[20] L'effet direct renvoie à l'idée des effets de la règle de droit communautaire dans l'ordre juridique interne des États ; c'est-à-dire que la règle de droit communautaire crée directement des droits ou met directement des obligations à la charge des particuliers.

pénales du droit communautaire. Cela s'est déjà plusieurs fois produit en droit communautaire notamment lors de la réception des dispositions du droit de la concurrence UEMOA : la Guinée-Bissau, qui n'a pas de législation interne en la matière n'a par ailleurs pris aucune disposition interne pour se conformer au droit communautaire en vigueur. L'échec du principe de primauté est criard ici car, le droit communautaire qui devrait s'appliquer directement sans passer par une disposition interne y est sans effet. Cette situation qui n'est pas unique est à l'origine de l'insécurité juridique et plus encore remet en cause l'objectif d'harmonisation des normes communautaires décliné dans les traités constitutifs.

2. L'absence d'obligation pour l'État membre d'adopter la norme pénale communautaire

Le défaut d'intégration de la norme pénale communautaire par le droit national qui engage les objectifs d'harmonisation du droit communautaire est-il encadré par la communauté ? Autrement dit existe-t-il un pouvoir de sanction des communautés en cas de récalcitrante ? Et même pour des États qui refusent de légiférer sur les sanctions, que prévoient les communautés ? Par le passé, la CEMAC, n'admettait pas de recours en manquement. Le traité révisé de Yaoundé de 2008 a institué de nouvelles compétences. Il s'agit essentiellement : du recours en manquement qui permet au juge communautaire de contrôler le respect par les États membres des obligations que le droit communautaire fait peser sur eux. Il est exercé soit par la Commission, soit par un État membre à l'encontre d'un autre État membre, lorsque le premier estime que le second n'a pas respecté le droit de la CEMAC. Le manquement peut être la conséquence d'actes ou de faits comme l'adoption d'un texte contraire au droit de la CEMAC, ou d'omissions et d'abstentions, comme le retard dans la transposition d'une directive par un État membre. Cette situation est à distinguer du recours en carence. Il est dirigé contre l'inaction d'une institution, d'un organe de la Communauté. Il s'agit d'une abstention illégale en considération du droit communautaire CEMAC, pour y remédier, l'institution ou l'organe concerné doit prendre les mesures appropriées. L'accent doit être mis ici sur le rôle de la cour communautaire CEMAC qui doit avoir constaté la carence alors même que le droit communautaire obligeait à l'État membre d'agir en l'espèce. L'Afrique de l'Ouest reconnaît aussi la force à ce procédé notamment dans le cadre de l'UEMOA, qui l'a prévu notamment à l'alinéa 1er de l'article 15 du règlement de procédure de la cour de justice UEMOA[21]. En effet, selon la réglementation, la cour de justice connaît des recours de la commission ou de tout État membre, pour tous manquements que les États accusent par rapport aux obligations communautaires qui leur incombent. Il peut s'agir de l'information des pratiques anormales par l'État, la publication de décision dans les organes de presse, le retrait des avantages accordés à ces États, la suspension monétaire de la BCEAO, l'exclusion au cas où l'État ne respecte pas vraiment ses obligations.

Les décisions pour recours en manquement ne sont pas légion, pourtant cette voie devrait être de plus en plus exercée devant les cours communautaires afin de rendre conforme le droit des États membres au droit communautaire et partant de contribuer de manière significative à l'établissement des critères de la légalité criminelle moderne[22].

Le constat de l'effritement de la légalité criminelle requiert l'examen des voies pour assurer au droit communautaire et aux citoyens qui en sont destinataires la qualité des normes pénales qui en découlent. L'un des progrès envisagés consisterait certainement à l'abandon de la règle de l'unanimité en matière pénale, qui aurait pour conséquence de rendre impossible pour un seul État de la communauté, de paralyser les choix

[21] L'UEMOA a également réalisé un grand pas dans l'optique d'obliger les États membres à adopter la norme pénale communautaire ainsi en va-t-il de l'article 36 de la Directive n° 07/2002/cm/UEMOA relative à la lutte contre le blanchiment de capitaux : Obligation pour les États de prendre les dispositions législatives relatives à la répression des infractions liées au blanchiment de capitaux : « [l] es États membres sont tenus de prendre, dans le délai prévu à l'article 42, les dispositions législatives relatives..., aux sanctions pénales applicables à toute personne physique ou morale ayant commis une infraction de blanchiment de capitaux et... aux mesures de confiscation des sommes d'argent et tous autres biens... ». De même en est-il de l'article 37 : Incrimination de certains actes imputables aux personnes physiques et morales.

[22] On notera à regret que, la Chambre judiciaire de la cour de justice CEMAC connaît aussi des recours en manquement, cependant, contrairement à la Communauté européenne et à l'UEMOA où le recours en manquement est bien organisé, la Convention régissant la Cour de Justice de la CEMAC ne le mentionne que sommairement en son article 16.

de politique pénale de l'ensemble, favoriser ainsi un exercice de la compétence plus cohérent et effectif[23].

II. Les chemins du rapprochement des règles pénales respectueuses de la légalité criminelle

La formation du droit pénal communautaire épouse les objectifs que se fixent les communautés lorsqu'elles sont créées, celui de parvenir à une harmonisation, un rapprochement ou une unification des droits des États membres selon le degré de cohésion et de cohérence auquel l'ordre entend aboutir. L'on peut cependant poser le diagnostic d'après lequel, le droit pénal, domaine particulièrement sensible et marqué du sceau de la légalité, ne parvient pas toujours à atteindre une harmonie en vue de sa contribution efficace à la mise en œuvre du droit communautaire. Au-delà des velléités souverainistes qui auraient pu constituer le point d'achoppement en la matière, il s'agit dans une vision d'ensemble de soumettre à la réflexion la nécessité de l'émergence de nouveaux piliers de normativité pénale communautaire, en vue de consacrer des choix de politique du législateur communautaire qui reflètent davantage une conception moderne du principe de la légalité criminelle. À cette fin, il semble impérieux d'affiner les mécanismes de coproduction normative en matière de communautarisation pénale (A), mais davantage encore de parvenir à la consécration de la compétence pénale des cours communautaires (B).

A. L'affinement de la coproduction normative

La communautarisation est l'occasion pour les organisations et communautés statuant en matière pénale d'élaborer ou d'établir des règles minimales relatives à la définition des infractions pénales et des sanctions dans les domaines de la criminalité économique ou trans-frontalière. Cette entreprise ne peut se réaliser que par le rapprochement, qui peut être celui des politiques communautaires ou celui des

---

[23] Pareille démarche existe dans le droit pénal communautaire européen. Lire Bernardi Alessandro, « Entre la pyramide et le réseau : les effets de l'européanisation du droit sur le système pénal », *Revue interdisciplinaire d'études juridiques*, n°1, Vol. 52. 2004, 48 p.

législations plus spécifiquement. L'une des étapes requises en vue du rapprochement est l'harmonisation des droits. Or, « Vouloir harmoniser l'ensemble du droit pénal semble une utopie ». Il appert nonobstant à l'analyse des limites dans la consécration d'une légalité moderne que les organes d'élaboration du droit pénal communautaire gagneraient à rendre plus performante leur politique criminelle. Ce défi ne sera relevé sur le plan légaliste qu'avec une redéfinition du rapprochement dans ses deux pans, l'un normatif (1) et l'autre fonctionnel (2).

1. Le rapprochement normatif des droits pénaux

Le défaut de clarification des compétences pénales des organisations et communautés des États membres étudiées est un prélude aux entorses qui seront relevées dans la conformité aux exigences de prévisibilité, de visibilité, de clarté des normes pénales communautaires. Le droit pénal communautaire devrait énoncer des règles minimales relatives à la définition des infractions et des sanctions. Dans l'optique d'une communautarisation fermée ou ouverte, il s'agirait alors pour la communauté de prendre les dispositions de droit pénal en considération des objectifs que se fixe certes la communauté, mais surtout en les adaptant aux exigences de la légalité criminelle[24]. Or on peut bien faire le constat du défaut de clarification des compétences pénales des organisations et communautés des États membres étudiées de l'absence d'une liste, même non-exhaustive des infractions pouvant donner lieu à une coordination des droits en matière pénale dans l'optique de s'adapter plus tard aux évolutions de la criminalité. Dans les étapes qui jonchent l'élaboration de la norme communautaire, le manque de cohérence des travaux de coordination en matière pénale. Ce manque de clarté donne à s'interroger sur les critères ayant motivé le choix des infractions

---

[24] Dans le cadre de l'OHADA par exemple, les projets de textes sont préparés par le secrétariat permanent et un rôle actif est reconnu aux commissions nationales OHADA pour les examiner en considération du contexte socio-juridique et économique qui prévaut alors. Cette prévision reste malheureusement peu productive car il manque à cet organe d'harmoniser son fonctionnement par la création d'un cadre réglementaire indépendant des États et qui fixe ses modalités de fonctionnement. Lire Serigne Diakhate, *La lutte contre la délinquance économique et financière dans l'Union économique et monétaire ouest-africaine (UEMOA) et dans l'Organisation pour l'Harmonisation du Droit des Affaires en Afrique (OHADA) : état des lieux et perspectives.* Thèse de Doctorat en Droit. Université Panthéon-Sorbonne -Paris I, 2017, 466 p., spéc. p. 47.

identifiées comme devant faire l'objet de rapprochement ainsi que, sur les raisons ayant poussé à privilégier tel domaine plutôt que tel autre.

À cela, on ne saurait manquer de noter l'absence d'une approche globale de sanctions. Cette disparité de sanctions augure de la grande marge de manœuvre laissée aux États membres par la possibilité d'adopter les dérogations ou au contraire d'élargir la sphère de protection visée par la communauté. Il peut donc exister une différence de réglementation entre les États selon la volonté de l'État de protéger ses entreprises nationales ou le désir d'attirer des investisseurs. Il serait peut-être temps face aux défaillances constatées de préférer recourir aux instruments juridiques contraignants (convention traité et autres), lorsqu'il s'agit pour la norme communautaire de s'appliquer par l'édiction des sanctions pénales.

2. Le rapprochement fonctionnel entre les États

De manière générale, les lacunes institutionnelles sont également un frein à la pleine application du principe de la légalité criminelle. Tout d'abord, concernant le principe de l'unanimité qui continue de régir les organisations et communautés étudiées[25], il y a lieu de relever que, cette pratique ralentit considérablement la négociation et conduit à un appauvrissement des textes adoptés à tel point que certains auteurs évoquent une harmonisation « à droit constant ». En effet, chaque État membre est dans l'optique communautaire, un organe constituant partiel ou constituant. Ainsi dans le cadre de la communauté, rien ne peut se faire si un seul État s'y oppose. Lorsque l'on sait la forte emprise des souverainetés nationales sur le droit pénal, on comprend qu'en demeurant dans la règle de l'unanimité les États membres continuent d'exprimer leurs élans souverainistes et que l'on peut difficilement compter sur une vision harmonisée des sanctions dès lors qu'elles sont

---

[25] Concernant le droit OHADA par exemple, les Actes uniformes, les décisions du Conseil des ministres sont prises à la majorité absolue des États dont chacun dispose d'une voix, à l'exception de l'adoption des Actes uniformes, qui requiert l'unanimité des représentants des États parties présents et votants. Dans le cadre de l'UEMOA, la Commission est le principal initiateur de la législation communautaire. Elle bénéficie, à cet effet d'un quasi-monopole d'initiative de l'activité normative de l'Union. Par ailleurs, la fonction d'initiatrice de l'activité normative de la Commission devient un véritable pouvoir, car lorsque la Commission fait une proposition de décision, le Conseil ne peut amender ladite proposition qu'à l'unanimité.

laissées à leur entière appréciation. Ainsi, malgré le fait que l'adoption des normes pénales soit la résultante d'un transfert consenti de la souveraineté pénale des États membres, il reste insuffisant pour insuffler au droit communautaire toute la légitimité interne possible. C'est alors que les États membres parviennent à adopter un texte qui ne les obligera à aucune modification substantielle de leur législation, ou en trompe-l'œil. L'urgence de mener une réflexion portant sur l'approche à suivre en vue d'harmoniser *a minima* les sanctions pénales pour les matières où la communauté opère scission de l'incrimination serait salutaire pour l'optique de contribuer à poser le socle d'une sécurité juridique dans le domaine de la légalité pénale communautaire.

Sur un aspect encore plus pratique, le droit communautaire lors de son élaboration requiert souvent la participation des administrations internes et d'autres partenaires qui doivent se concerter, nous suggérons que l'intervention dans ces cas ait lieu suffisamment tôt pour éviter qu'elle ne se heurte aux impératifs de l'urgence qui contraint surtout à une publication des textes parce que le temps de préparation a été largement consommé en amont au niveau de la saisine de l'Assemblée nationale. Par ailleurs, il faudrait toujours dans ce souci de l'intelligibilité, mettre quelques fois à contribution les directions juridiques des ministères étant donné que leur rôle peut être irremplaçable, si elles sont effectivement associées à l'élaboration des textes. Cette association pouvant au demeurant aller du simple conseil lorsque le service en charge de la réglementation se heurte à une difficulté, à une véritable « *coproduction* » pour les textes dont la mise au point est particulièrement délicate comme ce semble être le cas en matière pénale. Mais de manière générale, l'intelligibilité des textes pénaux pris dans le cadre des communautés procède d'un savoir-faire normatif qui devrait laisser surgir une approche globale de la qualité des textes prenant en compte aussi bien le souci de clarté que d'intelligibilité.

B. La consécration de la compétence pénale des cours communautaires

Dans le cadre de la mise en place d'un espace pénal commun en Europe, le rôle de la jurisprudence a été crucial. Que serait le principe de la légalité pénale s'il n'était pas consolidé dans le cadre de son application devant le juge ? En effet, le principe de légalité en matière pénale « n'empêche pas que la loi attribue un pouvoir d'appréciation au juge ». Le juge dévolu pour la matière pénale est le juge national, à qui il appartient d'assurer la primauté du droit communautaire. Dès lors que cette affirmation est validée, on tombe dans la violation de l'exigence de prévisibilité car face à des situations identiques mais en face de juges nationaux différents, rien n'indique que le traitement des justiciables sera le même. Ce premier niveau de difficulté est vite surplombé par l'hypothèse où les communautés ont prévu des instances juridictionnelles mais sans leur arroger de réelles compétences pénales. Tel est le cas de la Cour de Justice CEMAC[26], ou encore la cour UEMOA[27]. Comment comprendre cet enchevêtrement (1), pour pouvoir espérer en sortir (2).

1. L'imbroglio sur les compétences pénales des cours communautaires

Les cours de justice communautaires ont une mission juridictionnelle qui consiste à assurer le respect par les institutions, les États membres et leurs ressortissants, des règles de droit communautaire. Elles jouent par exemple un rôle essentiel dans la mise en œuvre des règles de concurrence communautaire et plus particulièrement dans la sanction des pratiques anticoncurrentielles. Le principe étant celui de la compétence exclusive des autorités communautaires en matière de contrôle des pratiques communautaires, il est assez curieux de faire le constat d'une participation ambiguë des États membres dans ce processus. Dans le cas de la CEMAC, les autorités nationales peuvent collaborer à la mise en œuvre du droit communautaire, mais dès lors que ces autorités ont un pouvoir de sanction dont le recours sera opéré devant le juge

---

[26] La Chambre judiciaire connaît sur recours de tout État membre, de tout Organe ou Institution, de toute personne physique ou morale capable qui justifie d'un intérêt légitime et certain, de tous les cas de violation des dispositions des traités et conventions subséquentes. Lorsqu'elle est saisie, la Chambre judiciaire statue tantôt en dernier ressort, tantôt en premier et dernier ressort, tantôt en appel et en dernier ressort. Elle connaît aussi de l'action en contrôle de légalité.

[27] Au rang des attributions dévolues à cette cour, elle veille à l'interprétation uniforme du droit communautaire et à son application et juge, notamment, les manquements des États à leurs "obligations communautaires". En matière de concurrence, elle apprécie la légalité des décisions prises par la Commission relativement dans les cas d'ententes et d'abus de position dominante. Elle peut être saisie en ce sens par un État membre ou toute personne physique ou morale intéressée.

national, on ne saurait plus parler d'une simple collaboration. Au niveau communautaire, le Conseil Régional de la Concurrence, la Commission de la CEMAC et la Cour de justice communautaire, garant de l'effectivité du droit communautaire. Le premier est un organe consultatif, le deuxième est l'organe de décision en matière de concurrence et la cour assure le contrôle juridictionnel des décisions prises.

Si nous prenons l'exemple du droit communautaire UEMOA rappelons que l'organisation a adopté une approche centraliste de sa politique de la concurrence qui donne compétence exclusive à l'Union dans toutes les matières relevant de ce domaine. C'est donc en toute logique que des compétences larges ont été reconnues à l'autorité de la concurrence, la Commission, alors même qu'une catégorie spécifique de pratiques anticoncurrentielles demeure imputable aux États membres. Fort de ces contingences, une coopération est aménagée entre la Commission et les structures nationales de la concurrence. Il existe en effet un partage de compétences entre la Commission et les structures nationales de la concurrence. La Commission étant l'organe communautaire chargé de prendre les décisions lorsque le contentieux ressortit au droit communautaire, la cour pouvant connaître en dernier ressort, des décisions de la Commission[28]. Il en va des États membres qui pour ce qui concerne les matières relevant de leur compétence, saisiront la juridiction suprême de leur organisation judiciaire interne. Il n'existe en l'état actuel, aucune une procédure de contrôle des décisions rendues par les structures nationales de la concurrence par l'ouverture d'une procédure en appel devant la Commission. Il ressort de ces deux illustrations que la compétence pénale des communautés reste très peu structurée de manière à assurer les garanties organisées au bénéfice du justiciable communautaire relatives à la promotion de l'état de droit communautaire et de l'émergence d'un nouvel ordre protecteur des droits fondamentaux en Afrique centrale. Quelle que soit l'hypothèse, la dualité juridictionnelle en matière pénale, sera toujours un frein

---

[28] La Commission est habilitée à saisir la Cour de Justice de l'Union pour faire constater et sanctionner le non-respect des dispositions communautaires par les États membres 68. La même compétence lui est reconnue en cas de suspicion du non-respect de la légalité par un acte communautaire. À ce niveau, il faut noter que les actes additionnels qui semblaient être exclus de ce contrôle de légalité, ont été considérés par la Cour de Justice comme susceptibles de recours en annulation.

l'effectivité de la légalité criminelle. Un début de solution consisterait sans doute à consacrer de manière claire la compétence pénale des cours communautaires.

2. La nécessaire consécration de la compétence pénale des cours communautaires

À la question de savoir qui s'adresseraient les États membres et les justiciables en vue de voir interpréter les dispositions nées de l'application erronée des normes de droit pénal communautaire ? La réponse ne saurait être systématique alors même que l'application du droit pénal communautaire devrait être assurée, par la reconnaissance aux destinataires de ce droit des possibilités identiques ou équitables d'en réclamer les garanties. Parfois, les États n'ont prévu aucune possibilité pour leurs juridictions nationales de s'assurer de l'application uniforme de ce droit. Si la compétence juridictionnelle nationale en droit communautaire est avérée surtout en matière pénale, celle-ci ne fait pas fi de la compétence des cours communautaires[29]. Cependant, il reste ce problème de la dualité des sources communautaire et nationale en matière pénale qui laisse au juge national la faculté de rendre une décision soit en considération des normes communautaires, soit en considération des dispositions de droit pénal interne qui continuent de prévaloir en la matière. L'on en tient pour exemple le cas de la réglementation CEMAC en matière de chèque. En effet, il est certes avéré que le règlement CEMAC n° 02/03/CEMAC /UMAC/CM adopté le 04 avril 2003 est venu modifier la réglementation relative aux systèmes de paiement, moyens et incidents de paiement en réglementant les différents moyens que sont le chèque, la lettre de change, le billet à ordre, cartes de paiement, virements et prélèvements, monnaie électronique. Reconnaître des compétences pénales générales à la cour communautaire c'est précisément

---

[29] La Cour de Justice de l'UEMOA par exemple a été installée le 27 janvier 1995. Elle est régie par le Traité de l'UEMOA, le protocole additionnel n°1, l'Acte additionnel n° 10/96 du 10 mai 1996, les Règlements n° 01 et 02/96/CM/UEMOA du 20 décembre 1996. Elle est gardienne de la légalité dans l'ordre juridique communautaire. À cet effet, elle est chargée de veiller à l'application et au respect du Traité. Elle est aussi compétente pour interpréter le Traité. L'article 12 du protocole additionnel n°1 prévoit que, le recours en appréciation de la légalité devant la Cour est ouvert (...) à toute personne physique ou morale, dans un délai de deux (2) mois à compter de la publication ou de la notification de l'acte pris par un organe.

sonner le glas d'une justice à deux mesures. La cour dans ses prérogatives pourrait être saisie de recours en manquement à l'encontre d'un État membre manquant à ses obligations communautaires, la Cour, gardienne des dispositions légales devra s'assurer que la justice soit rendue même lorsqu'un État n'aura pas adopté les dispositions pénales dans son droit interne.

Il est également possible qu'un État membre maintienne en vigueur, par négligence, des dispositions internes contraires au droit pénal communautaire. La Cour sera mieux placée pour veiller au respect par les États membres des obligations qui leur incombent en vertu du droit pénal communautaire. Tous ces développements font ressortir des lacunes manifestes dans le système de protection juridictionnelle. Les droits fondamentaux font partie intégrante des principes généraux du droit et devraient faire l'objet de l'application par une Cour de Justice statuant en matière pénale.

En outre, l'unicité du contrôle juridictionnel des décisions rendues en matière pénale serait dévolue à la compétence pénale de la cour de sorte qu'à terme, seront agrandies la transparence et la cohérence du droit pénal communautaire.

La compétence pénale de la cour ne saurait être examinée par-delà la théorie des droits fondamentaux, il s'agit une fois cette passerelle posée, de faire du droit communautaire pénal non plus un droit étatique, mais un droit des citoyens, soucieux d'être plus proche des citoyens des États membres. Dans cette perspective, l'exigence de clarté doit commander l'action, dirigée ici vers l'admission d'une compétence pénale des Cours communautaires de Justice.

Conclusion

En définitive, le principe de la légalité autrefois circonscrit dans la recherche des comportements infractionnels et des sanctions qui y sont relatives, s'entoure désormais des exigences portées sur la qualité des lois pénales. Dans le cadre de la théorie des compétences développée en vue de la mise en place d'un droit commun, le droit pénal n'a pas toujours occupé un rang de choix. Cependant dès lors que les États membres ont accepté de céder une parcelle de leur souveraineté pénale, le législateur communautaire s'est constitué tantôt en législateur pénal plein, tantôt a partagé son intervention pénale avec le législateur interne. Le choix du législateur communautaire de s'immiscer dans la sphère nationale pour y exercer sa compétence pénale va en toute occurrence amenuiser encore davantage la qualité de norme pénale difficilement assurée par le législateur interne. Étant entendu que cet exercice a montré ses limites, il convient de penser à apporter une vision nouvelle sur la technique utilisée par le législateur pénal communautaire et le cas échéant à donner un pouvoir pénal plus affirmé aux juridictions communautaires dans le domaine pénal.

Thème 3

La taxe communautaire d'intégration de la Communauté économique et monétaire de l'Afrique centrale (CEMAC) : entre consécration du Droit communautaire et résistance des États membres

Léopold NGUEUTA NOUFFEUSSIE[1] (Cameroun)

Résumé

Le financement des activités d'intégration régionale a, pendant très longtemps, reposé sur le système de contributions à partir des budgets des États membres. Cette faiblesse des mécanismes traditionnels de financement des programmes communautaires a conduit les États de la CEMAC à adopter en décembre 2000 un mécanisme autonome de financement dénommé TCI. Cette étude repose en effet sur l'hypothèse de la traduction au concret de la TCI par sa diffusion à l'échelle sous-régionale via les principes d'équité et de solidarité en passant par les mécanismes de recouvrement ordinaire et forcé. La question du mode d'appropriation du droit communautaire par un processus de transcodage de la TCI est plus que jamais dans cette actualité au regard de la rétention des ressources correspondantes, de l'éternel arbitrage entre actions à maintenir et actions à décaler ; aboutissant ainsi à l'hypothèque du plan d'activité, du budget de la CEMAC et des exonérations. La diffusion de la TCI est donc relativement réussie et son implémentation se fait à la marge de son objectif de départ.

Mots clés : Taxe communautaire d'Intégration, Communauté économique et monétaire de l'Afrique Centrale, consécration, droit communautaire, résistance.

---

[1] Docteur en Science politique, Chargé de Cours, Université de Maroua (Cameroun), Maître-Assistant (CAMES) ; Vice-directeur du Cercle de Recherche sur l'Afrique et les Enjeux Contemporains (CRAEC) ; Membre du Centre d'Études de Recherche en Paix, Sécurité et Intégration (CERPSI) ; Chercheur au laboratoire Les Afriques dans le Monde (LAM), Université de Bordeaux (France) ; Membre de France Alumni Cameroun (Réseau des Camerounais Diplômés de France).

Abstract

For a long time, the financing of regional integration activities was based on the system of contributions from the budgets of member states. The weakness of traditional mechanisms for financing community programmes led the CEMAC states to adopt an autonomous financing mechanism called TCI in December 2000. This study is based on the assumption that the TCI will be translated into concrete terms through its dissemination on a sub-regional scale via the principles of equity and solidarity, and through the mechanisms of ordinary and forced recovery. The question of how to appropriate community law through a process of transcoding the TCI is more topical than ever with regard to the retention of the corresponding resources, the eternal arbitration between action to be maintained and action to be postponed; thus, leading to the Hypotenuse of the work plan, the CEMAC budget and exemptions. The dissemination of the TCI is therefore relatively successful, and its implementation is done at the margin of its initial objective.

Key words: Community Integration Tax, Economic and Monetary Community of Central Africa, consecration, community law, resistance.

Introduction

L'intérêt renouvelé pour l'étude des instruments d'action publique, en tant que sous-champ de l'analyse des politiques publiques, s'explique selon Christopher Hood[2], par l'observation dans de nombreux pays développés ou en voie de développement d'une référence croissante à des modèles néolibéraux et managériaux qui s'inspirent des régulations par les marchés. L'approche par les instruments constitue un excellent traceur de changement ; dans ce sens, elle constitue une nouvelle perspective méthodologique pour l'étude de la Taxe communautaire d'Intégration (TCI) dans la Communauté économique et monétaire de l'Afrique Centrale (CEMAC). Les pays de la CEMAC ont opté pour la coopération et l'intégration régionales en tant que facteurs susceptibles de contribuer non seulement à l'accélération de leur croissance économique, mais également à leur

---

[2] Hood Christopher, « Intellectual Obsolescence and Intellectual Makeovers: Reflections on the Tools of Government After two Decades », *Governance: An International Journal of Policy, Administration and Institutions*, n° 1, vol. 20, 2007, pp. 127-144.

intégration dans l'économie mondiale[3]. Cependant, en dépit des efforts déployés en faveur d'un vouloir-vivre ensemble, force est de constater que l'inadéquation entre les moyens financiers et les objectifs de l'intégration régionale demeure l'obstacle majeur. En effet, l'insuffisance, la faiblesse et l'irrégularité des financements figurent ainsi parmi les causes majeures du piétinement du communautarisme en zone CEMAC ; le montant des contributions versées est resté en deçà des besoins budgétisés et des contributions escomptées[4].

Le financement des activités d'intégration régionale, et plus précisément du fonctionnement des secrétariats des Communautés économiques régionales (CER) et des organisations spécialisées, a pendant très longtemps, reposé sur le système de contributions à partir des budgets des États membres. Par ailleurs, la crise financière et les contraintes liées aux engagements financiers internationaux de ces États ont grandement limité la capacité financière de ces derniers ; les contributions acquittées ont décliné au fil du temps et l'aide extérieure fait parfois défaut ou ne suffit pas pour répondre aux besoins des CER. Cette faiblesse des mécanismes traditionnels de financement des programmes communautaires a conduit les États de la CEMAC à s'atteler à la recherche de systèmes novateurs plus performants, qui permettraient de gagner durablement le défi de l'intégration, à travers notamment la mise sur pied de mécanismes dits « autonomes ». Avec l'appui technique de la Commission économique des Nations-Unies pour l'Afrique (CEA) et en capitalisant l'expérience de l'Union Économique et monétaire de l'Afrique de l'Ouest (UEMOA), la CEMAC va adopter au travers de l'acte additionnel n° 03/00-CEMAC 045-CM-05 du 14 décembre 2000 un mécanisme autonome de financement dénommé TCI.

Instrument économique et fiscal de la CEMAC, la TCI emprunte un parcours d'élaboration légale d'où elle tire force et légitimité ; elle s'apprécie cependant en termes d'efficacité économique et sociale. La TCI s'était donc inventée pour permettre à la CEMAC par une

---

[3] Bekolo-Ebe Bruno, « L'intégration régionale en Afrique : caractéristiques, contraintes et perspectives », *Mondes en Développement*, t. 29, 2001, pp. 81-88.

[4] Centre Africain pour la Politique Commerciale/CAPC, *Financement de l'intégration régionale*, Note d'informations, n° 2, novembre 2004.

convention avec chacun de ses États membres[5] de se procurer des ressources et donc la mauvaise organisation est susceptible de priver la Communauté d'une partie importante de ses avoirs. Sous cet aspect, analyser la CEMAC par un instrument d'action publique – à l'« initiative » notamment de la TCI –, permet de rendre compte de ses transformations via les processus de *traduction* et de *transcodage*. Dès lors, il s'agit de soulever les questions suivantes : quelles sont les intentions de la TCI ou encore quel est le sens et la valeur de cet instrument ? Comment se montre à voire le *transcodage* dont elle est l'objet ? Dans le cadre de cette étude, la *traduction* met en exergue l'esprit de la TCI, sa dimension intentioniste, ses objectifs, le souci d'autonomisation financière de la CEMAC ; la notion de *transcodage* quant à elle renvoie à une réappropriation à la marge de la TCI par les différents États membres.

S'inscrivant dans le champ des politiques publiques internationales[6], cette recherche est construite autour des différentes approches néo-institutionnalistes[7]. Le néo-institutionnalisme du choix rationnel est centré sur la rétention des ressources correspondantes à la TCI par les États membres de la CEMAC. La variante historique atteste que la TCI a été mise sur pied depuis 2000. L'approche sociologique quant à elle montre que l'enjeu cognitif dominant des Chefs d'État est de parvenir à l'autonomie financière de la CEMAC. La recherche documentaire[8] constitue le matériau de base de collecte des données ; elle est accompagnée des données fournies par la Commission de la CEMAC et de l'analyse des discours de son président. À cela s'ajoutent les statistiques de la Banque des États de l'Afrique Centrale (BAEC), des organisations régionales et les déclarations des Chefs d'État de la CEMAC.

---

[5] Article 31 et 32 de l'additif au Traité de la CEMAC.

[6] Petiteville Franck, Smith Andy, « Analyser les politiques publiques internationales », *Revue française de Science politique*, n° 3, vol. 56, juin 2006, pp. 357-366 ; Senarclens De Pierre, Ariffin Yohan, *La politique internationale. Théories et enjeux contemporains*, 5e édition, Armand Colin, Paris, 2006, p. 11.

[7] Hall Peter, Rosemary Taylor, « La science politique et les trois néo-institutionnalismes », *Revue française de Science politique*, n° 3-4, vol. 47, 1997, pp. 469-496.

[8] Lasswell Harold Dwight, Leites Nathan Constantin, *Langage of politics*, Stewart, New York, 1949.

Cette recherche repose en effet sur l'hypothèse d'une centralisation non réussie de la TCI à l'échelle sous-régionale. Ce sont donc les opérations de *traduction*[9] par la transmission et la diffusion de la TCI (I) qui prennent le plus souvent la forme de dynamique de *transcodage*[10] ou d'implémentation à la marge (II), donnant à la politique publique commune de l'« État CEMAC » sa caractéristique concrète dite de trahison des ambitions de la TCI.

I. L'instrumentation de la TCI : une traduction du droit communautaire

La CEMAC transforme les logiques de l'action publique au niveau national par le fait qu'elle est relativement autonome et influe sur les agendas nationaux par une forte propension intégrationniste[11]. La traduction au concret de la TCI permet donc d'éclaircir l'ambition d'instrumentation du droit communautaire et le double sens de cette taxe ; c'est-à-dire ses intentions (A) et son mécanisme de recouvrement (B).

A. Les intentions de la TCI : du principe d'équité au principe de solidarité

La construction d'un espace économique élargi, protégé par un Tarif extérieur commun (TEC) et doté de certaines politiques de soutien, est une association d'intérêts multiples mais conciliables dans une formule globalement avantageuse pour tous[12]. Le TEC indique pour chaque marchandise les droits à percevoir et les bases de cette perception ; il comprend le Droit de Douane (DD) et la TCI[13]. Comme le souligne Montesquieu : « Là où il y a du commerce, il y a des douanes. L'objet

[9] Hassenteufel Patrick, Surel Yves, « "Des politiques publiques comme les autres ?" Construction de l'objet et outils d'analyse des politiques européennes », *Politique européenne,* n° 1, 2000, p. 12.

[10] Lascoumes Pierre, *L'éco-pouvoir : environnement et politiques*, La Découverte, Paris, 1994.

[11] Nguiffeu Tajouo Eddy Laurence, *Le système communautaire de lutte contre la criminalité financière en zone CEMAC,* Mémoire de DEA en Droit Communautaire et Comparé CEMAC, Université de Dschang, 2006.

[12] Courty Guillaume, Devin Guillaume, *La construction européenne*, La Découverte, Paris, 2005, p. 16.

[13] CEMAC, *Règlementation douanière,* 2007, p. 6.

du commerce est l'exportation et l'importation des marchandises en faveur de l'État, et l'objet des douanes est un certain droit sur cette même exportation et importation, aussi en faveur de l'État »[14]. La TCI traduit ainsi l'ambition de la CEMAC de disposer d'un mode de financement autonome, suffisant et pérenne. Elle est un prélèvement assis et liquidé au cordon douanier, au taux de 1 % sur la valeur en douane des produits importés originaires des pays tiers à la Communauté. Le mécanisme de la TCI a été adopté par acte additionnel du 14 décembre 2000 précité, pris à N'djamena et reprécisé par l'Acte additionnel du 8 décembre 2001, pris à Yaoundé ; il a été consolidé par l'Acte additionnel du 28 janvier 2004, pris à Brazzaville. Les ressources de la TCI sont destinées d'une part, à couvrir les dépenses de fonctionnement qui s'élèvent à 30 % et, d'autre part, à alimenter à hauteur de 70 % le Fonds de Développement de la Communauté (FODEC) institué par l'article 94 de la convention régissant l'Union Économique de l'Afrique Centrale (UEAC)[15]. Sur la base des ressources obtenues par le FODEC, 40 % des fonds doivent servir à financer la compensation des pertes de recettes douanières par certains États, du fait de l'application du TEC et 60 % des fonds au financement des projets intégrateurs.

Une des leçons fondamentales que l'on tire du processus européen est que : « L'intégration européenne n'aurait sans doute pas été très loin si elle n'avait pas disposé d'une base institutionnelle solide et d'un système de ressources "propres" »[16]. Toute organisation chargée de promouvoir l'intégration doit avoir une certaine indépendance vis-à-vis des Gouvernements participants afin de pouvoir agir dans l'intérêt "commun" plutôt que dans le sens des intérêts nationaux dispersés. Cette indépendance doit aller de pair avec les ressources propres pour que les activités communes puissent être menées à bien, faute de quoi l'organisation devra constamment mendier des fonds et ne sera pas capable de formuler ni de mettre en œuvre une politique en matière d'intégration. La répartition équilibrée des fruits de l'intégration régionale, en termes de coûts encourus et d'avantages réalisés, repose

---

[14] Montesquieu, *De l'esprit des lois,* Barrillot & Fils, Genève, 1748.

[15] Règlements 10/99-UEAC, 1/01 et 5/01-CEMAC-046, avec prise d'effet au 1er janvier 2002.

[16] Commission Européenne, « Les leçons du processus européen », in *L'intégration régionale,* Le Courrier ACP-CEE, n° 142, novembre-décembre 1993, pp. 48-90.

sur des mécanismes de compensation et de solidarité, lesquels doivent atténuer les disparités, renforcer les solidarités et dynamiser le processus d'intégration. La réussite du processus d'intégration est donc conditionnée par une source de financement suffisante, pérenne et équitable. Par la mise en place du mécanisme de la TCI, les pays de la CEMAC ont marqué leur ambition de disposer d'un mode de financement adapté à leurs objectifs définis dans le plan de Malabo. La TCI constitue un levier pour l'intégration dans la mesure où elle favorise les échanges intra-communautaires. En ce sens, elle repose sur un principe essentiel, celui de la richesse et du poids économique de chaque pays, à travers leur Produit Intérieur Brut (PIB). Ainsi, l'équité est à la base de son système de prélèvement.

Si, dans toutes les Communautés d'intégration, ce sont les pays les plus riches qui contribuent le plus au niveau financier au bénéfice des pays moins dotés, il faut dire qu'en réalité, les gains sont partagés. Les grands pays, avec une économie diversifiée, exportent vers le marché communautaire sans droits de douane, en vertu des principes de l'Union Douanière. Cela entraîne les pertes de recettes douanières pour les pays dont le tissu industriel n'est pas très large. En contrepartie de ces pertes, les processus d'intégration prévoient, pour une période transitoire, le transfert des ressources sous la forme de compensations, et le financement des projets intégrateurs dans les pays les moins développés. À terme, les pays les moins développés augmentent leurs capacités à la faveur des aides communautaires et peuvent devenir de plus gros contributeurs. Ainsi s'exprime la solidarité entre pays riches et moins riches au sein d'une même zone ; les plus forts d'un moment, tirent les autres vers le haut. Cependant ces principes d'équité et de solidarité exonèrent les produits destinés au secteur pétrolier, qui constituent une part prépondérante de l'économie des États membres. Cela est d'autant plus important que tous les États membres de la CEMAC, au-delà de leur qualité de pays producteurs, sont également de grands importateurs de produits pétroliers du fait de leur « incapacité de transformation ». Il est tout de même important de souligner que les recettes pétrolières de la sous-région, ont permis le financement de grands projets d'infrastructures nécessaires[17].

---

[17] L'Afrique Centrale souffre d'une trop grande dépendance de son économie envers le pétrole ; alors même que les réserves diminuent.

La mise en œuvre d'une ou de plusieurs décisions suppose l'existence de moyens qui peuvent être financiers, humains (en termes de formation mais aussi de quantité) et techniques permettant de la concrétiser. Ils sont une condition indispensable à l'effectivité et à l'efficacité d'une politique publique qu'elle soit locale, nationale ou internationale. L'implémentation d'un nouveau programme d'action publique exige donc, d'accomplir de nouvelles tâches pour toute série d'agents administratifs chargés de la mise en œuvre ; ce qui s'est avéré nécessaire pour le système de recouvrement de la TCI.

B. La TCI à la jonction du mécanisme de recouvrement ordinaire et forcé

Dans le cas de l'*Advocacy Coalition Framework*[18], les instruments sont accessoires et reliés aux croyances secondaires et ils concernent les dimensions techniques ou procédurales (règles, programmes, budget). Du point de vue procédural, il était tout à fait normal que le recouvrement de la TCI soit confié aux autorités nationales. C'est ainsi que l'article 6 de l'Acte additionnel portant financement autonome dispose que l'assiette, la liquidation de la TCI ainsi que la collecte des titres de paiement sont de la compétence exclusive des administrations nationales des douanes des États membres. À cet effet, lesdites administrations tiennent une comptabilité régulière de toutes les opérations effectuées par elle au titre de la TCI et en assurent la conservation des pièces justificatives aux mêmes conditions que pour les droits et taxes d'État liquidés au cordon douanier.

Selon l'article 18 de l'Acte additionnel précité, en cas d'action en justice, les intérêts de la Communauté sont représentés et défendus par les administrations fiscales nationales. Les jugements et arrêts sont opposables à la Commission de la CEMAC au prorata de sa part dans les montants en litiges. Aux termes de l'article 16 de l'Acte additionnel précité, les éventuels litiges entre les administrations fiscales nationales et les opérateurs économiques redevables portant sur l'assiette, la liquidation et le recouvrement de la TCI sont de la compétence

---

[18] Sabatier Paul, Jenkins-Smith Hank, « The Advocacy Coalition Framework: an Assessment », in Sabatier Paul (ed.), *Theories of Policy Process,* West-view Press, Boulder (Co.), 1999, pp. 117-166.

exclusive des juridictions nationales. Au Cameroun et depuis l'arrêt n° 9/A du 29 juin 1989, affaire procureur général près de la Cour Suprême contre Établissement André Nziko, les litiges relatifs au recouvrement de l'impôt sont de la compétence du juge de droit commun (juge judiciaire) alors que le contentieux de l'assiette relève de la compétence du juge administratif.

La séparation des ordonnateurs et des comptables est comme le relève Louis Cartou[19] « la règle d'organisation sur laquelle repose l'exécution du budget des Communautés ». Ce principe prohibe les interférences entre les ordonnateurs et les comptables[20]. Il garantit le contrôle qui serait rendu impossible si la même personne déterminait l'assiette des ressources et prenait la décision de la recouvrer. En principe, le recouvrement se fait sans contrainte ; en présence d'un titre de perception, le comptable procède au recouvrement. Il est personnellement et pécuniairement responsable des opérations financières des organes de la Communauté[21]. Dès qu'il y a liquidation des recettes et émission des titres de perception ; l'article 6 de l'acte additionnel attribue la compétence aux « administrations nationales des douanes des États membres », pour connaître de l'assiette, la liquidation, l'émission des titres de perception et du recouvrement[22]. La procédure de recouvrement de la TCI se poursuit ensuite par la comptabilisation des droits constatés ; elle s'achève par la mise à la disposition et l'affectation de la ressource. À cet effet « les titres de paiements de la TCI sont déposés quotidiennement pour encaissement par les administrations nationales des douanes dans les comptes ouverts au nom de la CEMAC dans les agences nationales de la BEAC »[23].

---

[19] Cartou Louis, *L'Union européenne : Traité de Rome-Paris Maastricht*, 2e édition, Dalloz, Paris, 1996, p. 206.

[20] Ngueuta Nouffeussie Léopold, *La politique de libre circulation des biens et personnes dans le processus de construction de l'espace sous-régional CEMAC*, Thèse de Doctorat/Ph.D. en Sciences politiques, Université de Douala, 2016, p. 308.

[21] Article 44 du règlement financier du Secrétariat exécutif du 18 août 1999.

[22] Article 6 de l'Acte additionnel instituant le mécanisme de financement autonome précité.

[23] Article 8 de l'Acte additionnel instituant le mécanisme de financement autonome précité.

Selon l'article 32 de l'additif : « Si un État ne s'est pas acquitté de ses contributions un an après l'expiration du délai fixé par les règlements financiers, sauf cas de force majeure, le Gouvernement de cet État est privé du droit de prendre part au vote lors des assises des institutions et organes de la Communauté ». Ainsi la force majeure pourra empêcher l'application des sanctions à l'État retardataire qui resterait néanmoins tenu de ses contributions qui lui seront réclamées comme arriérés de contributions. Sur ce point, le droit communautaire CEMAC se distingue du droit européen dans la mesure où, en cas de force majeure[24], l'État membre peut être dispensé de ses obligations envers l'Union[25].

Des mécanismes de recouvrement forcé ont été ajoutés aux mécanismes initiaux pour garantir le recouvrement des ressources de la CEMAC. Il s'agit du paiement forcé, des sanctions de gravité croissante et du contrôle du juge national sur le recouvrement de la TCI. Le paiement forcé et les sanctions de gravité croissante sont prévus respectivement aux articles 31 et 32 de l'additif au Traité de la CEMAC. L'article 31 de l'additif au Traité prévoit que « les contributions financières des États membres font l'objet en dernier recours d'un prélèvement automatique sur le compte ordinaire ouvert par chaque trésor national auprès de la BEAC. Notification est faite au ministre des Finances de l'État concerné ». L'application de ce moyen de recouvrement forcé à la TCI[26] se justifie par l'existence d'une répartition égalitaire des contributions au budget de la CEMAC entre les États membres, contrairement aux autres organisations régionales dont le produit des ressources suit juste les fluctuations des activités économiques des États ; c'est le cas dans l'UE[27].

Parlant des sanctions de gravité croissante il est important de souligner qu'aux termes de l'article 32 additif, six « mois après la suspension du droit de vote, ledit gouvernement est privé de prendre part aux activités

---

[24] Le fait doit être étranger à la personne du débiteur (force de la nature, fait d'un tiers).

[25] Cartou Louis, *L'Union européenne* : *Traité de Rome-Paris Maastricht*, *op. cit.*, p. 210.

[26] Article 14 de l'Acte additionnel instituant le mécanisme de financement autonome précité.

[27] Daillier Patrick, Pellet Alain, *Droit international public*, 5e édition, LGDJ, Paris, 1994, p. 575.

de la Communauté et cesse de bénéficier des avantages prévus au titre du Traité et des conventions de l'UEAC et de l'UMAC ». Ces diverses sanctions prennent fin de plein droit dès la régularisation totale de la situation de cet État. La combinaison des articles 3 de l'additif au Traité de la CEMAC et 10 de la convention régissant l'UMAC permet de penser que la Conférence des Chefs d'État soit compétente pour infliger ces sanctions de l'article 32 à l'État défaillant.

D'après Daniel ONA ONDO, le Président de la Commission de la CEMAC, la TCI, reste la principale source de financement de la Communauté. Pourtant, les six pays de la CEMAC peinent à remplir entièrement cette importante obligation communautaire[28]. Comprendre l'instrumentation de la TCI est une façon de saisir les transformations de la CEMAC en envisageant ses pratiques, et les recompositions qu'elle connait, en particulier dans la tension permanente entre *traduction* et *transcodage* de cet instrument. De plus, la question du *transcodage* de la TCI offre un chantier toujours renouvelé pour appréhender les phénomènes de circulation des idées et des modèles, mais aussi les dynamiques d'appropriation et de réinterprétation.

II. La dynamique de transcodage de la TCI : une traduction commune à la marge

La dynamique de transcodage met en exergue le décalage entre l'ambition d'instrumentation effective, efficace et efficiente de la TCI et les résultats concrets sur le terrain. La faible pénétration des objectifs centraux au niveau des États aboutit à la *désintention* de la TCI (A) par le détour d'un éternel arbitrage entre actions à maintenir et actions à décaler (B).

[28] La rencontre virtuelle de la CEMAC du 18 août 2021 a permis aux Chefs d'État d'encourager la Commission de la CEMAC et la BEAC, représentée par son directeur Abbas Mahamat Tolli, à poursuivre la réflexion ouverte sur une nouvelle coopération monétaire avec la France dans l'optique de revoir la parité du Franc de la Communauté financière Africaine (FCFA), la monnaie utilisée dans l'espace CEMAC avec l'Euro.

A. La désintention de la TCI : la rétention des ressources correspondantes

Des manquements ont été identifiés dans le fonctionnement de la TCI; ce sont ces insuffisances qui sont à l'origine de sa *désintention*. Malgré les dispositions énoncées à l'article 8 du texte régissant cette taxe, la CEMAC est confrontée au non-respect de la clause de transfert automatique. Le rapport présenté en juin 2005 lors du conseil extraordinaire des ministres de la CEMAC sur la non-application des textes communautaires le souligne notamment en ces termes : « … Force est de constater l'émergence de nombreux obstacles créés au niveau de certains États, compromettant le bon fonctionnement du mécanisme. Il s'agit notamment de l'encaissement de la TCI par les trésors nationaux, et de la rétention des ressources correspondantes ». Cette anomalie prive la CEMAC des moyens de son fonctionnement et oblige le Secrétariat exécutif à engager de lourdes et souvent infructueuses manœuvres auprès des trésors nationaux. Certes, certains États membres font des efforts afin d'apurer ces dettes, mais ces versements interviennent généralement à la veille des sommets, le plus souvent dans le but d'éviter les sanctions prévues par le Traité constitutif[29]; les montants dus par les États demeurent considérables. L'accumulation d'arriérés de paiement remet à l'ordre du jour les faiblesses structurelles du système classique des contributions sur les budgets nationaux, et amplifie les risques de rétention des recettes par les autres États, au prétexte de la non-mise à jour par quelques-uns[30].

Les pays de la CEMAC se caractérisent également par une production tardive des données chiffrées et exactes des importations des États membres, ce qui laisse quelque peu à désirer quant à la fiabilité de ces données. En plus des méthodes statistiques disparates utilisées par les États, les règles d'origine n'ont pas été clairement définies. La TCI est liquidée sur la valeur en douane des marchandises, laquelle est définie

---

[29] Cf. article 52 du Traité révisé de la CEMAC.

[30] En effet, le budget de la CEMAC est reparti de manière égalitaire entre les États membres alors que dans l'UEMOA (article 49 du Traité constitutif de l'UEMOA) comme dans l'UE, on tient compte des capacités contributives de chaque État. Voir règlement n° 02/03-CEMAC-123-CM-09 arrêtant et rendant exécutoire le budget des institutions et organismes spécialisés de la Communauté exercice 2003.

par l'OMC comme « la valeur transactionnelle des marchandises » d'origine tierce, importée dans les États membres. Or, jusqu'en 2006, seuls le Cameroun, le Congo et la RCA appliquaient effectivement cette méthode d'évaluation. La Guinée Équatoriale et le Tchad quant à eux appliquaient des méthodes considérées comme théoriques telles que, la méthode dite de la « Définition de la Valeur de Bruxelles » (DVB) et la valeur mercuriale ou forfaitaire d'où les disparités observées dans la détermination de l'assiette de la TCI.

Selon la CEA, les règles d'origine des marchandises importées se définissent par la part du capital local, des intrants importés et utilisés et par la valeur ajoutée locale dans la valeur totale du produit. Elles doivent être conformes aux dispositions du *General Agreement on Tariffs and Trade* (GATT) relatives aux obstacles au commerce avec les pays non membres. En zone CEMAC, les intrants locaux représentent plus de 50 % ; la valeur locale des produits industriels correspond également à plus de 50 % du prix sortie d'usine. Ces critères ne sont pas de nature à faciliter la tâche des administrations de douane des États membres chargées de faire appliquer la TCI, car en plus de présenter « des risques d'erreurs dans l'appréciation des règles d'origines des marchandises en provenance des pays enclavés », ils ne leur permettent pas de déterminer de façon exacte le pays d'origine des marchandises. D'où les incohérences des données statistiques des administrations nationales.

Selon le Bureau Sous-Régional pour l'Afrique Centrale de la CEA/ BSR-AC (2006), les dysfonctionnements criards dans l'application de la TCI portent principalement sur :

– les écarts importants entre les statistiques des importations des États de produits taxables et les droits liquidés au titre de la TCI, avec des taux de perdition de l'ordre de 45 à 60 % au Gabon, au Congo-Brazzaville et au Cameroun ;

– le non-respect par la Guinée Équatoriale de la liste limitative commune des exonérations définies par l'acte instituant la TCI. Pour les exercices 2004, 2005 et 2006 les franchises exceptionnelles et unilatérales accordées dans ce pays se sont situées à 45 %, 94 % et 77 % de la valeur des importations de produits originaires de pays tiers, d'où le faible rendement de la TCI de la sous-région ;

– la rétention des recettes par les administrations nationales à travers le non-respect de la clause de transfert automatique, notamment au Cameroun, au Gabon et depuis 2005 au Congo Brazzaville. Selon un rapport d'évaluation de la direction du marché commun de la Commission de la CEMAC, au 30 juin 2006 les recettes de la TCI collectées par les États et non reversées à la Communauté s'élevaient à 33, 9 milliards de FCFA[31] ;

– le maintien d'une clé égalitaire en matière de contribution des États au budget de fonctionnement de la Communauté qui ne tient pas compte de la faiblesse structurelle des économies du Tchad et surtout de la RCA ;

– la budgétisation du guichet II du FODEC sur des bases forfaitaires en l'absence de données statistiques à jour sur les échanges intra-communautaires.

D'après la Commission, aucun État membre n'a recouvré plus de 50 % de la TCI en 2003 et 2004. Ainsi, en 2003 seulement 47 % de la TCI a été reversé tandis qu'en 2004 le taux de la TCI reversée a chuté à 38 %. Le tableau n° 1 ci-dessous donne une idée de la faiblesse des reversements.

Tableau n° 1 : TCI reversée en 2003 et 2004
(en pourcentage)

Pays	**2003**	**2004**
RCA	9,2 %	8,8 %
Gabon	39,8 %	38,3 %
Guinée Équatoriale	13 %	3,5 %
Tchad	25 %	5,7 %

Source : Construit à partir des données de la Commission

En réalité, le versement des contributions en retard est devenu la règle. Pour les onze premiers mois de l'année 2005, les institutions de la CEMAC ont reçu pour environ 8,5 milliards de FCFA de TCI, pour

[31] Diagnostic organisationnel et institutionnel de la CEMAC, Performances Management Consulting-ECDPM, février 2006, p. 30.

des dépenses budgétisées annuellement à 12,7 milliards de FCFA[32]. D'ailleurs, le graphique n° 1 montre avec plus de lisibilité, l'ampleur du phénomène[33].

Graphique n° 1 : Évolution des arriérés de 2002 à 2005 (en milliard de FCFA)

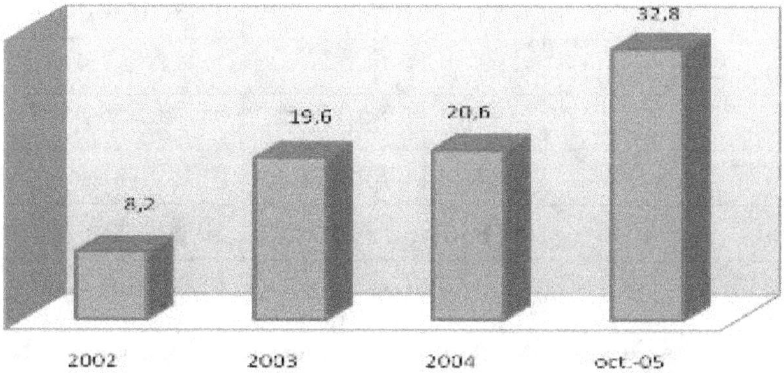

Source : Diagnostic organisationnel et institutionnel de la CEMAC, op. cit..

Le maintien de la clé égalitaire[34] porte atteinte au principe d'équité et rend la TCI inefficace dans les pays de la Communauté classés Pays Moins Avancés (PMA). Le tableau ci-dessous illustre qu'en 2011, sur les 41 076 862 500 FCFA attendus, la Commission n'a pu recouvrer que 19 045 930 214 FCFA. En 2002, seul 19 % de la TCI ont été reversés. Malgré de multiples ateliers de formation, d'information et de sensibilisation, l'application de la TCI s'est révélée inadéquate et constitue un facteur limitatif de la mise en œuvre des programmes de l'UEAC.

---

[32] *Idem.*

[33] Sur 32 milliards de contributions versées par les États membres depuis 2002, la moitié l'a été sous forme de régularisation d'arriérés.

[34] Acte additionnel n° 08/CEMAC-046-CCE-11 du 25 juillet 2012 portant modification de l'Acte additionnel n° 01/01-CEMAC-046-CE-03 du 8 décembre 2001 portant modification de l'Acte additionnel n° 03/00-CEMAC-046-CE-05 du 14 décembre 2000 instituant un mécanisme autonome de financement de la Communauté.

Tableau n 2 : Contributions des États au titre de la TCI en 2011

États membres	Prévisions 2011	Montants recouvrés
Cameroun	6 846 143 750	7 000 000 000
Gabon	6 846 143 750	6 400 000 000
Congo-Brazzaville	6 846 143 750	3 338 071 041
Guinée Équatoriale	6 846 143 750	1 551 563 672
Tchad	6 846 143 750	756 295 501
RCA	6 846 143 750	0
Total	**41 076 862 500**	**19 045 930 214**

Source : Commission de la CEMAC, Projet de budget 2012, p. 15.

La Guinée Équatoriale n'avait pas (avec la RCA pour des raisons évidentes), reversé sa quote-part de la TCI ; la conséquence qui résulte de cette situation est que les arriérés sont passés de 8,2 milliards en 2002 à 45 milliards en octobre 2012[35]. Dans le budget 2014 de la CEMAC évalué à 99,7 milliards de FCFA, la TCI doit l'alimenter à hauteur de 49,4 milliards de FCFA. Pour l'exercice 2022, les prévisions de ressources de la TCI sont fixées à 64,4 milliards de FCFA. Cette enveloppe est répartie entre les arriérés de recouvrement estimés à 28,5 milliards de FCFA, et les prévisions courantes de l'ordre de 35,8 milliards de FCFA. D'après Ona Ondo, les prévisions de recettes de la TCI sont en déphasage avec son réel potentiel évalué à 97,3 milliards de FCFA dans toute la zone. D'où le faible taux de réalisation de la principale ressource de la Communauté (33,3 %).

Au 31 décembre 2020, ce sont 27, 9 milliards de FCFA qui ont été reversés par les États membres de la CEMAC au titre de la TCI. Soit 22,1 milliards de FCFA au titre des arriérés et 5,8 milliards de FCFA de recouvrement courant. « Une importante contribution n'a malheureusement pas été reversée »[36], a indiqué ONA ONDO. Équivalant à

[35] Commission de la CEMAC, *Projet de budget*, 2013.

[36] https://ecomatin.net/cemac-les-etats-membres-ont-verse-209-milliards-en-guise-de-taxe-communautaire-dinte gration-en-2021/

99,8 milliards de FCFA, cette impressionnante dette se compose des arriérés de l'exercice 2019 (51,6 milliards de FCFA), des recettes de l'exercice 2020 encaissées et non reversées (27,3 milliards de FCFA), et des paiements complémentaires non réalisés (20,8 milliards de FCFA). Les responsables de la CEMAC déplorent « la hausse des arriérés de contribution », estimée à 93 % par rapport à l'exercice 2019. La 37e session ordinaire du Conseil des ministres de l'UEAC tenue le 8 décembre 2021 par visioconférence a donc été l'occasion pour la Commission de la CEMAC de dresser un bilan du recouvrement de la TCI en 2021. De ce bilan, il ressort un report des arriérés de l'exercice 2020 à hauteur de 1,3 milliards de FCFA, et un encaissement effectif de 20,9 milliards de FCFA. La CEMAC est donc contrainte de faire face à l'éternel arbitrage entre actions à maintenir et actions à décaler.

B. Les ruptures de la TCI : de l'éternel arbitrage à l'hypothèque de l'action publique commune

C'est dans la littérature institutionnaliste et néo-institutionnaliste, notamment dans les travaux de Peter Hall[37], que les instruments trouvent une plus grande visibilité. Pour Hall, la question du choix des instruments est envisagée comme le produit de l'histoire institutionnelle, de ses sédimentations et de ses ruptures. L'introduction d'un nouvel instrument révélera un niveau de changement et d'apprentissage plus approfondi comme c'est le cas avec la TCI. La traduction a-t-elle été réappropriée ? À notre avis de manière limitée.

Mécanismes novateurs, le système de la TCI dit d'autofinancement avait pour but d'accroître les moyens financiers de la CEMAC afin de promouvoir l'intégration régionale. Mais, bien qu'ayant réellement contribué à l'amélioration des finances publiques de la Communauté, la TCI demeure en deçà des objectifs de départ. En effet, la TCI, plus de 20 ans après sa mise sur pied ne permet que le fonctionnement de la Commission et de certaines institutions et organes spécialisés. Certes, de nombreux facteurs externes tels que la crise économique qui a touché la plupart des pays dans le monde, de même que la constante instabilité politique qui caractérise la CEMAC dans son ensemble peut en effet

---

[37] Hall Peter, « Policy Paradigms, Social Learning and the State: the Case of Economic Policymaking in Britain », *Comparative Politics*, 25 April 1993, pp. 275-296.

justifier le fait que certains États membres ne versent pas leur contribution. La conséquence directe du versement tardif et partiel de la TCI est l'affectation des ressources disponibles au fonctionnement des organes et institutions spécialisées au détriment de l'alimentation du FODEC. La Commission de la CEMAC est donc amenée à effectuer des versements au fur et à mesure des contributions des États, avec des ressources souvent inférieures aux besoins de trésorerie des différentes institutions de la CEMAC. Elle est ainsi obligée d'effectuer des arbitrages au quotidien sur les actions à maintenir et celles à décaler, ce qui rend difficile la mise en œuvre cohérente du plan d'activité et du budget de la CEMAC. Ces dysfonctionnements trahissent ainsi l'esprit de la TCI.

À titre de comparaison, le financement des organes et institutions de l'UE en 2006 ne représentait que 5, 4 % du budget de l'institution. À l'UEMOA, le financement effectif des organes et institutions en 2005 ne représentait que 41 % des 50 milliards de FCFA du budget de 2005, 43 % étant consacré au fonds de compensation et 17 % au Fonds d'Appui à l'Intégration régionale (FAIR, équivalent au FODEC). Or, la même période, comme précédemment démontré, le reversement de la TCI suffit à peine pour le budget de fonctionnement des institutions de la CEMAC (8,5 milliards de FCFA de TCI, pour des dépenses budgétisées annuelles de 12, 7 milliards de FCFA)[38]. Il en résulte à ce jour que les projets intégrateurs ont du mal à démarrer. Et, les États membres qui estiment avoir subi des pertes de recettes fiscales dues à la mise en place de la Taxe Préférentielle Généralisée (TPG) à taux zéro ne reçoivent pas les compensations attendues. C'est donc une situation qui remet en cause le principe de solidarité sous-jacent à l'intégration régionale et partant révèle la mise en œuvre à la marge et de façon bricolée de la TCI. En réalité, même le bon fonctionnement des institutions de la CEMAC a été pénalisé par le versement tardif des contributions des États.

Le Cameroun (malgré sa taille et le poids de son secteur privé) et le Gabon dont la contribution devait représenter 80 % du budget en 2003

---

[38] Sommo Pende Achille, *L'intégration sous-régionale en CEMAC à l'épreuve de la liberté de circulation des biens et des personnes,* Mémoire de Master en Droit des Affaires, Université Catholique d'Afrique Centrale, 2010, p. 43.

et 2004 n'ont versé sur cette période que 27 % de leur TCI. Le Gabon s'est généralement « rattrapé » en réglant ses arriérés, mais pas le Cameroun. Ainsi, depuis 2002, ce pays n'est que le troisième contributeur, loin derrière le Gabon, et le Congo. En dehors des handicaps naturels, l'action publique commune de la CEMAC est donc mise à mal par le refus d'appliquer les textes communautaires ; il en résulte que le financement des infrastructures routières pose des défis aux États membres. À cela s'ajoute la question de la mal gouvernance avec ce que l'on a appelé *« BEAC gate »* en 2909. Les Chefs d'État membres de la CEMAC sous la houlette du Président Teodoro Obiang Nguema demandent d'y voir plus clair. Les détournements massifs et le placement toxique *« DATI »*[39] ont soutenu l'argument que la mainmise gabonaise sur l'institut d'émission communautaire avait trop duré (28 ans de gouvernorat gabonais sur la BEAC). En réalité, comme le démontre Mahamat Massoud[40], la mal gouvernance, l'incompétence, l'absence de contrôle interne et la logique réticulaire ont miné toute chance d'atteindre la performance à la BEAC[41]. La prise en compte de toutes les exonérations pétrolières sur les importations dans la détermination de la TCI fausse son esprit d'équité, et oblige à des rééquilibrages par des contributions supplémentaires pas toujours évidentes à mettre en œuvre. À cet effet, le graphique n° 2 montre que la TCI reversée par certains pays (notamment la Guinée Équatoriale et le Tchad) apparaît relativement faible au regard de leur poids économique, ceci étant dû aux exonérations sur les produits pétroliers et les biens destinés au secteur pétrolier.

---

[39] Il s'agit d'un placement de 328 milliards de FCFA dans un produit obligataire de la Société Générale pour une durée de cinq ans par l'ex-Gouverneur de la BEAC Philibert Andzembe en décembre 2007 ; au 24 novembre 2008, une perte sèche de 16,4 milliards de FCFA est déjà enregistrée.

[40] Massoud Mahamat, *La Banque des États de l'Afrique Centrale : une dérive prévisible*, L'Harmattan, Paris, 2010.

[41] Le Cameroun a dirigé pendant 39 ans le Secrétariat exécutif puis la Commission de la CEMAC, le Gabon a dirigé pendant 32 ans la BEAC tandis que pendant 31 ans la direction de la Banque de Développement des États de l'Afrique Centrale (BDEAC) était confiée à la RCA.

Graphique n° 2 : Part relative en pourcentage du PIB de la CEMAC et de la contribution des États (2004)

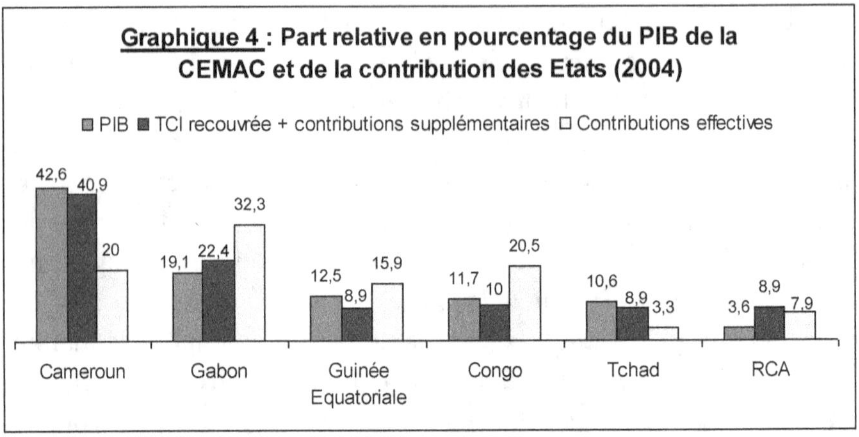

Source : Diagnostic organisationnel et institutionnel de la CEMAC, op. cit.

Les pays de la CEMAC ont enregistré en 2020, un taux de croissance négatif de -2,1 % ; aussi bien dans le secteur pétrolier (-4,2 %) que non pétrolier (-1,6 %). Alors que les prévisions de croissance étaient jusqu'en fin 2019, particulièrement optimistes[42]. Sur la base d'un budget prévisionnel de 94 milliards de FCFA soit 162 millions de Dollars pour l'exercice 2022, les ressources attendues au titre de la TCI s'élèvent à 65 milliards de FCFA (112 millions de Dollars) dont près de 29 milliards de FCFA (50 millions de Dollars) représentant les arriérés au moment où l'Afrique Centrale est présentée comme la zone la moins intégrée du continent[43] avec à peine 4 % du commerce intra-régional[44].

---

[42] *Jeune Afrique Économie*, n° 416, Dossier CEMAC, Sommet de Yaoundé, 2021, p. 31.

[43] Brazzaville, capitale du Congo, a abrité en mars 2020 la troisième session extraordinaire du comité de pilotage du Plan de Réformes économiques et Financières de la CEMAC (PREF-CEMAC). Un plan de relance couvrant la période 2021-2025 fut adopté à l'occasion. Le plan communautaire de relance est de 7 284, 9 milliards de FCFA dont 2 563, 4 milliards pour le financement des 12 projets intégrateurs, qui sont censés relier les pays de la sous-région et accélérer l'arrimage des pays de la CEMAC à la Zone de Libre-Échange Continentale africaine (ZLECAF).

[44] https://www.financialafrik.com/2021/12/08/cemac-le-recouvrement-de-la-taxe-communau-taire-dintegration-retarde-ladoption-du-budget-de-la-commission/

Mais qui donc en zone CEMAC a pris réellement conscience de l'urgence et de la nécessité d'édifier un grand espace communautaire ?

Conclusion

Lors du sommet de la CEMAC qui s'est tenu à Brazzaville le 25 juillet 2012, le conseil des ministres de l'UEAC a proposé aux Chefs d'État un mécanisme incitatif de recouvrement des créances budgétaires axé autour de quatre piliers à savoir : la mise sur pied d'une brigade communautaire de contrôle de la liquidation et du recouvrement de la TCI, l'alignement du code des douanes de la CEMAC sur la Convention révisée de Kyoto, l'application générale effective de la « méthode de la valeur transactionnelle » et la révision de la liste des marchandises admises en franchise de la TCI. La conférence des Chefs d'État à l'issue du sommet a adopté des mesures pour la sécurisation du recouvrement de la TCI[45]. Le règlement n° 1/12 -UEAC-046-CM-23 du 22 juillet 2012 portant création d'une brigade communautaire de contrôle de la liquidation et du recouvrement de la TCI en son article 4 dispose que : « La mission de la brigade communautaire consiste à effectuer auprès des États membres le contrôle du recouvrement et du reversement de la TCI ». Ces mesures visent à terme le recouvrement intégral de la TCI auprès des États et de sa mise à disponibilité intégrale à la Communauté. Cependant, quel que soit le degré de sécurisation du recouvrement de la TCI, elle ne saurait résoudre tous les besoins en financement de la Communauté. Il y a lieu de diligenter l'opérationnalisation du fonds d'émergence et de développer la coopération internationale.

Dans le cadre des recherches de nouvelles sources de financement pour les projets du Programme économique Régional (PER)/CEMAC, il est prévu la mise en place d'un fonds d'investissement émergence CEMAC. Une commission *ad hoc* composée des experts en finance/ banque de la BEAC[46], de la BDEAC, de la Commission Bancaire de

---

[45] Acte additionnel n° 08/CEMAC-046-CCE-11, *op. cit.*

[46] Entre 2004 et 2008, l'interpellation d'Armand Brice Ndzamba ex-comptable en octobre 2009 va révéler au public le détournement de plus de 16, 5 milliards de FCFA au bureau extérieur de la BEAC à Paris. Les révélations du site à sensation *Wikileaks* faites le 29 décembre 2010 sur les détournements de 30 millions d'Euros à la BEAC montrent que la BEAC est un élément important du maintien de l'influence française

l'Afrique Centrale (COBAC), de la Commission de Surveillance du Marché Financier (COSUMAF) et ceux des États a procédé à l'examen du projet de mise en place dudit fonds. Celui-ci a pour objectif de financer les projets structurants à fort impact au plan économique, capables de donner une nouvelle impulsion au processus d'intégration régionale, à travers la mise en œuvre du PER. Pour cela, plusieurs sources de financement sont envisagées notamment : – Le Prélèvement Fonds Emergence-CEMAC (PFE-CEMAC). Il s'agit d'un prélèvement adossé aux recettes d'exportation en devises des entreprises publiques et privées établies dans les États de la CEMAC et évoluant spécifiquement dans les secteurs des hydrocarbures, des mines et du bois. Le niveau de prélèvement pourrait varier dans une fourchette de 0,1 % à 1 % du montant des exportations[47]. – La création d'un fonds CEMAC concessionnel qui va opérer en parallèle avec le PFE-CEMAC. Pour sa mise en œuvre, il est proposé de procéder à la restructuration du FODEC et d'autres fonds gérés notamment par la BDEAC. Pour collecter et gérer les fonds publics issus de ces prélèvements, il est proposé l'ouverture d'un compte fiduciaire au nom des États dans une banque extérieure. La BEAC est chargée de toutes les opérations relatives aux dits prélèvements.

Il existe certes un système d'intégration en zone CEMAC, mais la coordination des plans de développement nationaux est peu assurée ; l'amélioration du climat des affaires dans la région s'avère indispensable

---

dans la sous-région. L'argent ainsi détourné aurait servi entre autres à financer les partis politiques français de gauche mais surtout de droite. La Guinée Équatoriale a dénoncé dans le Programme des Réformes Institutionnelles (PRI) de la CEMAC les ratios de dépôts dans le compte d'opération de la BEAC auprès du trésor français. En effet, au terme de la convention du compte d'opération signée entre les États membres de la BEAC (tous les cinq autres États en l'absence de la Guinée Équatoriale) et la République française le 13 mars 1973, lesdits États s'engageaient à déposer 60 % de leurs avoirs extérieurs dans un compte courant ouvert dans les écritures du trésor français. Les intérêts générés par ces avoirs profitent également à la France sans compter qu'il s'agit d'un stimulant fort pour l'économie française que de disposer de tant de capitaux pour se financer.

[47] « Sur la base des statistiques des exportations au titre de 2010 pour ces trois secteurs » (Source BEAC), l'application d'un taux de prélèvement de 0,5 % rapporterait annuellement l'équivalent 70 milliards de FCFA en devise à la CEMAC. Rapport de la commission *ad-hoc* sur la mise en place d'un fonds émergence CEMAC, juillet 2012.

dans la mesure où la TCI est confrontée à l'entrée en vigueur des Accords de Partenariat économique (APE). L'obstacle majeur au non-paiement de la TCI est depuis l'origine l'idée même de paiement, tant « objectivée » et « intériorisée » qu'elle devient parfois l'horizon absolu des hypothèques du processus de construction d'un espace mieux intégré en zone CEMAC.

Bibliographie

Acte additionnel n° 08/CEMAC-046-CCE-11 du 25 juillet 2012 portant modification de l'Acte additionnel n° 01/01-CEMAC-046-CE-03 du 8 décembre 2001 portant modification de l'Acte additionnel n° 03/00-CEMAC-046-CE-05 du 14 décembre 2000 instituant un mécanisme autonome de financement de la Communauté.

BEKOLO-EBE Bruno, « L'intégration régionale en Afrique : caractéristiques, contraintes et perspectives », *Mondes en Développement*, t. 29, 2001, pp. 81-88.

CARTOU Louis, *L'Union européenne* : *Traité de Rome-Paris Maastricht*, 2e édition, Dalloz, Paris, 1996.

CEMAC, *Règlementation douanière,* 2007.

Centre Africain pour la Politique Commerciale/CAPC, *Financement de l'intégration régionale*, Note d'informations, n° 2, novembre 2004.

Commission de la CEMAC, *Projet de budget*, 2013.

Commission Européenne, « Les leçons du processus européen », in *L'intégration régionale*, Le Courrier ACP-CEE, n° 142, novembre-décembre 1993, pp. 48-90.

COURTY Guillaume, DEVIN Guillaume, *La construction européenne*, La Découverte, Paris, 2005.

DAILLIER Patrick, PELLET Alain, *Droit international public*, 5e édition, LGDJ, Paris, 1994.

Diagnostic organisationnel et institutionnel de la CEMAC, Performances Management Consulting-ECDPM, février 2006.

HALL Peter, « Policy Paradigms, Social Learning and the State: the Case of Economic Policymaking in Britain », *Comparative Politics*, 25 April 1993, pp. 275-296.

HALL Peter, ROSEMARY Taylor, « La science politique et les trois néo-institutionnalismes », *Revue Française de Science Politique*, vol. 47, n° 3-4, 1997, pp. 469-496.

HASSENTEUFEL Patrick, SUREL Yves, « Des politiques publiques comme les autres ?" Construction de l'objet et outils d'analyse des politiques européennes », *Politique Européenne,* n° 1, 2000, pp. 8-24.

HOOD Christopher, « Intellectual Obsolescence and Intellectual Makeovers: Reflections on the Tools of Government After two Decades », *Governance: An International Journal of Policy, Administration and Institutions*, n° 1, vol. 20, 2007, pp. 127-144.

https://ecomatin.net/cemac-les-etats-membres-ont-verse-209-milliards-en-guise-de-taxe-communautaire-dinte gration-en-2021/

https://www.financialafrik.com/2021/12/08/cemac-le-recouvrement-de-la-taxe-communautaire-dintegration-retarde-ladoption-du-budget-de-la-commission/

Jeune Afrique Économie, n° 416, Dossier CEMAC, Sommet de Yaoundé, 2021.

LASCOUMES Pierre, *L'éco-pouvoir : environnement et politiques*, La Découverte, Paris, 1994.

LASSWELL Harold Dwight, Leites Nathan Constantin, *Langage of politics*, Stewart, New York, 1949.

MASSOUD Mahamat, *La Banque des États de l'Afrique Centrale : une dérive prévisible*, L'Harmattan, Paris, 2010.

MONTESQUIEU, *De l'esprit des lois,* Barrillot & Fils, Genève, 1748.

NGUEUTA NOUFFEUSSIE Léopold, *La politique de libre circulation des biens et personnes dans le processus de construction de l'espace sous-régional CEMAC*, Thèse de Doctorat/Ph. D. en Science Politique, Université de Douala, 2016.

NGUIFFEU TAJOUO Eddy Laurence, *Le système communautaire de lutte contre la criminalité financière en zone CEMAC,* Mémoire de DEA en Droit communautaire et Comparé CEMAC, Université de Dschang, 2006.

PETITEVILLE Franck, SMITH Andy, « Analyser les politiques publiques internationales », *Revue Française de Science Politique*, n° 3, vol. 56, juin 2006, pp. 357-366.

Rapport de la commission *ad-hoc* sur la mise en place d'un fonds émergence CEMAC, juillet 2012.

Règlement financier du Secrétariat exécutif du 18 août 1999.

Règlement n° 02/03-CEMAC-123-CM-09 arrêtant et rendant exécutoire le budget des institutions et organismes spécialisés de la Communauté exercice 2003.

Règlements 10/99-UEAC, 1/01 et 5/01-CEMAC-046, avec prise d'effet au 1er janvier 2002.

SABATIER Paul, JENKINS-SMITH Hank, « The Advocacy Coalition Framework: an Assessment », *in* Sabatier Paul (ed.), *Theories of Policy Process,* West-view Press, Boulder (Co.), 1999, pp. 117-166.

SENARCLENS De Pierre, ARIFFIN Yohan, *La politique internationale. Théories et enjeux contemporains*, 5e édition, Armand Colin, Paris, 2006.

SOMMO PENDE Achille, *L'intégration sous-régionale en CEMAC à l'épreuve de la liberté de circulation des biens et des personnes,* Mémoire de Master en Droit des Affaires, Université Catholique d'Afrique Centrale, 2010.

Traité constitutif UEMOA.

Traité révisé de la CEMAC.

Thème 4

La légalité de la résistance malienne aux sanctions de la CEDEAO et de l'UEMOA prises en 2022

Jermie COULIBALY[1] (Mali)

Résumé

Le droit international de même que le droit communautaire reposent sur certains principes généraux du droit, dont l'obligation de réparer en cas de manquement à une obligation. En 2022, suite au non-respect des engagements pris par l'État malien vis-à-vis de la communauté économique des États d'Afrique de l'Ouest (CEDEAO), en l'occurrence, le retour à l'ordre constitutionnel normal en février 2022, des sanctions politiques, diplomatiques, économiques et financières combinées de la CEDEAO et de l'Union Économique et monétaire Ouest Africaine (UEMOA), lui ont été imposées. De son côté, le Mali a opposé une véritable résistance à ces sanctions découlant pourtant, du droit communautaire ouest-africain. Alors, *quels sont les fondements juridiques de la résistance du Mali aux sanctions combinées de la CEDEAO et de l'UEMOA prises en 2022 ?* Dans une approche juridique, dans le champ du droit communautaire, cette réflexion s'attelle à analyser les fondements juridiques de la résistance du Mali à ces sanctions. Elle analyse donc, la légalité de la résistance malienne au regard du droit international, dans son ensemble. Puis, elle examine les bases de la résistance dérivant du droit communautaire ouest-africain.

Mots clés : Résistance malienne, sanctions, CEDEAO, UEMOA.

Abstract

International law, as well as Community law, are based on certain general principles of law, including the obligation to make reparation in the event of failure to fulfill an obligation. In 2022, following the failure to respect the commitments made by the

[1] *Docteur en Droit public, Enseignant-Chercheur en droit public à l'Université des Sciences juridiques et politiques de Bamako. Tel : (+223) 64106522 / Email : jeremie313@gmail.com.*

Malian State to the Economic Community of West African States (ECOWAS), in this case, the return to normal constitutional order in February 2022, combined political, diplomatic, economic and financial sanctions from ECOWAS and the West African Economic and Monetary Union (WAEMU) were imposed on it. For its part, Mali has put up real resistance to these sanctions, which nevertheless derive from West African community law. So what are the legal bases of Mali's resistance to the combined ECOWAS and WAEMU sanctions taken in 2022?

In a legal approach, in the field of community law, this reflection sets out to analyze the legal foundations of Mali's resistance to these sanctions. It therefore analyzes the legality of the Malian resistance with regard to international law, as a whole. Then, it examines the bases of resistance deriving from West African community law.

Keywords: Malian resistance, sanctions, ECOWAS, UEMOA.

Introduction

Le droit international de même que le droit communautaire repose sur certains principes généraux du droit, dont l'obligation de respecter les traités *Pacta sunt servanda*, le principe de bonne foi et l'obligation de réparer en cas de manquement à une obligation. La Constitution malienne de son côté, stipule que dans l'objectif de réaliser l'unité africaine, le Mali peut conclure avec tout État africain des accords de communauté. De plus les traités internationaux régulièrement ratifiés ont, une autorité supérieure à celle des lois au Mali[2]. La communauté économique des États d'Afrique de l'Ouest (CEDEAO) dont le Mali est membre, procède de la volonté souveraine de ses États membres, de favoriser l'intégration économique sous-régionale par la constitution d'un marché intra-régional, pour contribuer au progrès et au développement du continent africain[3]. Le traité constitutif de la CEDEAO dument ratifié par le Mali, affirme que lorsqu'un État membre n'honore pas ses obligations vis-à-vis de la Communauté, des sanctions peuvent être adoptées contre cet État.

En conséquence, suite au non-respect des engagements pris par l'État malien vis-à-vis de la CEDEAO, en l'occurrence, le retour à l'ordre constitutionnel normal en février 2022, des sanctions politiques,

---

[2] Constitution du Mali, 1992, art. 117 et 116.
[3] CEDEAO, *Traité révisé*, 1993, art. 3.

diplomatiques, économiques et financières combinées de la CEDEAO et de l'Union Économique et monétaire Ouest Africaine (UEMOA), lui ont été imposées. De son côté, le Mali a opposé une véritable résistance à ces sanctions découlant pourtant, du droit communautaire ouest-africain. Alors, *quels sont les fondements juridiques de la résistance du Mali aux sanctions combinées de la CEDEAO et de l'UEMOA prises en 2022 ?*

Selon la doctrine, les mesures économiques coercitives sont légales en droit international de même qu'en droit communautaire, comme alternatives à la guerre ouverte entre États. La Charte des Nations Unies, subordonne toutefois, le recours des organismes régionaux aux actions coercitives, à une autorisation préalable du Conseil de sécurité. Mais dans le cas malien, contrairement à celui de la Côte d'Ivoire en 2010, les sanctions n'ont fait l'objet d'aucune résolution du Conseil de Sécurité. De plus, ces sanctions semblent aller à contre-courant des objectifs de la CEDEAO et de l'UEMOA, tout en violant certaines dispositions de la Banque Centrale des États d'Afrique de l'Ouest (BCEAO) et du Programme d'Action d'Almaty, relatif aux pays sans littoral.

Juridiquement, la résistance à l'oppression, est considérée comme un des droits naturels et imprescriptibles de l'Homme[4]. Au Mali, certes, la loi ne prévoit pas expressément le droit de résistance à l'oppression, mais la liberté de manifestation et la désobéissance civile, sont des normes de valeur constitutionnelle[5]. À force de pratique, le peuple malien s'est bien habitué à la mise en œuvre des actions de désobéissance civile. Durant la contestation contre le pouvoir en 2020, les responsables du Mouvement du 5 juin 2020, Rassemblement des Forces Patriotiques (M5-RFP) ont même élaboré et publié les dix commandements de la désobéissance civile au Mali, en vue de sa mise en œuvre, sans violence[6]. Donc, suite aux sanctions de la CEDEAO et de l'UEMOA prises contre le Mali, entachées d'irrégularités, à l'appel des autorités de la transition, des manifestations massives se tiennent à travers tout le pays à l'encontre des dites sanctions le 14 janvier 2022[7].

---

[4] Déclaration des droits de l'homme et du citoyen du 26 août 1789, art. 2.

[5] Constitution du Mali, 1992, art. 5 et 121.

[6] Diama D., « Crise sociopolitique : Le M5-RFP appelle ses militants à poursuivre la lutte », *in L'Essor*, n°19204, du 15 juillet 2020, p. 3.

[7] Zevounou L., « Mali, les sanctions de la CEDEAO sont illégales », Bulletin du CODESRIA, 2022, 2022 (1), pp.19-38. ffhalshs-03683146.

Dans une approche juridique, dans le champ du droit communautaire, cette réflexion s'attelle à analyser les fondements juridiques de la résistance du Mali aux sanctions de la CEDEAO. D'une part, elle analyse la légalité de la résistance malienne au regard du droit international, dans son ensemble (I). D'autre part, elle examine les bases de la résistance dérivant du droit communautaire ouest-africain (II).

I. Les sources légales de la résistance malienne issues du droit international

Les sanctions économiques sont certes, légales en droit international, mais elles doivent remplir certaines conditions. La résistance malienne se fonde non seulement sur le non-respect de certaines de ces conditions du droit international (A), mais aussi sur le principe du traitement spécial en faveur des pays sans littoral (B).

A. La résistance malienne fondée sur la violation du droit international par les sanctions

Le Conseil de Sécurité des Nations Unies peut autoriser des organismes régionaux à prendre des mesures coercitives sur la base d'une résolution, dont le défaut peut conduire à leur illégalité vis-à-vis du droit international comme dans le cas malien (1). Par ailleurs, les sanctions prises contre le Mali, contrastant avec les objectifs des communautés économiques régionales, poussent à la résistance (2).

1. Le défaut de résolution du Conseil de Sécurité pour les sanctions contre le Mali

Le recours à des sanctions économiques multilatérales en droit international n'est pas en soit, illégal, comme il ressort de l'article 16 du Pacte de la Société des Nations (SDN). Mais son application par la SDN fut un échec[8]. Le système des sanctions collectives a été amélioré dans la Charte des Nations Unies. Le Conseil de sécurité détient le monopole dans la prise des mesures n'impliquant pas l'emploi de la

---

[8] CAROLINA O. D. et FOLSCHÉ C. « L'efficacité des sanctions de l'Organisation des Nations unies », *in International Law, Revista Colombiana de Derecho Internacional,* n°3, 2004, pp. 11-72.

force armée[9]. Néanmoins, rien ne s'oppose à l'existence d'accords régionaux ou d'organismes régionaux destinés à régler les affaires qui touchent au maintien de la paix et de la sécurité internationales. Ces accords et organismes régionaux doivent privilégier le règlement pacifique des différends, sans recourir à la Force armée[10].

Le Conseil de Sécurité peut autoriser les organismes régionaux à prendre des mesures coercitives. Donc, « aucune action coercitive ne sera entreprise en vertu d'accords régionaux ou par des organismes régionaux sans l'autorisation du Conseil de sécurité[11]. » De plus, le Conseil de sécurité doit, en tout temps, être tenu pleinement au courant de toute action entreprise ou envisagée, par les organismes régionaux, pour le maintien de la paix et de la sécurité internationale[12]. L'autorisation préalable du Conseil de Sécurité avant toute action coercitive par l'entremise des organismes régionaux est d'une valeur tellement capitale que, plusieurs opérations entreprises sans elle, ont été déclarées illégales. C'est notamment le cas de l'intervention menée par l'Organisation du traité de l'Atlantique Nord (OTAN) en 1999 au Kossovo, dénommée « intervention d'humanité », contre la Yougoslavie[13]. Ce fut le même cas pour l'intervention américano-britannique en Irak, qui ne pouvait nullement s'adosser sur une résolution du Conseil de sécurité[14].

Dans l'espace CEDEAO, il existe un précédent emblématique aux sanctions combinées de la CEDEAO et de l'UEMOA, contre le Mali en 2022. C'est le cas de la Côte d'Ivoire en 2010, durant la crise post-électorale. Ce pays a été mis sous un embargo presque total et ses avoirs ont été gelés[15]. Ces mesures économiques coercitives ont d'ailleurs fait l'objet d'une résolution du Conseil de sécurité des Nations Unies. En effet, dans sa résolution A/RES.1/03/11, la Conférence des Chefs d'État

---

[9] Charte des Nations Unies, 1945, art. 41-42.

[10] *Ibid.,* art. 52.

[11] *Ibid.,* art. 53.

[12] *Ibid.,* art. 54.

[13] Momtaz D., « L'intervention d'humanité » de l'OTAN au Kosovo et la régie du non-recours a la force », RICR mars, vol. 82 n°837, 2000, pp. 89-102.

[14] Hindawi C., « Irak, d'une guerre à l'autre ou un retour sur les ambiguïtés de la résolution 687 (1991) du Conseil de sécurité », in Études internationales, vol. 37, n° 3, 2006, pp. 357-382.

[15] Cathelin M., « La Côte d'Ivoire entre divisions internes et stratégies internationales », in European Union Institute for Security Studies Analysis, 2011, p. 7.

et de gouvernement de la CEDEAO demande au Conseil de Sécurité des Nations Unies d'autoriser la mise en œuvre immédiate des décisions de la Conférence de décembre 2010. Il s'agit de l'autorisation de prendre toutes les mesures nécessaires, y compris l'usage de la force légitime pour réaliser le transfert du pouvoir au président élu en Côte d'Ivoire, d'une part et la prise par le Conseil de Sécurité de sanctions internationales ciblées plus contraignantes à l'encontre de M. Laurent Gbagbo et de ses partisans. En conséquence, le Conseil de Sécurité, saluant les efforts constructifs du groupe de haut niveau de l'Union africaine pour le règlement de la crise en Côte d'Ivoire, réaffirme son soutien à l'Union africaine et à la CEDEAO pour leur volonté de régler la crise en Côte d'Ivoire[16]. Aussi adopte-t-il des sanctions ciblées contre Laurent Gbagbo et ses proches, comme souhaité par la CEDEAO[17].

Dans le cas du Mali et contrairement au cas ivoirien, les sanctions économiques et financières combinées de la CEDEAO et de l'UEMOA, n'ont fait l'objet d'aucune résolution du Conseil de Sécurité, malgré la formulation d'une telle demande. Le projet de texte de résolution, introduite par la France, soutenue par les États unis, a été bloqué par la Russie et la Chine[18]. À défaut de résolution du Conseil de Sécurité des Nations Unies, les sanctions combinées de la CEDEAO et de l'UEMOA sont et demeurent illégales. Le Mali leur oppose donc, une résistance farouche dont la légalité se justifie non seulement par ce défaut de résolution du Conseil de sécurité, mais aussi, par le fait que ces sanctions contrastent avec les principes fondateurs des Communautés économiques régionales.

2. Les sanctions contrastent avec les objectifs des Communautés économiques régionales

Les communautés économiques régionales telles que la CEDEAO et l'UEMOA, tirent leurs fondements juridiques en droit international des dispositions de l'article 24 du GATT de 1947 qui stipule que : « Les

---

[16] Conseil de Sécurité, « Résolution 1975 (2011) » in S/RES/1975 (2011), paragraphe 12.
[17] *Ibid.*, point 12 et annexe I.
[18] Security Council Report. « Mali: Briefing and Consultations », en ligne: https://www.securitycouncilreport. org/whatsinblue/2022/01/mali-briefing-and-consultations-7.php, consulté le 02 novembre 2022.

parties contractantes reconnaissent qu'il est souhaitable d'augmenter la liberté du commerce en développant, par le moyen d'accords librement conclus, une intégration plus étroite des économies des pays participant à de tels accords. Elles reconnaissent également que l'établissement d'une union douanière ou d'une zone de libre-échange doit avoir pour objet de faciliter le commerce entre les territoires constitutifs et non d'opposer des obstacles au commerce d'autres parties contractantes avec ces territoires[19]. » C'est sur cette base qu'a été créée la CEDEAO. Elle vise à promouvoir la coopération et l'intégration dans la perspective d'une union économique de l'Afrique de l'Ouest en vue d'élever le niveau de vie de ses peuples en harmonisant les politiques nationales et en faisant la promotion de leurs programmes d'activités[20].

De même, l'UEMOA cherche à renforcer la compétitivité des activités économiques et financières de ses États membres dans le cadre d'un marché ouvert et concurrentiel et d'un environnement juridique rationalisé et harmonisé. Elle vise également, à créer entre les États membres, un marché commun basé sur la libre circulation des personnes, des biens, des services, des capitaux et le droit d'établissement des personnes exerçant une activité indépendante ou salariée, ainsi que sur un tarif extérieur commun et une politique commerciale commune[21].

De ce fait, les mesures de fermeture des frontières et de gel des avoirs, pour quelque raison que ce soit, ne sont point conformes aux objectifs ni de la CEDEAO, ni de l'UEMOA. En clair, les mesures coercitives prises contre le Mali en 2022, contrastent avec les dispositions pertinentes du GATT de 1994, qui encadrent juridiquement la création des zones de libre-échange, des accords commerciaux régionaux et des unions douanières. Elles vont à contre-courant des principaux objectifs de ces organisations économiques régionales elles-mêmes, d'où la résistance malienne à ces sanctions. En plus de l'inopportunité desdites sanctions vis-à-vis des objectifs des communautés économiques régionales, elles violent également le principe du traitement spécial en faveur des pays sans littoral en termes de transit et d'accès à la mer.

---

[19] General Agreement on Tariffs and Trade, 1994, art. 24.
[20] CEDEAO, *Traité révisé*, 1993, art. 3.
[21] UEMOA, *Traité Modifié*, 2003, art. 4.

B. Le droit des pays enclavés à un traitement spécial en termes de transit et d'accès à la mer

Les pays en développement sans littoral sont confrontés à des problèmes particuliers pour leur accès au marché mondial. Le plan d'action d'Almaty vise à répondre à ces besoins spécifiques. Les sanctions prises contre le Mali, sont illégales non seulement à l'égard du traitement spécial en matière de transit des pays enclavés, issu du droit international de la mer, endossé par les textes de la CEDEAO (1), mais aussi, vis-à-vis du plan d'action d'Almaty (2).

1. Le traitement spécial des pays enclavés issu du droit international endossé par la CEDEAO

La liberté de transit est un principe du droit international qui provient du droit à l'accès équitable à la mer pour tout pays avec ou sans littoral. Le droit international de la mer encadre l'accès équitable à la mer en déclarant que « les États sans littoral ont le droit d'accès à la mer et depuis la mer pour l'exercice des droits prévus dans la convention, y compris ceux relatifs à la liberté d'accès à la haute mer et au patrimoine commun de l'humanité. À cette fin, ils jouissent de la liberté de transit à travers le territoire des États de transit par tous moyens de transport[22]. » Les États sans littoral ne peuvent, en aucun cas, faire l'objet de discrimination, en ce qui concerne leur droit de passage à travers le territoire d'autres États pour accéder à la mer. C'est une condition indispensable pour l'intégration de ces pays, dans l'économie mondiale. Dans la même veine, la liberté de transit de façon équitable, est strictement encadrée par les textes juridiques de l'Organisation Mondiale du Commerce (OMC). Ils ne permettent aucune discrimination ou distinction fondée sur le pavillon des navires ou bateaux, le lieu d'origine, les points de départ, d'entrée, de sortie ou de destination ou sur des considérations relatives à la propriété des marchandises, des navires, bateaux, ou autres moyens de transport[23].

La Convention des Nations Unies sur le commerce de transit des pays sans littoral permet toutefois de restreindre la liberté de transit de

---

[22] Nations Unies, *Convention des sur le droit de la mer*, 1982, art. 125.

[23] General Agreement on Tariffs and Trade, 1994, art. 5.

certaines catégories de biens en se fondant sur la sécurité, la protection de la santé publique, la morale publique et sur les maladies végétales ou animales[24]. Cette Convention autorise les pays à accorder des facilités de transit plus grandes que celles prévues par ses dispositions[25]. Dans cette optique, les textes de la CEDEAO, en ce qui concerne les pays enclavés, vont au-delà du traitement équitable et les font bénéficier d'un traitement spécial compte tenu de leur situation d'enclavement. Aussi, conviennent-ils d'apporter toute autre assistance nécessaire aux pays sans littoral en vue d'un développement équilibré de la région[26]. Les conditions et modalités de l'exercice de la liberté de transit sont convenues entre les États sans littoral et les États de transit concernés par voie d'accords bilatéraux, sous-régionaux ou régionaux. La CEDEAO endosse parfaitement les dispositions du droit international sur l'accès à la mer, et celles de la liberté de transit. Dans cette zone, c'est la convention relative au transit routier inter-États (TRIE) qui règlemente la circulation des marchandises en transit routier entre États[27].

Certes, les États de transit peuvent prendre les mesures nécessaires pour s'assurer que ces droits et facilités décidés au profit des États sans littoral ne portent pas atteinte à leurs intérêts légitimes, mais ces mesures doivent être temporaires, exceptionnelles et justifiées par l'existence d'une guerre ou des troubles civiles. En conséquence, ces restrictions à la liberté de transit, susmentionnées, légalement autorisées à la liberté de transit, ne sont guère de nature à justifier les sanctions de la CEDEAO imposées au Mali en 2022. La résistance malienne à ces sanctions se justifie dès lors que la légalité de ces dernières n'est pas établie au regard de la liberté de transit et du droit à l'accès équitable à la mer, d'une part et du traitement spécial en faveur des pays enclavés conformément au traité constitutif même de la CEDEAO. De plus, ces sanctions ne peuvent en aucun cas, être compatibles avec le plan d'action d'Almaty.

---

[24] Convention des Nations Unies sur le commerce de transit des pays sans littoral, 1966, art. 11.

[25] *Ibid.*, art. 9.

[26] CEDEAO, *Traité révisé*, 1993, art. 3.2 (k); art. 68.

[27] CEDEAO, Convention A/P4/5/82 du 29 mai 1982 relative au régime du transit routier inter-États, art. 2.

2. L'illégalité des sanctions contre le Mali vis-à-vis du plan d'action d'Almaty

Les pays en développement sans littoral, pris en tant que groupe, figurent parmi les pays en développement les plus pauvres. Le plan d'action d'Almaty vise à répondre aux besoins particuliers de ces pays et à offrir un cadre d'action mondial conçu pour doter ces pays et les pays de transit, de systèmes de transport en transit efficaces, en tenant compte des intérêts de ces deux catégories de pays. Le Mali est un grand pays enclavés entouré par sept (7) pays de l'Afrique du Nord et de l'ouest à savoir l'Algérie, la Mauritanie, le Sénégal, la Guinée, la Côte d'Ivoire, le Burkina Faso et le Niger. Les frontières de ces pays n'ont toutefois pas la même valeur quant à l'accession du Mali au marché mondial. Deux de ces États frontaliers, le Niger et le Burkina sont eux-mêmes enclavés, réduisant considérablement leurs potentialités comme voie d'accès du Mali à la mer. L'Algérie et la Mauritanie, quoiqu'ayant des accès directs à la mer, ne sont pas membres de la CEDEAO, donc n'appliquent ni, les dispositions communautaires relatives aux au transit routier inter-États, ni celle de la libre circulation des personnes, des biens, des services des capitaux de la CEDEAO. En définitive, la plus grande partie des importations et les exportations du Mali, transite par les frontières sénégalaises, ivoiriennes et guinéennes, tous membres de la CEDEAO.

Le plan d'action d'Almaty, consciente de la situation spécifique des pays comme le Mali, vise d'abord à garantir l'accès à la mer et depuis la mer à tous les modes de transport ; à réduire les coûts et à améliorer les services pour que les exportations soient plus compétitives. Le plan d'action d'Almaty cherche à réduire les coûts de livraison des importations, les pertes, les dommages et les avaries qui surviennent en cours de route. Il prévoit ensuite d'analyser le problème des retards et des aléas sur les itinéraires commerciaux, de mettre en place un réseau national adéquat et de favoriser l'essor des exportations. Enfin, il vise à améliorer la sécurité du transport routier et la sécurité des voyageurs dans les couloirs de transport[28].

---

[28] Nations unies, « Mise en œuvre du Programme d'action d'Almaty : partenariats conçus pour répondre aux besoins particuliers des pays en développement sans littoral

Les sanctions de la CEDEAO et de l'UEMOA prises au mépris du plan d'action d'Almaty avaient pour but d'isoler le Mali, de le couper de ses accès à la mer en fermant les frontières des pays membres de ces organisations sous-régionales. Ces sanctions qui visaient à empêcher toute possibilité d'approvisionnement du Mali, pays enclavé en développement, se révèlent donc être illégales. Les multiples irrégularités susmentionnées qui entachent les sanctions prises contre le Mali au regard du droit international dans son ensemble, sont de nature à justifier la résistance de ce dernier à leur application. Par ailleurs, la résistance malienne aux sanctions combinées de la CEDEAO et de l'UEMOA, peut, contre toute entente, tirer sa base légale du droit communautaire ouest-africain lui-même.

II. Les bases de la résistance dérivant du droit communautaire ouest-africain

Les textes communautaires ouest-africains prévoient la possibilité de prendre des sanctions contre tout État membre qui n'honore pas ses engagements vis-à-vis de la Communauté. En cela, ils listent une série de sanctions. Cependant, les sanctions imposées au Mali en 2022, débordent du cadre des textes communautaires, d'où la résistance malienne à leur application (A). La posture malienne de résistance est confortée par l'ordonnance de sursis à exécution des sanctions, prise par la Cour de justice de l'UEMOA (B).

A. Les sanctions contre le Mali débordent du cadre des textes communautaires

La fermeture des frontières communautaires comme sanction contre les États pour non-respect des principes de la Communauté, n'est pas légale, car aucun texte de la CEDEAO ne la prévoit (1). De leur côté, les sanctions économiques et financières violent certaines dispositions des textes communautaires (2).

---

et créer un nouveau cadre mondial pour la coopération en matière de transport en transit entre les pays en développement sans littoral et de transit », Soixante-troisième session, A/63/165, 2008, pp. 3-4.

1. La mesure de fermeture des frontières n'est prévue par aucun texte de la CEDEAO

Bien vrai que le traité révisé de la CEDEAO, contrairement à celui de 1975, prévoit des sanctions, en cas de manquement d'un État à ses obligations envers la Communauté, mais il ne fait aucunement référence à la fermeture des frontières. Les sanctions « autorisées » par le traité constitutif révisé de l'organisation concernent la suspension de l'octroi de tout nouveau prêt ou de toute nouvelle assistance ; la suspension de décaissement pour tous les prêts ; le rejet de la présentation de candidature aux postes statutaires et professionnels, la suspension du droit de vote et la suspension de la participation aux activités de la Communauté[29].

Le protocole sur la démocratie et la bonne gouvernance renforce et augmente la liste des sanctions en y ajoutant, le refus de soutenir les candidatures présentées par l'État membre concerné à des postes électifs dans les organisations internationales ; le refus de tenir les réunions de la CEDEAO dans l'État membre concerné ; et l'obligation pour l'État concerné, pendant sa suspension, de payer ses cotisations[30]. Ce protocole également, ne mentionne guère la fermeture des frontières comme une sanction de la CEDEAO contre un de ses membres. De son côté, l'Acte additionnel portant régime des sanctions à l'encontre des États membres qui n'honorent pas leurs obligations vis-à-vis de la CEDEAO, sans parler expressément de la mesure de fermeture des frontières, introduit l'embargo dans la liste des sanctions. Cependant, la mesure d'embargo, auquel fait référence ce texte communautaire, concerne uniquement le commerce des armements[31].

En conséquence, la fermeture des frontières comme sanctions contre le non-respect des engagements envers la Communauté est et demeure illégale car, elle ne peut s'appuyer, sans équivoque, sur aucun texte de

---

[29] CEDEAO, *Traité Révisé*, 1993, art.77.

[30] Protocole a/sp1/12/01 sur la démocratie et la bonne gouvernance additionnel au protocole relatif au mécanisme de prévention, de gestion, de règlement des conflits, de maintien de la paix et de la sécurité, 2001, art.1 et 45.

[31] CEDEAO, « Acte additionnel a/sa.13/02/12 portant régime des sanctions à l'encontre des États membres qui n'honorent pas leurs obligations vis-à-vis de la CEDEAO », 2012, art. 6 (XII) et art.11.3.

la CEDEAO. Au contraire, cette mesure est de nature à violer, non seulement les dispositions de la convention du transit routier inter-États de la zone CEDEAO, mais aussi, celles de la convention de Genève de 1975, relative au transport international par la route, de même que les engagements bilatéraux entre ces États et le Mali[32]. Dans la pratique, ces sanctions, ont eu comme conséquence, en ce qui concerne les pays frontaliers du Mali, la fermeture effective des frontières sénégalaises, ivoiriennes et nigériennes. La Guinée s'est ouvertement désolidarisée de ces sanctions, pendant que le Burkina s'est lui aussi désolidarisé de ces sanctions, mais de façon officieuse. L'Algérie et la Mauritanie n'étant pas membres de la CEDEAO, leurs frontières sont restées ouvertes. L'impact de ces sanctions a été énorme le commerce international du Mali car, l'essentiel de ses échanges, à l'import comme à l'export, transite par les ports sénégalais et ivoiriens.

Au-delà du vide juridique concernant la mesure de fermeture des frontières, la mise en œuvre des sanctions économiques et financières, quoique légales, est entachée d'irrégularités.

2. Les sanctions économiques et financières violent des textes communautaires

Sans conteste, l'Acte additionnel portant régime des sanctions à l'encontre des États membres qui n'honorent pas leurs obligations vis-à-vis de la CEDEAO prévoit le gel des avoirs financiers. Donc le gel des avoirs du Mali par la CEDEAO, en tant que sanction est tout à fait légal[33]. Cependant, l'instrumentalisation de la Banque centrale des États de l'Afrique de l'Ouest (BCEAO), pour la mise en œuvre de cette sanction contre le Mali, n'est pas légale au regard des statuts de cette dernière. Selon les Statuts de la BCEAO, cette dernière ne peut solliciter, ni recevoir des directives ou des instructions des institutions ou organes communautaires, ni même de l'UEMOA[34]. Cette disposition,

---

[32] Douanes sénégalaises et maliennes, notes de service : n°1618/DGD/DRCI/BCI/af du 24/07/2012 ; n°039/MEFB-DGD du 14/11/ 2012.

[33] CEDEAO, « Acte additionnel a/sa.13/02/12 portant régime des sanctions à l'encontre des États membres qui n'honorent pas leurs obligations vis-à-vis de la CEDEAO », quarantième session ordinaire de la Conférence des chefs d'État et de gouvernement, 2012, art. 6 (X).

[34] Statut de la Banque centrale des États de l'Afrique de l'Ouest (BCEAO), 2010, art. 4.

véritable gage de l'indépendance de la BCEAO est ignorée par les États membres de l'UEMOA et de l'UEMOA, pour sanctionner le Mali sur le plan économique et financier.

La BCEAO ne peut, en aucun cas, être instrumentalisée pour appliquer des sanctions financières à l'encontre d'un de ses États membres, sans violer les textes de ce dernier. L'imposition des sanctions au Mali, envers et contre tout, quoiqu'il en coûte quitte à violer de façon flagrante, les textes communautaires, a fini par pousser le peuple et l'État malien à la résistance. La résistance malienne s'est organisée en deux temps. D'une part, à l'appel des autorités maliennes, le peuple malien a manifesté, comme un seul homme contre les sanctions combinées de la CEDEAO et de l'UEMOA, dont la légalité n'est pas manifestement établie. D'autre part, l'État malien a saisi la Cour de justice de l'UEMOA, pour statuer sur la légalité des sanctions. Cette dernière a rendu une ordonnance demandant aux membres de l'UEMOA, de sursoir à l'exécution desdites sanctions.

B. L'ordonnance de la Cour de sursis à exécution des sanctions contre le Mali

Dans l'objectif d'apprécier la légalité des sanctions de la CEDEAO, endossées par l'UEMOA, le Mali saisit la Cour de justice de l'UEMOA, tout en mettant en exergue les irrégularités qui entachent l'acte lui imposant les sanctions (1). La décision de la Cour de sursoir à l'exécution des sanctions légalise la résistance malienne[35] (2).

1. Les irrégularités constatées dans la prise des sanctions contre le Mali

Suite aux sanctions imposées par la CEDEAO au Mali, les États membres de l'UEMOA décident d'endosser la totalité des sanctions politiques, économiques et financières prises par la CEDEAO contre le Mali, le 12 septembre 2021, le 07 novembre 2021 et le 9 janvier 2022. En plus des sanctions endossées, elle inflige elle-même des sanctions supplémentaires au Mali. Elle suspend le Mali de ses organes et institutions, suspend les concours financiers à sa faveur et instruit aux

---

[35] CJUEMOA, Ordonnance n° 06/2022/CJ du 24 mars 2022, Extrait des minutes du greffe, 2022, p. 11.

institutions communautaires de procéder à une application immédiate desdites sanctions. L'Union justifie cette posture par l'absence de progrès dans le processus de restauration de l'ordre constitutionnel et démocratique normal au Mali[36].

En réaction à ce communiqué, les autorités maliennes saisissent la Cour de Justice de l'UEMOA. D'une part, le Mali par la requête n°22R001, en date du 15 février 2022, demande à la Cour d'apprécier la légalité des sanctions imposées par l'Union au Mali. D'autre part, il demande à la Cour de prendre une décision de sursis par la requête n° 22R001.1, en date du 15 février 2022. Le Mali fonde ses deux requêtes sur les nombreuses irrégularités qui entachent la décision des Chefs d'État et de gouvernement de l'UEMOA, lui imposant des sanctions. Dans ses requêtes le Mali soutient que l'imposition de ces sanctions, révèle la volonté d'ingérence de l'Union dans ses affaires intérieures et qu'elle a entériné lesdites sanctions sans aucun fondement juridique.

Dans son argumentaire le Mali indique qu'aucune disposition des textes communautaires ne permet à la conférence des Chefs d'État et de gouvernement de prendre des sanctions politiques, diplomatiques, économiques et financières contre un État membre de l'Union. De plus, comme le souligne le Mali, avant toute sanction, les manquements relevés doivent, au préalable être déférés à la Cour de justice de l'Union conformément à l'article 113 du traité et les articles 5 et 6 du protocole additionnel n°1. L'État malien fait valoir également que la tenue de la conférence des Chefs d'État et de gouvernement à Accra, au Ghana, pays non membre de l'UEMOA, viole les dispositions de l'article 114 du traité. En outre, le Mali explique que ces sanctions lui causent un préjudice certain, immédiat et difficilement réparable. En effet, elles sont de nature à empêcher la libre circulation des personnes, des biens et des capitaux d'un pays enclavé, engagé dans une lutte implacable contre le terrorisme international, depuis une décennie. Enfin, sur la base de tout cet argumentaire, le Mali considérant les sanctions de l'UEMOA comme illégales et injustifiées, tant dans la forme que dans

[36] UEMOA, Communiqué final, *Session extraordinaire de la conférence des chefs d'États et de gouvernement de l'UEMOA*, Accra, 09 janvier 2022, p. 3.

le fond, sollicite le concours de la Cour pour prendre une décision de sursis à l'exécution des sanctions.

2. La décision de la Cour de sursoir à l'exécution des sanctions légalise la résistance malienne

La saisine de la Cour de justice de l'Union par l'État malien est en soit, une forme de résistance aux sanctions. Toutefois, la défense de la Conférence des Chefs d'État et de gouvernement a conclu au rejet pur et simple de la demande de sursis à exécution, comme étant mal fondé. Tout en justifiant le bienfondé de l'acte imposant les sanctions par l'existence de circonstance exceptionnelle, la défense met l'accent sur le fait que cet acte n'est pas une décision au sens de l'article 19 du traité de l'UEMOA et ne saurait, par conséquent, selon elle, être attaqué par un État membre sur la base d'un recours en appréciation de légalité. Selon la défense, la Conférence des Chefs d'État et de gouvernement n'a fait que prendre acte des sanctions déjà prises par la CEDEAO dont tous les membres de l'UEMOA font partie. Donc, selon l'UEMOA, les conséquences dommageables sur le Mali ne disparaîtront pas avec un sursis à exécution de l'acte de l'Union, tant que subsistent les sanctions de la CEDEAO. En clair, la défense de la Conférence des Chefs d'État et de gouvernement cherchait à minimiser, non seulement leur rôle dans la prise des sanctions contre le Mali, mais aussi, l'importance de leur acte.

Nonobstant les arguments de la défense de l'UEMOA, la Cour s'étant déclarée compétente, a jugé la demande malienne de sursis à exécution, recevable. Elle souligne que la décision de Cour qui ordonne une mesure provisoire doit être subordonnée à l'existence de circonstances établissant l'urgence. En effet, les mesures provisoires visent à éviter qu'un préjudice grave et irréparable ne soit causé à la partie qui en fait la demande. Dans le cas des sanctions imposées au Mali, la Cour affirme que ces dernières ont reçu une application immédiate. De ce fait, l'urgence et de même que le motif sérieux sont établis, car un acte de la haute autorité de l'UEMOA est attaqué en recours d'appréciation de légalité. En conséquence, la Cour ordonne le sursis à l'exécution des sanctions prises contre le Mali le 9 janvier 2022 par l'UEMOA. Cette décision de la plus haute juridiction de l'UEMOA légalise par voie juridictionnelle, la résistance malienne aux sanctions de la CEDEAO, endossées par l'UEMOA.

Conclusion

Les mesures coercitives sont légales en droit international et en droit communautaire sous réserve du respect de certaines conditions. Donc, dans l'absolu, la CEDEAO et l'UEMOA ont le droit d'imposer des sanctions au Mali pour le non-respect de ses engagements vis-à-vis de l'une ou de l'autre Communauté. Cependant, les irrégularités qui entachent les sanctions prises contre le Mali en 2022, poussent les autorités cet État et tout son peuple à la résistance. En effet, en plus du défaut de résolution du Conseil de Sécurité, ces sanctions contrastent avec les principes mêmes des communautés économiques régionales. Elles violent le principe du traitement spécial en faveur des pays enclavés en matière de transit et d'accès à la mer ainsi que le plan d'action d'Almaty. En outre, certaines mesures prises contre le Mali dans le cadre de ces sanctions, ne sont prévues par aucun texte communautaire, pendant que d'autres violent de façon flagrante lesdits textes. Toutes ces irrégularités ont fini par conférer une base légale à la résistance malienne à ces sanctions.

La légalité de la résistance malienne a été par la suite établie par voie juridictionnelle à travers l'ordonnance de la Cour de justice de l'UEMOA. Cette Cour a ordonné, après examen de l'affaire, le sursis à exécution des sanctions imposées au Mali par l'UEMOA en 2022. Si cette ordonnance n'a pas été mise en œuvre par les États membres de l'UEMOA, force est de reconnaître, qu'elle légalise de façon jurisprudentielle, la résistance malienne aux sanctions décidées par les deux organisations sous-régionales.

Références bibliographiques

Carolina O. D. et Folsché C., « L'efficacité des sanctions de l'Organisation des Nations unies », in International Law, Revista Colombiana de Derecho Internacional, n°3, 2004, pp. 11-72.

Cathelin M., « La Côte d'Ivoire entre divisions internes et stratégies internationales », in European Union Institute for Security Studies Analysis, 2011, 9 p.

CEDEAO, « Protocole relatif au mécanisme de prévention, de gestion, de règlement des conflits, de maintien de la paix et de la sécurité », 1999, 25 p.

CEDEAO, « Protocole a/sp1/12/01 sur la démocratie et la bonne gouvernance additionnel au protocole relatif au mécanisme de prévention, de gestion, de règlement des conflits, de maintien de la paix et de la sécurité », 2001, 21 p.

CEDEAO, « Acte additionnel a/sa.13/02/12 portant régime des sanctions à l'encontre des États membres qui n'honorent pas leurs obligations vis-à-vis de la CEDEAO », quarantième session ordinaire de la Conférence des chefs d'État et de gouvernement, 2012, 23 p.

CEDEAO, « convention A/P4/5/82 du 29/05/1982 relative au régime du transit routier inter-États (CEDEAO) », 10 p.

CEDEAO, *Traité révisé*, 1993, 51 p.

Conseil de Sécurité, « Résolution 1975 (2011) » in S/RES/1975 (2011), 2011, 5 p.

Convention des Nations Unies sur le droit de la mer, 1982, 80 p.

Cour de Justice de l'UEMOA, « Ordonnance n°06/2022/CJ du 24 mars 2022 », Extrait des minutes du greffe, 2022, 11 p.

Déclaration des droits de l'homme et du citoyen du 26 aout 1789, 2 p.

Diama D. (2020), « Crise sociopolitique : Le M5-RFP appelle ses militants à poursuivre la lutte », *in L'Essor* n°19204, du 15 juillet 2020, 16 p.

Zevounou L., « Mali, les sanctions de la CEDEAO sont illégales », Bulletin du CODESRIA, 2022, 2022 (1), pp. 19-38. ffhalshs-03683146.

Douanes sénégalaises et maliennes, notes de service : n°1618/DGD/DRCI/BCI/af du 24/07/2012 ; n°039/MEFB-DGD du 14/11/ 2012.

General Agreement on Tariffs and Trade, 1994.

Hindawi C., « Irak, d'une guerre à l'autre ou un retour sur les ambiguïtés de la résolution 687 (1991) du Conseil de sécurité », in Études internationales, vol. 37, n°3, 2006, pp. 357-382.

Momtaz D. « L'intervention d'humanité » de l'OTAN au Kosovo et la régie du non-recours a la force », RICR mars, vol. 82 n°837, 2000, pp. 89-102.

Nations unies, « Mise en œuvre du Programme d'action d'Almaty : partenariats conçus pour répondre aux besoins particuliers des pays en développement sans littoral et créer un nouveau cadre mondial pour la coopération en matière de transport en transit entre les pays en développement sans littoral et de transit », soixante-troisième session, A/63/165, 2008, 36 p.

Security Council Report, « Mali: Briefing and Consultations », en ligne: https://www.securitycouncilreport.org/whatsinblue/2022/01/mali-briefing-and-consultations-7.php, consultée le 02 novembre 2022.

Statut de Banque centrale des États de l'Afrique de l'Ouest (BCEAO), 2010, 38 p.

UEMOA, *Traité Modifié*, 2003, 41 p.

UEMOA, « Communiqué final », Session extraordinaire de la conférence des Chefs d'État et de gouvernement de l'UEMOA, Accra, 09 janvier 2022, 4 p.

Thème 5

La difficile appropriation des normes communautaires africaines

Julie BASAANE GNEBA[1] (Cameroun)

Résumé

Pour l'atteinte des objectifs communautaires en Afrique, des normes communautaires apparaissent comme une nécessité. C'est une condition sine qua none pour une intégration réussie. Elle s'illustre en vecteur de l'accomplissement des politiques communautaires africaines. Cependant, dans le continent africain, leur appropriation n'est pas aisée. La diversité des organisations d'intégration dans cette partie du monde couplé au caractère complexe de ces normes contribue à rendre la tâche plus ardue aux acteurs du droit communautaire. C'est pour cette raison que la présente étude se donne pour ambition de répondre à la question suivante : quelle est la nature juridique de la difficile d'appropriation des normes communautaires africaines ? en s'appuyant sur le positivisme sociologique combiné à la méthode comparative, l'analyse a permis d'observer que la difficile appropriation desdites normes est à la fois d'ordre matériel et intellectuel. La première a consisté à analyser la déficience des moyens concrets de vulgarisation des normes communautaires africaines, en s'appuyant pour l'essentiel sur l'insuffisance des mécanismes de diffusion des normes communautaires ainsi que l'accès limité aux Bulletins officiels des Communautés. La seconde quant à elle, a conduit à montrer les facteurs explicatifs du déficit intellectuel d'acquisition desdites normes. Au regard de toutes ces considérations, l'on peut dire que l'accès au droit communautaire africain reste jusqu'ici un luxe. Il y'a lieu de parler de *« crise du droit communautaire »*.

Mots clés : Appropriation - normes communautaires-organisation-intégration-juge communautaire

---

[1] *Enseignante-Chercheur/Droit public. Université de Ngaoundéré/Cameroun. gnebajulie@yahoo.com*

Introduction

L'intégration en Afrique a inéluctablement sécrété du droit communautaire approuvé par les uns et contesté par les autres. Ce droit est composé d'un ensemble de normes régissant des sujets aussi nombreux, variés et techniques autres que ceux que doivent appréhender les États. Lesdites normes sont produites par le biais d'un système institutionnel nécessairement plus complexe qu'un système national[2] car, le continent africain, au-delà de la diversité des organisations d'intégrations, compte plusieurs langues étrangères à l'instar du Français, de l'Anglais, du Portugais, de l'Arabe. Il faut donc chercher à concilier tous ces éléments avec l'intérêt général du continent tout entier. À côté de cela, l'on note la multiplicité et la complexité des normes qui y sont édictées mais aussi la nécessité de garantir à la fois l'accès au droit, l'accès au juge et à la citoyenneté communautaire. Il y a aussi la difficulté de détermination des techniques efficaces d'appropriation des normes communautaires. Cette dernière est une problématique essentielle à laquelle sont confrontés la plupart des citoyens. Elle relève *« a priori, de la catégorie des missions impossibles, (...) à atteindre »*[3].

Pourtant, l'appropriation des normes communautaires devrait constituer l'objectif premier des grandes politiques communautaires, dans la mesure où, c'est une conditionnalité à l'adhésion des citoyens au processus d'intégration africaine. Assurément, pour revendiquer, les citoyens se doivent de connaître les normes communautaires, de *« se les approprier »*[4]. Ainsi, comme l'a si bien fait remarquer le Professeur Alioune SALL, cette appropriation des normes est une nécessité

---

[2] BERTRANT (C.), « L'accès au droit de l'Union européenne », Le dossier de l'accès au droit à l'exercice de la citoyenneté, Acte du colloque Clermont-Ferrand des 24-25 septembre 2015, Textes réunis par F. Faberon et A. Habrial, La Revue du Centre Michel de l'Hôpital, 2017, n° 12, pp. 55-64, Spéc. p. 55.
[3] *Ibid.*
[4] RAIMBAUL (V.P), « Petite histoire d'une appropriation du droit par les citoyens : la subjectivation des lois du service public », In KRYSMEN (J) et HECQUARD-THERON (M), (Dir), *Regard critique sur quelques r (évolutions du droit*, Toulouse, Presse de l'Université des Sciences sociales de Toulouse, 2005, p. 523.

impérieuse[5] *« que l'on ne peut se permettre d'ignorer »*[6]. Même si l'on enregistre une forte pénétration desdites normes dans les ordres juridiques internes[7], leur appropriation reste jusqu'ici difficile.

Parce que la science a horreur des contresens et des imprécisions, il est indispensable, pour mener à bien cette étude, de définir les termes qui y sont contenus. N'étant pas dans le Lexique des termes juridiques encore moins dans le Vocabulaire juridique, le concept « *appropriation* » peine à être considéré comme une notion juridique. Pourtant, il retient de plus en plus l'attention de la doctrine[8]. L'appropriation dans la présente étude peut être entendue comme certainement pour exprimer la nécessité de faire encrer les normes communautaires dans les mœurs, de les faire connaître par les acteurs dans le but de faciliter l'application. La *« difficile appropriation »* renvoie alors à la pénibilité d'assimilation, ou d'acquisition.

L'expression *« normes communautaires africaines »* semble plus complexe. C'est une notion à contenue juridique controversé dont la définition ne fait pas l'unanimité auprès de la doctrine qui n'arrive jusqu'ici pas *à « l'arracher au magma des doutes »*[9]. Elle est liée à la polémique de l'existence même du droit communautaire africain[10]. Cette préoccupation a fait l'objet de plusieurs controverses au sein de la doctrine. Les raisons sont simples : la diversité d'organisations

---

[5] SALL (A), *La justice de l'intégration. Réflexions sur les institutions judiciaires de la CEDEAO et de l'UEMOA,* Dakar, Édition CREDILLA, 2011, p. 77.

[6] RAIMBAUL (V.P), « Petite histoire d'une appropriation du droit par les citoyens : la subjectivation des lois du service public », *Op. cit.*, p. 77.

[7] BOISSEAU (J), « Le degré de pénétration de la norme communautaire dans le droit français », Cité par GNIMPIEBA TONNANG (E), *Droit matériel et intégration sous régionale en Afrique Centrale (Contribution à l'étude des mutations récentes du marché intérieur et du droit de la concurrence CEMAC),* Thèse de Doctorat, Université de Nice-Sophia Antipolis, 2004, p. 32.

[8] Confère les travaux de l'Institut Fédératif de Recherche (IFR) de l'Université des Sciences sociales de Toulouse. Mutations des normes juridiques – n° 5 – 2005, « Les recommandations des Rencontres inter-juridictionnelles de Cotonou et de Bamako » ont eu recours à cette expression, respectivement en mai 2008 et février 2009.

[9] CARBONIER (J*), L'interprétation des faits en droit, Paris*, LGDJ, 1998, p. 3.

[10] KAZADI MPIANA (J), « La problématique de l'existence du droit communautaire africain, L'option entre mimétisme et spécificité », *Revue libre de Droit,* 2014, pp. 38-78, spéc. p. 40.

d'intégration[11] dans le continent africain à partir de la décennie 1990 et l'inspiration faite du modèle européen d'intégration[12]. Affirmer l'existence d'un tel droit, subodore l'existence d'un ordre juridique africain[13]. À cet égard, les avis divergent. Si certains se sont penchés pour la négation d'un tel droit[14], d'autres par contre estiment que ce droit communautaire existe mais est plutôt pluriel[15], d'où l'expression *« les droits communautaires africains »*[16]. En effet, dans le foisonnement des ordres juridiques partiels, s'observe une dialectique tantôt convergente, tantôt incohérente des normes due notamment, à l'appartenance des États africains à plus d'une Organisation internationale africaine[17]. D'autres encore estiment qu'il existe bien un ordre juridique communautaire africain, d'inspiration européenne[18], avec ses spécificités[19]. Cet

---

[11] L'on cite en l'occurrence : la Communauté économique et monétaire de l'Afrique Centrale (CEMAC) ; l'Union économique et monétaire ouest-africaine (UEMOA), la Communauté pour le Développement de l'Afrique Australe (SADC) ; la Communauté d'Afrique de l'Est (CAE) ; Le marché commun de l'Afrique australe et orientale (COMESA), Organisation pour l'Harmonisation du Droit des en Afrique (OHADA).

[12] IBRIGA (L.M), « L'ordre juridique communautaire et plus spécifiquement le droit dérivé », *In Intégration économique et exercice du métier d'Avocat*, UIA, 2013, p.13.

[13] KAZADI MPIANA (J), « La problématique de l'existence du droit communautaire africain, L'option entre mimétisme et spécificité », *Op. cit.*, p. 41.

[14] NDESHYO RURIHOSE (O), (Dir), *Manuel de droit communautaire africain*, t.1, Introduction générale : Objet, sources, caractéristiques et domaines, coll. Bibliothèque des Facultés de Droit des Universités congolaises, Kinshasa, Édition, État et société, 2011, p. 45.

[15] SOBZE (S.F), « Existe-t-il un ordre juridique africain ? », *Revue de droit international et de droit comparé*, 2017, n° 2, pp. 221-262, spéc. p. 250.

[16] IEMEK (K.Z), « Les droits communautaires africains : quelle rationalisation ? », Disponible à l'adresse www.fes-sn.org,

[17] SAWADOGO (F.W), « Les conflits positifs entre normes communautaires : aspects positifs et prospectifs », In FAU-NOUGARET (M) (Dir.), *La concurrence des organisations régionales en Afrique*, *Op.cit.* pp. 283-314 ; FOLEFACK (E), « Traité d'Abuja et foisonnement des institutions d'intégrations régionales en Afrique : Problème de coordination, de compatibilité des projets et de la gestion des appartenances multiples. Le cas de l'Afrique centrale, de l'Afrique orientale et australe », in *ibid.*, pp. 175-195 ;

[18] BENLOLO CARABOT (M), « L'influence extérieure de l'Union européenne », In BENLOLO CARABOT (M), CANDAS (U) et CUJO (E), (Dir), *L'union Européen et droit international*, En l'honneur de Patrick DAILLIER, Paris, Cedin, E. Pedone, 2012, pp. 95-109.

[19] KAZADI MPIANA (J), « La problématique de l'existence du droit communautaire africain, L'option entre mimétisme et spécificité », *Op. cit.,* p. 62 et ss.

ordre présenterait des caractéristiques suivantes : élémentaire, *sui generis*, prospectif, programmatique, progressif, étapiste, transitoire, inachevé, en voie de se faire, multidimensionnel, etc[20].

Dans ce cas, comment peut-on définir le droit communautaire africain ? À défaut d'une définition unanime, le Professeur NDESHYO RURIHOSE y voit un *« ensemble de règles supranationales, élaborées par des organisations intergouvernementales africaines intégrées d'application immédiate et appliquées directement par les États membres ou leurs populations »*[21]. Cette définition un peu plus étroite, a pourtant succédé à une autre plus extensive par le même auteur qui l'entend comme *« l'ensemble des normes édictées par les communautés économiques et l'Union africaine, destinés à régler des questions et des problèmes afférents au système politique et social africain et aux rapports particuliers entre l'Afrique et le monde »*[22].

Il résulte de cette dernière définition que les normes communautaires africaines sont des composantes du droit issues des Organisations d'Intégration africaine. Elles sont l'ensemble des règles contenues dans le droit des Organisations d'intégration africaine et qui ont vocation d'édicter des droits et des obligations à l'endroit des destinataires et dont susceptibles d'invocation devant le juge. Concrètement, elles émanent des instruments juridiques tels les Traités, les actes régissant les organes et institutions communautaires, les principes généraux, la jurisprudence des juridictions communautaires et les accords internationaux liant ces Communautés[23]. En bref, elles se résument en termes d'actes primaires et d'actes dérivés. Les règles contenues dans ces instruments sont distinctes de celles issues du droit international et du droit interne des États. Cette autonomie relative leur confère des caractéristiques qui leur

[20] NDESHYO RURIHOSE (O), (Dir), *Manuel de droit communautaire africain*, *Op. cit.*, p. 35-36.
[21] *Ibid.*, p. 33.
[22] NDESHYO RURIHOSE (O), (Dir), « Système africain et sécurité collective », In BAKANDEJA (G) wa PUNGU et NDESHYO RURIHOSE (O), (Dir), *Annale de la Faculté de droit,* Édition spéciale droit de l'homme, Commémoration du 59e anniversaire de la Déclaration universelle, Presse universitaire de Kinshasa, 2007, p. 161-189, Spéc. p. 175.
[23] PICOT (F), « La normativité du droit communautaire », Cahier du Conseil Constitutionnel, n° 21, (Dossier : La normativité, janvier 2007, Disponible sur www.conseil-constitutionnel.fr, consulté le 31 octobre 2022.

sont propres, à savoir les droits et obligations qu'elles créent à l'égard des États, mais aussi des particuliers d'une part, la hiérarchie des normes assorties de sanctions qu'elles présentent d'autre part. C'est dès lors ces deux caractères qui confèrent l'attribut de la normativité[24] aux règles communautaires, car l'efficacité d'une règle obligatoire réside dans sa capacité à sanctionner les cas de violation.

Analyser la question de la difficile appropriation des normes communautaires africaines revient à présenter les obstacles liés à l'incorporation ou encore l'incrustation desdites normes non seulement dans l'ordonnancement juridique des États membres des organisations d'intégration africaine, mais aussi dans les mœurs. À ce titre, il convient de relever que la nationalisation des normes communautaires de vont pas sans difficulté, et pourtant, elles font partie intégrante des droits nationaux dès leur publication au journal officiel des Communautés et par conséquent, directement applicables. En ce sens elles sont distinctes des directives qui induisent l'intervention des États pour être appliquées. Il faut alors remarquer que la mise en œuvre des normes communautaires requiert plus l'intervention des États.

À l'observation, l'appropriation desdites normes n'est pas chose aisée, ce qui rend encore difficile l'éclosion du droit communautaire africain. Les Organisations se sont essayées à travers des campagnes de vulgarisation dudit droit auprès des populations. Mais ces entreprises semblent être insuffisantes. C'est donc de bon droit que l'on est amené à se poser la question suivante : quelle est la nature juridique de la difficile l'appropriation des normes communautaires africaines ? relativement à la question posée, le recours à la méthode positiviste duale à la fois juridique et sociologique et sous-tendu par une technique comparative a permis de ressortir une double catégorisation. Ainsi, pour des raisons de commodité, il est convenable d'établir une distinction entre la difficile appropriation matérielle (I), et la difficile appropriation intellectuelle (II) des normes communautaires africaines.

---

[24] BERGEL (J-L), Théorie générale du droit, Paris-Dalloz, Réimprimé en 2002, p. 40-45.

II. La difficile appropriation matérielle des normes communautaires

La difficile appropriation matérielle consiste en la déficience des moyens concrets de vulgarisation des normes communautaires africaines. On peut pour l'essentiel citer l'insuffisance des mécanismes de diffusion des normes communautaires (A) ainsi l'accès limité aux Bulletins officiels des Communautés (B).

A. L'insuffisance des mécanismes de diffusion des normes communautaires africaines

« Nul n'est censé ignorer la loi »[25]. Cet adage aussi célèbre soit-il, traduit l'idée selon laquelle nul ne peut justifier un comportement malveillant sous prétexte qu'il ignore la loi. Mais en Afrique et surtout dans le cadre des organisations d'intégration, cet adage demeure une fiction juridique[26]. Compte tenu de la prolifération des normes communautaires et leur complexité, leur appropriation devient plutôt une obligation pour les professionnels et les praticiens du droit pour qui, le langage juridique est très évident. À *contrario*, le citoyen communautaire ne peut faire fi des règles qui édictent des interdits tout en lui reconnaissant un certain nombre de prérogatives et lui impose des obligations[27]. Ainsi, plusieurs facteurs limitent l'appropriation des normes communautaires africaines. Ils sont relatifs à l'insuffisance des séminaires de vulgarisation (1) et à l'absence des normes communautaires dans les outils d'information interne (2).

1. L'insuffisance relative des séminaires de vulgarisation

Pour qu'une norme soit opposable à tous, il faut bien que ces derniers en prennent connaissance. En effet, l'opposabilité d'une norme communautaire suppose *« l'accomplissement préalable d'une mesure*

---

[25] Principe tiré de l'article 1er du code civil de 1804, AKAM AKAM (A), « Libre propos sur l'adage « nul n'est censé ignoré la loi » », *RRJ*, 2007, pp. 31-46.
[26] AKPO (M-E), « La Cour de justice dans l'UEMOA : Contribution de la Cour de justice de l'UEMOA à l'enracinement de l'intégration économique et monétaire », *Op. cit.*, p. 10.
[27] Disponible sur www.justice.gouv.fr, Consulté le 17 octobre 2022 à 23h-44mn.

officielle d'information qui peut prendre plusieurs formes suivant la nature de la règle de droit »[28]. L'opposabilité des Actes additionnels, Règlements et Règlements-cadres se fait dès leur publication aux Bulletins officiels des Communautés et à la diligence des autorités nationales dans le Journal officiel de chaque États[29]. Sous ce rapport, l'article 45 de la Constitution camerounaise du 18 janvier 1996 prévoit que : *« les traités ou accords internationaux régulièrement approuvés ou ratifiés sont opposables dès leur publication, notamment au Journal officiel de la République ».*

Dans les États, les délais d'opposabilité des textes varient selon l'endroit où se trouve le particulier. Mais en droit communautaire, ce procédé n'existe pratiquement pas. Les normes communautaires leur sont opposables un jour franc après l'arrivée au Journal officiel dans la capitale des États membres[30]. Le silence du législateur sur les délais de réception des normes communautaires dans les périphéries de la capitale pourrait céder la place aux systèmes juridiques internes d'opposabilité desdites normes en tenant compte des délais de distance.

Quoi qu'il en soit, une fois les normes communautaires intégrées dans les Bulletins officiels ou les Journaux officiels, elles devraient faire l'objet de vulgarisation pour être connues de tous. Mais ce procédé est de moins en moins une priorité au sein des organisations d'intégration africaine, même si l'on observe une avancée dans certaines Communautés à l'instar de celles qu'on retrouve en Afrique de l'Ouest. En Afrique Centrale, surtout dans le cadre de la CEMAC et la CEEAC, la situation est plus alarmante. Les séminaires de sensibilisation sur le droit communautaire dans les États membres sont pratiquement absents ces dernières années, à l'exception des séminaires organisés chaque 16 mars à l'occasion de la commémoration de la journée de la CEMAC. Malheureusement, ils sont généralement réservés à des classes savantes bien précises. Tout se passe comme si les différents acteurs mais surtout

---

[28] FOUDA (G-F), « L'accès au droit : richesse et fécondité d'un principe pour la socialisation juridique et l'État de droit en Afrique noire francophone », *Op. cit.*, p. 3.
[29] Article 43 du Traité révisé CEMAC.
[30] AYESSA (A), « Éléments de droit douanier, des procédures et des techniques douanières des États membres de la CEMAC », *In droit et science politique*, Édition Connaissance et Savoir, 2010, p. 28, Disponible sur www.books.google.cm, consulté le 17 octobre 2022 à 17h-46mn.

les citoyens avaient une connaissance suffisante de toutes les normes communautaires et que ce n'était plus la peine de faire la publicité.

Par contre, la volonté de vulgarisation est plutôt perceptible dans l'espace UEMOA avec la mobilisation de la Cour de justice de l'UEMOA. Selon le juge rapporteur Euloge AKPO, la Cour a organisé depuis le début de son fonctionnement en février 1999, des séminaires de sensibilisation, de formation et de vulgarisation du droit communautaire dans les huit (8) États membres[31], à l'endroit de tous les acteurs. Par exemple, au courant de l'année 2017, deux séminaires ont été organisés[32]. Ce qui a conséquemment permis aux citoyens de s'approprier des normes communautaires et pour pouvoir l'invoquer devant le juge.

Or, comme l'a si bien souligné le ministre de la Justice de Niamey au Niger en la personne de Monsieur Marou AMADOU, *« dans le contexte d'approfondissement du processus d'intégration régionale, l'application effective des réformes communautaires nécessite une bonne connaissance par les citoyens (...) ».* Et à la Présidente de la Cour de justice de l'UEMOA de réitérer en affirmant que :

> « La mission de la Cour de Justice consiste à veiller sur l'application du droit communautaire quant à l'interprétation et l'application du Traité de l'Union, une telle mission étant difficilement réalisable, sans une appropriation correcte des normes communautaires par les acteurs de l'intégration que sont les acteurs économiques et les populations de manière générale »[33].

Il en résulte que la vulgarisation du droit communautaire doit être une priorité pour les autorités communautaires car, l'appropriation des normes communautaires apparaît comme une nécessité.

---

[31] AKPO (M-E), « La Cour de justice dans l'UEMOA : Contribution de la Cour de justice de l'UEMOA à l'enracinement de l'intégration économique et monétaire », *Op. cit.*, p. 11.

[32] À Ouagadougou du 31 mai au 2 juin 2017 à l'ENAM où, la cible était les élèves Magistrats et élèves Greffier en Chef. Et à Niamey du 06 au 09 juin 2017.

[33] Déclaration de Madame Joséphine Suzanne EBATH/TOURE lors du séminaire sur la vulgarisation du droit et de la justice communautaires, organisé à Niamey du 06 au 09 juin 2017, Disponible sur www.uemoa.int, consulté le 08 avril 2018 à 02h-00mn.

En réalité, s'il est difficile aux citoyens communautaires d'accéder aux normes communautaires, alors l'existence des juridictions communautaires n'aurait pas de sens. Pourtant, elles sont censées garantir l'application de ces normes. Les juridictions seraient alors semblables à une sorte de *decorium institutionnel* sans aucune importance réelle, car avant d'accéder au juge, il faut tout d'abord accéder au droit. À cet effet, il est important de louer déjà les efforts de l'UEMOA et plus précisément de la Cour de Justice qui s'efforce autant que faire se peut, d'organiser à chaque fois que cela est nécessaire des séminaires de sensibilisation, qui touchent à peu près toutes les parties prenantes.

Les normes communautaires adoptées au sein des organisations d'intégration africaine sont applicables dans tous les États membres. Leur respect et leur plein exercice nécessitent une connaissance de la part de ses destinataires[34]. La maîtrise des normes communautaires par les acteurs et leurs conditions de mise en œuvre sont susceptibles de faciliter la saisine du juge. La situation actuelle fait en sorte que le particulier perçoive la justice communautaire non pas comme un service public mais comme un *« spectre répressif »*.

2. L'intégration insuffisante des normes communautaires africaines dans des outils d'informations internes

Les outils d'informations internes sont des moyens par excellence d'expression et de vulgarisation de droit dans un État moderne. On cite à cet effet, la presse écrite et la presse orale. La première se manifeste comme son nom l'indique, à travers la transcription par voie d'écriture des informations reçues. Elle désigne d'une manière générale, l'ensemble des moyens de diffusion de l'information écrite, ce qui englobe notamment les journaux quotidiens, les publications périodiques et les organismes professionnels liés à la diffusion de l'information[35]. Chaque État dispose d'une diversité de presses écrites dans lesquelles se trouve toute l'actualité nationale et même internationale. C'est dire qu'en principe, dès l'adoption d'un texte, à défaut d'avoir accès au Bulletin

---

[34] Séminaire régional de vulgarisation du droit communautaire par la Cour de Justice de l'UEMOA du 30 novembre au 02 décembre 2016 à Cotonou au Bénin, Disponible sur www.uemoa.int, consulté le 07 avril 2018 à 15h-06mn.
[35] Définition fr. m. wikipedia.org,

ou Journal officiel, le particulier peut le retrouver dans différentes presses écrites. Mais le constat est triste.

La plupart des informations relatives au droit communautaire se limitent généralement dans les instruments suprêmes d'information et ne parviennent pas toujours au niveau des outils accessibles pour le particulier. Cependant, parmi ces outils, on a au Cameroun par exemple, un nommé *« le Journal Intégration »* dans lequel devraient figurer toutes les informations relatives à la CEMAC. Paradoxalement, on constate plutôt que les informations qui y figurent sont plus internes que communautaires. Ce qui porte à croire que cet organe de presse se serait détourné de son objet. Cependant, cet état de choses peut être justifiable par le manque de dynamisme de l'institution communautaire. À cet effet, les autorités communautaires et internes devraient prendre toutes les mesures possibles pour rendre encore plus accessibles les normes communautaires dans les presses internes. Ce qui élargirait la diffusion du droit des organisations sous-régionales afin de permettre au particulier de mieux les implémenter.

Par ailleurs, le coût relativement élevé de la presse rend difficile l'appropriation des normes communautaires. Quand bien même les autorités nationales et communautaires voudraient bien intégrer les normes communautaires dans les presses à l'effet d'informer les citoyens, ces journaux ne sont pas toujours accessibles pour tous. La presse écrite pour ne considérer que celle-là, coûte au moins 400 FCFA. Au Cameroun par exemple, si ce taux est raisonnable pour une catégorie de personnes, il n'en est pas de même pour d'autres, surtout, s'il faut l'acquérir chaque jour, cela devient exorbitant. Il en va de même en ce qui concerne la presse audiovisuelle qui est rendue possible grâce aux appareils tels que, la radio et le téléviseur principalement dont les coûts ne sont pas encore accessibles pour tous. Néanmoins, il faut relever que malgré tout, certains particuliers parviennent quand même à s'approprier ces appareils. Et compte tenu de la précarité de leurs moyens surtout financiers à s'offrir des journaux écrits, ils se contentent de les suivre au quotidien à travers des chaînes télévisées[36].

[36] C'est le cas de la revue des presses chaque matin dans les chaînes télévisées de chaque État membre des deux communautés. Mais le déficit d'information peut survenir du moment où tous les particuliers n'ont pas toujours les mêmes moyens pour

À notre avis, la vulgarisation du droit communautaire passerait sans doute par la mise sur pied d'un mensuel communautaire. Celui-ci pourra retracer alors toute l'actualité communautaire : des textes aux jurisprudences, en passant par l'essentiel des articles de doctrine, et les informations relatives aux séminaires, aux offres d'emploi et bien d'autres. Et pour permettre aux citoyens d'y accéder très aisément, il serait judicieux pour acteurs de ces presses d'estimer un coût raisonnable de ce mensuel afin d'accorder à tous la possibilité de s'en approprier et de s'informer.

Aussi serait-il souhaitable d'actualiser et surtout de vulgariser les sites Web[37] des différentes communautés d'intégration africaine dans lesquels seront publiés les principaux actes communautaires. Encore faudrait-il penser à mettre ces textes sous forme de dépliant facile à consulter[38] et à coût moyen. Ainsi, nombreux seront les citoyens, qui pourront grâce à ce mécanisme, accroître leur culture juridique communautaire. Ils pourront par conséquent, discerner les cas où leurs droits seraient mis en berne à l'effet de saisir le juge communautaire. Hors mis la quasi absence des informations communautaires dans les outils d'information internes, l'on peut ajouter l'accès limité aux Bulletins officiels de ces Organisations sous régionales.

---

s'offrir des câbles. Par conséquent, ils ne pourront pas accéder aux informations diffuser par les médias.

[37] Allant dans le sens de l'actualisation des sites Web, les Communautés CEMAC et UEMOA feraient mieux de suivre les pas de l'OHADA et de l'UE qui ne ménagent aucun effort pour mettre à la disposition du public toute l'actualité de ces droits dans leurs sites respectifs. L'OHADA devant servir d'exemple, dispose en son sein d'une bibliothèque numérique du droit communautaire africain. Cette bibliothèque a été rendue publique par Nouvelle Édition numérique africaine diffusée à partir du site de la librairie numérique africaine http://librairienumeriqueafricaine.com/content/droit-communautaire. S'il est vrai que cette bibliothèque rassemble les textes communautaires d'Afrique francophone, il reste à dire qu'elle valorise en premier chef le droit OHADA. Les documents relatifs aux droits CIMA et UEMOA n'intervenant qu'en second plan. Bien qu'il convient de louer cette initiative, il importe aussi de dire que cette dernière qui promeut le droit communautaire africain gagnerait à y intégrer au maximum possible des textes et jurisprudences relatifs aux autres Communautés d'intégration africaines. Cette suggestion certes utile, ne dédouane cependant pas la CEMAC et l'UEMOA d'actualiser leur site Web. Source : www.ohada.com, consulté le 21 octobre 2022 à 01h-18mn.

[38] MONGO ANTCHOUIN (J), « La problématique d'application du droit communautaire dans l'espace CEMAC », *Inédit*, p. 6.

B. L'accès limité aux Bulletins officiels des Communautés

Aux termes de l'article 43 du Traité révisé de la CEMAC :

> « Le droit dérivé de la Communauté notamment les actes additionnels, les règlements et les règlements-cadres est publié au Bulletin officiel de la Communauté ; les directives et les décisions étant notifiées à leur destinataire ».

L'article 45 alinéa 1 du Traité UEMOA pour sa part dispose que :

> « Les actes additionnels, les règlements, les directives et les décisions sont publiés au Bulletin officiel de l'Union. Ils entrent en vigueur après leur publication à la date qu'ils fixent ».

Il en résulte que le Bulletin officiel est une voie de publication d'une importance particulière, destinée à diffuser les normes communautaires africaines. C'est aussi une sorte de publication périodique des textes communautaires. Dans l'ordre juridique interne des États, il prend la dénomination de Journal officiel qui désigne :

> « La publication officielle quotidienne destinée à assurer la publication des lois, décrets, arrêtés, actes et documents administratifs du gouvernement ainsi que le compte rendu des séances et débats parlementaires »[39].

Dans le but de réaliser les objectifs fixés, les Organisations d'intégration africaine sont appelées à adopter des actes communautaires. Concrètement, ces objectifs sont identifiables à travers le droit primaire[40]. Le droit dérivé intervient donc pour la mise en œuvre. L'ensemble de ces actes qu'ils soient primaires ou dérivés, font l'objet d'une insertion dans les Bulletins officiels des Communautés d'intégration africaine. À l'observation, ces Bulletins restent encore à ce jour un luxe tant pour les administrations communautaires (1) que pour les citoyens communautaires (2).

---

[39] CORNU (G), *Vocabulaire juridique*, *Op. cit.*, p. 499.

[40] DEMBELE (S), « La problématique de la transposition du droit communautaire UEMOA et CEDEAO : le cas du secteur des télécommunications », Disponible sur www.burkina-ntic.net, consulté le 21 octobre 2022 à 02h-39mn, Article publié en septembre 2011. p. 3.

1. L'accès limité des administrations communautaires aux Bulletins officiels

D'entrée de jeu, l'Administration communautaire est l'ensemble des services et agents placés sous l'autorité d'une même direction et ayant pour objectif d'accomplir une certaine tâche. Pour cela, elle devrait être informée de l'existence de toutes les normes communautaires se référant à son champ d'action parues aux Bulletins officiels. C'est pourquoi celui-ci devrait immédiatement lui parvenir. Le nombre des Bulletins officiels n'étant pas toujours suffisants, il ne satisfait pas la demande des Institutions et des États qui le réclament[41]. Cet accès limité à les administrations communautaires effrite les droits dont pouvaient être bénéficiaires les citoyens qui dans ce cadre les ignore.

L'acquisition des Bulletins officiels par les administrations communautaires devrait être automatique. Mais il n'en est pas toujours le cas. L'accès à ces Bulletins se heurte à des blocages, qui rendent difficile, voire impossible, l'application du droit communautaire, et aliène par conséquent, les prérogatives du particulier qui sans doute, ne peut saisir le juge pour d'éventuelles violations. En guise d'illustration, il serait absurde de demander à un État d'appliquer le Code de la route CEMAC par exemple, s'il n'en a pas reçu auparavant[42]. À cet effet, la doctrine remarque que les supports de publication officielle sont sujets à de gênantes difficultés matérielles aussi bien dans les États membres que dans les organisations[43]. Par exemple, s'il faut prendre en compte le cas de l'Afrique Centrale, la pratique du Bulletin officiel a fonctionné de 1966 à 1972 à l'ère de l'UDEAC[44]. Depuis l'avènement de la CEMAC, cette pratique est peu visible[45]. Ce qui ne rend pas très efficace le travail des administrations communautaires.

---

[41] MONGO ANTCHOUIN (J), « La problématique de l'application du droit communautaire dans l'espace CEMAC », *Inédit*, p. 4.

[42] AKA (N), « La problématique de l'intégration judiciaire dans l'espace OHADA », *Op.cit.*, p. 15.

[43] NDIFFO KEMETIO (M-L), Droit communautaire de la CEMAC et transformation du droit administratif camerounais, *Op. cit.*, p. 423.

[44] PRISO ESSAWE (S-J), *Intégration économique et droit en Afrique centrale. Étude de la « Zone UDEAC »*, Thèse de Doctorat, Université de Montpellier I, 1997, p. 306.

[45] L'on observe une quasi-absence depuis 2006 des Bulletins officiels même au niveau des représentations de la CEMAC.

Dans l'espace UEMOA par contre, la défaillance de la disponibilité des Bulletins officiels n'est pas très visible. Les autorités communautaires font un véritable travail en termes de vulgarisation de ces Bulletins. En dehors de leur disponibilité au sein des représentations de l'UEMOA dans chaque État membre, certains Bulletins sont disponibles en ligne sur le site web **www.uemoa.int**. Ce qui est le symbole d'un enracinement de l'ordre juridique communautaire[46] par les acteurs.

Le désarroi observé par l'indisponibilité des Bulletins officiels est lourd de conséquences pour les destinataires des normes communautaires, lorsqu'il arrive que les textes adoptés soient ignorés de ceux qui sont appelés à les pratiquer au quotidien. Autrement dit, certaines normes communautaires s'arrêtent au niveau des Communautés et ne font pas toujours l'objet de vulgarisation au niveau des États. Il y va ainsi de la responsabilité des autorités communautaires et nationales. Loin de stagner dans la législation de forme, ces autorités devraient prendre toutes les mesures possibles pour pouvoir assurer la vulgarisation du droit y relatif. Pour ce faire, ils devraient veiller à la transmission et à l'effectivité de la diffusion des normes dans les États constituant les organisations d'intégration africaine. De fait, l'accès aux Bulletins officiels n'est pas seulement limité des administrations communautaires, mais aussi des citoyens communautaires.

2. L'accès limité des citoyens communautaires aux Bulletins officiels

Le Journal officiel des États est généralement considéré comme un luxe pour les citoyens communautaires. Il leur est déjà difficile d'y accéder et à plus forte raison aux Bulletins officiels des organisations, qui se limitent généralement aux sièges desdites organisations. Certaines personnes entendent juste parler, d'autres par contre, ne savent même pas ce qu'on entend par Bulletin officiel. Les raisons sont multiples.

D'abord, le Bulletin officiel est un instrument ayant un véritable problème de vulgarisation. Étant une institution citoyenne, il devrait

---

[46] NGAH (A-M), « L'épineuse question de la place du droit communautaire au sein de la hiérarchie des normes internes : Un droit hors hiérarchie ? Réflexion à la lumière des systèmes constitutionnels des États d'Afrique francophone », *European Scientific Journal*, Volume 15, n° 11, April 2019 Edition, pp. 194-214, Spé. p. 198.

paraître régulièrement[47] et être accessible à toutes. C'est dire que toutes les normes communautaires devraient faire l'objet d'insertion immédiate aux Bulletins officiels. Mais la pratique n'en rend pas toujours compte. C'est pourquoi il serait convenable de proposer qu'à l'occasion des séminaires de sensibilisation au droit communautaire dans les différents États membres, les autorités devraient insister sur l'existence au sein des organisations d'intégration des Bulletins officiels. Elles devraient par la suite prendre la peine d'édifier les destinataires sur son contenu et son importance.

Ensuite, il y a un problème de distance qui se pose. En réalité, les Bulletins officiels sont généralement situés aux des Commissions. Dans ce contexte, seuls peuvent s'en offrir les citoyens qui s'y trouvent, encore faut-il qu'ils aient les moyens pour le faire. Ainsi, les citoyens communautaires, même informés, ne peuvent pas toujours y accéder, car il leur sera difficile de partir d'un pays à l'autre pour acquérir ce document. Surtout qu'ils n'accordent pas assez d'importance aux normes communautaires. Il serait à cet effet important de rapprocher les Bulletins officiels des organisations d'intégrations des citoyens, en l'acheminant non pas seulement auprès des capitales de chaque État membre, mais aussi auprès des Régions et pourquoi pas au niveau des départements et arrondissements. Aussi, la CEMAC et l'UEMOA feraient mieux de disposer en ligne d'un site réservé au Bulletin officiel dans lequel, elles communiquent toutes les informations y relatives, ainsi que l'actualité juridique communautaire. À défaut, elles devraient améliorer et actualiser quotidiennement les sites actuels[48].

Enfin, il reste à signaler que la défaillance observée au sein des organisations d'intégration africaines devrait être compensée au niveau interne par les journaux officiels. Mais, l'on déplore le fait que ces journaux officiels sont généralement limités au niveau des capitales des États membres et atteignent difficilement les périphéries. De plus, l'on observe généralement, le manque criard des normes communautaires qui

---

[47] ZANKIA (Z), « La difficile protection du droit communautaire par le juge dans l'espace CEMAC », *Revue internationale de Droit africain et sciences politique*, n° 111, 2016, p. 59.

[48] www.uemoa.int, pour l'UEMOA et www.cemac.int pour la CEMAC.

même lorsqu'elles sont intégrées, le sont avec un grand retard[49]. Ce qui ne permet pas toujours aux destinataires de les invoquer devant le juge. L'insuffisance matérielle d'accès aux normes communautaires caractérisée par l'insuffisance des mécanismes de vulgarisation du droit communautaire conduit à mettre à mal, l'adage selon lequel, *« nul n'est censé ignorer la loi »*. La désuétude de cet adage s'observe aussi à travers la difficile appropriation intellectuelle des normes communautaires.

II. La difficile appropriation intellectuelle des normes communautaires

Les normes communautaires africaines nécessitent un niveau d'intelligibilité considérable. De l'avis du juge rapporteur de la Cour de justice de l'UEMOA Monsieur AKPO, *« tout bon développement est d'abord juridique »*[50]. Cette affirmation marque l'importance du droit dans le développement de nos sociétés. En l'espèce, l'on dira que la réussite de l'intégration en Afrique passe inéluctablement par l'acquisition des normes communautaires dont l'appropriation intellectuelle est difficile aussi bien pour les citoyens communautaires (A) que pour les professionnels du droit (B).

A. La difficile appropriation intellectuelle par les citoyens communautaires

Le droit communautaire est une discipline relativement « *hermétique* »[51]. Si déjà pour le Professeur Georges RIPERT, le droit en général est d'un langage « *archaïque* »[52] réservé à une catégorie de personnes que l'on peut qualifier « *d'initiés* », l'on comprend davantage

[49] NDIFFO KEMETIO (M-L), *Droit communautaire de la CEMAC et transformation du droit administratif camerounais*, *Op. cit.*, p. 424.
[50] AKPO (M-E), « La Cour de justice dans l'UEMOA : Contribution de la Cour de justice de l'UEMOA à l'enracinement de l'intégration économique et monétaire », *Op. cit.*, p. 11.
[51] MBOUMEGNE DZESSEU (S-F), « La réalisation du droit au développement durable à travers l'accès à la justice des communautés autochtones en Afrique : cas du Cameroun et de la République Centrafricaine », *Revue Africa durable 2030*, Quelle gouvernance pour la mise en œuvre des objectifs de développement durable en Afrique ? n° 02, 2016, pp. 23-32, Spéc., p. 29.
[52] RIPERT (G), *Les forces créatrices du droit*, LGDJ, Paris 2e édition 1955, p.11.

toute la complexité qu'il y a à s'approprier des normes communautaires. Le professeur Pierre COUVRAT va encore plus loin lorsqu'il formule que : *« les juristes ont leur langage, difficilement intelligible, mais qui correspond à une exigence de précision et qu'il n'est pas possible de banaliser ce langage. Une simplification poussée aboutirait à des imprécisions et à des erreurs »*[53]. Il va de soi que l'appropriation des normes communautaires exige un niveau d'intelligibilité assez poussé. Elles sont d'une technocratie opaque (1) et appartienne à une classe savante (2) bien précise.

1. Les normes communautaires africaines, langue d'une technocratie opaque

Les normes communautaires sont élaborées dans un langage très technique et constituent la chasse gardée d'une catégorie de spécialiste bien déterminée. La Conférence des Chefs d'État qui les l'organe faitière de la plupart d'organisations apparaît non seulement comme un organe politique mais aussi et surtout législatif. C'est elle qui élabore et adopte l'essentiel des normes communautaires. Il s'agit en réalité d'une assemblée constituée des Présidents des différentes Républiques qui forment les Communautés d'intégration. Dans certains cas, les normes communautaires se réduisent à leur instance. C'est dire qu'après adoption d'un texte, ils ne se peinent plus à prendre des mesures relatives à la vulgarisation, encore que ces textes ne reçoivent pas toujours l'onction des citoyens communautaires, faute d'un processus adéquat de contrôle démocratique. C'est la raison pour laquelle certains textes sont généralement méconnus du particulier.

Dans les États membres, il est établi que ce sont les membres de l'Assemblée nationale qui votent les lois. En droit des Organisations d'Intégration africaine par contre, les normes les plus importantes sont prises par la Conférence des Chefs d'État, Organe suprême, de surcroît politique. Or, on sait que dans chacune de ces Communautés existe un parlement communautaire. Mais le rôle de ce dernier est réduit au contrôle démocratique et à la participation au processus décisionnel.

---

[53] COUVRAT (P), « L'accès à la justice et ses obstacles », *In L'effectivité des droits fondamentaux dans les pays de la Communauté francophone,* Colloque international 29-30 septembre 1993, Port-Louis, AUPELF-UREF, p. 262.

D'ailleurs le *Vocabulaire juridique* le définit comme une institution dans l'Union européenne non dotée de pouvoir législatif[54]. Mais avec la mondialisation du processus d'intégration, point n'est besoin de limiter cette définition à l'Union européenne. Elle s'est étendue aux autres organisations d'intégration.

Il convient cependant de noter que le parlement, de par les droits nationaux, a pour mission principale l'adoption et le vote des lois et du budget. L'attribution de ces fonctions aux Conférences des Chefs d'État des organisations d'intégration africaines ne favorise pas toujours une bonne assimilation des normes communautaires par les citoyens. Et par conséquent, elle limite son action auprès des juridictions communautaires. Il serait plutôt convenable d'étendre le rôle des Institutions parlementaires au sein des Communautés d'intégration en leur attribuant comme dans les États la mission de *« faiseurs du droit »*. Il est à noter que les députés[55] aux parlements communautaires sont d'abord les députés des Nations, ayant reçu dans leurs États respectifs la légitimité du peuple. En plus de l'effectif élevé de ces derniers c'est-à-dire cinq par État, contre six pour la Conférence des Chefs d'État, les citoyens se reconnaîtront forcément dans les normes qui seront prises par eux.

Ainsi, une fois en Assemblée, les députés communautaires n'exercent plus pour le compte de leur État, mais pour la Communauté tout entière. Maîtrisant la pratique d'élaboration et du vote des lois, ils mettront à coup sûr cette expérience au profit des Communautés d'intégration. Ce qui pourra faciliter l'adhésion des citoyens au processus d'élaboration des normes communautaires, car la parole sera désormais donnée au peuple intercommunautaire. Les députés deviendront ainsi les messagers de l'intégration, les porte-paroles des citoyens communautaires. Ce d'autant plus que, le Parlement communautaire va pouvoir « *contribuer au renforcement de la solidarité entre les peuples des États membres*

---

[54] CORNU (G), *Vocabulaire juridique*, *Op. cit.*, p. 632.

[55] Pour dire qu'avant d'être député au parlement de la CEMAC ou de l'UEMOA, il faut d'abord remplir les conditions deux d'éligibilité à la députation et être même déjà élut dans l'ordre juridique interne.

(...) par une plus large participation des populations de la Communauté audit processus»[56].

S'il est vrai qu'à l'état actuel, les députés ont entre autres une fonction consultative qui leur permet d'émettre des avis sur les projets de textes communautaires, il reste à dire que tous les textes essentiels des communautés d'intégration africaines n'ont pas toujours reçu l'assentiment de ces derniers. Pour cause, l'UEMOA et plus précisément la CEMAC par exemple ont hésité à mettre immédiatement en place cet Organe[57]. Certainement parce que cela réduirait considérablement le pouvoir de la Conférence des Chefs d'État. Mais il fallait qu'il en soit ainsi pour une participation plus accrue des citoyens au processus décisionnel. Mais en renforçant encore les compétences de ces parlements à l'image de ceux des États membres, ces citoyens seront encore beaucoup mieux sensibilisés sur les normes communautaires, et pourront les invoquer devant le juge.

2. Les normes communautaires africaines, langue d'une classe savante

Le droit en général et le droit communautaire en particulier est considéré comme une matière rébarbative et complexe[58]. Plusieurs éléments permettent de justifier cette idée. L'on cite en l'occurrence les proliférations des normes communautaires, leur difficile intelligibilité du fait de la complexité de leur rédaction. Beaucoup ignorent d'ailleurs l'existence du droit communautaire africain. Percevoir le droit communautaire comme la langue d'une classe savante, revient à dire que sa connaissance exige un niveau intellectuel un peu avancé. Il est par

---

[56] Cf., V^{e} paragraphe du préambule de la Convention du 25 juin 2008 régissant le Parlement communautaire de la CEMAC.

[57] Créé par Traité de la CEMAC du 16 mars 1994, le parlement communautaire a mis du temps pour décoller. C'est le 25 juin 2008 que sa Convention a été adoptée à travers le concours de la Commission interparlementaire qui comprenait cinq membres par État. Cette commission se devait de préparer l'installation officielle de ce parlement en participant à l'élaboration des textes organiques y relatifs. Ainsi, sens l'article 1er de l'Acte additionnel N°17-CEMAC-CCE-09, Portant installation du Parlement communautaire qui dispose que : « *Le Parlement communautaire sera installé au cours du 1er trimestre 2009* ».

[58] NDIFFO KEMETIO (M-L*), Droit communautaire de la CEMAC et transformation du droit administratif camerounais, Op. cit.*, p. 420.

conséquent, réservé à une catégorie de personnes. La pratique le démontre au quotidien dans les États membres. En effet, ce droit est pratiquement absent dans tout le cursus primaire et secondaire. C'est à partir du supérieur que certains étudiants commencent à se frotter au droit communautaire[59]. En Côte d'Ivoire, à l'Université de Félix Houphouet Boigny, les étudiants notamment les juristes commencent à se familiariser avec le droit communautaire à partir de la deuxième année[60].

Pour d'autres Universités, les étudiants s'imprègnent du droit communautaire en Master I et II[61]. À cet égard, le Professeur Alioune SALL en a joué un rôle très capital à travers des propositions louables. Au rang de ces dernières, la création d'un Master d'intégration africaine au sein de l'Université sénégalaise, la création d'une école doctorale des États-Unis d'Afrique où la culture, le langage, la diversité et l'histoire seront enseignés[62]. En attendant, il existe déjà un Master en « droit de l'intégration et droit de l'OMC » au sein de l'Université Cheikh Anta Diop de Dakar[63]. Au Cameroun, l'Université de Dschang au Cameroun a créé depuis deux décennies une filière dénommée *droit communautaire et comparé CEMAC*[64]. C'était au départ, un cycle de

---

[59] C'est le cas de l'Université de Dschang où le droit communautaire est enseigné à partir de la première année de droit.

[60] Le contenu de cette discipline s'articule autour du droit de l'UEMOA, CEDEAO, OHADA

[61] À titre d'exemple, on a l'Université de N'Gaoundéré option droit public et droit privé. (Cameroun), Université d'Abomey Calavi (Benin), Université d'Abidjan Cocody (Côte d'Ivoire), Université de Ouagadougou (Burkina Faso).

[62] SOW (A), « La diffusion du droit communautaire ouest-africain », *CIVITAS EUROPA*, n° 2, 2016, pp. 351-370.

[63] Selon le rapport de la troisième rencontre inter-juridictionnelle des Cours communautaires de *« l'UEMOA, la CEMAC, la CEDEAO et de l'OHADA »* à DAKAR en 2010 *op. cit.*, le programme de cette filière comporte les matières suivantes : « Les systèmes institutionnels et normatifs (des organisations d'intégration africaines) ; cet enseignement porte sur les institutions, le processus décisionnel, les normes de l'Intégration en Afrique, à travers les différentes organisations mises en place à cette fin ; Intégration européenne au titre des systèmes d'intégrations comparées) ; L'harmonisation du droit des affaires (OHADA) ; Les politiques environnementales ou alors une autre matière spécifique telle que les Finances communautaires», p. 13.

[64] Le programme de cette filière comprend en dehors des matières consacrées au droit communautaire OHADA, les matières suivantes : Droit fiscal et douanier CEMAC ; Histoire et droit institutionnel CEMAC ; Droit comparé environnement, terre et aménagement du territoire ; Droit de la concurrence CEMAC ; Droit des transports

recherche sanctionné par le Diplôme d'Études Approfondies (DEA) en droit communautaire et comparé. Bien qu'ayant limité son intitulé à la CEMAC, une attention particulière est tout aussi accordée aux processus d'intégration d'ailleurs. La preuve, c'est que l'intitulé de la filière le démontre à suffisance[65].

Ces filières naturellement logées dans les universités francophones renseignent les étudiants sur les aspects approfondis du droit communautaire africain. C'est dire que si un individu est analphabète, il ne saura jamais l'existence du droit communautaire, car, pour y parvenir, il faut faire des études universitaires. Mais compte tenu de l'insuffisance des moyens financiers, certains citoyens n'ont pas toujours eu la chance d'y arriver. Ce qui ne leur permet pas d'accéder à une certaine connaissance portant sur le droit communautaire.

Cette discipline devient dès lors, une affaire d'élites. N'y accède pas qui veut, mais qui peut. Pour preuve, il est généralement connu que l'accès au 3e cycle universitaire est conditionné par un certain nombre de critères. Ainsi, considérant le caractère sélectif de ce cycle, plusieurs étudiants n'y parviennent pas toujours. Il leur est donc impossible d'étudier de manière approfondie le droit communautaire. Dans la même veine, nombreux sont des étudiants qui arrêtent les études après l'obtention de leur diplôme de Licence. Et comme dans la plupart des cas, le droit communautaire est enseigné avec acuité à partir de la 4e année, ceux-là n'auront pas de chance de s'en approprier. Cette dernière catégorie de particuliers animés par le seul bénéfice du droit national, se comporteront naturellement comme des ignorants du droit communautaire et percevront les normes communautaires comme un luxe.

De manière générale, le droit communautaire, discipline véritablement enseignée à partir de la 4e année, fait exceptionnellement l'objet d'un enseignement au niveau inférieur dans d'autres universités[66]. Les

---

CEMAC. Droit du travail Comparé CEMAC ; Institution régionale comparée, Politique monétaire, économique et industrielle.

[65] Cette démonstration s'est faite à travers le terme « *comparé* », qui appelle à la comparaison laquelle ne se limite pas seulement entre les États membres de la CEMAC, mais aussi avec d'autres Organisations sous régionales comme l'UEMOA par exemple.

[66] On cite en l'occurrence l'Université d'Abidjan Cocody où le droit communautaire est intégré à titre d'enseignement en Licence II comme matière optionnelle. C'est dire

Universités et même les Instituts d'enseignement servent rarement de tremplin pour une meilleure diffusion des normes communautaires[67]. De plus, ce droit se confirme encore comme une terminologie élitiste du fait de la mise en place de certaines filières spécialisées en droit communautaire à partir de la 5e année universitaire. Ce qui permet encore de vérifier le caractère hermétique voire mystérieux du droit communautaire. Son appropriation jusqu'ici lacunaire reste principalement une affaire de juriste encore faut-il que ce dernier ait poussé des études universitaires jusqu'à un certain niveau. Les Facultés autres que celles de droit ignorent quasiment l'existence du droit de l'intégration. Il est donc urgent, pour les Chefs d'État d'impulser l'enseignement du droit communautaire au niveau secondaire, pourquoi pas au niveau de la base c'est-à-dire au primaire, afin d'inculquer dans l'esprit des jeunes citoyens communautaires l'esprit d'intégration.

En outre, les normes communautaires africaines sont généralement élaborées en des langues étrangères. Ces langues issues de la colonisation ne sont pas toujours accessibles par tous. Le particulier résidant dans des zones reculées où l'accès à l'éducation lui est déjà difficile, sera cantonné à s'exprimer essentiellement en sa langue maternelle. C'est la raison pour laquelle, allant dans le sens de la promotion de la langue maternelle, il conviendrait de saluer les recommandations faites à l'issue du séminaire de vulgarisation du droit communautaire conduit par Madame la Présidente de la Cour de Justice de l'UEMOA. Parmi ces recommandations, a été proposée la traduction des normes communautaires dans les langues nationales des huit (8) pays membres[68]. C'est en effet, une initiative certes difficile, mais dont la mise en œuvre permettra d'associer un grand nombre d'individus à la *« chose communautaire »*.

---

que si l'étudiant choisit ne pas faire cette matière, il ne connaîtra pas les principes de base du droit communautaire.

[67] KANE (V. T), La Cour de Justice de la CEDEAO à l'épreuve de la protection des droits de l'homme, Mémoire Master II, Université Gaston Berger de Saint Louis, Sénégal, 2012, p. 25.

[68] Ce séminaire a été organisé le 05 décembre 2016 sous la houlette de Joséphine Suzanne EBAH TOURE, Présidente de la Cour de Justice de l'UEMOA autour de quatre thèmes à savoir : les caractères généraux du droit communautaire, la Cour de Justice de l'UEMOA, la Commission de l'UEMOA, la législation communautaire de la concurrence, la libre circulation dans l'espace UEMOA et la législation communautaire sur les transports. Disponible sur www.lesoleil.sn.

B. La difficile appropriation intellectuelle par les professionnels du droit

Les professionnels du droit ici peuvent aussi être des citoyens communautaires. Mais leur particularité relève ici du fait qu'ils appliquent et interprètent au quotidien les normes communautaires. Leur appropriation desdites normes peuvent résulter de l'absence relative de structures de formation spécialisées (1), ou encore de leur flemme personnelle des juges nationaux (2).

1. L'absence relative de structures de formation spécialisée

« Sans alignement de la formation sur le droit communautaire, l'intégration sera une œuvre inachevée. Car cette intégration vise le développement économique, et celui-ci dépend de la qualité de la justice, des magistrats et surtout de leur formation »[69]. Il en résulte que l'appropriation des normes communautaires est un aspect très déterminant du processus d'intégration. Par leur nature, elles créent des droits ainsi que des obligations à l'endroit des particuliers[70]. Naturellement, ces derniers se doivent de saisir le juge dès lors qu'ils constatent un déséquilibre dans l'exercice de leurs droits. Le juge compétent est donc le juge national qui en est le juge communautaire par excellence.

Que ce soit pour ce qui est du juge national ou encore du juge communautaire d'attribution, il y'a une insuffisance réelle d'appropriation du droit communautaire. Or, *« la reconnaissance de l'importance de la formation des magistrats est affirmée comme complément ou*

[69] Allocution du Secrétaire général du Ministère de la Fonction publique et de la réforme administrative du Cameroun lors de la 2e réunion de concertation entre l'ERSUMA et les Directeurs Généraux des ENAM, et des responsables des institutions de formation judiciaire de l'espace OHADA qui s'est tenue du 18 au 19 juillet, Yaoundé /ENAM, Disponible sur www.journal-ledroit.net, consulté le 02 novembre 2022 à 23h-47.

[70] MELEDJE (D-F), « L'appropriation des normes communautaires par les milieux universitaires et le monde judiciaire », In *Troisième rencontre inter-juridictionnelle des Cours communautaires de « l'UEMOA, la CEMAC, le CEDEAO et de l'OHADA »,* du 4 au 6 mai 2010, p. 2.

garantie des principes inhérents à leur indépendance et leur partialité »[71]. Tout en reconnaissant que la formation des magistrats communautaires et des avocats relève de la compétence des États membres, la différence est qu'il existe dans la pratique, des conséquences sur l'application du droit communautaire[72]. Car ces professionnels du droit sont généralement engouffrés dans leur formation initiale relative au droit interne. On peut aussi comprendre qu'en les formant, les États n'ont pas prévus qu'ils serviraient aussi les juridictions communautaires, d'où une forte influence du droit national sur le droit communautaire.

Ainsi, le reproche peut être faite aux organisations d'intégration africaines de ne pas disposer de structures de formation relatives au droit communautaire, aptes à accueillir et à former les professionnels de droit qui sont pour l'essentiel ici les juges et les avocats, les huissiers ou encore les notaires. De l'avis du Conseil Consultatif des Juges européens, *« si l'obligation de formation est évidente lorsque les juges sont recrutés au début de leur carrière professionnelle, la question de sa nécessité se pose lorsque le choix du juge s'opère parmi les meilleurs juristes bénéficiant d'une grande expérience comme dans les pays de Common Law »*[73]. Il est donc nécessaire pour le juge, qu'en plus de la formation initiale, de pouvoir bénéficier d'une formation continue à l'effet d'enrichir sa *« culture judiciaire »*[74] et de juger avec beaucoup d'acuité, les questions de droit communautaires qui lui seront soumises.

Cette carence est susceptible de causer d'énormes préjudices aux citoyens communautaires voulant soumettre leur demande au juge sur

---

[71] SABATO (R), « La place des écoles de la magistrature dans les systèmes judiciaires et leur rôle dans la formation des magistrats. Le réseau de Lisbonne et l'avenir de la formation professionnelle des magistrats dans une Europe élargie », Rapport général de la 6e réunion du réseau de Lisbonne, Bucarest, le 19 novembre 2003.

[72] SPYROS A PAPPAS, « La formation du magistrat en droit communautaire », *In Conclusion du séminaire tenu les 15 et 16 mars 1993 au centre européen de la magistrature et des professions juridiques*, p. 1.

[73] Avis n° 4 du Conseil Consultatif des Juges de l'Europe du 27 novembre 2003 à l'attention du Comité des ministres et du Conseil de l'Europe sur la formation initiale et continue appropriée des juges, au niveau national et européen.

[74] BERGEL (J-L), CHEROT (J-Y), CIMAMONTI (S), MERCADIER (M-F), « L'émergence d'une culture judiciaire européenne, Avancées et difficultés d'une culture judiciaire européenne dans l'espace européen », *Rapport final du Laboratoire de Théorie du droit*, EA 892, Université PAUL CEZANNE, p. 38.

des cas de violations des droits qu'ils tirent des normes communautaires. Parfois ce sont les avocats qui ne maîtrisent pas très bien les procédures. C'est ce qui a été constaté dans une décision de la Cour de Justice de l'UEMOA dans l'affaire Dame KODJOH Ydovys Carine[75]. En l'espèce, l'on observe que l'avocat n'a pas pris la peine de bien examiner le Statut de la Caisse de Retraite par Répartition avec Épargne de l'UEMOA, à l'effet de mieux orienter son client. Au lieu d'un recours gracieux adressé à la Caisse, la requérante représentée par la SCPA TOURE-YAO-AMANI et Associés, a plutôt adressé la lettre notifiant son licenciement au Gouverneur de la BCEAO. Par la suite, au lieu de saisir le *« juge compétent du lieu du siège de la Caisse »*[76], elle a plutôt saisi la CJ-UEMOA. Pour cela, la Cour a déclaré dans un de ses considérants que :

> « Considérant que les Statuts de la CRRAE-UEMOA en particulier l'article 52.5 prévoient une clause attributive de compétence exclusive aux juridictions du lieu du siège de la Caisse, en l'espèce, aux juridictions d'Abidjan en Côte d'Ivoire ; qu'en conséquence, la Cour, sans qu'il soit besoin d'examiner les autres moyens, doit se déclarer incompétente en application dudit article et doit renvoyer la requérante à mieux se pourvoir ».

Il en est de même en ce qui concerne l'affaire El Hadji ABOUBACAR[77].

---

[75] Arrêt n° 03/2012 du 19 décembre 2012, Affaire Dame KODJOH Idovys Carine ép. DESSOU contre Caisse de Retraite par Répartition Avec Épargne de l'Union Économique ouest-africaine (CRRAE-UEMOA).

[76] Article 52 alinéa 5 du Statut de la CRRAE-UEMOA, Adopté le 18 janvier 2006 à Abidjan.

[77] Arrêt n° 01/2013 du 16 janvier 2013, Affaire El Hadji ABOUBACAR contre État du Niger. En l'espèce, tout est parti du fait que suite à la démonétisation des billets de la gamme 1992 de l'UEMOA, l'État du Niger n'a pas pu procéder à l'échange des anciens billets détenus par le requérant pour forclusion. L'avocat du requérant en la personne de Maître Alexis Koffi AQUEREBURU, inscrit au Barreau du Togo a alors introduit une action en indemnité contre cet État du Niger. Il convient de relever à ce niveau, le tâtonnement du représentant du requérant qui a préalablement saisi le la Cour de justice de la CEDEAO pour les mêmes faits. Or, c'est lui qui devrait orienter le particulier sur la procédure. Mais ses connaissances limitées n'ont pas permis audit particulier de sa voir sa requête prospérer, car pour lui, c'est à la Cour d'ordonner l'État du Niger de procéder à l'échange de ses billets. Celle-ci a pour la cause déclarer

Il ressort de ces arrêts que les avocats qui sont supposés maîtriser la procédure judiciaire et représenter les requérants auprès des juridictions communautaires, ont une connaissance très approximative du droit y afférant, ce qui ne permet pas aux justiciables d'accéder efficacement aux prétoires. Parfois aussi ce sont les juges ayant une connaissance limitée dudit droit, qui sont appelés à se prononcer sur des questions de droit communautaire. De la sorte, on ne peut s'attendre qu'à des jugements inadéquats.

Dans le but de contrecarrer toutes ces anomalies, il importe déjà de relever le mérite des critères rigoureux définis par les législateurs communautaires africains pour la sélection des juges communautaires. Par la suite, il conviendrait d'épouser la logique su système OHADA qui dispose d'une structure spécialisée pour la formation des professionnels de droit comme l'ERSUMA[78]. Cette dernière a pour vocation à améliorer le contexte juridique notamment, en assurant une formation continue des magistrats et auxiliaires de justice[79] en droit OHADA. Pour atteindre un public assez large, elle organise aussi des formations délocalisées dans les États membres. C'est à juste titre qu'elle a assuré en 2011 une formation délocalisée à Dakar, portant sur : *« problèmes pratiques posés par l'application de l'acte uniforme organisant les procédures collectives »*[80]. Bien à côté de la formation des acteurs du monde judiciaire, l'ERSUMA dispose d'un Centre de Recherche et de Documentation très équipé en matière de droit des affaires et de droit communautaire africain.

---

que : *« le recours de El Hadji ABOUBACAR est dirigé contre l'État du Niger qui, bien qu'étant un État membre de l'UEMOA n'en constitue pas pour autant un organe ; qu'il en résulte que les prétentions du requérant n'entrent pas dans le champ des compétences dévolues à la juridiction communautaire ».*

[78] MELEDJE (D-F), « L'appropriation des normes communautaires par les milieux universitaires et le monde judiciaire », p. 12. L'ERSUMA est rattachée au Secrétariat permanent de l'OHADA. Son siège se trouve au Bénin et plus précisément à Porto-Novo. Comme les autres Institutions de cette organisation, elle jouit aussi des privilèges et immunités diplomatiques. Ses financements ne sont pas seulement limités aux ressources allouées par le Conseil des ministres. Mais ils s'étendent plus encore à l'Union européenne à travers des subventions.

[79] Il s'agit en l'occurrence des avocats, des experts, des notaires, des greffiers et des huissiers.

[80] Disponible sur le site de l'ERSUMA.

À défaut d'une institution spécialisée dans les autres organisations communautaires, il serait convenable de renforcer la formation des juges en interne, étant donné que ces derniers seront confrontés aux questions relatives au droit communautaire que ce soit aux instances nationales ou supra national. L'on devrait donc retrouver au niveau de leur école de formation, une gamme considérable pourquoi pas harmonisée[81], d'unités d'enseignement relatives au droit communautaire. Des rencontres thématiques pourraient être organisées ainsi que des visites[82] de travail et même des stages au niveau des juridictions communautaires, pour que les normes y afférent ne paraissent pas comme un simple concept abstrait. Cette solution ajoutée aux recyclages permanents permettra en effet, aux juges de s'imprégner de la *« chose communautaire »*[83].

À titre de droit comparé, dans l'espace européen, les conclusions du séminaire sur *« la formation des magistrats »* ont proposé une formation à deux niveaux : une formation de base[84] d'une part et une formation ponctuelle ajoutée aux mises à jour[85]. D'autre part, la Conférence des Chefs d'État de l'Union européenne, les États devraient se charger de la formation de base qui consiste à transmettre aux futurs magistrats dans le cadre de leur formation, les principes généraux ainsi que les méthodes d'interprétation du droit communautaire[86]. Les instances

---

[81] Cette harmonisation est relative aux États membres des Communautés. Mais si elle est adoptée, elle rencontrera beaucoup de difficultés. Car les contextes juridiques n'étant pas forcément les mêmes, il conviendra pour cela, de tenir compte des réalités de Chaque État. La voie d'expression par excellence ici est la Directive qui fixera les objectifs à atteindre et la latitude sera ainsi donnée à chaque pays de déterminer les moyens.

[82] CHAMEGUEU (G-M), *Le contrôle juridictionnel des activités de la CEMAC, Op. cit.*, p. 28.

[83] Il s'agit concrètement du fonctionnement de l'institution juridictionnelle et de la connaissance des théories générales du droit communautaire.

[84] La formation de base est associée à la formation des jeunes magistrats régulièrement admis dans des écoles de formation nationales de magistrature dont le nom et le sigle diffèrent selon les pays.

[85] La formation ponctuelle peut intervenir après la désignation du juge au niveau de la Cour de Justice. Les mises à jour peuvent intervenir à tout moment dès que la nécessité s'impose.

[86] SPYROS A PAPPAS, « La formation du magistrat en droit communautaire », *In Conclusion du séminaire tenu les 15 et 16 mars 1993 au centre européen de la magistrature et des professions juridiques*, Article *op.cit.*, p. 2.

européennes à travers les instituts devraient se charger des formations ponctuelles et des mises à jour. Ces dernières abordent des aspects très spécifiques au profit des juges. Appliquée au niveau des organisations d'intégration africaines, cette issue pourra être bénéfique dans le cadre du renforcement des capacités des professionnels de droit, mais plus encore, au justiciable assoiffé d'une justice équitable. Cette absence de structures de formation en plus de la flemme personnelle des professionnels du droit sont quelques éléments qui ralentissent encore l'applicabilité effective des normes communautaires en Afrique.

2. La flemme personnelle des juges nationaux

Les professionnels du droit, mais en l'occurrence le juge national est un artisan incontournable de la pénétration du droit communautaire dans la vie quotidienne des citoyens[87]. De ce fait, il devrait disposer de la capacité intellectuelle assez étendue pour mieux accomplir cette mission. Mais à l'observation, le juge national n'arrive pas toujours à s'approprier véritablement des normes communautaires. En ce qui concerne par exemple la collaboration entre lui et le juge communautaire *sui generis*, il présente l'avantage d'être le garant de l'effectivité même des règles communautaires en droit interne. Pourtant, il est caractérisé par une certaine flemme marquée par un désintérêt à l'endroit des normes communautaires. Par conséquent, il a tendance à appliquer de manière lacunaire lesdites normes.

Pour mieux comprendre cette idée, il convient de prendre le cas du contentieux préjudiciel quoique rare et *« mettant sur pied de guerre »*[88] les normes communautaires devant le juge national. Ce dernier manifeste un déficit d'appropriation énorme des normes relatives à la procédure préjudicielle. C'est certainement ce qui justifie le déficit de ce type de contentieux devant le juge communautaire. Or, cette voie très développée en Europe, a d'ailleurs été à l'origine des grands principes

---

[87] LECOURT (R), *L'Europe des juges*, Bruxelles, Édition Bruylant, 2008, p. 12.
[88] MELEDJE (V.F.D), « l'appropriation des normes communautaires par les milieux universitaires et le monde judiciaire », In troisième rencontre inter-juridictionnelle des cours communautaires de « l'UEMOA, LA CEMAC, LA CEDEAO ET DE l'OHADA » DAKAR 4, 5, 6 MAI 2010, p. 17.

généraux tels que le principe de l'effet direct et celui de la primauté du droit communautaire[89].

À cet égard, le cas de *l'arrêt Compagny Air France c/ Syndicat des agents de voyage du tourisme du Sénégal* paraît très illustratif. En l'espèce, le Conseil d'État du Sénégal a saisi la Cour de Justice de l'UEMOA afin que celui-ci désigne la juridiction compétente « pour statuer sur le recours introduit le 27 février 2003 et tendant à faire casser et annuler la décision n° 02/D-02 de la Commission nationale de la Concurrence du Sénégal en date du 27 décembre 2022[90]. À l'analyse de l'objet de la demande, le Professeur Alioune SALL indique que le juge sénégalais aurait dû rester sur l'orthodoxie du renvoi préjudiciel, et demander par exemple au juge communautaire le sens à donner à des normes communautaires communément désignées[91]. Mais il a plutôt sollicité du juge UEMOA qu'il détermine la juridiction compétente pour statuer sur la conformité du droit communautaire d'une décision de la Commission nationale de la Concurrence du Sénégal. Cette situation a conduit le juge à déclarer que *« la question telle qu'elle a été posée n'est pas une question préjudicielle de type classique prévue par l'article 12 du Protocole additionnel n° 1 »*[92].

À côté du Juge UEMOA, les lacunes constatées dans la procédure de l'unique affaire préjudicielle présentée devant le juge de la CEMAC relativement à l'affaire École *Inter-État des Douanes c/ Djeukam Michel*, n'a pas permis de donner une suite favorable à la demande. Est pointé du doigt une fois de plus, le déficit d'appropriation des procédures communautaires par le juge national. En l'espèce, Sieur Djeukam, professeur vacataire à l'École Inter-État des Douanes et promu Chef de Département de cette école a été révoqué de ses fonctions. Lésé par la décision de révocation, il a engagé une action en paiement contre ladite École pour les dommages et intérêts devant le Tribunal de Travail de Bangui, afin que celui-ci se prononce sur la décision rendue par le Tribunal arbitral.

---

89 CJCE, Affaire n° 26/62, Arrêt Van Gend En Loos du 5 février 1963, *Op.cit.*

90 Arrêt n° 02/2005 de la Cour de Justice de l'UEMOA, Affaire Compagny Air France c/ Syndicat des agents de voyage du tourisme du Sénégal, 12 janvier 2005.

91 SALL (A), « La justice de l'intégration. Réflexion sur les institutions judiciaires de la CEDEAO ET DE l'UEMOA », *Op. cit.*, p. 37.

92 Arrêt n° 02/2005 de la Cour de Justice de l'UEMOA, *Affaire Compagny Air France c/ Syndicat des agents de voyage du tourisme du Sénégal*, 12 janvier 2005, *Op. cit.*

La Cour d'appel de Bangui (RCA) pendant son analyse, a éprouvé des doutes quant à la validité de la décision de nomination. Il a de ce fait, saisi la Cour de Justice de la CEMAC d'une question préjudicielle. Ainsi, dans sa demande, la Cour d'appel de la Centrafrique a sollicité un avis et non un arrêt de la Cour de Justice de la CEMAC. En le faisant, le juge centrafricain fait preuve d'une ignorance de l'objet même du mécanisme de renvoi préjudiciel qui est celui de rendre un arrêt et non un avis. De plus le juge CEMAC a rendu sa décision en déclarant l'incompétence de la Cour d'appel de Bangui pour connaître un tel litige.

Les arrêts rendus par les hautes juridictions de l'UEMOA et de la CEMAC traduisent la flemme qu'ont les juges nationaux à s'approprier des normes communautaires. S'il est admis qu'il n'existe pas à l'état actuel, des structures pouvant favoriser la formation des juges en droit communautaires, ces juges pouvaient eux-mêmes s'y mettre. Étant des garants de l'effectivité du droit communautaire, ils ont donc l'obligation d'avoir une maîtrise pas minimaliste dudit droit, mais plutôt maximaliste. Pourtant, la flemme qui anime certains d'entre eux, est susceptible d'entrainer des conséquences graves au détriment du processus d'intégration en général et des justiciables en particulier. Il ne faut cependant pas perdre de vue que le droit communautaire est une discipline indispensable pour une intégration réussie. C'est pourquoi les juges gagneraient à être plus autodidactes du droit communautaire à défaut d'une formation officielle y relative, afin de s'en approprier véritablement et de le mettre au service des justiciables.

Conclusion

Au final, il était question dans la présente étude d'exposer les éléments explicatifs de la difficile l'appropriation des normes communautaires africaines. La présentation des aspects matériels et intellectuels, loin d'épuiser la problématique, entend contribuer à l'enracinement du droit communautaire africain. Il apparaît de manière évidente que cette difficile appropriation est à l'origine du ralentissement du processus d'intégration impulsé par l'Union africaine. Comme l'a si bien souligné la doctrine :

> « Les textes ne sont en rien si les normes communautaires ne sont pas connues et justiciables d'une sanction devant les

juridictions en charge de l'interprétation et de l'application des instruments communautaires »[93].

Assurément, la connaissance des normes communautaires semble être une nécessité pour l'atteinte des objectifs d'intégration en Afrique. Pour ce faire, il est opportun que les autorités communautaires africaines pensent à intensifier davantage la diffusion des normes communautaires africaines, à l'effet de permettre à tous les acteurs, de mieux s'en approprier et les invoquer devant le juge en cas de nécessité. C'est ainsi qu'ils pourront éviter de se prévaloir d'une certaine ignorance dans le but d'échapper à leur propre responsabilité[94].

Bibliographie indicative

Ouvrages

1- ALLAND (Denis) et RIALS (Stéphane) (Dir), *Dictionnaire de la culture juridique*, Paris, PUF, 2003, 1649 pages ;

2- BERGEL (Jean-Louis), *Théorie générale du droit*, 5e édition, Paris-Dalloz,

3- Réimprimé en 2012, 400 pages ;

4- FAU-NOUGARET (M) (Dir.), *La concurrence des organisations régionales en Afrique*, L'Harmattan, 2012, 450 pages ;

5- HART (Herbert Lionel Adolphe), *Le concept de droit,* 2e édition, Bruxelles, Presse de l'Université Saint Louis, 2019, 344 pages ;

6- KELSEN (Hans), *Théorie générale des normes*, Paris, PUF, 1996, 616 pages ;

7- KELSEN (Hans), *Théorie pure du droit*, Paris, LGDJ, 1999, 376 pages ;

8- MILLARD (Eric), *Théorie générale du droit*, Paris, Dalloz, 2006, 140 pages ;

9- NDESHYO RURIHOSE (Oswald), (Dir), *Manuel de droit communautaire africain*, t.1, Introduction générale : Objet, sources, caractéristiques et domaines, coll. Bibliothèque des Facultés de Droit des Universités congolaises, Kinshasa, Édition État et société, 2011, 566 pages.

---

[93] SOW (A), La diffusion du droit communautaire oust africain », *Op. cit.,* p. 370.

[94] BALLA KALTO (A), « La problématique de l'accès à la justice au Niger », *Op. cit.*, p. 12.

10- RIPERT (Georges), *Les forces créatrices du droit*, LGDJ, Paris 2e édition 1955, 454 pages ;

11- SALL (Alioune), *La justice de l'intégration. Réflexions sur les institutions judiciaires de la CEDEAO et de l'UEMOA,* Dakar, L'Harmattan, Édition CREDILLA, 2011, 482 pages

Thèses

1- GNIMPIEBA TONNANG (Édouard), *Droit matériel et intégration sous régionale en Afrique Centrale (Contribution à l'étude des mutations récentes du marché intérieur et du droit de la concurrence CEMAC),* Thèse de Doctorat, Université de Nice-Sophia Antipolis, 2004, 557 pages ;

2- NDIFFO KEMETIO (Maurien-Ludovic), *Droit communautaire de la CEMAC et transformation du droit administratif camerounais*, Thèse de doctorat, Université de Dschang, 2016, 705 pages ;

3- PRISO ESSAWE (Samuel-Jacques), *Intégration économique et droit en Afrique centrale. Étude de la « Zone UDEAC »*, Thèse de Doctorat, Université de Montpellier I, 1997, p. 306.

Articles

1- AKAM AKAM (André), « Libre propos sur l'adage « nul n'est censé ignorer la loi » », *RRJ*, 2007, pp. 31-46 ;

2- KAMWE MOUAFFO (Marie-Colette), « Arrêt n° 001/CJ/CEMAC/CJ/10-11 du 25 novembre 2010. Affaire École Inter État des Douanes c/ DJEUKAM MICHEL, La CJ-CEMAC a rendu son premier arrêt préjudiciel », *Revue de l'ERSUMA*, n° 1, juin 2012, Disponible sur www.revue.ersuma.org, Consulté le 15 mars 2023 ;

3- KAZADI MPIANA (Joseph), « La problématique de l'existence du droit communautaire africain, L'option entre mimétisme et spécificité », *Revue libre de Droit,* 2014, pp. 38-78 ;

4- MBOUMEGNE DZESSEU (Serges Frédéric), « La réalisation du droit au développement durable à travers l'accès à la justice des communautés autochtones en Afrique : cas du Cameroun et de la République Centrafricaine », *Revue Africa durable 2030*, Quelle gouvernance pour la mise en œuvre des objectifs de développement durable en Afrique ? n° 02, 2016, pp. 23-32 ;

5- NDESHYO RURIHOSE (Oswald), (Dir), « Système africain et sécurité collective », *Annale de la Faculté de droit,* Édition spéciale droit de l'homme, Commémoration du 59e anniversaire de la Déclaration universelle, *Presse universitaire de Kinshasa, 2007, p.161-189 ;*

6- NGAH (Achille Magloire), « L'épineuse question de la place du droit communautaire au sein de la hiérarchie des normes internes : Un droit hors hiérarchie ? Réflexion à la lumière des systèmes constitutionnels des États d'Afrique francophone », *European Scientific Journal*, Volume 15, n° 11, April 2019, pp. 194-214 ;

7- SOBZE (Serge François), « Existe-t-il un ordre juridique africain ? », *Revue de droit international et de droit comparé*, 2017, n° 2, pp. 221-262 ;

8- SOW (Abdoulaye), « La diffusion du droit communautaire ouest-africain », *CIVITAS EUROPA*, n° 2, 2016, pp. 351-370 ;

9- ZANKIA (Zulandice), « La difficile protection du droit communautaire par le juge dans l'espace CEMAC », *Revue internationale EDJA, Droit africain et sciences politiques,* n° 111, Octobre-novembre-décembre 2016, Éditions Juridiques africaines, pp. 324-359.

Textes juridiques

1- Code civil de 1804 ;

2- Statut de la CRRAE-UEMOA, Adopté le 18 janvier 2006.

3- Traité révisé de la Communauté économique et monétaire des États de l'Afrique du 30 janvier 2009 ;

4- Traité de la Communauté économique africaine du 3 juin 1991 à Abuja.

Jurisprudence

1- CJCE, Affaire n° 26/62, Arrêt Van Gend En Loos du 5 février 1963 ;

2- Arrêt n° 02/2005 de la Cour de Justice de l'UEMOA, Affaire Compagny Air France c/ Syndicat des agents de voyage du tourisme du Sénégal, 12 janvier 2005 ;

3- Arrêt n° 02/2005 de la Cour de Justice de l'UEMOA, *Affaire Compagny Air France c/ Syndicat des agents de voyage du tourisme du Sénégal*, 12 janvier 2005,

4- Arrêt n° 03/2012 du 19 décembre 2012, Affaire Dame KODJOH Idovys Carine ép. DESSOU contre Caisse de Retraite par Répartition avec Épargne de l'Union Économique ouest-africain (CRRAE-UEMOA) ;

5- Arrêt n° 01/2013 du 16 janvier 2013, Affaire El Hadji ABOUBACAR contre État du Niger.

Autres

1- Déclaration de Madame Joséphine Suzanne EBATH/TOURE lors du séminaire sur la vulgarisation du droit et de la justice communautaire, organisé à Niamey du 06 au 09 juin 2017, Disponible sur www.uemoa.int, Consulté le 08 avril 2018 à 02h-00mn ;

2- MELEDJE (D-F), « L'appropriation des normes communautaires par les milieux universitaires et le monde judiciaire », In *Troisième rencontre inter-juridictionnelle des Cours communautaires de « l'UEMOA, la CEMAC, le CEDEAO et de l'OHADA »,* Du 4 au 6 mai 2010.

3- MONGO ANTCHOUIN (J), « La problématique d'application du droit communautaire dans l'espace CEMAC », *Inédit* ;

4- Séminaire régional de vulgarisation du droit communautaire par la Cour de Justice de l'UEMOA du 30 novembre au 02 décembre 2016 à Cotonou au Bénin, Disponible sur www.uemoa.int, Consulté le 07 avril 2018 à 15h-06mn ;

ACTE II

LA STRUCTURATION ENTAMÉE DU DROIT COMMUNAUTAIRE EN AFRIQUE

Sous la présidence
de Rafâa BEN ACHOUR[1] (Tunisie)

[1] Professeur émérite à l'Université de Carthage, Juge à la Cour africaine des Droits de l'Homme et des Peuples, ancien ministre délégué auprès du Premier ministre tunisien, ancien Ambassadeur de la Tunisie au Maroc, Ancien Membre de la Commission de l'Union africaine sur le Droit international

Thème 1

La citoyenneté de la CEDEAO : un droit entre existence et complexité

Ilo Allaye DIALL[1] (Mali)

Résumé

Aux fins de la réalisation de la communauté économique africaine, les Chefs d'État et de gouvernement de la région ouest-africaine révisèrent le traité de la CEDEAO de 1975 et décident qu'elle sera à terme la seule Communauté économique de la région. Parmi les objectifs qu'elle vise il y a la création d'un marché commun à travers la suppression entre les États membres des obstacles à la libre circulation des personnes, des biens, des services et des capitaux ainsi qu'aux droits de résidence et d'établissement (art. 2, al d, point iii). Elle confère ces droits aux « *citoyens de la Communauté* » (art. 59). Or, il se trouve que, derechef, le traité précise aussi que la qualité de citoyen ne s'acquiert pas par le simple fait d'être ressortissant d'un État membre de la communauté, mais devrait remplir des conditions spécifiques fixées dans un Protocole relatif à la définition de citoyenneté de la communauté. Ce dernier définit le citoyen de la Communauté comme : « - *toute personne qui, par descendance, a la nationalité d'un État membre et qui ne jouit pas de la nationalité d'un État non-membre de la Communauté ; – toute personne qui a la nationalité d'un État membre par le lieu de naissance et dont l'un ou l'autre des parents est citoyen de la Communauté, à condition que cette personne, ayant atteint l'âge de 21 ans, opte pour la nationalité de cet État membre ; – toute personne naturalisée d'un État membre qui renonce expressément à la nationalité d'un État non-membre* ».

Il est lors pertinent de chercher à savoir le contenu de « la citoyenneté » de la CEDEAO.

Dans d'autres communautés du genre la notion est bien connue et confère un certain nombre de droits et de devoirs, est-ce le cas de CEDEAO ? Dans l'affirmative, comment se manifeste-t-elle ? Si elle confirme l'existence de la citoyenneté de la CEDEAO, est-ce le cas pour les autres Communautés économiques régionales de l'Union africaine ?

Mots clés : Citoyenneté, nationalité, communauté, intégration

---

[1] Docteur en Droit public, Enseignant-chercheur à la Faculté de Droit public de l'Université des Sciences juridiques et politiques de Bamako. Laboratoire d'Études en Droit, Décentralisation et Développement Local (LERDDL).

Abstract

For the purposes of creating the African economic community, the Heads of State and Government of the West African region revised the ECOWAS treaty of 1975 and decided that it will ultimately be the only economic community in the region. Among its objectives is the creation of a common market through the removal between Member States of obstacles to the free movement of people, goods, services and capital as well as to rights of residence and of establishment (art. 2, al d, point iii). It confers these rights on "citizens of the Community" (art. 59). However, it turns out that, once again, the treaty also specifies that the status of citizen is not acquired by the simple fact of being a national of a member state of the community, but must fulfill specific conditions set out in a Protocol. relating to the definition of community citizenship. The latter defines the citizen of the Community as: "– any person who, by descent, has the nationality of a Member State and who does not enjoy the nationality of a non-member State of the Community; – any person who has the nationality of a Member State by place of birth and one of whose parents is a citizen of the Community, provided that this person, having reached the age of 21, opts for the nationality of that Member State; – any naturalized person of a Member State who expressly renounces the nationality of a non-member State."

It is therefore relevant to seek to know the content of "citizenship" of ECOWAS.

In other communities of this kind the notion is well known and confers a certain number of rights and duties, is this the case for ECOWAS? If so, how does it manifest? If it confirms the existence of ECOWAS citizenship, is this the case for the other Regional Economic Communities of the African Union?

***Keywords**: Citizenship, nationality, community, integration*

Introduction

Le concept de citoyenneté renvoi à une notion polysémique. Étymologiquement, le mot vient du grec antique et désigne une personne qui jouit du droit de cité[2]. Au fil du temps[3],

---

[2] « *… Athènes consacra déjà au Vème siècle l'égalité de ses citoyens devant la loi et leur droit de participer à la chose publique ; la Magna Carta énonça l'interdiction de l'arrestation arbitraire et consacra le droit à un procès devant ses pairs…* » ; Voir p. 192, Delphine HAYIM, *Le concept d'indérogeabilité en droit international : Une analyse fonctionnelle*, Thèse de doctorat en droit, Institut de Hautes Études internationales et du Développement, 2012, 755 p.

[3] *« … la Pétition of Rights de 1628, l'Habeas Corpus Act en 1679 et la Bill of Rights de 1689 en Angleterre, proclamèrent des nombreux droits politiques ; la Bill of Rights de 1776, la Constitution de 1791 des États-Unis, la Déclaration française des droits de l'homme et des citoyens en 1789 et les Constitutions latino-américaines concrétisèrent la protection des droits fondamentaux dans les législations nationales…* ». Idem.

notamment sous la Révolution française, il s'est tout simplement substitué à « Monsieur ». Pour enfin être le vocable par lequel on identifie un membre d'un État considéré du point de vue de ses devoirs et de ses droits civils et politiques[4]. La doctrine d'universitaires ouest-africains, identifient que la citoyenneté selon l'entendement communautaire se définit à travers des éléments de contenu nécessaires[5]. Pour Ibriga, la citoyenneté requiert une condition préalable, une condition nécessaire et une condition substantielle. Pour la première, il faut avant tout posséder la nationalité, gage d'une *identité collective*[6]. La seconde condition est dite nécessaire en ce sens qu'elle est tributaire de *la reconnaissance de prérogatives, d'obligations et de droit de participation*[7] à la vie de la collectivité pour le citoyen. La dernière condition découle de la deuxième du fait qu'elle préconise l'effectivité du droit (c'est-à-dire user de ce droit) à la participation à la gestion des affaires publiques[8]. En effet, classiquement la citoyenneté peut se définir comme « *l'appartenance à un peuple souverain dans l'État*[9] ». C'est aussi l'idée que l'on peut déduire des propos du Professeur Alioune SALL :

> « L'approche analytique de la notion de citoyenneté, c'est-à-dire la recherche de ses éléments constitutifs… Les composantes

---

[4] Larousse, 2005.

[5] Cf. Luc Marius IBRIGA, *« Décloisonner les territoires et les politiques sectorielles pour impulser des dynamiques citoyennes transnationales »*, disponible sur http://base.afrique-gouvernance.net/docs/ibriga.pdf.
Voir aussi p. 12, Jean Jacques Rousseau, *Le contrat social* : « *À l'instant au lieu de la personne particulière de chaque contractant, cet acte d'association produit un corps moral et collectif, composé d'autant de membres que l'assemblés a de voix. Cette personne publique est appelée par ses membres « État » à l'égard des associés,* ***ils prennent collectivement le nom de « peuple » et s'appellent en particulier « citoyens » comme participant à l'autorité souveraine et sujet comme soumis aux lois de l'état*** », cf. Jean-Jacques Rousseau, *DU CONTRAT SOCIAL, OU PRINCIPES DU DROIT POLITIQUE*, in Collection complète des œuvres, Genève, 1780-1789, vol. 1, in-4°, édition en ligne www.rousseauonline.ch, version du 7 octobre 2012.

[6] « *Décloisonner les territoires et les politiques sectorielles pour impulser des dynamiques citoyennes transnationales* », Luc Marius IBRIGA, *op. cit.*, p. 8

[7] Idem.

[8] Voir Robert PELLOUX, *Le citoyen devant l'État*, Que Sais-je ? PUF, 1 vol., 1966, 124 p., in « *Décloisonner les territoires et les politiques sectorielles pour impulser des dynamiques citoyennes transnationales* », Luc Marius IBRIGA, *op. cit.*, p. 8

[9] Cf. p. 18, D. Chagnollaud (dir.), *Dictionnaire de la vie politique et sociale*, Paris, Hatier, 1993, 251 p.

de la citoyenneté peuvent être distinguées selon qu'elles consistent en des prérogatives immédiates, qui échoient directement aux individus, ou qu'elles s'inscrivent dans une forme de participation au fonctionnement de la Communauté ou de l'Union »[10].

Il apparaît qu'il est difficile de cerner la moindre tentative de définition de la notion.

Au sein de la CEDEAO, c'est à l'Article 27, Paragraphe 1 de son traité[11] qu'il est dit que *les citoyens de la Communauté sont les citoyens des États membres qui remplissent les conditions à définir par le Protocole portant code de la citoyenneté*... En fait, cet article est issu de la décision A/DEC.8/5/82 portant modification de l'article 27 du traité de 1975. Il est ainsi indiqué dans le traité que le protocole définira la citoyenneté et son contenu au sens de la Communauté.

En effet, selon le Protocole A/P3/5/82 du 29 mai 1982, signé à Cotonou et portant code de la citoyenneté de la Communauté, est citoyen de la Communauté :

> « – toute personne qui, par descendance, a la nationalité d'un État membre et qui ne jouit pas de la nationalité d'un État non-membre de la Communauté ;
>
> – toute personne qui a la nationalité d'un État membre par le lieu de naissance et dont l'un ou l'autre des parents est citoyen de la Communauté, à condition que cette personne, ayant atteint l'âge de 21 ans, opte pour la nationalité de cet État membre ;
>
> – toute personne naturalisée d'un État membre qui renonce expressément à la nationalité d'un État non-membre »[12].

Le constat est le même, là aussi le protocole esquisse une définition dépourvue de vrai sens, il se contente de dégager les modalités d'acquisition et les *avantages* liés à un tel statut.

---

[10] Voir p. 120, Alioune SALL, *Les mutations de l'intégration en Afrique de l'Ouest : une approche institutionnelle*. Éditions L'Harmattan, 2006, 189 p.

[11] Il s'agit du Traité révisé de 1993.

[12] Voir article de L.M. IBRIGA sur « *la libre circulation des personnes et le droit d'établissement en Afrique de l'Ouest* », non publié.

Un autre constat, non moins important, s'impose, c'est celui du contenu de la citoyenneté. De prime abord, il semblerait que la citoyenneté a un contenu unique partout où on l'invoque. Mais, en réalité, il change de composantes selon que l'on se positionne du côté du droit interne des États ou du droit des organisations internationales d'intégration à l'instar de la CEDEAO. À l'analyse de leurs implications différentes, l'on constate que la citoyenneté de ces organisations internationales se distingue, sur bien des points, de la citoyenneté politique traditionnelle. C'est une citoyenneté qui existe en l'absence de tout État. Ce qui correspondrait à un non-sens juridique au regard du droit constitutionnel des États qui composent l'entité communautaire. Puisque la notion de citoyenneté a été d'abord étatique avant que toute autre entité ne se l'approprie. Cet état de fait a, d'ailleurs, poussé certains juristes européens à en déduire que la citoyenneté européenne n'est pas une vraie citoyenneté due à l'absence de lien État-citoyenneté[13]. Une dernière remarque se trouve dans le fait que l'on a l'impression que la citoyenneté au sein de la CEDEAO est pauvre en contenu comparativement à d'autres organisations du même type à l'instar de l'Union européenne. Elle n'offre à ses bénéficiaires que le droit d'entrée, de résidence et d'établissement[14].

Est-ce à dire que la citoyenneté varie de contenù, en droits et devoirs d'une organisation internationale d'intégration à une autre ?

De toute évidence, la notion n'est pas figée, elle est dynamique[15] et résulte d'une quête de tous les jours. Au fur et à mesure que le processus d'intégration avance, les ressortissants (citoyens ou pas) de l'entité intégrée devraient gagner en droit et, peut-être s'acquitter davantage de devoirs.

Tout de même, la « *définition* » de la CEDEAO mérite quelques commentaires sur le fait que sa *philosophie repose sur une idée d'exclusivité et d'effectivité*[16] *du lien de la nationalité* (1) et qu'elle insuffle une démarche aléatoire au concept même de citoyenneté (2).

---

[13] Voir par exemple J. Rideau, *Droit institutionnel de l'Union et des Communautés européennes*, Paris, LGDJ, 3e éd., 1996, p. 284.
[14] Cf. art. 59 (1) du traité de la CEDEAO de 1993.
[15] Voir p.13, G. ISAAC et M. BLANQUET, Droit général de l'Union européenne, Belgique, 2012, Sirey, 10e éd., 768 p.
[16] Ces termes sont ceux de Alioune SALL, voir Les mutations de l'intégration… *Op. cit.*, p. 116

I. La citoyenneté de la Communauté est exclusive et effective.

Le protocole instituant code de la citoyenneté de la CEDEAO manifeste la volonté des Chefs d'État et de gouvernement de la Communauté d'élever au rang supérieur des normes le droit à cette citoyenneté[17]. En effet, se référant au paragraphe 1 de l'article 27 du traité de la Communauté, l'on constate que cet acte fondateur ayant rang constitutionnel, renvoi au protocole pour définir et établir les conditions de la citoyenneté de la CEDEAO. Ce faisant, il est admissible de dire qu'en la matière, le protocole joue le rôle de droit primaire[18].

Les termes utilisés par le législateur dans le protocole affichent nettement son ambition *exclusiviste* (A) *et d'effectivité* (B) vis-à-vis de son entendement de la citoyenneté de l'espace CEDEAO.

A. L'exigence de l'exclusivité de la Citoyenneté de la CEDEAO

De prime abord, il est sans conteste établi que la citoyenneté est étroitement liée à la nationalité[19]. La première découle nécessairement de la seconde. Avant d'être citoyen d'un État ou d'un groupe d'États, l'on est forcément *national* d'un ou de plusieurs États. Légalement, tout individu a certaines obligations envers un certain État et aussi des droits. Pour chaque personne il existe un double statut : le statut politique, d'une part, en vertu duquel l'individu devient citoyen d'un certain pays et le statut civil, d'autre part, qui lui confère des droits et des obligations en tant que citoyen. Le statut politique est déterminé par

---

[17] C'est le lieu de préciser que le protocole est entré en vigueur deux (ans) après sa signature, c'est-à-dire le 10 juillet 1984.

[18] « ... *le droit primaire de la CEDEAO est aujourd'hui constitué de Traité... et des multiples protocoles conclus depuis la création de cette organisation...* » in *Droit communautaire ouest-africain*, L.M. IBRIGA, A.S. COULIBALY, D. SANOU. Université de Ouagadougou, U.F.R. de Sciences juridiques et politiques, 2008 – 510 pages.

[19] « *Décloisonner les territoires et les politiques sectorielles pour impulser des dynamiques citoyennes transnationales* », Luc Marius IBRIGA, *op. cit.*, p. 8.

la citoyenneté ou la nationalité[20]. À la nationalité, on attache des éléments culturels et à la citoyenneté des éléments politiques[21]. La nationalité se réfère au statut d'un groupe, c'est l'identité d'appartenance de l'individu à une nation (la définition de la nation proposée par Mancini était celle d'une société naturelle d'individus caractérisée par l'unité du territoire, de l'origine, des coutumes, de la langue, conformément à la communauté, à la vie et à la conscience sociale).

La nationalité est le lien juridique qui lie un individu à un État, elle est l'expression la plus explicite de l'allégeance la plus forte de l'individu à l'État[22].

Pour MATALA-TALA[23] la nationalité est généralement définie comme « *l'appartenance juridique et politique d'une personne à la population constitutive d'un État* ». De cette définition, il retient deux (2) dimensions de la notion de nationalité :

– la *dimension verticale* reliant l'individu à l'État dont il est le sujet ;

– la *dimension horizontale*, qui fait du national le membre d'une communauté, dont sont exclus les étrangers et qui bénéficie, par rapport à ces derniers, d'un statut privilégié.

Or, c'est précisément par un engagement conventionnel que les États de l'Afrique de l'Ouest ont créé la CEDEAO et ont explicité dans son traité fondateur leur intention de créer une citoyenneté qui s'ajouterait aux différentes nationalités que chacun d'eux octroie à ses ressortissants. La définition de MATALA-TALA est intéressante dans ce cas à

---

[20] Voir p. 33, Aurora CIUCA, « *Paradoxes de la Nationalité* », pp. 33-44, In Travaux de la XVIe édition de la Table ronde internationale de l'Université Mihail Kogalniceanu (Roumanie) sur le thème *Représentation de l'État interne et externe dans les pays intégrés de l'Union européenne*, 30-31 mai 2014.

[21] Cf. p. 25, F. Goudappel, *The Effects of EU Citizenship. Economic, Social and Political Rights in a Time of Constitutional Change*, T-M-C-Asser Press, The Hague, 2010, cité par Aurora CIUCĂ, Paradoxes de la Nationalité *op. cit.*, p. 33.

[22] Voir p. 549, P. DAILLIER, M. FORTEAU, A. PELLET, Droit international public, L.G.D.J. 2009, 8e éd., p. 1709. Voir aussi p. 262, R. DEBBASCH, *Droit constitutionnel*, 5e éd. LexisNexis, 2005, 274 p.

[23] Voir p. 32, L. MATALA-TALA, « *La double nationalité dans les relations internationales* », pp. 29-42, *in* Mwayila TSHIYEMBE, Stephan TUBENE (dir.), *Migration, Mondialisation et développement, L'exemple de la République démocratique du Congo*, Paris, L'Harmattan, 2011, 126 p.

plusieurs égards. D'abord, parce qu'elle montre le lien entre nationalité et citoyenneté, puis décrit l'aspect exclusiviste de la citoyenneté qui découle de la nationalité, qui s'applique aussi dans le cas de la CEDEAO. Elle montre que le droit de la nationalité est essentiellement un droit d'exclusion, puisqu'il répartit les personnes en deux catégories, les nationaux et les étrangers, dont les droits sont inégaux. La citoyenneté est donc une continuité de la nationalité dans ce sens qu'elles se définissent toutes les deux par opposition à l'étranger. Même s'il ne faut pas penser que tous les nationaux sont citoyens[24].

De tout ceci découlent trois implications de la citoyenneté[25] : le *droit*, l'*obligation* et la *raison*. Le lien politique volontaire s'exprime désormais par le biais du droit. Et ce lien politique engendre des obligations par un engagement à long terme, pouvant permettre une participation du citoyen à la formation de la loi. Mais cela n'est possible que pour un citoyen doté de raison, *c'est-à-dire censé gérer rationnellement sa conduite*[26].

Jouant pleinement son rôle supranational, le protocole de la CEDEAO relatif à la citoyenneté implique l'éviction de toute autre citoyenneté concurrente. Conférant ainsi un caractère exclusif à la citoyenneté de la Communauté. En effet, l'article 1 paragraphe 1 du protocole qui définit le citoyen de la Communauté comme étant toute personne ayant la nationalité d'un État membre, ne manque pas d'imposer, derechef, à cette personne de ne pas jouir de la nationalité d'un autre État non-membre de la CEDEAO.

Son action reste curieuse, tout en reconnaissant les droits du sol et du sang, utilisés par les États (séparément ou ensemble) pour accorder leur nationalité à un individu, il exige de ce dernier, ayant acquis une nationalité de l'un des États membres par cette voie, d'opter à sa majorité (21 ans) exclusivement pour la nationalité du pays membre de la Communauté. C'est-à-dire renoncer expressément à toute autre nationalité (acquise par l'un de ses parents ou pas) de tout autre pays non-membre de la communauté. Cette renonciation devra se faire

---

[24] Il s'agit des cas de plurinationalité dont il sera fait mention infra.
[25] Voir p. 57, F. Borella, « *Nationalité et citoyenneté en droit français* », in D. Colas (dir.), L'État de droit, Paris, PUF, 1987
[26] Voir MATALA-TALA, *Plaidoyer pour la double nationalité des Congolais d'origine, op. cit.*, p. 32.

officiellement et reconnue par le pays non-membre de la communauté dont l'individu avait la nationalité[27].

Cette même exigence rétroagit, même, pour ceux qui ont atteint l'âge de 21 ans avec une double nationalité (dont l'une n'est pas de la communauté) avant l'entrée en vigueur du protocole. En effet, ils doivent aussi *renoncer expressément à la nationalité de celui de leurs parents qui est ressortissant d'un État non-membre de la Communauté*[28].

Les enfants adoptés n'échappent pas aussi à la règle[29]. Pour les autres cas, telles que les personnes naturalisées et les enfants adoptés dont on connaît ou pas la nationalité d'origine, elles doivent, en plus de la renonciation expresse de toute autre nationalité étrangère à la communauté, résider de façon effective et continue, dans un État membre[30]. Traduisant ainsi l'idée du choix par acte d'option du droit international[31].

À l'inverse, la citoyenneté communautaire peut se perdre dès lors que cette exigence d'exclusivité, entrevue pour tous les cas d'acquisition, est enfreinte. Ainsi, l'établissement permanent dans un État non-membre de la communauté, l'acquisition ou l'attribution d'office de la nationalité d'un État non-membre de la Communauté ou encore sur demande expresse de l'intéressé (...) sont tous des cas menant à la perte automatique de la citoyenneté de la communauté. Il en est de même pour les naturalisés qui se livreraient à des activités non compatibles avec la qualité de citoyen et/ou préjudiciables aux intérêts fondamentaux d'un ou de plusieurs États membres de la communauté... Ou encore s'il s'avérait que l'octroi de la citoyenneté de la Communauté a été obtenu par

---

[27] Article 2 du protocole A/P5/5/82 PORTANT CODE DE LA CITOYENNETÉ DE LACOMMUNAUTÉ.

[28] Alinéa 2 du point 2 de l'article 1 du Protocole A/P5/5/82 PORTANT CODE DE LA CITOYENNETÉ DE LACOMMUNAUTÉ.

[29] Article 1 point 3 c) du protocole A/P5/5/82 PORTANT CODE DE LA CITOYENNETÉ DE LACOMMUNAUTÉ.

[30] Article 1 point 4 b) du protocole A/P5/5/82 PORTANT CODE DE LA CITOYENNETÉ DE LA COMMUNAUTÉ.

[31] Voir p. 548, DAILLIER, FORTEAU, PELLET, Droit international public, *op. cit.*

mensonge ou par fraude[32]. La réintégration dans la citoyenneté de la Communauté peut être accordée après enquête[33].

La citoyenneté de la CEDEAO obéit, aussi, à une exigence d'effectivité du lien de nationalité.

B. L'exigence de l'effectivité de la citoyenneté de la CEDEAO

En droit international, la nationalité exprime une dualité de position de l'individu, d'une part, la relation politique ou juridique qui lie cet individu à un État qui a la charge d'établir le cadre et les modalités d'acquisition et de perte de sa nationalité ; et d'autre part, la nationalité est un droit fondamental de l'homme[34] qui lui permet certaines libertés[35].

Dans l'affaire *Nottebohm*, la CIJ a tranché en faveur de l'inopposabilité d'une nationalité qui n'était pas fondée sur un lien de rattachement effectif :

---

[32] Article 2 point 1, 2 et 3 du protocole A/P5/5/82 portant code de la citoyenneté de la communauté.

[33] Article 3 du protocole A/P5/5/82 portant code de la citoyenneté de la communauté.

[34] Il est à noter que le droit de la nationalité se distingue des droits de l'homme du fait de son caractère positif, il est l'œuvre du législateur national. Cf. Convention de La Haye du 12 avril 1930 (Loi du janvier 1939 des Pays-Bas approuvant la Convention et les protocoles de la Conférence de La Haye de 1930 pour la codification du droit international en matière de nationalité – MB 13 août 1939) : « *il appartient à chaque État de déterminer par sa législation quels sont ses nationaux. Cette législation doit être admise par les autres États, pourvu qu'elle soit en accord avec les conventions internationales, la coutume internationale et les principes de droit généralement reconnus en matière de nationalité* ».

[35] « *1. Tout individu a droit à une nationalité. / 2. Nul ne peut être arbitrairement privé de sa nationalité, ni du droit de changer de nationalité* ». Article 15 de la Déclaration universelle des Droits de l'Homme du 10 décembre 1948. Voir aussi article 24 par. 3 du Pacte international relatif aux Droits Civils et politiques de 1966 concernant la nationalité des enfants ; la Convention du Conseil de l'Europe sur la nationalité de 1997.

Selon Aurora CIUCA *le retrait de la nationalité pour certaines personnes condamnées pour terrorisme et trahison (en Pérou, dans les années 1990) a été qualifié par la Cour interaméricaine comme une mesure arbitraire et contraire à la Convention américaine des droits de l'homme qui inclut le droit à la nationalité parmi les droits non-dérogeables. In* Aurora CIUCĂ, Paradoxes de la Nationalité, *op. cit.*, p. 36.

> « La nationalité est un lien juridique ayant à sa base un fait social de rattachement, une solidarité effective d'existence, d'intérêts, de sentiments, jointe à une réciprocité de droits et de devoirs... »[36].

Il en avait été, aussi, ainsi décidé dans l'affaire de l'échange des populations grecques et turques, la Cour Permanente de Justice internationale estimait que « *la qualité de ressortissant d'un État ne peut se fonder que sur la loi de cet État*[37] ».

L'exigence de l'effectivité que reconnaît la CIJ dans cette affaire est bien compréhensible et donne droit de cité à la notion en droit international. Il apparaît clair qu'il peut être nécessaire, pour un État ou une collectivité d'État, de mesurer l'effectivité et la sincérité des liens de nationalités concurrents, de leur faire passer un test d'où sortira la nationalité la plus fiable. L'on comprend alors, aisément, que l'on se trouve en présence de bi ou de plurinationalité. Cet examen de la véracité du lien de nationalité revendiqué servirait à évincer tous les liens d'allégeance artificiels à quelques autres États en dehors de celui qui se livrerait à une telle pratique[38]. Tel est le cas de la CEDEAO.

À la différence qu'elle met cette éviction à la charge de l'individu aspirant à acquérir la qualité de citoyen de la communauté. Pour l'acquisition de sa citoyenneté, le protocole instituant code de la citoyenneté de la communauté exige pour trois catégories de personnes cette effectivité.

L'effectivité au sens du protocole se traduit par la condition de quinze années de résidence continue de la personne naturalisée (ainsi que de son conjoint, si celui-ci aspire à la citoyenneté de la communauté) dans un État membre et ayant renoncé à une autre nationalité, tout comme à l'enfant adopté par un citoyen de la communauté naturalisé et qui optera pour la nationalité de son parent adoptif, ou encore de la personne jouissant d'une double nationalité, adoptée par un citoyen communautaire naturalisé, et qui, ayant eu 21

---

[36] Rec. 1955, p. 23.
[37] CPJI, avis, série B, n° 10, 1925, p 19.
[38] Voir SALL Alioune, Les mutations de l'intégration... *Op. cit.*, p. 118.

ans avant l'entrée en vigueur du protocole, a renoncé à toute nationalité d'un État non membre[39].

Même s'il est généralement admis qu'en cas de conflit positif[40] de la nationalité, qu'il soit fait appel au test de l'effectivité[41], cette exigence de la CEDEAO est une première quand on la compare aux autres communautés sœurs d'Afrique ou encore à l'UE. En effet, le traité de l'UEMOA[42] tout comme l'Accord de Bamako de 1978[43] ou encore le protocole relatif à la libre circulation et au droit d'établissement des ressortissants des États membres de la CEEAC[44] méconnaît une telle

---

[39] Voir article 1 point 4. b du Protocole A/P5/5/82 PORTANT CODE DE LA CITOYENNETÉ DE LA COMMUNAUTÉ.

[40] Il s'agit des cas de pluralité de nationalités dans le chef d'un même individu qui possède plusieurs nationalités, celle du for et une ou plusieurs nationalités étrangères. Voir Cour de DROIT INTERNATIONAL PRIVE du Professeur Kapeta NZOVU et de son Assistant Théodore NGOY de l'Université Protestante de CONO, faculté de Droit (2003-2004).

[41] Selon les articles adoptés en seconde lecture en 1999, pour la Commission du Droit international (CDI), il existe une présomption de nationalité de l'État successeur en faveur des personnes y ayant leur **résidence habituelle** (art. 5), tandis qu'à l'inverse cet État ne peut attribuer sa nationalité contre leur gré aux personnes n'y **ayant pas leur résidence habituelle** sauf si, à défaut, elles devaient devenir apatrides (art. 8). Voir Daillier, FORTEAU et PELLET, *op. cit.*, p. 605. Nous remarquons à souhait l'exigence de l'effectivité pour ces cas extrêmes reconnus par le Droit international.

[42] Cf. article 91 1) du traité de l'UEMOA de 1993 : « *Sous réserve des limitations justifiées par des motifs d'ordre public, de sécurité publique et de santé publique, les ressortissants d'un État membre bénéficient sur l'ensemble du territoire de l'Union de la liberté de circulation et de résidence...* ».

[43] Cf. article premier de l'Accord de Bamako du J.O. 26 août 1982, p. 3 :« *[...] les ressortissants des États membres pourront librement entrer sur le territoire de l'un quelconque des États membres, y voyager, y séjourner et en sortir sur simple présentation de l'un des documents suivants en cours de validité établit par les Autorités administratives compétentes :passeport national, carte nationale d'identité, permis de conduire, sauf-conduit, laissez-passer, carnet de voyage, sans qu'il soit exigé l'accomplissement d'aucune formalité préalable telle que visa d'entrée ou de sortie ».* Le constat est que l'on ne parle que de ressortissant et aucune autre forme d'exigence n'est assortie à cette qualité de ressortissant.

[44] Cf. article 1er f) du Protocole relatif à la libre circulation et au droit d'établissement des ressortissants des États membres de la Communauté économique des États de l'Afrique Centrale : est «*Ressortissant des États membres», toute personne physique considérée comme citoyen d'un État membre conformément aux lois en vigueur dans cet État; les personnes morales constituées conformément à la législation en vigueur dans un État membre sont assimilées aux personnes physiques, à condition que leur*

prescription. Dans leurs législations respectives, seule la qualité de *ressortissant* d'un État membre est exigée. L'organisation et la modalité d'acquisition de ce statut échoient exclusivement au droit de la nationalité des États membres. Les droits nationaux, tel un filtre, font écran entre ces organisations internationales et les individus quant à leur qualité de ressortissant des États membres, donc de bénéficiaires des droits que leur confèrent les organisations en question. La Cour de Justice de l'UE semble rejeter le critère de l'effectivité dans l'*affaire Micheletti*[45]. En l'occurrence, il s'agissait pour l'institution judiciaire de répondre à un cas de délivrance d'une carte de séjour permanent en tant que ressortissant communautaire. Invoquant un article du Code civil espagnol, le juge de ce pays a refusé sa requête, pour motif qu'aux termes de cet article, en cas de double nationalité (Argentine et Italienne pour le cas d'espèce) – dont aucune Espagnole, doit prévaloir la loi de la résidence ordinaire (en espèce l'Argentine). Par décision, le juge communautaire ira dans le sens que les dispositions du droit communautaire relatif au droit d'établir librement sa résidence s'opposent à la réalité où un État membre refuse le bénéfice de cette liberté au ressortissant d'un autre État membre qui a en même temps la nationalité d'un tiers État, pour le motif que, conformément à la législation de l'État recevant, il serait considéré comme ressortissant d'un État tiers.

Manifestement, la citoyenneté de la CEDEAO empiète sur le pas des droits nationaux des États. Selon sa législation, l'on peut avoir la nationalité d'un État membre sans pour autant être citoyen communautaire, mieux encore, elle l'impose aux *citoyens* en rendant étroite les droits nationaux dont ils bénéficient dans leurs États respectifs (*ces derniers leur permettent d'avoir la double nationalité, fût-elle d'un État non-membre de la communauté*). Réfutant ainsi les droits que les États membres accordent à leurs nationaux. Cet état de fait insuffle une démarche aléatoire à la citoyenneté de la CEDEAO (2), en ce sens qu'elle n'est pas toujours conforme aux droits de la nationalité de ses États membres.

---

siège social soit établi dans ledit État et qu'au moins 30 % du capital social soit détenu par des citoyens ou des organismes publics de cet État membre... »

[45]CJCE, décision du 7 juillet 1992, Mario Vicente Micheletti et a. vs. La Délégation du Gouvernement de Cantabria, C369/70, Rec. I-4239.

II. La citoyenneté de la communauté est aléatoire

La complexité de la citoyenneté de la CEDEAO, quant à son acquisition, soulève plusieurs questions. L'incompréhension de certains de ces concepts, ajoutée à la dysharmonie (B) qu'elle entretient avec les droits de ces États membres crée un climat flou biaisant la lecture de ces dispositions (A).

A. Le flou dans certaines dispositions de la citoyenneté de la CEDEAO

À la lecture du Protocole sur le code de la citoyenneté de la communauté, l'on se trouve en face de certaines expressions dénuées de sens, elles sont loin d'être des évidences.

Il est indiqué à l'article 1, point 4 b qu'il faut *avoir, pendant une période de quinze (15) ans précédant sa demande d'acquisition de la citoyenneté de la Communauté, effectivement résidé, de façon continue, dans un État membre. Par résidence effective et continue, l'on doit entendre l'établissement ininterrompu à demeure, sur le territoire dudit État membre, sans esprit de fixation ultérieure dans un État non-membre de la Communauté*. L'*établissement ininterrompu à demeure pendant 15 ans* ici évoqué laisse quelque peu curieux. Comment s'effectuera le contrôle de cet établissement de quinze ans, qui plus est, pour une personne qui n'a pas encore effectué de démarche en vue d'obtenir le statut de citoyen ? En effet, le protocole dit que cette exigence est posée au moment de sa demande d'acquisition et concerne la période précédente à cette demande. Il est clair que cette exigence est quelque peu irréaliste du simple fait que les moyens de son contrôle ne sont pas évidents. Le Professeur Alioune SALL estime qu'*on n'ose, a priori, croire qu'il est requis des postulants à la citoyenneté communautaire une sédentarité interdisant des pérégrinations, même à des fins professionnelles*[46].

Cette même remarque est valable pour l'usage que fait l'article 2 du protocole de l'expression « *établissement permanent* » qui est reprochée à une certaine catégorie de citoyens qui se seraient installés sur le

[46] Voir SALL, Les mutations de l'intégration… *Op. cit.* p. 118.

territoire d'un pays non-membre de la communauté et utilisée dans l'objectif de leur faire perdre le statut de citoyen. L'*esprit de fixation ultérieure dans un État non-membre* est aussi entouré de subjectivisme incompréhensible, voire supputatif[47]. Quelle est l'unité de mesure de l'intention future d'un individu ? À moins qu'un éclaircissement soit apporté par la CEDEAO, cette exigence reste le porte-étendard du caractère aléatoire et titubant de sa citoyenneté.

Le sujet est délicat et jusqu'à une date récente la Cour de Justice de la Communauté n'a pas eu à se pencher sur une affaire pouvant lui permettre de clarifier l'entendement exact du protocole quant à ces exigences[48]. Le fait de se limiter à l'exigence de l'effectivité aurait été plus salutaire pour la CEDEAO et ne susciterait pas de si nombreuses controverses pouvant amener à douter de l'objectivité de la législation communautaire en la matière. L'exigence d'effectivité pour tester la fiabilité du lien de nationalité est légitime, et son contrôle échoit aux autorités administratives ou judiciaires des États membres, qui sont les mieux indiqués pour une telle tâche.

Une autre difficulté que soulève la législation sur la citoyenneté de la CEDEAO réside dans le fait qu'en son sein il n'existe pas une harmonie des droits des pays membres.

B. La dysharmonie des législations des pays membres en matière de nationalité

La notion de citoyenneté, dans la CEDEAO, ne dérive pas exclusivement de la nationalité accordée par les États membres. Elle n'est pas le corollaire de la nationalité d'un État membre puisqu'elle y ajoute une condition supplémentaire et dirimante, celle de ne pas jouir d'une double nationalité impliquant un État non-membre de la CEDEAO. Ainsi, la citoyenneté de la CEDEAO n'est pas exclusivement subordonnée à la possession de la nationalité d'un État membre. Elle signifie qu'il faut avoir la nationalité de l'un des États membres sans avoir une autre

---

[47] *Idem*.

[48] Voir SALL, La justice de l'intégration, Éditions CREDILA, 2011, 398 p. jusqu'en fin 2011, aucune affaire portée devant la Cour n'a traité de la matière.

nationalité d'un État non-membre[49]. En plus, l'on y soupçonne une présomption de convergence des législations et des systèmes juridiques des États membres[50]. Il suffit de lire le paragraphe 2 de l'article 2 du protocole pour s'en convaincre. En effet, il dispose que :

> « Toute personne naturalisée qui a acquis le statut de citoyen de la Communauté peut en être déchue pour les raisons suivantes : a) Si elle se livre à des activités incompatibles avec la qualité de citoyen de la Communauté ; et/ou préjudiciables aux intérêts fondamentaux d'un ou de plusieurs États-Membres de la Communauté ; b) Si elle a été condamnée sur le territoire de la Communauté ou ailleurs, pour un acte qualifié de Crime et reconnu comme tel au sein de la communauté. Il en est de même lorsqu'un tel crime est perpétré à l'encontre d'un citoyen de la Communauté »[51].

En 1982, l'année d'adoption du Protocole, la CEDEAO disposait d'un ensemble d'États aux systèmes juridiques pénaux largement différents. L'harmonie ou l'unité de ces systèmes, ainsi présumée par l'esprit du protocole n'existe toujours pas, en dehors du droit des affaires. Et même en cette dernière matière traduite par l'OHADA, tous les pays membres de la CEDEAO n'en sont pas membres[52]. Mieux encore, l'on peut opposer au critère de *crime reconnu et perpétré* à l'intérieur de la communauté ou à l'encontre d'un citoyen de la communauté le fait qu'il reste à démontrer que les incriminations pénales d'un pays à l'autre sont pareilles.

---

[49] Voir article de L.M. IBRIGA sur « la libre circulation des personnes et le droit d'établissement en Afrique de l'Ouest » non publié, p. 19.

[50] Voir SALL « Les mutations de l'intégration… » op. cit. p. 119.

[51]La privation de nationalité, dans la plupart des pays européens (sauf la France et le Luxembourg) est prévue comme sanction en cas d'obtention de la nationalité par fraude ou suite d'un comportement injuste envers l'État qui l'a lui accordé. Voir OECD, "*Naturalisation: A Passport for the Better Integration of Immigrants?*" OECD Publishing, 2011, p. 73.

[52] L'Organisation pour l'Harmonisation en Afrique du Droit des Affaires (OHADA) a été créée par le Traité relatif à l'Harmonisation du Droit des Affaires en Afrique signé le 17 octobre 1993 à Port-Louis et révisé à Québec au Canada, le 17 octobre 2008. Seuls 9 pays sur 15 de la CEDEAO en sont membre à savoir : Mali, Sénégal, Bénin, Burkina Faso, Côte-d'Ivoire, Guinée-Conakry, Guinée Bissau, Niger et Togo.

Il faut, néanmoins, évoquer une certaine esquisse de coopération en la matière qui existe par la convention de 1992 sur l'entraide judiciaire, signée à Dakar et une convention de 1994 relative à l'extradition.

Un autre problème non moins troublant réside dans le fait que malgré toutes ces exigences de la CEDEAO en matière de citoyenneté, les États restent libres quant à leur droit de la nationalité. En effet, en dehors de déclarations générales relatives au respect des droits fondamentaux de l'Homme et de respect de la dignité humaine[53], aucune clause de sauvegarde des libertés individuelles[54] des citoyens, n'est envisagé par le protocole portant code de la citoyenneté de la communauté, sauf, bien sûr pour les États[55].

Le protocole de la citoyenneté laisse libre arbitre aux États dans un domaine où il a lui-même dépassé le cadre des États en matière de citoyenneté (puisque découlant et dépendant des nationalités étatiques). C'est le cas, lorsque le gouvernement veut prononcer la déchéance de la nationalité d'un individu. Le pouvoir discrétionnaire laissé à l'État de prononcer la déchéance en matière du droit à la nationalité est une arme entre ses mains.

L'étonnement est plus grand quand on imagine que les différences existantes entre les droits de nationalité d'un pays à un autre peuvent être des raisons d'effritement de la citoyenneté de la communauté sans aucune autre forme de procès. Ainsi, au Sénégal, par exemple, l'État a la faculté de refuser la nationalité au conjoint d'une Sénégalaise ou inversement, lui ôtant tout espoir d'acquérir la citoyenneté ouest-

---

[53] Ces droits sont prescrits au titre II du Protocole additionnel A/SP1/7/85 portant code de conduite pour l'application du protocole sur la libre circulation des personnes, le droit de résidence et d'établissement.

[54] Voir article 62 de la convention de Vienne de 1969 sur le droit des traités : « *Un changement fondamental de circonstances ne peut pas être invoqué comme motif pour mettre fin à un traité ou pour s'en retirer : ... Si le changement fondamental résulte d'une violation, par la partie qui l'invoque, soit d'une obligation du traité, soit de toute autre obligation internationale à l'égard de toute autre partie au traité...* ». Or cette sauvegarde des libertés individuelles est un droit inaliénable de l'Homme.

[55] Voir préambule du protocole, premier Considérant : « *Considérant que les États membres continueront à exercer leur droit souverain pour l'octroi de leur nationalité...* »

africaine[56]. Le Citizenship Act, 2000 (ACT 591) est la loi qui traite la nationalité de la République du Ghana. La section 13 de cette loi ouvre la voie à l'acquisition de la nationalité ghanéenne par la voie de la naturalisation. Quant à la section 14, elle énumère les conditions de validité de la requête, parmi lesquelles, sept (7) années de résidence habituelle sur le territoire du Ghana. L'une des conditions est liée à la capacité du requérant, à contribuer de façon substantielle au développement et au progrès d'une activité sur le territoire national[57].

L'on peut dire, sans l'ombre d'un doute, à la lumière des développements ci-dessus que les droits de la nationalité des pays membres de la CEDEAO restent très fermés face aux exigences du Code de la Citoyenneté ouest-africaine. Ainsi demeurent encore des dispositions dissymétriques à l'esprit et à la lettre du code, ce qui traduit le poids de la souveraineté des États membres de la communauté. Les concessions que les États pourront faire en ce qui concerne cet attribut ne sauraient dépasser le simple fait de la reconnaissance de la nationalité des autres pays.

Conclusion

Pour conclure, il est apparu évident que s'il est vrai que la citoyenneté de la CEDEAO est normativement établie, il n'est pas aussi faux que son contenu et son acquisition relèvent d'une complexité

---

[56] C'est la loi n°61-10 du 7 mars 1961 JORS, 106e année-n °3439, numéro spécial, en date du mercredi 15 mars 1961 qui détermine la nationalité sénégalaise, en son article 7 : « *La femme étrangère qui épouse un Sénégalais acquiert la nationalité sénégalaise au moment de la célébration ou de la constatation du mariage sous réserve pour le Gouvernement de s'y opposer par décret pendant un délai d'un an dont le point de départ est fixé à l'alinéa 3 du présent article* ». Pour de plus amples développements sur l'acquisition de la nationalité par les femmes, voir *Les lois sur la nationalité en Afrique, Une étude comparée* par Bronwen Manby. Open Society Institute 2009, 130 p. Disponible sur http://www.refworld.org/pdfid/4d259acc2.pdf.

[57] Voir Loi portant Citizenship Act, 2000 (ACT 591)/Code de la nationalité de la République du Ghana. Section 14 – Qualification for Naturalisation: « *(1) Subject to subsection (2) of this section, a person qualifies for naturalisation if:-(b) during the seven years immediately preceding the period of twelve months, he has resided in Ghana for periods amounting in the aggregate to not less than five years; - (f) he is a person who has made or who is capable of making a substantial contribution to the progress or advancement in any area of national activity*».

frôlant l'insécurité juridique[58]. Il est impérieux qu'il soit mis à jour pour s'adapter aux réalités sociales de la sous-région et aussi à la mutation de l'intégration africaine tout court.

Bibliographie

- Accord de Bamako, J.O.C.E.A.O, 26 août 1982
- Alioune SALL, La justice de l'intégration, Éditions CREDILA, 2011, 398 p.
- Alioune SALL, *Les mutations de l'intégration en Afrique de l'Ouest : une approche institutionnelle*. Éditions L'Harmattan, 2006, 189 pages
- Aurora CIUCA, « *Paradoxes de la Nationalité* », pp. 33-44, In Travaux de la XVIe édition de la Table ronde internationale de l'Université Mihail Kogalniceanu (Roumanie) sur le thème Représentation de l'État interne et externe dans les pays intégrés de l'Union européenne, 30-31 mai 2014.
- CIJ, Rec. 1955, p. 23.
- CJCE, décision du 7 juillet 1992, Mario Vicente Micheletti et a. vs. La Délégation du Gouvernement de Cantabria, C369/70, Rec. I-4239.
- Cour de DROIT INTERNATIONAL PRIVE du Professeur Kapeta NZOVU et de son Assistant Théodore NGOY de l'Université Protestante de CONO, faculté de Droit (2003-2004)
- CPJI, avis, série B, n° 10, 1925, p. 19.
- D. Chagnollaud (dir.), *Dictionnaire de la vie politique et sociale*, Paris, Hatier, 1993, 251 p.
- Delphine HAYIM, *Le concept d'indérogeabilité en droit international : Une analyse fonctionnelle*, Thèse de doctorat en droit, Institut de Hautes Études internationales et du Développement, 2012, 755 p.

[58] Voir pp. 73-74, Juan-Antinio Carrillo-Salcedo, « Manifestations du relativisme du droit international », *In* Le cinquantième anniversaire de la Cour Internationale de Justice, Académie de Droit international de La Haye, Martinus Nijhoff Publ., 7 mai 1997– 432 p.

- F. Borella, « Nationalité et citoyenneté en droit français », in D. Colas (dir.), L'État de droit, Paris, PUF, 1987.
- F. Goudappel, *The Effects of EU Citizenship. Economic, Social and Political Rights in a Time of Constitutional Change*, T-M-C-Asser Press, The Hague, 2010, cité par Aurora CIUCĂ, Paradoxes de la Nationalité *op. cit.*, p. 33.
- G. ISAAC et M. BLANQUET, Droit général de l'Union européenne, Belgique, 2012, Sirey, 10e éd., 768 p.
- http://base.afrique-gouvernance.net/docs/ibriga.pdf.
- J. Rideau, *Droit institutionnel de l'Union et des Communautés européennes*, Paris, LGDJ, 3e édition, 1996, p. 284
- Jean-Jacques Rousseau, *DU CONTRAT SOCIAL, OU PRINCIPES DU DROIT POLITIQUE*, in Collection complète des œuvres, Genève, 1780-1789, vol. 1, in-4°, édition en ligne www.rousseauonline.ch, version du 7 octobre 2012.
- Juan-Antinio Carrillo-Salcedo, « Manifestations du relativisme du droit international », *In* Le cinquantième anniversaire de la Cour Internationale de Justice, Académie de Droit international de la Haye, MartinusNijhoffPubl., 7 mai 1997, 432 p.
- L. MATALA-TALA, « *La double nationalité dans les relations internationales* », pp.29-42, *in* Mwayila TSHIYEMBE, Stephan TUBENE (dir.), *Migration, Mondialisation et développement, L'exemple de la République démocratique du Congo*, Paris, L'Harmattan, 2011, 126 p.
- L. M. IBRIGA sur « *la libre circulation des personnes et le droit d'établissement en Afrique de l'Ouest* », inédit.
- L.M. IBRIGA, A.S. COULIBALY, D. SANOU, *Droit communautaire ouest-africain*, Université de Ouagadougou, U.F.R. de Sciences juridiques et politiques, 2008 – 510 pages.
- L.MATALA-TALA, *Plaidoyer pour la double nationalité des Congolais d'origine,* in www. Bbc.com/Afrique Région du 11 Octobre 2018.
- Larousse, 2005.

- Luc Marius IBRIGA, *« Décloisonner les territoires et les politiques sectorielles pour impulser des dynamiques citoyennes trans-nationales »*, disponible sur
- OECD, "*Naturalisation: A Passport for the Better Integration of Immigrants?*" OECD Publishing, 2011.
- P. DAILLIER, M. FORTEAU, A. PELLET, Droit international public, L.G.D.J. 2009, 8e éd., p. 1709.
- Protocole A/P5/5/82 portant code de la citoyenneté de la communauté.
- Protocole relatif à la libre circulation et au droit d'établissement des ressortissants des États membres de la Communauté économique des États de l'Afrique Centrale, annexé au Traité de la CEEAC.
- R. DEBBASCH, *Droit constitutionnel*, 5e éd. LexisNexis, 2005, 274 p.
- Robert PELLOUX, *Le citoyen devant l'État*, Que Sais-je ? PUF, 1 vol., 1966, 124 p.
- Traité de l'OHADA.
- Traité de l'UEMOA.
- Traité de la CEDEAO.

Thème 2

Le cadre harmonisé des finances publiques de la CEMAC : une (r) évolution du droit communautaire financier d'Afrique centrale

Alexandre BARRO[1] (Gabon)

Résumé

Les États d'Afrique centrale, comme un peu partout dans le monde, sont également confrontés à la réforme de leurs finances publiques. Cette réforme, mise en œuvre par la CEMAC à travers son Cadre Harmonisé des Finances Publiques (CHFP) adoptée le 19 décembre 2011, a pour objectif de leur proposer un nouveau modèle de gouvernance financière publique – qui permettra de mieux gérer l'argent public. On parle à cet effet de la gestion des finances publiques par la performance. Dans cette optique, le CHFP de la CEMAC procède non seulement à une modernisation des outils de la gestion financière publique mais aussi au renforcement de la démocratie politico-financière, d'autre part. Il constitue, de ce fait, un dispositif juridique communautaire de (r) évolution du droit public financier des États d'Afrique centrale.

Mots clés : Droit communautaire, CEMAC, réforme des finances publiques, cadre harmonisé des finances publiques, performance, Afrique centrale

Introduction

Dans le monde en pleine mutation d'aujourd'hui qui est celui de la réorganisation des systèmes financiers internationaux, la préoccupation relative à la réforme des finances publiques au niveau national est d'un intérêt

[1] *Doctorant en droit public à l'Université Jean-Moulin Lyon 3, Équipe de Droit public de Lyon (EDPL - EA 666). Centre d'Études et de Recherches Fiscales et Financières (CERFF) barroalexandre1@gmail.com / alexandre.barro@univ-lyon3.fr*

certain pour tout État[2], qu'il soit développé ou en développement[3]. En fait, on veut dire concrètement que les finances publiques se trouvent aujourd'hui placées au cœur d'une question qui concerne et intéresse de la même façon toutes les sociétés contemporaines[4], celle de la transformation des dispositifs financiers nationaux. En réalité, rien d'étonnant ! le constat général d'une mauvaise gestion des finances de l'État[5] et le contexte planétaire de raréfaction des ressources disponibles pour alimenter les politiques budgétaires[6], auquel s'ajoute les impératifs de réduction de la pauvreté[7] mais aussi les objectifs du millénaire de développement[8] (OMD), commandent plus que jamais les États d'améliorer leur gouvernance financière. C'est dans cette optique que la CEMAC[9], en procédant le 19 décembre 2011 à l'édiction d'une série de directives communautaires, s'est dotée d'un Cadre Harmonisé des Finances Publiques (CHFP)[10]. Le but visé est, en effet, de proposer et

---

[2] Selon Michel BOUVIER, Marie-Christine ESCLASSAN et Jean-Pierre LASSALE « La réorganisation du système financier international et la prévention des risques implique la réorganisation des institutions financières nationales (…) », dans *Finances publiques,* LGDJ, 10e édition, 2010, p.41-42.

[3] *Ibid.*, p. 6.

[4] *Ibid.*, p. 9.

[5] Sophie BAZIADOLY, *Les finances publiques*, Puf, Que sais-je ?, 2001, p. 121.

[6] Jean-Pierre DUPRAT, « La dynamique des réformes budgétaires : globalisation des problèmes, unification des outils et adaptations nationales des solutions », *RFFP*, n°98-juin 2007, p. 9.

[7] L'impératif d'élimination de la pauvreté sous toutes ses formes fait partie des 17 Objectifs du Développement Durable de l'agenda 2030 de l'Organisation des Nations unies (ONU).

[8] Nicaise MEDE, « réflexion sur le cadre harmonisé des finances publiques dans l'espace UEMOA », *Afrilex, juin 2012,* p. 3.

[9] CEMAC, qui signifie Communauté économique et monétaire de l'Afrique centrale, est une institution communautaire d'Afrique centrale, née du Traité du 16 mars 1994 signé à N'Djamena au Tchad ; c'est le Traité instituant la Communauté économique et monétaire de l'Afrique centrale (CEMAC). Ce Traité est rentré en vigueur en juin 1999.

[10] Six (6) directives constituent le CHFP de la CEMAC. Il s'agit de : la directive relative au code de transparence et de bonne gouvernance dans la gestion des finances publiques, la directive relative aux lois de finances, la directive relative au règlement général de la comptabilité publique, la directive relative au plan comptable de l'État, la directive relative à la nomenclature budgétaire de l'État et la directive relative au tableau des opérations financières de l'État. Le CHFP est un dispositif juridique communautaire qui constitue à la fois un environnement et un encadrement de la gestion des finances de l'État sur toutes les étapes de la chaîne de décision financière

de mettre à la disposition des États membres[11] un nouveau modèle de gouvernance financière – qui permettra de mieux gérer les finances publiques et de favoriser le bon accomplissement des politiques publiques. On parle, s'agissant de ce nouveau modèle, de la gestion financière axée sur la performance[12].

Le CHFP de la CEMAC, qui s'inscrit dans une dynamique néolibérale, encourage donc les États d'Afrique centrale à s'inscrire dans une démarche d'amélioration qualitative de la gestion financière publique[13] dans l'optique d'un meilleur pilotage des politiques publiques dont on attend un rendement pour les citoyens. Cette démarche, impliquant que la gestion financière publique adopte désormais le modèle et la logique d'entreprise, fait de la conception managériale l'ossature de la nouvelle gouvernance financière publique[14]. On l'aura compris, c'est un nouveau dispositif de gestion financière que la CEMAC met en place à travers son CHFP, et on ne peut que s'en réjouir de cette innovation pour la recherche de l'efficacité du système financier public.

Dès lors la question que l'on se pose est la suivante : si le CHFP de la CEMAC instaure un nouveau modèle de gouvernance des finances publiques, en quoi est-il un instrument juridique qui révolutionne le droit communautaire financier (des États) d'Afrique centrale ?

En essayant de répondre à cette question, nous montrerons que le CHFP de la CEMAC participe de la révolution du droit communautaire financier d'Afrique centrale en ce qu'il modernise la gestion financière publique (I) et renforce la démocratie politico-financière (II).

---

publique, allant de la phase d'élaboration de la loi de finances à celle de son contrôle en passant par les phases d'adoption et d'exécution.

[11] Six (6) pays font partie de cette communauté à savoir, le Cameroun, la Centrafrique, le Congo, le Gabon, la Guinée Équatoriale et le Tchad.

[12] La performance dans la gestion financière publique « renvoie à la prise en compte des « 4 E » à savoir l'économie, l'efficacité, l'efficience et l'environnement », Nicaise MEDE, *Finances publiques : Espace UEMOA/UMOA*, L'Harmattan, 2016, p. 139.

[13] Tiémoko Meyliet KONE, préface professionnelle dans *Finances publiques : Espace UEMOA/UMOA* de Nicaise MEDE, p. 1.

[14] Michel BOUVIER, préface académique, « Des finances publiques pour un monde en transition » dans *Finances publiques : Espace UEMOA/UMOA* de Nicaise MEDE, *op.cit.*, p. 21.

I. Le CHFP de la CEMAC : Un instrument de modernisation de la gestion publique

Le CHFP de la CEMAC, en tant qu'il recherche la performance du système financier des États d'Afrique centrale, procède à la modernisation de la gestion publique en y introduisant deux nouveaux outils que sont la budgétisation par objectifs de programme (A) et la programmation budgétaire pluriannuelle (B).

A. La budgétisation par objectifs de programme (BOP)

Il s'agit sans doute de l'un des éléments importants de la gestion des finances publiques par la performance. En effet, avec la budgétisation par objectif de programme, c'est la conception même du budget qui est transformée[15]. L'on passe d'un budget fondé sur une logique de moyens à un budget construit en fonction d'objectifs s'inscrivant dans des programmes. La pertinence de ce changement important de conception budgétaire qui s'opère par la budgétisation par objectif de programme, nécessite pour sa compréhension de faire un bref résumé de ce qu'était à l'époque, sous l'ordonnance française du 02 janvier 1959 portant loi organique relative aux lois de finances, le traditionnel budget de moyens d'ailleurs mis en œuvre également par les législations de certains États africains, comme le Gabon.

Il faut déjà partir du principe que le budget de moyen s'oppose au budget de programmes, parce qu'il met l'accent sur les moyens et non sur les objectifs. Ce constat a valu l'affirmation suivante du professeur MENGUE ME ENGOUANG Fidèle *« le budget de moyens consiste à allouer systématiquement des crédits aux administrations sans leur assigner des objectifs à atteindre »*[16]. Ce qui importe, c'est de garantir

---

[15] Loïc PHILIP, Loïc PHILIP, « La nouvelle loi organique du 1er août 2001 relative aux lois de finances », Revue française de Droit constitutionnel, 2002-1 (n°49) / ISSN numérique : en cours / ISBN : 2-1305-2789-2/ p.200. [15] Alexis ESSONO OVONO, « Le cadre harmonisé des finances publiques de la CEMAC », communication à la journée de la CEMAC-ISTA, 2017, p. 3.

[16] Fidèle MENGUE, *Les Finances publiques du Gabon : Droit budgétaire et droit de la comptabilité publique*, L'Harmattan, 2018, p. 94.

la continuité des services publics et la permanence des actions[17]. En effet, dans un système de budget de moyens, les services sollicitent des moyens du fait même de leur existence et indépendamment des tâches à accomplir. Ainsi, un bon budget pour un ministre est certainement un budget qui augmente[18] sans que l'on ne tienne compte des activités et des objectifs du ministère[19]. Certes, le budget de programmes requiert des moyens et il y a aussi des objectifs dans les budgets de moyens. Cependant, il convient de souligner que les objectifs de budget de moyens ne sont pas la résultante d'un processus intégré d'analyse fondé sur une méthodologie rationnelle. Il relève plutôt de choix de politiques dont la justification tient plus du plaidoyer que de la démonstration[20]. Cet état du droit et des faits a conduit l'auteur français J-C. du CROS à écrire que « *le budget classique ou le budget de moyens (...) n'est pas un acte rationnel* »[21]

En outre, le budget de moyens organise, schématiquement, la présentation des dépenses de l'État selon deux types de nomenclature. La première, d'inspiration administrative, est une nomenclature juridique. La seconde en revanche, est une nomenclature économique.

D'après la nomenclature juridique, les crédits sont spécialisés par chapitres. On note, toutefois, que la règle traditionnelle de la spécialisation par chapitres n'a pas la même signification sous la IIIe République et sous l'empire de l'ordonnance française du 02 janvier 1959 portant loi organique relative aux lois de finances. L'application de cette règle, sous la IIIe République, entrainait deux conséquences. La première était que le budget des dépenses devait être voté par chapitres. La seconde conséquence, qui concernait l'utilisation des crédits par l'administration, interdisait des virements de crédits de chapitre à chapitre. L'objectif recherché par cette interdiction était d'empêcher l'administration de modifier le contenu de l'autorisation législative. En revanche, sous l'ordonnance du 02 janvier 1959, la

---

[17] Nicaise MEDE, *Finances publiques : Espace UEMOA/UMOA*, *op. cit.*, p. 136. *Ibid.*
[18] Loïc PHILIP, *op. cit.*, p. 201.
[19] Nicaise MEDE, *op. cit.*, p. 136.
[20] *Ibid.*
[21] J- C du CROS, « La rationalisation des choix budgétaires » in *Revue de science financière*, 1969, p.629, cité par Nicaise MEDE, *op. cit.*, p. 136.

règle de la spécialité des crédits à certes continué de prévaloir mais, elle a tout de même connu une signification nouvelle. À la suite d'une évolution consacrée par ce texte juridique, le chapitre budgétaire n'était plus une unité de vote[22]. La répartition des crédits par chapitre relevant désormais du pouvoir exécutif par l'intermédiaire des décrets de répartition[23], le vote parlementaire ne concernait plus que la classification des crédits par ministère. Néanmoins, cette répartition par chapitre restait sous le contrôle du parlement qui, lors du vote de la loi de finances, pouvait amender en détail la répartition des crédits proposés par le gouvernement dans son projet de budget[24]. En effet, le chapitre n'était, certes, plus une unité de vote, mais il était resté l'unité d'exécution du budget[25]. Les administrations avaient donc l'obligation de respecter la répartition des autorisations par chapitres, telle qu'elle figurait dans la loi après amendement. Les virements de crédits de chapitre à chapitre restaient en principe rigoureusement interdits[26].

En ce qui concerne la nomenclature économique, il faut le préciser, c'est en réalité la nomenclature juridique – dont le chapitre budgétaire était la base – qui s'est plus tard insérée à la suite d'une réforme de 1952[27], dans une nomenclature « verticale » d'inspiration économique[28]. Dans ce sens, à côté de la répartition des crédits par chapitres (nomenclature juridique), les dépenses de l'État étaient aussi ventilées par titres (nomenclature économique). Cette nomenclature budgétaire hybride a par la suite connu une amélioration, au début des années 1970 en France, avec la mise en œuvre d'un système de ventilation économique et fonctionnelle des crédits. Ce système permettait de classer les dépenses de l'État selon leur nature économique mais aussi par rapport aux secteurs d'activité auxquels elles correspondaient. Toutefois, en dépit des efforts fait pour développer une ventilation

---

[22] Michel BOUVIER, Marie-Christine ESCLASSAN et Jean-Pierre LASSALE, *Finances publiques,* LGDJ, 15e édition, 2016, p.275.
[23] *Ibid.*
[24] *Ibid.*
[25] *Ibid.,* p. 285.
[26] *Ibid.,* p. 286.
[27] V.O. BAILLY, « le formalisme des dépenses budgétaires », in le budget de l'État, *Economica,* 1988, p.111 et S. cité par Michel BOUVIER et al., *op. cit.*, p. 336 (15e édition).
[28] Michel BOUVIER et al., *op. cit.*, p.336 (15e édition).

fonctionnelle des crédits, la nomenclature juridico-économique restait une nomenclature centrée sur les moyens et de ce fait, totalement déconnectée des objectifs et des résultats. Elle a donc constitué une source d'irresponsabilité de la part des gestionnaires publics[29].

Dans le but de rompre avec cette situation, qui sans doute nuit à la qualité de la gestion publique, le CHFP de la CEMAC[30], sous l'inspiration de la loi organique française du 1er août 2001 relative aux lois de finances, a mis en place une nouvelle gouvernance financière publique fondée sur la budgétisation par objectif de programme. Ce qui, de toute évidence, participe de la modernisation de la gestion publique et, de ce fait, de son efficacité.

Le budget de programmes est l'innovation phare du CHFP de la CEMAC, en ce sens qu'il permet à l'État de passer d'une « *culture de moyens* » à une « *culture de résultat* »[31]. Cette innovation se traduit par des modalités particulières de ventilation des crédits. En effet, à l'ancien regroupement des crédits par chapitres et par titres, se substitue une architecture tridimensionnelle de la présentation des crédits par Missions, Programmes et Actions.

Les missions[32] correspondent aux grandes politiques de l'État (sécurité, défense, éducation nationale, culture et communication, etc.) qui sont mises en œuvre par des programmes relevant d'un ou de plusieurs ministères. À ce titre, les missions sont ministérielles ou interministérielles[33] et regroupent les programmes ayant les mêmes finalités. En outre, la mission constitue la nouvelle unité de vote des crédits[34]. Plus clairement, c'est désormais au niveau de la mission que le vote du budget s'opère. Ce qui signifie que les parlementaires

---

[29] Alexis ESSONO OVONO, *op.cit.,* p.3.

[30] Au Gabon, la loi organique n° 31/2010 du 21 octobre 2010 relative aux lois de finances et à l'exécution du budget prévoit une spécialisation des crédits par programme (art.15, alinéa 1er).

[31] Martin COLLET, *Finances publiques,* LGDG, 2e édition, 2017, p. 458.

[32] « La mission (…) comprend un ensemble de programmes concourant à une politique publique définie ». Voir Michel BOUVIER et al, *op. cit.*, p. 343 (15e édition).

[33] Art.14 de la loi organique n° 31/2010 du 21 octobre 2010 relative aux lois de finances et à l'exécution du budget.

[34] Alexis ESSONO OVONO, *op. cit.*, p.3.Voir aussi Michel BOUVIER et al., *op. cit.*, p. 286.

peuvent, au cours du vote de la loi de finances, modifier la répartition des dépenses entre programmes au sein d'une même mission[35]. La budgétisation par mission transforme radicalement la donne. Elle permet une plus grande lisibilité du budget, et les parlementaires peuvent donc se prononcer sur tous les déterminants de la dépense publique, avec la justification au premier franc[36]. Mais ce qui est encore plus impressionnant, c'est qu'avec une telle budgétisation, le parlement ne se borne plus comme auparavant à faire des choix en termes de moyens[37]. Ils sont désormais, plutôt, faits en termes de politiques publiques. On parle à cet effet, de la budgétisation par politiques publiques[38]. Pour Alain PARIENTE et Abou Saib COULIBALY *« La budgétisation par mission est le génie de la réforme »*[39] financière opérée par le CHFP de la CEMAC.

Le programme exprime le passage d'un budget de moyens à un budget construit en fonction d'objectifs[40]. L'article 17 alinéa 3 de la directive relative aux lois de finances de la CEMAC dispose que « le programme regroupe les crédits destinés à mettre en œuvre une action ou un ensemble cohérent d'actions relevant d'un même ministère et auxquels sont associés des objectifs précis définis en fonction de finalités d'intérêt général, ainsi que des résultats attendus »[41]. Au regard de cette disposition, le programme peut être considéré comme l'instrument clé de la gestion performancielle des finances publiques. En effet, le programme conduit les décideurs publics ou gestionnaires à cesser de raisonner strictement en termes de moyens[42]. En outre, il les engage à plus d'effort et de rigueur dans les actions à mener[43], puisqu'ils sont dorénavant jugés à l'aune des résultats[44]. Ces résultats font d'ailleurs l'objet d'une évaluation au moyen d'indicateurs de

---

[35] Martin COLLET, *op. cit.*, p. 459.
[36] Alexis ESSONO OVONO, *op. cit.*, p. 3.
[37] Michel BOUVIER et al., *op. cit.*, p. 340 (15e édition).
[38] Alain PARIENTE et Abou Saib COULIBALY, « Programmes et mesure de la performance en France et dans les pays africains », *RFFP*, n°98 - juin 2007, p. 34.
[39] *Ibid.*
[40] Loïc PHILIP, *op.cit.*, p.200.
[41] Art. 17, alinéa 3 DLF, n°01/11 de la CEMAC.
[42] Michel BOUVIER et al, *op. cit.*, p. 340 (15e édition).
[43] Fidèle MENGUE ME ENGOUANG, *op. cit.*, p. 95.
[44] *Ibid.*, p. 94.

performance[45]. Dans ce contexte, le programme est un puissant instrument de responsabilisation des gestionnaires publics.

La novation du CHFP de la CEMAC réside dans le fait de faire du programme la nouvelle unité de spécialisation des crédits[46]. Plus précisément, le principe de spécialité des crédits ne s'applique plus au niveau du chapitre, mais à celui du programme, nouvelle unité de spécialisation[47]. L'intérêt de cette spécialisation des crédits par programme est double. Elle exprime indiscutablement le souci de cohérence et de simplification de la nouvelle nomenclature budgétaire[48]. Mais pas uniquement, puisque Laurent FABIUS relevait déjà que *« la création d'un programme ne se réduit pas à un problème de nomenclature… »*[49]. La spécialisation des crédits par programme oblige aussi l'Administration à mieux réfléchir au sens de son action du fait de l'exigence d'expliquer la manière dont elle entend utiliser les crédits qu'elle sollicite[50]. Cela suppose une définition d'objectifs précis de la part des décideurs publics avec des actions bien ciblées.

La mise en œuvre de la spécialisation des crédits par programmes s'accompagne d'une importante conséquence. Elle implique, en effet, une liberté des gestionnaires publics de redéployer les crédits entre les titres (dépenses de personnel, de fonctionnement, d'intervention, d'investissement)[51] à l'intérieur des programmes[52], sachant que la

---

45 Michel BOUVIER et al., *op. cit.,* p. 340 (15e édition).

46 L'article 19, alinéa 1, DLF de la CEMAC dispose que « Les crédits sont spécialisés par programme ». Au Gabon, voir aussi l'article 15 de la loi organique du n° 31/2010 du 21 octobre 2010.

47 Michel BOUVIER et al., *op. cit.*, p. 341 (15e édition).

48 *Ibid.*

49 Laurent FABIUS, « intervention devant la commission spéciale de l'Assemblée nationale chargée d'examiner la proposition de loi organique : 09 janvier 2001, cité par Michel BOUVIER et al., *op. cit.*, p. 341 (15e édition).

50 Martin COLLET, *op. cit.*, p. 84.

51 Ce qui n'était pas possible dans le cadre du budget de moyens qui interdisait toute possibilité de fongibilité.

52 Notons que la présentation du budget par programmes se combine désormais à une présentation par nature. En effet, il a été jugé nécessaire que les moyens mis à disposition de l'État soient nettement lisibles et que leur traçabilité soit facilitée. C'est la raison pour laquelle, il a été prévu qu'à l'intérieure des programmes les charges budgétaires puissent être présentées par titres, autrement dit par nature des dépenses. (Voir Michel BOUVIER et al., *op. cit.*, p. 341).

présentation des crédits par titres reste indicative[53]. C'est le principe de la fongibilité des crédits. Cependant, cette fongibilité nouvelle est dite asymétrique, puisque la masse salariale faisant l'objet d'un plafonnement, les crédits de personnel affectés à chaque programme ne peuvent être abondés[54] par des crédits provenant d'un titre. En revanche, les économies éventuellement réalisées sur les dépenses de personnel peuvent permettre d'augmenter les moyens de fonctionnement, d'intervention ou d'investissement[55]. Cette « *fongibilité asymétrique* », selon l'expression consacrée, vise donc de toute évidence à prévenir l'extension non maîtrisée de la masse salariale de l'État (sachant que l'embauche d'un agent public engage l'État, en pratique, pour des années)[56].

Les actions[57] constituent le 3e niveau de présentation des dépenses bien que le CHFP de la CEMAC n'en donne aucune définition précise. Toutefois, les actions à mettre en œuvre doivent être cohérentes et déterminées avec rationalité. Car le but est qu'elles atteignent des objectifs réalisables. En outre, dans la pratique, les actions visent à mieux identifier les composantes des politiques publiques et à retracer les coûts[58].

Au regard de ce qui précède, il ressort un constat clair. La nouvelle nomenclature (Missions, Programmes, Actions) mise en place par le CHFP de la CEMAC, et qui repose sur la notion d'objectifs, est révolutionnaire pour trois (3) raisons.

D'abord, elle introduit une plus grande rationalité dans la gestion financière. À ce sujet, deux arguments peuvent être avancés. Premièrement, les décideurs publics sont obligés de définir des politiques d'actions en vue d'obtenir des crédits nécessaires[59]. Deuxièmement, s'y ajoute le fait qu'elle permet de mesurer l'utilité de

---

[53] Alexis ESSONO OVONO, *op.cit.*, p.3. Voir aussi Michel BOUVIER et al., *op. cit.*, p. 341 (15e édition).
[54] Art. 19, alinéa 3, DLF de la CEMAC « Les dépenses de personnel ne peuvent être augmentées ».
[55] Michel BOUVIER et al., *op. cit.*, p. 340 (15e édition).
[56] Martin COLLET, *op. cit.*, p. 491.
[57] Les programmes se déclinent en actions.
[58] Martin COLLET, *op. cit.*, p. 459.
[59] Michel BOUVIER et al., *op. cit.*, p. 341 (15e édition).

la dépense, dès lors que cette dernière n'est plus fonction de la nature des crédits alloués mais d'objectifs clairement définis et de résultats attendus. Ensuite, cette innovation donne une plus grande lisibilité aux documents budgétaires et par conséquent, permet au parlement de se prononcer en toute connaissance sur tous les aspects de la dépense publique. Enfin, la présentation des crédits par objectifs favorise une meilleure cohérence de l'action publique en évitant un trop grand fractionnement des politiques publiques[60].

En tenant compte de ces trois raisons, nous pouvons judicieusement soutenir que le CHFP de la CEMAC modernise la gestion publique, en instituant une BOP qui met au premier plan notion de performance de la dépense publique. Cette modernisation se caractérise également par l'introduction d'une programmation budgétaire pluriannuelle.

B. La programmation budgétaire pluriannuelle

« Il a souvent été reproché au principe d'annualité de conduire à la myopie budgétaire dans la mesure où il enfermait les gestionnaires dans une vision à court terme »[61] ne favorisant pas toujours une gestion efficace des finances publiques. On veut dire que si l'efficacité de la dépense publique est l'une des préoccupations majeures des gestionnaires, ces derniers ne peuvent plus en réalité se limiter à un horizon budgétaire annuel ; surtout que certaines activités budgétaires, résultant de missions complexes de l'État moderne, ne peuvent que très difficilement être exécutées dans le cadre étroit d'une année. C'est donc à la faveur du développement d'une culture de la performance, dans le but *« de tempérer la rigueur »*[62] et *« de sortir du dictat de l'immédiateté qu'impose l'application (...) du principe de l'annualité »*[63], que la question de la programmation budgétaire pluriannuelle a été considérée depuis quelques années. En effet, il est bien admis que

---

[60] Michel BOUVIER et al., *op. cit.*, p. 340 (15e édition).

[61] Alexis ESSONO OVONO, *op. cit.*, p. 3.

[62] Mathieu PERUYERO, « Les lois de programmation des finances publiques. Un instrument de pilotage souple façonné par les parlementaires », *Revue Gestion et Finances publiques*, n°1-2019, janvier-février 2019, p. 11.

[63] Robin DREGON, « Pluri-annualité et performance : Droit budgétaire européen et national, fertilisation croisée », *Revue Gestion et Finances publiques*, n° 3-2017, mai-juin 2017, p. 12.

programmer permet aux décideurs de bénéficier d'un temps de réflexion nécessaire à la conception de politiques publiques viables et aux gestionnaires de disposer du temps pour agir[64] et les mettre en œuvre. Ainsi donc, la pluri- annualité un outil qui favorise l'efficacité de la dépense publique en assurant une bonne visibilité des politiques publiques d'ailleurs, Renaud de la GENIERE écrivait déjà en 1976 que « la programmation pluriannuelle constitue la synthèse la plus avancée des conceptions budgétaires modernes »[65]. C'est fort de ce constat que le Cadre Harmonisé des Finances Publiques (CHFP) de la CEMAC[66] exige aux gouvernements[67] des pays membres d'établir « des cadres de dépenses à moyen terme (CDMT)[68] décomposant, sur une période minimum de trois ans, les grandes catégories de dépenses publiques par nature et fonction et, le cas échéant, par ministère » (art. 8 de la directive relative aux lois de finances de la CEMAC). L'objectif recherché par cette directive communautaire est d'organiser la stratégie budgétaire de l'État sur la base d'un programme de dépenses qui tient sur une durée de trois ans minimum. On parle à cet effet de programmation triennale des dépenses de l'État[69]. Ce document de programmation budgétaire et financière pluriannuelle, qui selon la

---

[64] Michel BOUVIER et al, *op. cit.*, p.314 (15e édition). Ce point de vue est aussi admis par Mathieu PEYURERO qui affirme que « l'insertion de la politique budgétaire dans un cadre pluriannuel permet de donner de la visibilité aux gestionnaires… », Mathieu PEYURERO, *op. cit.,* p. 11.

[65] Cf. Michel BOUVIER et al., *op. cit.*, p.314 (15e édition).

[66] Au Gabon, l'article 5 de la loi organique n° 20/2014 du 21 mai 2015 relative aux lois de finances et à l'exécution du budget dispose que « le gouvernement établit des cadres de dépenses à moyen terme décomposant, sur une période minimum de trois ans, les grandes catégories de dépenses publiques (…) ».

[67] En réalité, ces cadres de dépenses à moyen terme sont élaborés par les services du ministère du budget dans le cadre de la préparation du budget. (Voir Michel BOUVIER et al., *op. cit.*, p. 315 (15e édition).

[68] Le CDMT peut se définir comme « un cadre comprenant une enveloppe financière globale fixée… par les services centraux [à partir de discussions relatives à] l'estimation des coûts présents et à moyen terme des options de politiques publiques ». Voir, G. COLLANGE, P. DEMANGEL, R. POINSARD, « Guide méthodologique du suivi de la performance », Banque Internationale pour la reconstruction et le développement, 2006. Nous pouvons également définir le CDMT peut comme un instrument permettant de programmer et placer la gestion budgétaire dans une perspective pluriannuelle. En fait, il s'agit d'un cadre de gestion pluriannuelle des finances publiques.

[69] Michel Bouvier et al., *op. cit.,* p. 315 (15e édition).

procédure budgétaire accompagne le projet de loi de finances (art.12 alinéa 3, de la directive relative aux lois de finances de l'UEMOA), participe non seulement de la recherche d'un pilotage plus efficace[70] des politiques publiques dont on attend un rendement pour la société, mais aussi du souci pratique de réduire progressivement les dépenses publiques. Dans ce dernier cas, Martin Collet affirmera d'ailleurs que :

> « La réduction des dépenses ne peut pas s'opérer de manière massive d'une année sur l'autre, sauf à provoquer de fortes crispations et/ou de prendre le risque d'abaisser brutalement la qualité de l'action publique. Le pragmatisme engage donc à étaler les efforts sur période de plusieurs années et à fixer des buts véritablement susceptibles d'être atteints à échéance raisonnable »[71].

Allant dans le même sens, Mathieu PERUYERO montre également la nécessité de mettre en place des programmations pluriannuelles des finances publiques, car :

> « Les dépenses publiques étant très contraintes d'une année sur l'autre, ce n'est qu'en fixant des objectifs pluriannuels (…) qu'il est possible d'infléchir leur dynamique à moyen terme »[72].

Au regard de ces affirmations, on peut ainsi se permettre de voir dans la programmation budgétaire pluriannuelle, et donc dans le CDMT, un véritable outil de maîtrise des finances publiques (lutte contre le déficit et l'endettement publics) par la mise en œuvre d'une dépense publique efficace.

Le CHFP de la CEMAC est ainsi, par la BOP et la programmation budgétaire pluriannuelle qu'il instaure, un instrument de modernisation de la gestion publique ; mais pas seulement, il est aussi un instrument de renforcement de la démocratie politico-financière.

---

[70] *Ibid.*
[71] Martin COLLET, *op. cit.,* p. 446.
[72] Mathieu PEYURERO, *op. cit.,* p. 11.

II. Le CHFP de la CEMAC : Un instrument de renforcement de la démocratie politico-financière

Le CHFP de la CEMAC participe du renforcement de la démocratie politico-financière au sein des États d'Afrique centrale, en améliorant le contrôle parlementaire, d'une part (A) mais aussi, en prévoyant l'information directe des citoyens sur l'action financière du Gouvernement, d'autre part (B).

A. L'amélioration du contrôle parlementaire des finances publiques

Le CHFP de la CEMAC, qui recherche un meilleur contrôle de la dépense publique, procède effectivement à une amélioration des pouvoirs de contrôle du Parlement. Et il le fait essentiellement à deux niveaux : en renforçant les prérogatives des commissions des finances et en revalorisant les lois de règlement.

Concernant le contrôle des commissions des finances, il a été renforcé avec la nouvelle mission d'évaluation des politiques publiques[73] qu'elles ont désormais la charge d'assurer. En France, cette mission a été consacrée par la révision constitutionnelle du 23 juillet 2008 qui assure la reconnaissance expresse de la fonction de contrôle et d'évaluation du Parlement. Selon l'article 24 de la constitution française révisée, « *le Parlement vote la loi. Il contrôle l'action du Gouvernement. Il évalue les politiques publiques...* ». Au Gabon, le mécanisme a été prévu par la dernière révision constitutionnelle du 12 janvier 2018. S'inspirant du constituant dérivé français, l'article 36 énonce que « *le Parlement (...) évalue les politiques publiques dans les conditions prévues par la constitution* ». Pour mettre en application cette disposition et, dans le même temps, donner au Parlement les moyens d'exécuter sa nouvelle fonction, le règlement intérieur de

---

[73] L'évaluation des politiques publiques (EPP) se définit comme « la phase de l'action publique au cours de laquelle les résultats des politiques font l'objet d'un jugement en termes d'efficacité et /ou de légitimité » (Olivier NAY et Al ii (sous la direction de), *Lexique de science politique, vie et institutions politiques*, Paris, Dalloz, 2008, p.198). Du point de vue juridique, l'EPP est « l'appréciation des moyens au regard des résultats qui mesurent l'efficacité de la dépense publique et plus généralement de la gestion de l'État » (Voir, Pierre AVRIL et Jean GICQUEL, Lexique de droit constitutionnel, 2e édition, Paris, PUF, 2009.

l'Assemblée nationale gabonaise crée au sein de la commission des finances, un Comité d'Évaluation des Politiques Publiques (CEPP)[74].

> « Le comité d'évaluation des politiques publiques est chargé de trois missions principales. En premier lieu, il doit identifier les ressources et les moyens humains, juridiques, administratifs ou financiers utilisés pour la mise en œuvre d'un programme, d'une intervention ou d'une action du Gouvernement. En second lieu, il a pour but de connaître, décrire, mesurer et juger les résultats, l'impact et les besoins que ce programme, cette intervention ou action cherche à satisfaire. En troisième lieu, il doit assurer l'évaluation des politiques transversales »[75].

L'examen de ces différentes missions permet de constater que la création du comité d'évaluation des politiques publiques s'inscrit dans l'ambition plus vaste de rénover le processus budgétaire[76] en dotant le Parlement d'une capacité d'expert, complément de sa capacité politique, lui permettant d'apprécier plus sérieusement et de manière autonome les politiques publiques conduites par le Gouvernement.

L'évaluation parlementaire des politiques publiques (EPPP) présente un double enjeu. D'une part, elle constitue un nouvel outil de contrôle de l'action gouvernementale[77] dans le but de s'assurer de la bonne exécution des lois de finances par le Gouvernement. D'autre part, elle

---

[74] En fait, le CEPP est créé au sein de chaque commission générale permanente. Ce qui signifie qu'il peut être crée autant de CEPP qu'il existe de commissions générales permanentes au sein de l'Assemblée nationale. Pour l'heure on compte huit (8) commissions générales permanentes : 1 - la commission des lois, des affaires administratives et des droits de l'homme. 2- la commission des affaires étrangères, de la coopération internationale et de la défense nationale. 3- la commission de l'aménagement du territoire, des infrastructures et des travaux publics. 4- la commission des finances, du budget et de la comptabilité publique. 5- la commission de la planification, des affaires économiques, de la production et du développement. 6- la commission de la santé, de l'éducation, des affaires sociales et culturelles. 7- la commission de l'environnement et du développement durable. 8- la commission de la communication, de l'information et des technologies numériques.

[75] Télesphore ONDO, « le Parlement gabonais, évaluateur des politiques publiques », Communication relative à la journée nationale de l'évaluation des politiques publiques au Gabon, p. 5.

[76] Bernard PERRET, *L'évaluation des politiques publiques*, la découverte, coll. « Repères », 2008, p. 79.

[77] Télesphore ONDO, *op. cit.*, p. 2.

garantit l'efficacité de la dépense publique et apparaît ainsi comme un instrument de la bonne gouvernance[78].

Le CHFP de la CEMAC procède aussi au renforcement du contrôle politique en reconnaissant certaines prérogatives aux commissions des finances parlementaires. L'article 70, de la directive relative aux lois de finances de la CEMAC[79] prévoit que :

> « Les commissions parlementaires ont tout pouvoir pour entreprendre toute investigation et enquête relatives l'exécution des lois de finances » (alinéa 2)[80] ;
>
> Que « les commissions parlementaires peuvent procéder à l'audition des Hautes Autorités en charge des institutions constitutionnelles, des ministres et leurs subordonnés (...) » (alinéa 3)[81].

Les commissions parlementaires ont un droit à communication. Ce droit peut être déduit de l'alinéa 3 de l'article susmentionné qui énonce que :

> « Les informations ou les investigations surplace que ces commissions demandent ne peuvent leur être refusées (...). Toute personne entendue par ces commissions est, en ce qui concerne les questions budgétaires, financières et comptables, déliée du secret professionnel »[82] ;
>
> Que « les commissions parlementaires chargées des finances peuvent demander à la Cour des comptes la réalisation de toute enquête sur la gestion des services ou organismes qu'elles

---

[78] *Ibid.*

[79] Voir, aussi la Constitution gabonaise du 12 janvier 2018 (art.61).

[80] Au Gabon, voir la loi organique n° 20/2014 du 21 mai 2015 relative aux lois de finances et à l'exécution du budget (Art.83, alinéa 2). Mais aussi, le décret n° 0094/PR/MBCP du 8 février 2016 portant Règlement général sur la Comptabilité publique.

[81] Voir l'article 83, alinéa 3 de la loi organique n° 20/2014 du 21 mai 2015 relative aux lois de finances et à l'exécution du budget.

[82] Voir la loi organique n° 20/2014 du 21 mai 2015 relative aux lois de finances et à l'exécution du budget (Art.83, alinéa 3). Toutefois le droit à communication peut connaître des exceptions relatives aux secrets de la défense, de la sécurité intérieure ou extérieure, de l'instruction. (Voir Michel BOUVIER et al., *op. cit.*, p. 531).

> contrôlent. Elles peuvent également demander son assistance en matière de contrôle et d'évaluation des politiques » (alinéa 5).

La consécration par le CHFP de nouvelles prérogatives au profit des commissions de finances répond besoin de garantir un contrôle rigoureux de ces commissions sur l'action du Gouvernement en vue d'une dépense publique efficace et d'une meilleure maîtrise des finances publiques.

Le CHFP de la CEMAC, nous l'avons dit, procède également à une revalorisation de la loi de règlement dans le but de renforcer les pouvoirs de contrôle du Parlement. Cette revalorisation peut s'analyser sur deux aspects.

En premier lieu, au niveau du contenu de la loi de règlement. En effet, cette loi a initialement pour objet d'arrêter, à la fin de chaque exercice, le montant définitif des recettes et des dépenses de l'État ainsi que le résultat financier qui en découle. Si elle continue de garder son objet de départ, le CHFP de la CEMAC enrichit indiscutablement le contenu comptable de la loi de règlement[83]. Celle-ci comprend dorénavant un tableau de financement montrant la manière dont l'état finance son activité au cours de l'année ; Un compte de résultat ; Le bilan de l'État ; Et une évaluation de ses engagements hors bilan.

En France, depuis la loi organique du 17 décembre 2012, la loi de règlement contient en outre une information d'ensemble sur les finances publiques. En effet, un article liminaire présente sous forme d'un tableau de synthèse le solde structurel et le solde effectif de l'ensemble des administrations publiques à l'issue de l'exécution[84].

Par ailleurs, la loi de règlement s'accompagne d'un ensemble d'informations qui doivent être obligatoirement annexées au Projet de Loi de Règlement (PLR). Il s'agit essentiellement des rapports annuels de performances, qui précisent par programme les résultats atteints et permettent ainsi une évaluation de l'utilisation des crédits au regard

---

[83] Pour une compréhension exhaustive de cet enrichissement lire les articles 49 et 50 DLF de la CEMAC. Mais aussi, l'article 18 de la loi organique n° 20/2014 du 21 mai 2015 relative aux lois de finances et à l'exécution du budget.

[84] Michel BOUVIER et al., *op. cit.*, p.534 (15e édition).

des objectifs fixés, de la certification des comptes de l'État que la Cour des comptes effectue. Les rapports annuels de performances ont donc pour finalité d'informer le Parlement sur les résultats en termes de performance de la gestion du budget de l'État et par conséquent de l'efficacité des crédits qui ont été octroyés. Les parlementaires disposent ainsi chaque année d'une information approfondie de l'ensemble de l'action de l'État et d'une évaluation de son fonctionnement[85].

En second lieu, la revalorisation est relative à la place que la loi de règlement occupe désormais dans le processus de la décision budgétaire[86]. En effet, le CHFP de la CEMAC institue un chaînage vertueux[87] entre la loi de règlement et la loi de finances initiale. Au terme de celui-ci, la loi de règlement doit être déposée et distribuée avant l'examen du projet de loi de finances de l'année à venir[88]. Ce qui signifie que le projet de loi de finances initiale de l'année N+1 ne peut être discuté par chaque assemblée avant que chacune ne se soit prononcée en première lecture sur le projet de loi de règlement de l'année[89]. Ainsi les parlementaires peuvent contrôler l'exécution N avant d'examiner les crédits et les objectifs pour l'année N+1. Le CHFP de la CEMAC, dans cette perspective, établit les conditions d'une rationalisation du processus de décision budgétaire du point de vue de l'efficacité du contrôle parlementaire[90].

Ainsi, au regard de l'évolution des prérogatives des commissions des finances et de la revalorisation de la loi de règlement, il est vrai que le contrôle politique s'est réellement transformé et renforcé. Cette transformation/renforcement est le fait de l'instauration par le CHFP de la CEMAC d'un nouveau mode de gouvernance financière qui implique d'introduire dans la sphère publique une logique de performance faisant appel aux méthodes utilisées dans le secteur

---

[85] *Ibid.*
[86] *Ibid.*, p. 535.
[87] *Ibidem.*
[88] Alexis ESSONO OVONO, *op. cit.*, p. 5.
[89] Michel BOUVIER et al., *op. cit.*, p.535 (15e édition).
[90] *Ibid.*

privé[91]. Dans ce contexte, il s'ensuit trois conséquences pour le contrôle politique des finances publiques.

Premièrement, il tend à ressembler dans sa nature aux contrôles mis en œuvre dans le cadre du management des entreprises[92]. C'est ainsi qu'on assiste au passage d'une logique ancienne de régularité à une logique nouvelle qui met l'accent sur l'efficacité de la gestion.

Deuxièmement, le contrôle politique des finances publiques prend une dimension nouvelle en ayant désormais une fonction d'information. Dans la gestion orientée vers les résultats, sachant que l'information est condition essentielle à l'efficacité du contrôle des résultats obtenus, le contrôle politique va dorénavant participer lui-même à l'enrichissement de cette information. Dans ce sens, certains auteurs soutiennent que :

> « [Le contrôle politique des finances publiques est devenu l'un] des éléments fondamentaux du système d'information budgétaire et comptable »[93].

Enfin, dans ce cadre de la gestion par la performance, où l'information est effectivement déterminante pour la bonne gestion des finances publiques, le contrôle politique des finances publiques devient par conséquent **un instrument stratégique d'aide à la décision[94]**.

Face à ce qui précède, on ne peut que dire que c'est effectivement la démocratie politico-financière qui se trouve renforcée par l'amélioration du contrôle parlementaire des finances publiques ; renforcement qui se fait également par l'exigence qu'ont désormais les gouvernants d'informer les citoyens sur la gestion des deniers publics.

---

[91] Michel BOUVIER et al., *op. cit.,* p.488 (15e édition).

[92] On a longtemps considéré que le contrôle des finances publiques présentait des caractères propres et bien distincts du contrôle pratiqué par secteur privé. Toutefois, cette distinction entre les deux types de contrôles est aujourd'hui beaucoup moins marquée et l'on assiste à un rapprochement entre les contrôles publics et privés. (Voir Loïc PHILIP, dans « panorama du contrôle des finances publiques dans le monde », les actes du colloque organisé à Marseille par la Cour des comptes française, les 25 et 27 juin 2007, à propos de son bicentenaire, *RFFP*, n° 101 mars 2008, p.17 et 18).

[93] Michel BOUVIER et al, *op. cit.*, p.488 (15e édition).

[94] *Ibid.,* p.489.

B. L'exigence d'information financière du citoyen

L'idée substantielle est que les citoyens, à la fois contribuables et usagers des services publics, soient clairement, régulièrement et complètement informés de tout ce qui a trait à la gestion des finances publiques. Quoi donc de plus légitime ! D'ailleurs, l'article 14 de la DDHC, que nombre de Constitutions des États d'Afrique centrale ont internalisé, ne précise-t-il pas que tous les citoyens, à défaut de le faire par l'intermédiaire de leurs représentants, « ont le droit de constater, par eux-mêmes ou par leurs représentants, la nécessité de la contribution publique, de la consentir librement, d'en suivre l'emploi, et d'en déterminer la quotité, l'assiette, le recouvrement et la durée ». On peut donc comprendre que, dans ce sens, le CHFP de la CEMAC face une place importante à l'information des citoyens. Cela se donne à voir à travers un foisonnement de dispositions en la matière qui prévoient :

– Qu'une information large, régulière et approfondie sur la fiscalité et ses évolutions soit faite au bénéfice de l'ensemble des contribuables (section 1 point 1 de la directive relative au code de transparence et de bonne gouvernance dans la gestion des finances publiques) ;

– Qu'aucune dépense publique ne peut être engagée et payée si elle n'est préalablement définie dans un texte législatif ou réglementaire régulièrement publié (…) (section I point 2 de la directive relative au code de transparence et de bonne gouvernance dans la gestion des finances publiques) ;

– Que les ventes des biens publics soient régulièrement portées à la connaissance du public (section 1 point 4 de la directive relative au code de transparence et de bonne gouvernance dans la gestion des finances publiques) ;

– Que les contrats entre l'administration et les entreprises, publiques et privées, (…) soient clairs et mis à la disposition du public (section 1 point 5 de la directive relative au code de transparence et de bonne gouvernance dans la gestion des finances publiques) ;

– Que les relations entre l'administration publique et les entreprises ou autres entités publiques soient régies par des dispositions claires et accessibles au public (Section I point 7 CTBGGFP) ;

– Qu'est établi et rendu public un calendrier prévisionnel annuel de préparation du budget de l'État (section II point 4 CTBGGFP) ;

– Que la situation de l'exécution budgétaire doit faire l'objet périodiquement, en cours d'année, de rapports publics (section V point 2 CTBGGFP) ;

– Que la publication, dans les délais appropriés, d'informations sur les finances publiques soit une obligation légale de l'administration (section VII point 2 CTBGGFP) ;

– Qu'il soit organisé pédagogiquement et objectivement l'information régulière du public sur les grandes étapes de la procédure budgétaire, leurs enjeux économiques, sociaux et financiers (section VII point 4 CTBGGFP) ;

– Qu'un guide synthétique budgétaire clair et simple soit diffusé à destination du grand public… (section VII point 5 CTBGGFP) ;

– Que l'ensemble des informations et documents relatifs aux finances publiques soient publiés par les institutions compétentes sur leur site internet dès qu'ils sont disponibles (section VII point 6 CTBGGFP) ;

– Que les administrations financières veillent à informer régulièrement le public sur leurs activités (section VIII point 6 CTBGGFP) ;

– Que la Cour des comptes rende publics tous les rapports qu'elle transmet au Président de la République, au Parlement et au Gouvernement (…). Un suivi de ses recommandations est organisé et les résultats de ce suivi sont régulièrement portés à la connaissance du public (section 6 point 4 de la directive relative au code de transparence et de bonne gouvernance dans la gestion des finances publiques).

Nous pensons que l'emploi, dans les multiples dispositions juridiques susmentionnées, des expressions "publié", ou "rendu public", ou encore "mis à la disposition du public" traduit la préoccupation du jurislateur communautaire[95] d'accorder aux citoyens, conformément à l'article 14 de la DDHC de 1789, un droit de regard sur la gestion des deniers publics. Car, l'exigence d'information du citoyen apparaît chez lui (le

[95] L'expression jurislateur communautaire est de Nicaise MEDE, *Finances publiques : Espace UEMOA/UMOA, op.cit.*, p. 163.

jurislateur communautaire) comme un gage de la transparence financière, et plus largement de la bonne gouvernance financière. Pour certains comme Luigi COSSA par exemple, l'information financière des citoyens constitue même une garantie pour que les besoins publics soient satisfaits au mieux[96] Par conséquent, il s'impose à l'administration des États un devoir de diligence et de non-obstruction pour que le libre accès de tous les citoyens aux documents financiers soit une réalité[97].

Conclusion

Adopté le 19 décembre 2011 et constitué de six directives comportant au total 312 articles, le CHFP de la CEMAC est un dispositif juridique communautaire porteur d'un nouveau modèle de gestion des finances publiques – que les États membres ont l'obligation d'adopter, via le processus de transposition. On parle à cet effet de la gestion financière par la performance. Pour donner sens aux exigences de cette forme nouvelle de gouvernance, le CHFP de la CEMAC procède, d'une part à la modernisation des outils de la gestion publique, et d'autre part, au renforcement de la démocratie politico-financière. À ce titre, il ne permet pas seulement l'évolution du droit public financier des États d'Afrique mais le révolutionne également en se constituant comme un véritable instrument de transformation en profondeur des États.

Il est cependant triste et regrettable de constater que les gestions et pratiques financières des États d'Afrique centrale sont aux antipodes de la philosophie qui accompagne ce nouveau modèle de gestion financière qu'ils sont censés épouser.

Bibliographie indicative

– Michel BOUVIER, Marie-Christine ESCLASSAN et Jean-Pierre LASSALE, *Finances Publiques,* LGDJ, 10e édition, 2010.

---

[96] Voir, Jean-Baptiste JACOB, « Le concept de transparence en droit en droit public financier. Les déclinaisons du concept (2nde Partie) », *RFFP*, n° 157, février-2022, p. 159.
[97] *Ibid.*

– Michel BOUVIER, Marie-Christine ESCLASSAN et Jean-Pierre LASSALE, *Finances Publiques,* LGDJ, 15e édition, 2016.

– Sophie BAZIADOLY, *Les finances publiques*, PUF, Que sais-je ?, 2001.

– Jean-Pierre DUPRAT, « La dynamique des réformes budgétaires : globalisation des problèmes, unification des outils et adaptations nationales des solutions », *RFFP*, n°98 - juin 2007.

– Nicaise MEDE, « réflexion sur le cadre harmonisé des finances publiques dans l'espace UEMOA », *Afrilex, juin.*

– Nicaise MEDE, *Finances Publiques : Espace UEMOA/UMOA*, L'Harmattan, 2016.

– Tiémoko Meyliet KONE, préface professionnelle dans *Finances Publiques : Espace UEMOA/UMOA* de Nicaise MEDE.

– Michel BOUVIER, préface académique, « Des finances publiques pour un monde en transition » dans *Finances Publiques : Espace UEMOA/UMOA* de Nicaise MEDE.

– Loïc PHILIP, Loïc PHILIP, « La nouvelle loi organique du 1er août 2001 relative aux lois de finances », Revue Française de Droit Constitutionnelle, 2002-1 (n°49) / ISSN numérique : en cours / ISBN : 2-1305-2789-2/.

– Loïc PHILIP, dans « panorama du contrôle des finances publiques dans le monde », les actes du colloque organisé à Marseille par la cour des comptes française, les 25 et 27 juin 2007, à propos de son bicentenaire, *RFFP*, n° 101 mars 2008.

– Alexis ESSONO OVONO, « Le cadre harmonisé des finances publiques de la CEMAC », communication à la journée de la CEMAC-ISTA, 2017.

– Fidèle MENGUE , *Les Finances Publiques du Gabon : Droit budgétaire et droit de la comptabilité publique*, L'Harmattan, 2018.

– Martin COLLET, *Finances Publiques,* LGDG, 2e édition, 2017.

– Alain PARIENTE et Abou Saib COULIBALY, « Programmes et mesure de la performance en France et dans les pays africains », *RFFP*, n°98 - juin 2007.

– Mathieu PERUYERO, « Les lois de programmation des finances publiques. Un instrument de pilotage souple façonné par les parlementaires », *Revue Gestion et Finances Publiques*, n°1-2019, janvier-février 2019.

– Robin DREGON, « Pluri-annualité et performance : Droit budgétaire européen et national, fertilisation croisée », *Revue Gestion et Finances Publiques*, n°3-2017, mai-juin 2017.

– G. COLLANGE, P. DEMANGEL, R. POINSARD, « Guide méthodologique du suivi de la performance », Banque Internationale pour la reconstruction et le développement, 2006.

– Olivier NAY et Al ii (sous la direction de), *Lexique de science politique, vie et institutions politiques*, Paris, Dalloz, 2008.

– Pierre AVRIL et Jean GICQUEL, Lexique de droit constitutionnel, 2e édition, Paris, PUF, 2009.

– Télesphore ONDO, « le Parlement gabonais, évaluateur des politiques publiques », Communication relative à la journée nationale de l'évaluation des politiques publiques au Gabon.

– Jean-Baptiste JACOB, « Le concept de transparence en droit en droit public financier. Les déclinaisons du concept (2nde Partie) », *RFFP*, n°157, février-2022, p.159.

– Bernard PERRET, *L'évaluation des politiques publiques*, La découverte, coll. « Repères », 2008.

– La loi organique n° 31/2010 du 21 octobre 2010 relative aux lois de finances et à l'exécution du budget au Gabon.

– Loi organique n° 20/2014 du 21 mai 2015 relative aux lois de finances et à l'exécution du budget au Gabon.

– La Constitution gabonaise du 12 janvier 2018.

– Le décret n°0094/PR/MBCP du 8 février 2016 portant Règlement général sur la Comptabilité Publique.

– Les directives du cadre harmonisé de gestion des finances publiques de la CEMAC du 19 décembre 2011.

Thème 3

La régulation des investissements étrangers en Afrique à l'ère de la géo-économie

Sanae BOUYAYACHEN[1] (Maroc)

Introduction

L'intégration régionale ou continentale est une forme spécifique d'intégration basée sur une promiscuité géographique selon une échelle précise. L'intégration régionale s'observe à des degrés divers en Amérique du Nord, en Amérique latine, en Afrique et en Europe.[2]

L'intégration régionale conduit à des liens économiques, institutionnels et politiques plus forts entre des pays géographiquement proches. C'est un moyen d'accroître les relations entre les pays en supprimant les barrières et les contraintes pour faciliter la coopération, notamment en réduisant les barrières commerciales et en créant un rapprochement[3] et une harmonisation n'excluant pas les différences mais impliquant la compatibilité.

Pour établir et maintenir l'intégration régionale, les pays doivent prendre des décisions communes relatives à la politique étrangère du groupe régional vis-à-vis du reste du monde, ainsi que décider de la portée du processus d'intégration en termes d'interdépendance du groupe

---

[1] Doctorante en droit international des investissements, Université Mohammed V de Rabat.

[2] Définition de l'intégration régionale dans le glossaire de GeoConfluence, ENS de Lyon, disponible en ligne sur http://www.geoconfluences.ens-lyon.fr (Site visité le 15 octobre 2022).

[3] Sall Alioune, *Les mutations de l'intégration des États en Afrique de l'Ouest. Une approche institutionnelle*, Coll. Études Africaines, L'Harmattan, Paris, 2006, pp. 159-185.

régional, et régler les questions relatives à la politique économique commune à adopter, et enfin convenir du degré d'interdépendance dans l'intégration économique régionale et sa possible variation.

L'intégration régionale africaine permet aux pays les plus pauvres d'Afrique de trouver leur place au sein du continent sans renoncer à leur identité. La nécessité d'intégration régionale africaine est née suite à la prolifération de problèmes effectifs auxquels sont confrontés les États africains sur divers plans tant économiques que sociaux.

L'objectif premier de l'Afrique désormais, est de s'éloigner d'un modèle de croissance basé sur la consommation et l'exportation de biens occidentaux, pour se diriger vers un modèle de développement plus durable en fondant une nouvelle stratégie de diversification économique et d'industrialisation sur ses ressources naturelles.[4] Pour atteindre ces objectifs, il faudra mettre en place des stratégies et des réglementations nouvelles et porteuses notamment pour tirer parti des avantages des investissements internationaux et les utiliser en faveur du développement durable.[5]

Les intérêts de notre recherche seraient de répondre aux enjeux africains de la régulation des investissements étrangers dans ce nouvel l'ordre juridique post croissance. Concernant le volet interne, les objectifs sont principalement l'élaboration d'un réseau d'investissements intra-africains respectant le développement durable, et l'instauration de la coopération Sud-Sud, mettre en exergue la réforme structurelle du continent, réduire l'impact négatif des anciens TBI. Quant au volet externe, il est la projection, à l'extérieur de l'Afrique, des principes et valeurs du volet interne, via la mise en place d'un partenariat avec les États hors union africaine qui respecte les normes de développement durable et la politique nationale des États africains hôtes. La tentative de mise en cohérence matérielle et procédurale des deux volets est

---

[4] Leben Charles, « Les investissements miniers internationaux dans les pays en développement : réflexions sur une décennie écoulée (1976-1986) », *Journal du Droit international*, 1986, pp. 895-957.

[5] Kahn Philipe, *Les investissements internationaux, nouvelles donnes : un droit transnational de l'investissement*, in Philipe Kahn et Thomas Waelde (dir.), Les aspects nouveaux du droit des investissements internationaux/New Aspects of International Investment Law, Académie de droit international de la Haye, 2007, pp. 3-41.

primordiale et s'observe à travers la mise en place de certains instruments et actions que l'on tentera de mettre en lumière.

La pratique africaine a participé grandement à l'évolution globale du droit international et a contribuée à ancrer les considérations relatives aux droits de l'Homme. La défense de l'intérêt public a progressivement intégré la pratique conventionnelle du droit international des investissements ainsi que la jurisprudence internationale de l'investissement mais on peut noter également l'intégration des juridictions régionales et étrangères dans ces problématiques.

Les États africains ont instigué l'intégration régionale afin de se réunir autour d'un projet commun qui les lie par leur histoire, mais également par leurs racines communes. Notre recherche va souligner comment la création ou la refonte de certains des mécanismes de procédure et des normes de fond, même de manière très mineure, garantirait que les États disposent de la marge de manœuvre nécessaire pour prendre des mesures pour lutter contre le changement climatique, faciliter la transition énergétique et protéger les droits des citoyens face aux investisseurs. Les changements proposés seraient un bénéfice également pour l'investisseur en fournissant des normes plus claires et en gérant ses attentes. Ces évolutions sont est donc une opportunité de construire un système économique et juridictionnel africain plus équitable, transparent et fiable, basé sur une prospérité partagée pour tous.[6]

Au niveau des instruments régionaux relatifs aux investissements, on peut citer le Marché commun de l'Afrique orientale et australe (COMESA), la Communauté de développement d'Afrique australe (SADC) ou encore la Communauté économique des États de l'Afrique de l'Ouest (CEDEAO) qui ont tous adopté des instruments juridiques en matière d'investissement qui visent à responsabiliser les investisseurs sur les questions relatives aux droits de l'homme.

---

[6] Baruti Rukia, «Investment facilitation in regional economic integration in Africa: the cases of COMESA, EAC and SADC. », *Journal of World Investment & Trade, Numéro spécial: Africa and the reform of the international investment regime*, N° 3, Vol. 18, 2017, pp. 493-529.

L'interrogation qui germe est donc de savoir dans quelle mesure les communautés économiques régionales africaines (CER) participent-elles à africaniser la régulation des investissements étrangers.

La réflexion s'orientera ainsi vers les évolutions des droits de différentes communautés économique et régionale africaines, à savoir le COMESA, la SADC, la CEDEAO, l'UEMOA et l'OHADA en matière de régulations des investissements étrangers.

Les CER ont en effet fait évoluer certaines normes afin de protéger les investisseurs africains membres desdits CER, mais également en mettant en place des mécanismes permettant de contre-balancer les prérogatives absolues des investisseurs au mépris des citoyens et des ressources.

Plusieurs auteurs ont abordé diverses thématiques impliquant la régulation des investissements[7] et l'impact des organisations régionales sur cette régulation.[8] Notre contribution tentera d'éclairer sur le développement de cette approche régionale de la régulation des investissements étrangers qui est censée donner lieu à un essor des échanges intra-africains.

La première partie analysera la restructuration régionale de la régulation des investissements étrangers en Afrique à travers l'évolution normative des CER et la mutation des paradigmes, et la deuxième partie étudiera la potentielle émergence d'une *Lex Mercatoria* africaine à travers sa mise en place en tant qu'instrument de droit par les CER ainsi que le rééquilibrage du droit de l'arbitrage africain.

---

[7] Schill Stephan, *International Investment Law and the Rule of Law*, in Jowell Jeffrey et Thomas Christopher et Van Zyl Smit Jan (dir.), Rule of Law Symposium 2014: The Importance of the Rule of Law in Promoting Development, Academy Publishing, Singapour, 2015, pp 81-102. Disponible en ligne sur DOI : https://www.biicl.org/documents/654_the_importance_of_the_rule_of_law_in_promoting_development.pdf (site visité le 15 octobre 2022).

[8] Denters Erik et Gazzini Tarcisio, « The role of african regional organizations in the promotion and protection of foreign investment », Journal *of World Investment & Trade, Numéro spécial: Africa and the reform of the international investment regime*, N°3, Vol.18, 2017, pp.449-492.

I. Une restructuration régionale de la régulation des investissements étrangers en Afrique

Nous aborderons dans cette première section les évolutions en matière de réglementation des investissements menées par les CER africaines.

L'évolution normative africanisée des CER (A) donne lieu à une mutation des paradigmes dans la régulation des investissements internationaux (B).

A. L'évolution normative africanisée des CER en matière d'investissement

Le 23 mai 2007, les pays membres du COMESA ont adopté l'Accord de la zone d'investissement commune du COMESA (ZICC). L'outil a été mis en place pour donner lieu à un climat concurrentiel entre les investisseurs sans pour autant en léser certains, car seule cette concurrence loyale va permettre la libre circulation des biens et des capitaux voire par la suite des personnes. En 2017, les États membres du COMESA ont décidé de lui donner un nouveau souffle afin d'en faire un véritable outil pour répondre aux nouveaux enjeux du marché commun en matière d'investissement. En raison de son caractère rénovateur, l'accord révisé est l'un des rares à prendre en considération le niveau de développement des États dans la protection des investissements et des investisseurs. Cette approche démontre déjà de la volonté de réparer certains déséquilibres que les investissements étrangers ne font qu'accroître.

L'Accord sur la zone commune d'investissement du COMESA prévoit l'application du traitement national et du traitement de la nation la plus favorisée aux investisseurs du COMESA et à leurs investissements.

Cet instrument juridique diffère des TBI précédents par une nouvelle approche adoptée également par les autres CER qui tend à créer une nouvelle approche africaine, énonçant une nouvelle manière d'appréhender les normes de traitements et des clauses accordées aux investisseurs étrangers.[9] En revanche en cas d'expropriation de la part

[9] Schill Stephan et Mbengue M. Makane, « L'Afrique et la réforme du régime d'investissement international », *Journal of World Investment & Trade, Numéro*

de l'État, l'accord accorde des conditions d'indemnisation rapide et adéquate selon chaque situation[10].

En 2008, la CEDEAO a convenu de l'ajout d'un acte additionnel[11] sur la protection des investissements, entré en vigueur en janvier 2009. Cet acte met en avant la responsabilisation des investisseurs en distinguant l'obligation de pré-établissement à l'article 12 dudit acte, et de là conduire des études d'impact social et environnemental préalablement à l'établissement. La réforme donnera lieu à l'adoption d'un code des investissements commun pour les États membres de la communauté.[12]

L'interdiction de la discrimination entre investisseurs est le fil conducteur de la l'Acte additionnel de 2008. Aux termes de cet instrument juridique, chaque État membre de la CEDEAO est tenu d'accorder une clause de traitement national et une clause de la nation la plus favorisée pour les investisseurs[13]. Outre la protection « aux normes régionales minimales » qu'il prévoit, le texte s'oppose aux mesures d'expropriation sans indemnisation et garantit la libre transmission des actifs issus des investissements.

Pendant longtemps, le traité révisé de la CEDEAO a promu l'harmonisation des codes nationaux des investissements et l'adoption d'un code communautaire unique pour les investissements[14]. La CEDEAO a finalement réussi à adopter en 2018 un code d'investissement commun à tous ses États membres. Ce Code et bien plus complet que l'Acte additionnel de 2008 et met en exergue la manière dont les investisseurs étrangers doivent être traités, en mettant en avant les droits et obligations des États et des investisseurs[15]. L'ECOWIC maintient l'application de clause de traitement national et de clause de la nation

---

spécial : Africa and the reform of the international investment regime, N° 3, Vol.18, 2017, pp. 371-376.

[10] Article 20 (2) de l'Accord révisé de 2017.

[11] Acte additionnel A/SA.3/12/08 portant adoption des règles communautaires sur les investissements et leurs modalités d'application.

[12] Schill Stephan, « Do Investment Treaties Chill Unilateral State Regulation to Mitigate Climate Change? », *Journal of International Arbitration*, Vol. 24, 2007, pp. 469-477.

[13] Article 6 (4) de l'Acte additionnel de 2008.

[14] Article 3 (2) (i) du Traité révisé de la CEDEAO de 1993.

[15] Code des investissements de la CEDEAO (ECOWIC), promulgué en 2018.

la plus favorisée pour les investisseurs ainsi que leurs investissements[16]. Cependant, contrairement aux TBI d'anciennes générations, ce texte énumère de nombreuses exceptions à leur application[17].

Le code des investissements de la CEDEAO combine la protection des intérêts nationaux avec la protection des étrangers. Le pouvoir de réglementation des États hôtes implique donc dans une autre mesure, la prohibition de l'appréciation des standards de traitement des investisseurs.

En 2011, la SADC a conclu un modèle de TBI et 2016 le protocole sur la finance et l'investissement (PFI) a été réactualisé, ce protocole met en avant la contribution de l'investissement au développement durable. Le préambule de l'Annexe 1 relative à la coopération en matière d'investissement du protocole sur la finance et l'investissement cite les principaux objectifs de la SADC et réitère à plusieurs reprises la notion de « développement durable » parmi ces objectifs.

Cette version réactualisée du PFI de la SADC, met en place une indemnisation *juste et appropriée* en cas d'expropriation et de nationalisation[18] qui a été jugée suffisante pour ne pas tomber dans des excès exorbitant, mais cette notion demeure floue. Le PFI de 2016 donne lieu également un traitement préférentiel pour les investisseurs nationaux issus des États membres.[19] On constate donc une certaine « nationalisation » de l'Afrique.

Cependant, le véritable apport du PFI de la SADC reste dans l'application des clauses de traitement national et de traitement juste et équitable et la nation la plus favorisée. Si la clause de traitement juste et équitable demeure recommandée lors de la conclusion d'accords, la clause de la nation la plus favorisée n'est pas citée.[20]

Désormais l'Afrique n'est plus seulement le continent qui accueille les investisseurs occidentaux mais il en exporte également, et le but des CER africaines et d'encourages ses échanges et créer un cadre favorable aux échanges intra-africains.

---

[16] Article 6 et article 8 de l'ECOWIC.
[17] Article 7 et article 9 de l'ECOWIC.
[18] Article 5 (1) du PFI de 2016.
[19] Article 6 (3) du PFI de 2016.
[20] Article 4 du modèle de TBI de la SADC.

B. La mutation de paradigme dans la régulation des investissements opérée par les CER

En outre, l'Accord révisé du COMESA opère un rééquilibrage des rapports de force entre les investisseurs et les États hôtes dans la conduite de leurs affaires. En témoignent la prégnance du droit de réglementation des États d'accueil pour cause d'intérêt public[21] et la mise en exergue des obligations des investisseurs dans ce texte[22]. Il s'agit d'une démarche salutaire, car il est évident que les accords d'investissement peuvent écorner la souveraineté des États d'accueil, réduire leurs pouvoirs réglementaires et finir par saper leur capacité de développer des politiques publiques efficaces.

Le PFI de 2016 reprend les recommandations de l'article 20 du Modèle de TBI de la SADC qui en son article 12 donne une marge de manœuvre aux États. Le développement durable ainsi que les droits des citoyens seront ainsi en quelque sorte assurés par l'intervention des États.[23] Le PFI de 2016, met en place également des obligations à la charge des investisseurs qui se doivent donc de respecter l'État et ses dispositions[24].

L'Acte additionnel de 2008 CEDEAO a précisé les droits et obligations des investisseurs et des pays d'accueil. C'est à cet égard que se manifeste son caractère innovant. Le chapitre 3 de ce texte est consacré aux devoirs et obligations des investisseurs et de leurs investissements à divers égards[25], ajoutant ainsi aux responsabilités des investisseurs qui jusque-là n'avaient pas spécialement d'obligations à l'égard de l'État. Si les pays d'accueil ont des droits, ils doivent respecter des obligations de transparence pour éviter l'arbitraire et l'injustice dans leurs relations avec les investisseurs étrangers[26]. En outre, il prévoit des mécanismes de règlement des différends entre investisseurs et États par le biais de l'arbitrage devant les tribunaux nationaux ou les centres d'arbitrage

---

[21] Article 22 (1) de l'Accord révisé.

[22] Revisited Agreement for the COMESA Common Investment Area (2017), Quatrième partie : « investor and investment obligations ».

[23] Article 12 du PFI de 2016.

[24] Article 8 du PFI de 2016.

[25] Chapitre 3 de l'Acte additionnel de 2008.

[26] Article 19 de l'Acte additionnel de 2008.

nationaux. On peut également relever le rôle de plus en plus important accordé à a cour de justice de la CEDEAO qui doit trancher en cas de litige sur le choix du lieu d'arbitrage[27].

Selon le traité révisé de la CEDEAO, les pays d'accueil ont la possibilité, en vertu de leurs propres réglementations, d'accorder un traitement préférentiel aux investisseurs pour atteindre leurs objectifs de développement[28]. Ils peuvent également prendre des mesures pour protéger la vie humaine, animale ou végétale afin de sauvegarder les intérêts de la sécurité nationale.[29] Cela démontre le découplage du cadre réglementaire des investissements de la CEDEAO des pratiques du TBI. Cette distance est renforcée par l'exclusion d'un traitement juste et équitable. ECOWIC combine la protection des intérêts nationaux avec la protection des investisseurs étrangers. Le pouvoir du pays d'accueil de réglementer l'investissement dans cet article signifie, dans un autre sens, l'interdiction d'assouplir les normes de traitement des investisseurs[30]. Ces derniers ont la lourde responsabilité de favoriser le développement des États membres de la Communauté dans la conduite de leurs activités économiques[31]. Enfin, le nouveau texte de la CEDEAO prévoit un mécanisme de règlement des différends inter-États, État-investisseur et inter-investisseur.

Nous remarquons un changement de paradigmes dans la régulation des investissements en général, et plus particulièrement au sein des CER africaines qui tendent à régionaliser l'intégration de nouveaux principes tels que la protection des droits des communautés, la protection du climat, le rééquilibrage des obligations et des droits des investisseurs. Ces nouveaux paradigmes s'étendent à l'échelle continentale également avec la ZLECAf et le protocole d'investissement, ainsi que le code panafricain des investissements.

L'Afrique doit ainsi protéger ses ressources naturelles mais également encourager les investissements intra-africains sous l'égide de mécanismes et instruments.

---

[27] Article 33 de l'Acte additionnel de 2008.

[28] Article 7 (3) de l'ECOWIC.

[29] Article 9 (1) de l'ECOWIC.

[30] Article 15 de l'ECOWIC.

[31] Article 31 de l'ECOWIC.

Le recours aux mécanismes de règlements de différends africains donne donc lieu à une nouvelle pratique africaine en matière d'arbitrage et donc à une certaine *Lex Mercatoria* que l'on peut déjà constater avec l'instauration de la ZLECAf à l'échelle continentale, mais également par sa mise en place en tant qu'instrument et en tant que source du droit par les communautés économiques régionales.

II. L'émergence d'une Lex Mercatoria africaine

Nous aborderons dans cette deuxième section l'émergence d'une *Lex Mercatoria* que l'on démontrerait au travers de sa mise en place en tant qu'instrument de droit par les communautés économiques régionales et en tant que source d'interprétation du droit.[32]

La nouvelle pratique conventionnelle de communautés économiques régionales en matière de régulation des investissements (A) et le rééquilibrage du droit de l'arbitrage africain (B) façonnent cette *Lex Mercatoria* propre à l'Afrique qui aboutira à une régénération du Droit international des investissements

A. La nouvelle pratique conventionnelle de CER en matière de régulation des investissements

Les communautés économiques régionales africaines telles que la CEDEAO et la SADC ont adopté une pratique conventionnelle en matière d'investissement en élaborant des instruments qui intègrent des principes inhérents au développement durable, tels que la protection de l'environnement, les droits de l'Homme et des peuples, la transparence et la lutte contre la corruption, la responsabilité des investisseurs et de leur État d'origine[33].

Si un aspect des recommandations de réforme du modèle TBI de la SADC ressort, ce sont les critères de protection des investisseurs. Il est

---

[32] Kahn Philipe, *« Lex Mercatoria » et pratique des contrats internationaux : l'expérience française*, in Jean Dabin (dir.), Le contrat économique international, Stabilité et évolution, Travaux des VIIes journées d'études juridiques, Bruylant, Pédone, 1975, pp. 171-211.

[33] Kolo Abba et Waelde Thomas, « Environmental regulation and modern investment treaties: regulatory taking as a new investment law discipline », *International and Comparative Law Quatery*, 2001, pp. 811-848.

clair qu'il y avait une oscillation entre la protection de ces dernières et la protection des intérêts des pays d'accueil. Le modèle de TBI recommande l'application du traitement national aux investisseurs étrangers[34], mais ne prévoit pas le traitement de la nation la plus favorisée. Cependant, les États qui souhaitent inclure cette disposition peuvent soit assimiler un traitement juste et équitable à des normes minimales de traitement[35] soit avoir recours à une alternative appelée "*fair administrative treatment*"[36].

Le TBI modèle de la SADC réaffirme le droit des pays d'accueil de réglementer leurs investissements et impose aux investisseurs l'obligation d'équilibrer leurs intérêts[37]. Ce document exprime plus clairement les préoccupations du pays hôte en matière de développement durable. Ce TBI modèle reconnaît donc la contribution significative que l'investissement peut apporter au développement durable et cela doit donc être pris en compte[38]. Le mécanisme de règlement des différends a également été révisé. Le modèle de TBI de la SADC semble s'opposer au règlement des différends entre investisseurs et États. Nous recommandons aux États parties de privilégier le règlement amiable et la médiation. Par conséquent, l'arbitrage ne peut être envisagé que si les voies de recours internes ont été épuisées ou si un État contractant a réussi à prouver leur inexistence[39]. L'adéquation des recommandations du modèle de TBI de la SADC a justifié des amendements du cadre d'action de la SADC pour l'investissement de 2006.

Concernant l'Union économique et monétaire ouest-africaine (UEMOA), elle se voit confier des mandats normatifs pour réguler la circulation des facteurs de production[40] dans un espace commun dans le cadre de la réalisation d'un marché commun. Comme la libre circulation de ces facteurs dépend de la libre circulation des investissements, la règle principale qui régit normalement les relations entre les investisseurs

---

[34] Article 4 du Modèle de TBI de la SADC.
[35] Article 5 (2) 1 du Modèle de TBI de la SADC.
[36] Article 5 du Modèle de TBI de la SADC.
[37] Modèle de TBI de la SADC, Part three: « Rights and Obligations of Investors and States Parties ».
[38] Préambule du Modèle de TBI de la SADC.
[39] Article 29 Modèle de TBI de la SADC.
[40] À savoir les biens, les personnes, les services et les capitaux.

étrangers et leurs pays d'accueil sont les dispositions UEMOA de la Convention de l'Union sur la liberté d'investissement incluses dans le cadre. Ainsi, la libre circulation des capitaux [41]signifie la liberté d'investissement. Le droit d'établissement[42] comprend le droit d'exercer toute activité économique et le droit de constituer et d'exploiter une société dans tout État membre. Son corollaire est le principe de non-discrimination à l'égard des investisseurs communautaires.

Enfin, dans le cadre de la Politique commerciale commune, qui est à la base des relations économiques extérieures, l'UEMOA peut également négocier et conclure des accords commerciaux, y compris pour les volets d'investissement.

Nous pouvons percevoir la mise en place d'une *Lex Mercatoria* en tant qu'instrument de droit par les communautés économiques régionales africaines, cette nouvelle pratique conventionnelle africaine permet aux États membres des communautés économiques régionales d'asseoir les nouveaux paradigmes du commerce international et du droit international des investissements qui intègrent les principes du développement durable et des droits de l'Homme. Les communautés économiques régionales montrent ainsi que l'Afrique a tous les atouts pour pouvoir se positionner en tant que continent riche en ressources et sachant les valoriser par des réformes innovatrices, qui rééquilibre la balance entre investisseur et États.

B. Le rééquilibrage du droit de l'arbitrage africain

L'Afrique manque de capacités techniques et d'expertise, en matière d'arbitrage. Les récents développements de l'arbitrage se manifestent par l'augmentation des procédures d'arbitrage entre parties africaines, l'arrivée de nouveaux domaines d'investissement en Afrique (l'immobilier, les télécommunications, la banque, la finance...), l'instauration sur le continent de centres d'arbitrages et de formation en matière d'arbitrage, la prise de conscience par les Africains de l'importance d'encourager le recours à des praticiens africains dans les procédures arbitrales.

---

[41] Articles 96 et 97 du Traité de l'UEMOA.
[42] Article 92 du traité de l'UEMOA.

Ces récents développements ont contribué à instaurer les prémices de la réforme du cadre juridique de l'arbitrage dans de nombreux pays africains.

Dans l'espace OHADA, l'Acte uniforme sur le droit de l'arbitrage est fortement inspiré des dispositions de la Loi type de la CNUDCI sur l'arbitrage commercial international. Dans le même sens, le Règlement d'arbitrage de la CCJA s'inspire considérablement de celui-ci de la CCI. L'acte uniforme sur l'arbitrage de l'OHADA et le règlement de l'arbitrage de la CCJA à l'instar d'autres textes régissant la matière autorisent l'application directe des usages commerciaux internationaux.[43]

En revanche, contrairement au protocole sur la finance et l'investissement de la SADC de 2016, l'accord révisé du COMESA prévoit des mécanismes de règlement des différends entre investisseurs et États en énumérant divers tribunaux auprès desquels les investisseurs lésés peuvent engager une procédure d'arbitrage. Cependant la principale limite reste le fait que ce mécanisme incombe seulement aux investisseurs de la région du COMESA[44]. Les dispositions de la COMESA reflètent donc une approche favorisant grandement l'investissement des États membres tout comme pour la CEDEAO et la SADC qui adoptent cette démarche également comme on a pu le voir précédemment. Ces résultats démontrent donc le nouveau positionnement de l'Afrique par rapport aux investisseurs émanant des États occidents et tend plus à se positionner comme leader sur son propre sol avec l'aide de ses investisseurs locaux. Mais cette démarche demeure quelque peu lacunaire car le recours aux tribunaux CIRDI ou centres d'arbitrages internationaux dans les cas de conflits avec des investisseurs étrangers peut être lourde de conséquences tant financières que procédurales.[45]

On peut noter qu'il demeure des incohérences dans les régimes existant sur le continent en raison des disparités dans le contenu des instruments d'investissements internationaux promulgués par les

---

[43] Article 239 de l'Acte uniforme relatif au droit commercial général.
[44] Article 36 de l'Accord révisé de 2017.
[45] Kovar Robert, *La compétence du Centre International de Règlement des Différends relatifs aux Investissements*, in CREDIMI (dir.), Investissements étrangers et arbitrage entre États et personnes privées : La Convention B.I.R.D. du 18 mars 1965, Pédone, 1969, pp. 25-58.

différentes communautés économiques africaines, ainsi que des divergences dans le contenu des TBI signés par les États membres avec des pays extérieurs.

Ensuite, les lacunes en matière de gouvernance et le manque d'application dans la pratique, compromettraient l'efficacité des lois en cours d'élaboration.

En parallèle, beaucoup d'États africains ne seront pas en mesure d'attirer les investissements opportuns qui agissent pour le développement durable, si les infrastructures essentielles, et les moyens pour mesurer les impacts négatifs de certains investissements[46] font défaut.

Enfin, la sous-représentation africaine dans les institutions arbitrales internationales qui élaborent et enrichissent la jurisprudence fait beaucoup de tort à l'application de certaines mesures.

Toutefois, ces dernières années, le continent africain a enregistré plusieurs réformes en matière d'arbitrage[47], ces réformes avaient pour objectif premier de promouvoir les pays africains en tant que siège de procédures d'arbitrages, mais également pour réaffirmer la souveraineté africaine en matière de règlement de différends.

Ces récents développements nationaux et régionaux ont néanmoins contribué à réformer le cadre juridique de l'arbitrage dans de nombreux pays africains en instituant un incrémentalisme modéré et impacteront inévitablement une réelle réforme plus profonde du droit international des investissements sur le continent[48].

Nous pouvons constater un rééquilibrage partiel du droit de l'arbitrage africain à travers les efforts de réformes, les politiques régionales africaines tendent vers une harmonisation complète de l'arbitrage, édifiant ainsi un modèle africain de régulation du régime

---

[46] Valentina S. Vadi, « Environmental Impact Assessment in Investment Disputes: Method, Governance and Jurisprudence », *Polish Yearbook of International Law*, Vol.30, 2010, pp 169-170.

[47] Loi n°95-17 marocaine sur l'arbitrage de 2023, Protocol de la ZLECAf sur l'investissement de 2023, international Arbitration Act of South Africa de 2017, « The New Act » : La loi nigérienne de 2023 sur l'arbitrage et la médiation…

[48] Akinkugbe D.Olabisi, « Africanization and the Reform of International Investment Law », Case Western Reserve Journal of international Law, N°53, Vol. 7, 2021, pp. 12-14.

des investissements étrangers en mesure de protéger les droits inhérents à la richesse culturelle, humaine et naturelle de l'Afrique.

Néanmoins l'Afrique doit accélérer le rythme de ses réformes afin de rendre le continent plus attractif pour les investisseurs étrangers tout en gardant sa particularité propre, son identité africaine et se recentrer sur une modélisation institutionnelle propre à elle en évitant de reprendre l'archétype occidental. L'Afrique doit s'atteler à attirer les investissements émanant des États occidentaux qui se révèlent nécessaires au développement du continent seulement, et encourager les échanges intra-africains et l'investissement des pays africains dans de nouveaux secteurs porteurs. D'où la nécessité d'une refonte du droit substantiel également et non seulement du droit procédural, et un renforcement du rôle international des CER dans la conclusion des accords avec les États et organisations régionales étrangères.

Conclusion

Les organisations régionales africaines s'éloignent ainsi clairement de l'approche monofonctionnelle des modèles classiques des TBI axés sur la protection des investisseurs et de leurs investissements et adoptent une approche plus systémique et englobant l'activité dans son ensemble.

La matérialisation de nouvelles normes régionales, l'émergence de nouvelles pratiques contractuelles et le rééquilibrage de l'arbitrage ont permis d'instaurer les prémices d'une nouvelle pratique continentale africaine en matière de régulation des investissements étrangers, positionnant ainsi l'Afrique sur la scène internationale comme un acteur majeur des échanges commerciaux internationaux malgré la fragmentation des réponses apportées par les CER à ces nouvelles tendances internationales en matière d'investissements internationaux et les nombreuses crises politiques et économiques ainsi que les effets juridiques qui en découlent.[49]

Le continent africain se montre nonobstant soucieux de l'importance de la protection de ses riches ressources naturelles, et croit au potentiel

[49] Sall Alioune, *Les relations extérieures de la CEDEAO*, L'Harmattan, Paris, 2016. p. 47.

impérissable du droit international des investissements à se créer et à se régénérer pour pallier aux différentes lacunes auxquelles il pourra faire face dans le futur.

Bibliographie indicative

Ouvrages

SALL Alioune, *Les mutations de l'intégration des États en Afrique de l'Ouest. Une approche institutionnelle*, Coll. Études Africaines, L'Harmattan, Paris, 2006, pp. 159-185.

SALL Alioune, *Les relations extérieures de la CEDEAO*, L'Harmattan, Paris, 2016. P. 47.

Ouvrages collectifs

KAHN Philipe, *« Lex Mercatoria » et pratique des contrats internationaux : l'expérience française*, in Jean Dabin (dir.), Le contrat économique international, Stabilité et évolution, Travaux des VIIes journées d'études juridiques, Bruylant-Pédone, 1975, pp. 171-211.

KAHN Philipe, *Les investissements internationaux, nouvelles donnes : un droit transnational de l'investissement*, in Philipe Kahn et Thomas Waelde (dir.), Les aspects nouveaux du droit des investissements internationaux/New Aspects of International Investment Law, Académie de droit international de la Haye, 2007, pp. 3-41.

KOVAR Robert, *La compétence du Centre International de Règlement des Différends relatifs aux Investissements*, in CREDIMI (dir.), Investissements étrangers et arbitrage entre États et personnes privées : La Convention B.I.R.D. du 18 mars 1965, Pédone, 1969, pp. 25-58.

SCHILL Stephan, *International Investment Law and the Rule of Law*, in Jowell Jeffrey et Thomas Christopher et Van Zyl Smit Jan (dir.), Rule of Law Symposium 2014: The Importance of the Rule of Law in Promoting Development, Academy Publishing, Singapour, 2015, pp. 81-102. Disponible en ligne sur DOI :

https://www.biicl.org/documents/ 654_the_ importance_of_the_rule_of_law_in_promoting_development.pdf (site visité le 15 octobre 2022).

Articles

AKINKUGBE D. Olabisi, « Africanization and the Reform of International Investment Law », Case Western Reserve Journal of International Law, N° 53, Vol. 7, 2021, pp. 12-14.

BARUTI Rukia, «Investment facilitation in regional economic integration in Africa: the cases of COMESA, EAC and SADC. », *Journal of World Investment & Trade, Numéro spécial: Africa and the reform of the international investment regime*, N° 3, Vol. 18, 2017, pp. 493-529.

DENTERS Erik et GAZZINI Tarcisio, « The role of african regional organizations in the promotion and protection of foreign investment », Journal *of World Investment & Trade, Numéro spécial: Africa and the reform of the international investment regime*, N°3, Vol.18, 2017, pp.449-492.

KOLO Abba et WAELDE Thomas, « Environmental regulation and modern investment treaties: regulatory taking as a new investment law discipline », *International and Comparative Law Quatery*, 2001, pp. 811-848.

LEBEN Charles, « Les investissements miniers internationaux dans les pays en développement : réflexions sur une décennie écoulée (1976-1986) », *Journal du Droit international*, 1986, pp. 895-957.

SCHILL Stephan et MBENGUE M. MAKANE, « L'Afrique et la réforme du régime d'investissement international », *Journal of World Investment & Trade, Numéro spécial : Africa and the reform of the international investment regime*, N°3, Vol.18, 2017, pp. 371-376.

SCHILL Stephan, « Do Investment Treaties Chill Unilateral State Regulation to Mitigate Climate Change? », *Journal of International Arbitration*, Vol. 24, 2007, pp. 469-477.

Valentina S. VADI, « Environmental Impact Assessment in Investment Disputes: Method, Governance and Jurisprudence », *Polish Yearbook of International Law*, Vol.30, 2010, pp 169-170.

Documents officiels

Acte additionnel A/SA.3/12/08 portant adoption des règles communautaires sur les investissements et leurs modalités d'application de 2008.

Acte uniforme relatif au droit commercial général de l'OHADA de 2010.

Code des investissements de la CEDEAO (ECOWIC) de 2018.

Loi marocaine n° 95-17 sur l'arbitrage de 2023.

Loi nigérienne de 2023 sur l'arbitrage et la médiation « The New Act ».

Modèle de TBI de la SADC de 2012.

International Arbitration Act of South Africa de 2017.

Protocole de la ZLECAf sur l'investissement de 2023.

Protocole sur la finance et l'investissement de la SADC (PFI) de 2016.

Revisited Agreement for the COMESA Common Investment Area (CCIA) de 2017.

Traité de l'UEMOA de 1994.

Traité révisé de la CEDEAO de 1993.

Webographie :

GeoConfluence, ENS de Lyon disponible en ligne sur http://www.geoconfluences.ens-lyon.fr (Site visité le 15 octobre 2022).

Thème 4

L'évolution de la réglementation des marchés publics par le droit communautaire en Afrique centrale

Zulandice ZANKIA[1] (Cameroun)

Résumé

Longtemps considéré comme une spécificité européenne, le droit communautaire s'est développé et généralisé dans d'autres continents et l'Afrique n'a pas manqué d'embrasser cette nouvelle dynamique de l'intégration régionale. Ce qui se traduit de nos jours par la multiplicité des organisations d'intégration sous-régionales africaines parmi lesquelles la CEEAC et la CEMAC en Afrique Centrale. Cette communautarisation exerce une influence certaine sur le droit interne des États membres à l'image des contrats administratifs en Afrique centrale et précisément dans zone CEMAC. Le droit administratif, jadis expression de la puissance publique en raison de l'accomplissement de la mission de service public reconnue à l'administration, a connu des évolutions remarquables avec l'avènement du droit communautaire. De ce fait, l'idée de puissance publique souveraine qu'incarne l'État en droit international pour servir ses besoins d'intérêt général a de plus en plus reçu des sujétions au profit du droit communautaire. Cette situation se traduit en Afrique Centrale et spécifiquement dans la Communauté Économique et Monétaire de l'Afrique Centrale (CEMAC), par la soumission des contrats administratifs et de préférence le droit des marchés publics aux normes communautaires. À la question de savoir comment se traduit l'évolution de la réglementation des contrats de marchés publics par le droit communautaire en Afrique Centrale, cette solution est envisageable. L'évolution de la réglementation des marchés publics en droit communautaire se traduit de manière progressive par une trilogie évidente : la communautarisation en 1999, la décommunautarisation et la recommunautarisation avec la réforme communautaire de la CEMAC sur la concurrence de 2019.

Mots-clés : Droit communautaire africain – marchés publics – Communautarisation – Décommunautarisation – Recommunautarisation

[1] Ph.D en Droit public, Enseignant / chercheur. Maître de Conférences, Université de Dschang (Cameroun). Tel. : (237) 6 75 00 28 12 / Email : zzulandice@ymail.com

Introduction

La question de l'existence ou de l'inexistence d'un « droit communautaire africain », provenant des institutions d'intégration économique régionale ou sous-régionale a jusqu'à un passé récent, divisé la doctrine avec ceux qui avaient douté de son existence. Le droit communautaire africain existe effectivement, comme en témoignent la pluralité des Communautés d'intégration sous-régionales et la diversité de la réglementation, localisables sur le continent africain. Le doute qui persiste actuellement sur le droit communautaire africain est celui de son efficacité et non celui de son existence. C'est un droit constitué de *« l'ensemble des règles juridiques propres à assurer le fonctionnement des institutions communes de développement constituées librement par les États membres »*[2]. Le droit communautaire peut être appréhendé comme le droit issu de l'ordre juridique communautaire constitué quant à lui des règles supranationales dont la finalité est de réaliser une intégration économique et monétaire, voire politique entre les États membres[3]. Il se distingue et est plus profond que le simple droit de l'intégration juridique[4].

Dans l'accomplissement de sa mission d'intérêt général, l'administration publique utilise en permanence deux moyens d'action. Soit les actes unilatéraux, soit les actes plurilatéraux à l'instar des contrats administratifs considérés de nos jours en doctrine comme une catégorie d'acte administratif indéniablement en plein essor[5]. Comme l'ont si bien souligné certains auteurs, les contrats de l'administration sont des contrats conclus par les personnes publiques soit avec des particuliers

---

[2] J.-Ph. MINNARET, « Existe-t-il un véritable droit communautaire ? », *Revue Droit et Economie*, 2e trimestre 1996, pp. 49-61.

[3] Zulandice ZANKIA, *Contrôle institutionnel et intégration sous-régionale en Afrique : les cas de la Communauté économique et monétaire de l'Afrique Centrale et de l'Union économique et monétaire Ouest-Africaine*, Thèse de Doctorat/Ph.D, Université de Dschang, 2014, p. 6.

[4] Zulandice ZANKIA, « Le Droit de l'OHADA et le droit communautaire », *Annales Africaines, Nouvelles Séries, Revue de la Faculté de Sciences juridiques et politiques* de l'Université Cheikh Anta Diop, volume I, n° 14, avril 2021, pp. 401-432.

[5] A. ONDOUA, « Notion de contrat administratif », *Juris Classeur Contrats et Marchés Publics*, Cote : 05,2009, p. 2.

soit entre elles[6]. À ce sujet on distingue deux types de contrat de l'administration : les contrats soumis au régime de droit privé reconnu comme les contrats de droit commun de l'administration, et les contrats soumis au régime de droit public qualifiés de contrat administratif. On entend alors par contrat administratif, tout accord conclu par une personne morale de droit public pour la réalisation d'une mission de service public assorti et/ou des prérogatives exorbitantes de droit commun en fonction de la législation nationale de chaque État[7]. C'est le cas des contrats de marchés publics[8] qui sont régis en droit positif **camerounais** par le Décret N°2018/366 du 20 juin 2018 portant Code des marchés publics en remplacement du Décret N°2004/275 du 24 septembre 2004. Au **Gabon**, les marchés publics sont régis par le Décret n° 00027/PR/MEPPDD du 17 janvier 2018 portant Code des marchés publics en remplacement du Code du 18 décembre 2002. Au **Tchad**, les marchés publics sont régis par le Décret n° 2417/PR/PM/2015 du 17 décembre 2015. Au **Congo**, les marchés publics sont régis par le Décret n° 2009-156 du 20 mai 2009 portant Code des marchés publics. En **RCA**, les marchés publics sont régis par la Loi n°08-017 du 6 juin 2008. L'existence de ces textes a soulevé quelques inquiétudes au regard de la réglementation des marchés publics par le droit communautaire de la concurrence en Afrique Centrale et particulièrement dans la Communauté économique et monétaire de l'Afrique Centrale (CEMAC).

Le marché public peut être compris comme « *un contrat écrit (...) par lequel une personne bénéficiant d'un financement public direct ou*

---

[6] A. de LAUBADERE, F. MODERNE et P. DELVOLVE, *Traités des contrats administratifs,* Tome 1, 2e éd., *Paris*, LGDJ, 1983, p. 125.

[7] Pour la consécration de l'intérêt général comme critère du contrat administratif en France (CE, 04 mars 1910, arrêt *Thérond*) ; pour la consécration de la clause exorbitante comme critère du contrat administratif en droit français, (CE, 31 juillet 1912, arrêt *Société des granits porphyroïdes de Voges)* et en droit camerounais, (voir CS/CA, 31 août 2005, *UM NTJAM François* où le juge administratif fait de la clause exorbitante, un critère déterminant et non alternatif de définition du contrat administratif).

[8] Comme autre contrat public, nous avons notamment : les contrats de partenariat, les contrats plan État-région, les contrats plan État-entreprises et établissements publics, les contrats de ville, les contrats de délégation des services publics. Voir **B-R. GUIMDO DONGMO**, « Contrats de délégation de service public et harmonisation dans le cadre de l'OHADA : Cas de la régie intéressée, de la concession et de l'affermage », *Collectif, Publications de l'ERSUMA*, juin 2012, pp. 168-178.

indirect confie à une autre l'exécution d'une prestation moyennant un prix »[9]. Le législateur communautaire de la CEMAC ne propose aucune définition du marché public, mais avait procédé plutôt à l'énumération typologique des marchés publics en 1999. *A contrario*, le législateur camerounais propose une définition compréhensive. Ainsi, est qualifié de marché public :

> « Un contrat écrit, passé conformément aux dispositions du présent Code, par lequel un entrepreneur, un fournisseur, ou un prestataire de services s'engage envers l'État, une collectivité territoriale décentralisée, un établissement public, soit à réaliser des travaux, soit à fournir des biens ou des services, moyennant un prix »[10].

L'article premier du Code des marchés publics tchadien les considère comme :

> « Contrat écrit par lequel un entrepreneur, un fournisseur ou un prestataire s'engage envers l'autorité contractante fournissant une contribution ou une garantie financière, soit à réaliser des travaux, soit à fournir des biens ou des services, soit à exécuter des prestations intellectuelles moyennant un prix ».

Plus complexe, était la définition des marchés publics par le Code gabonais des marchés publics de 2002. L'article 3 dudit Code disposait que :

> « Les marchés publics sont des contrats écrits passés pour la réalisation des travaux, la livraison de fournitures, la prestation de services et la délégation de services publics par l'État, les collectivités locales, les établissements publics, les sociétés d'État et les sociétés à participation publique majoritaire, ainsi que par les personnes morales de droit privé agissant pour le compte de l'État ou de personnes morales de droit

---

[9] **T. BIDJA NKOTTO**, *Les contrats de l'administration au Cameroun*, Thèse de Doctorat, Université PARIS I-PANTHEON-SORBONE, 2000, p. 30.

[10] Voir l'article 5 alinéa 1 (w) du Code de 2018 en remplacement du Décret n°2004/275 du 24 septembre 2004 portant Code des marchés publics au Cameroun, tel que modifié par le Décret n°2012/074 du 08 mars 2012 portant création, organisation et fonctionnement des marchés publics, modifié et complété par le Décret n°2013/271 du 05 août 2013.

> public lorsqu'elles bénéficient de leur concours financier ou de leur garantie, collectivement désignés ci-après sous le terme de l'autorité contractante ».

En voulant tout embrasser, cette définition finit par intégrer malencontreusement la délégation de service public qui n'est pas une catégorie des marchés publics, mais plutôt un type de contrat administratif. Heureusement que l'article 2 du nouveau Code de 2018 a simplifié cette définition et défini le marché public comme un « *contrat écrit, à titre onéreux, conclu par l'autorité contractante avec une personne physique ou morale de droit public ou privé en vue de la satisfaction de ses besoins en matière de travaux, de fournitures, de services ou de prestations intellectuelles* ». Il en est de même des autres Codes des marchés publics en Afrique Centrale[11].

En réalité, dans sa politique communautaire de protection de la concurrence, le Conseil des ministres de la CEMAC, avait adopté en 1999, un Règlement portant réglementation des pratiques étatiques affectant le commerce entre États membres[12]. Règlement auquel vient s'ajouter celui du 22 mars 2019 sur la concurrence en zone CEMAC. En attendant l'harmonisation complète du droit de la concurrence dans l'espace CEMAC[13], ce texte communautaire avait imposé quelques sujétions aux États membres dans la réglementation nationale des contrats de marchés publics. Ainsi, la réglementation nationale des marchés publics était désormais soumise au droit communautaire[14] de la CEMAC depuis 1999. À ce sujet, chaque État membre avait l'obligation de mettre sa législation sur les marchés publics en conformité avec les normes communautaires depuis 1999.

Cette obligation d'intégration des normes communautaires dans la réglementation nationale des marchés publics fut difficilement prise en

---

[11] Dans la même perspective, voir définition des marchés publics par l'article premier du Code centrafricain des marchés publics de 2008 et de l'article 2 du Code congolais des marchés publics de 2009.

[12] Règlement N° 04/99/UEAC-CM-639 portant réglementation des pratiques étatiques affectant le commerce entre les États membres du 18 août 1999. C'est un acte communautaire supérieur à toute législation nationale antérieure ou postérieure contraire.

[13] Voir article 11 du Règlement N° 04/99/UEAC-CM-639 précité.

[14] **C. KEUTCHA TCHAPNGA**, *Précis de contentieux administratif au Cameroun*, Paris, L'Harmattan, 2013, pp. 78-79.

compte et même ignorée de la plupart des Codes des marchés publics dans les États membres de la CEMAC. Pourtant, le Règlement communautaire adopté par les représentants des États membres au sein du Conseil des ministres de la CEMAC était entré en vigueur le 18 août 1999, le jour même de sa signature[15]. Cette négligence du droit communautaire par les Codes des marchés publics se répercute gravement sur les travaux de recherche de la plupart des auteurs qui ne tenaient pas compte de la communautarisation du droit des marchés publics dans l'espace CEMAC. En pratique, on peut distinguer deux catégories d'auteurs : ceux qui ignoraient ou ignorent complètement la législation CEMAC sur les marchés publics et ceux qui ont connaissance de son existence mais ne maîtrisant pas son contenu. C'est dans cette logique que l'on peut situer les déclarations du genre :

> « L'éviction du juge international du cadre de ce traitement juridictionnel s'appuie sur une méconnaissance de cas concrets d'irrégularités survenues lors de la conclusion d'un marché public au Cameroun ou ailleurs, ayant donné lieu à l'intervention de l'arbitrage international »[16]

Alors que le juge communautaire avait depuis 1999, compétence pour connaître du contentieux de passation des marchés publics étatiques en zone CEMAC. Il en est de même d'un autre auteur pour qui :

> « Au niveau international, aucune précision n'est faite sur l'organe de presse à saisir pour la publication des avis d'appels d'offres. Mais la pratique généralement connue consiste à publier ces avis dans les journaux de diffusion continentale, notamment Jeune Afrique Économique… »[17].

Pourtant le législateur communautaire obligeait les États membres à publier les marchés publics au Bulletin officiel de la CEMAC depuis 1999.

Il ressort de la présente étude que la législation communautaire sur les marchés publics est très peu connue des auteurs et négligée par les

---

[15] Article 23 du Règlement n° 04/99 précité.

[16] F. H. KEMDJO TAGNE, *Les irrégularités dans la passation des marchés publics au Cameroun*, Mémoire de Master II, Université de Douala, 2017, p. 21.

[17] I. NODJITOLOUM, *La mise en concurrence dans les marchés publics au Tchad*, Mémoire de Master II, Université de Douala, 2017, p. 43.

États membres de la CEMAC. Il est temps de s'imprégner de cette législation communautaire pour savoir ce qu'elle a prévu et son évolution actuelle au sujet de la réglementation nationale des marchés publics. En effet, A la question de savoir comment se traduit l'évolution de la réglementation des contrats de marchés publics par le droit communautaire en Afrique Centrale, on peut envisager la solution suivante. L'évolution de la réglementation des contrats de marchés publics par le droit communautaire en Afrique Centrale se traduit de manière progressive par l'ambivalence entre communautarisation et décommunautarisation avec un espoir pour une recommunautarisation future. À travers la dogmatique et la comparaison des Codes des marchés publics avec les Règlements communautaires CEMAC de 1999 et 2019 relatifs à la concurrence, on peut relever que, entre 1999 et 2019 (cadre de la présente étude), il y a eu une double législation avec effets décisoires sur la réglementation des marchés publics par le droit communautaire de la CEMAC : la décommunautarisation de l'identification des marchés publics **(I)** et la communautarisation partielle du cadre processuel des marchés publics **(II)**.

I. La décommunautarisation totale de l'identification des contrats de marchés publics

La doctrine enseigne plusieurs méthodes d'appréhension des contrats de marché public, lesquelles sont complémentaires pour leurs classifications. C'est ainsi qu'on « *peut classer les marchés publics suivant les cahiers de clauses, l'objet des marchés, le mode de passation ou encore le mode de rémunération du cocontractant de l'administration* »[18]. Ce qui n'est pas différent de la classification faite à base d'un certain nombre de critères dont les plus usuels sont : le critère matériel qui tient compte de l'objet du marché, le critère fonctionnel tenant compte du mode d'exécution du marché et le critère financier qui classe ces contrats en fonction du montant ou du coût du marché[19]. Le législateur communautaire de la CEMAC avait opté pour la classification selon

[18] T. BIDJA NKOTTO, Thèse de Doctorat précitée, p. 31.
[19] En ce sens, voir G. LEBRETON, *Droit administratif général*, Paris, Dalloz, 5e éd., 2009, pp. 294-295.

l'objet du contrat. Le choix de ce critère perturbait ou remettait en question, certains choix du législateur national (A) et dans ce choix le législateur CEMAC avait communautarisé certains marchés publics (B).

A. La déconsécration totale de la classification des marchés publics en 2019

La réglementation des contrats de marchés publics par le droit communautaire en Afrique Centrale ne va pas sans conséquences. La combinaison de la classification nationale et la classification communautaire faisait ressortir une dualité de marché public : les marchés réglementés par la Communauté (1) à côté desquels subsistaient des marchés publics non réglementés par la Communauté (2).

1. Les marchés publics déconsacrés par le texte communautaire de 2019

Le Règlement communautaire de la CEMAC portant réglementation des pratiques étatiques affectant le commerce entre les États membres de 1999 avait consacré trois catégories de marchés publics soumis au droit communautaire : les marchés de travaux, les marchés de fournitures et les marchés de services. Ceci résulte de la lecture combinée des dispositions des articles 11 alinéa 2 et 12 alinéa 1 (a, b et c) du Règlement communautaire de 1999. En réalité, le législateur communautaire n'invente pas ces trois types de marchés publics puisque leur existence était bien connue du droit national. Au Cameroun, les marchés publics de travaux, de fournitures et de services étaient consacrés depuis le Code des marchés publics du 09 juin 1995 et sont repris par les Codes du 24 septembre 2004 et du 20 juin 2018[20]. Au Gabon par les articles 7 et 145 du Code de 2018 (l'article 3 du Code des marchés publics de 2002). En RCA par l'article premier du Code de 2008 et au Tchad par les articles 2 et 7 du Décret de 2015 relatif aux marchés publics.

Afin de disposer des moyens qui leur sont nécessaires pour l'accomplissement de leur mission d'intérêt général, les personnes publiques sollicitent des tiers pour qu'ils assurent des prestations au moyen du marché public. Ce dernier est un classique contrat

---

[20] Voir les articles 61 à 71 du Décret n°2018/366 du 20 juin 2018 portant Code des marchés publics.

synallagmatique entre un fournisseur et un client, qui concerne trois domaines : les marchés de fournitures, par lesquels l'administration achète différents produits ou matériels (matériaux de construction, meubles et équipements, denrées alimentaires, etc.) ; les marchés de travaux publics dont l'objet est la réalisation de travaux de bâtiment ou de génie civil (édification et entretien de routes, ponts, bâtiments administratifs, etc.) ; enfin, les marchés de services, qui portent sur la réalisation de différentes prestations de ce type (nettoyage des locaux, distribution d'eau, études, prestations intellectuelles, etc.).

Le règlement communautaire de la CEMAC de 1999 ne reconnaissait que ces trois types de marchés publics, ce qui n'était nullement le cas pour les législateurs nationaux qui avaient consacré bien d'autres catégories de contrats des marchés publics non visés par le droit communautaire.

2. Les marchés publics non consacrés par le droit communautaire depuis 1999

La réglementation communautaire des marchés publics ne vise que les catégories principales ou les plus usuelles des contrats de marchés publics, négligeant ainsi une variété non négligeable des marchés publics que la doctrine et le législateur qualifient de marchés publics spéciaux.

Le législateur camerounais les définit comme des marchés qui ne répondent pas en tout ou partie, aux dispositions relatives aux marchés publics sur appel d'offres ou aux marchés de gré à gré[21]. Il s'agit bien évidemment des marchés relatifs à la défense nationale, à la sécurité et aux intérêts stratégiques de l'État, car ce genre de marché comporte des clauses secrètes pour des raisons de sécurité et d'intérêts stratégiques de l'État, échappant de ce fait, à leur examen par toute commission des marchés publics. Il s'agit aussi des marchés tels que : les marchés à

[21] Voir article 71 du Décret n°2018/366 précité.

commande[22], les marchés à programme[23], les marchés soumis à la procédure d'achat[24], les marchés sur procédure adaptée ou négociée et les marchés avec procédure de dialogue compétitif[25] c'est-à-dire les marchés publics avec dialogue préalable à l'établissement des cahiers de charges. Ce type de marché public fait rarement sujet de publicité et échappe systématiquement à la mise en concurrence, car comme le souligne un auteur, « *Le secret et la collégialité font rarement bon ménage* », raison pour laquelle, le législateur « *s'en remet au civisme de l'autorité compétente* »[26].

Le législateur CEMAC n'a ni reconnu, ni interdit cette catégorie des marchés publics dite spéciale. Il serait cependant dangereux d'affirmer que : ce qui n'est pas interdit est admis, car le silence des textes qu'ils soient nationaux ou communautaires peut signifier soit l'autorisation, soit l'interdiction. On peut légitimement interroger le texte communautaire pour savoir si en ne consacrant que trois types de marché public, le législateur CEMAC a voulu interdire tout autre type de marché public, ou il a voulu laisser une marge d'appréciation aux États membres leur permettant de légiférer sur d'autres catégories de marché public.

De l'avis d'un auteur[27], c'est en tenant compte des exigences communautaires que le législateur camerounais avait supprimé plusieurs catégories de marchés spéciaux notamment les marchés à commande,

---

[22] Ce sont des marchés exécutables par commandes successives ne fixant ni l'imputation budgétaire de la dépense, ni un minimum de prestations, qui sont fixées uniquement en fonction des besoins de l'administration contractante. Voir J. OWONA, *Droit administratif spécial de la République du Cameroun*, Edicef, Paris, 1985, p. 138.

[23] Les marchés à programme quant à eux prévoient l'établissement par les fournisseurs de plans de fabrication échelonnés dans des conditions restrictivement énumérées. Voir J. OWONA, ouvrage précité, p. 139.

[24] Les prestations qui font l'objet de procédure d'achat, procédure très exceptionnelle, sont précisées par arrêté du Premier ministre. Il s'agit notamment des marchés des matières premières ou des denrées cotées en bourse ; des marchés des prestations intellectuelles, des marchés de transport ou d'assurance. Voir article 24 al. 2 du Décret de 1995 portant réglementation des marchés publics.

[25] M-C. ROUAULT, *Droit administratif*, Paris, 4e éd., Gualino éditeur, 2007, p. 167.

[26] T. BIDJA NKOTTO, Thèse de Doctorat précitée, p. 35.

[27] M. L. NDIFFO KEMETIO, *L'influence du droit communautaire de la CEMAC sur le droit administratif camerounais*, Mémoire de DEA, Université de Dschang, 2008, pp. 65.

les marchés à programme et la procédure d'achat[28] dans le Code des marchés publics de 2004. Seule a été maintenue une catégorie très particulière, qui en raison de sa nature, devrait être intégrée dans la future harmonisation des règles communautaires sur les marchés publics. Pourtant, aucune disposition des textes fondamentaux de la CEMAC et même du Règlement n° 4/99 ne prévoit de tels marchés. S'agit-il d'une omission ou d'une interdiction implicite ? Quoi qu'il en soit, il serait souhaitable en raison de leur nature que la future harmonisation communautaire des marchés publics tienne compte de cette catégorie particulière[29].

Dans l'espace européen, ces marchés ont été institués depuis le Traité de Rome. Comme on l'a affirmé, toutes les dispositions du Traité de Rome[30] interdisant les comportements ayant un effet discriminatoire s'appliquent aux marchés publics et les raisons de défense nationale en constituent des exceptions[31]. Ce qui ne voudrait pas dire que leur présence dans les textes ou Codes nationaux des marchés publics soit incompatible avec le droit communautaire. En effet, l'article 11 alinéa premier du Règlement n° 4/99 précisait relativement aux marchés publics que :

> « Les États membres s'engagent en attendant l'harmonisation complète de la réglementation des marchés publics… ».

Cette logique est reprise par le législateur communautaire de 2019 (article 105) en ces termes/

> « En attendant l'harmonisation complète de la réglementation des marchés publics, les États membres… ».

Ce qui se comprend aisément dans la mesure où le législateur CEMAC n'avait pas soumis tous les marchés publics au droit communautaire de la concurrence. Il avait par contre, prévu le critère de communautarisation des marchés publics consacrés.

---

[28] Voir article 30 du Code des marchés publics de 2004.

[29]. M. L. NDIFFO KEMETIO, Mémoire de DEA précité, pp. 66.

[30] Voir article 223 alinéa A et B du Traité de Rome du 25 mars 1957 instituant la Communauté économique européenne modifié par l'Acte unique européen, le Traité sur l'Union européenne du 7 mars 1992, le Traité d'Amsterdam, de Nice et celui de Lisbonne de 2007.

[31] F. LEFEBVRE (Mémento pratique), *Communauté européenne*, 1998-1999, p. 542.

B. La décommunautarisation des critères de soumission des marchés publics en 2019

Le droit communautaire ne soumettait pas toutes les catégories des marchés publics réglementés aux exigences communautaires. Le Règlement communautaire de 1999 avait fixé le critère de communautarisation (1) dont l'opérationnalisation devrait avoir pour effet le changement de législation nationale applicable (2).

1. L'abrogation de la détermination des critères de communautarisation

Pour être effectivement saisis par le droit communautaire, les marchés publics de travaux, de fournitures ou de services devaient affecter le commerce entre les États membres. Pour savoir si le marché public affecte ou pas le commerce entre États membres, le Règlement CEMAC prévoyait un seuil déterminé par un montant sur la base duquel, tout marché public sera considéré comme affectant le commerce entre États membres. En l'absence d'une précision exacte sur le montant de communautarisation des marchés publics, le législateur de la CEMAC de 1999 avait prévu que :

> « Les États membres s'engagent, en attendant l'harmonisation complète de la réglementation des marchés publics, à soumettre à des mesures de publicité ainsi qu'à des procédures de concurrence, la passation des marchés publics dont le montant est égal ou supérieur à un seuil fixé »[32].

La fixation de ce seuil ou montant relevait de la compétence du Conseil de ministres de l'Union Économique de l'Afrique Centrale (UEAC). Ce seuil devait être fixé périodiquement sur proposition de la Commission de la CEMAC, en fonction du type de marché public. C'est ainsi que l'alinéa 2 de l'article 11 précisait clairement qu'il sera déterminé : « *un seuil pour les marchés de travaux, de fournitures et un seuil pour les marchés de service* ».

Il était regrettable de constater que le législateur communautaire n'avait pas déterminé les modalités et les circonstances de la variation

---

[32] Voir article 11 alinéa premier du N° 04/99/UEAC-CM-639 précité.

périodique du seuil communautaire de soumission des marchés publics au droit communautaire de la concurrence. Encore moins un délai au bout duquel le Conseil de ministres devait fixer les différents seuils. On observe cependant qu'en droit interne, les législations ont fixé des critères pour distinguer les marchés publics régis par leurs Codes et ceux qui en sont exclus. Au Gabon, l'article 4 alinéa premier du Code de 2002 disposait que :

> « Sont exclus du champ d'application du présent décret les prestations dont la valeur est inférieure à 30 000 000 FCFA pour les marchés d'État et des établissements publics cités ci-dessus, et à 10 000 000 FCFA pour les marchés des collectivités locales ».

Il en est également de l'article 5 alinéa premier du Code des marchés publics tchadien qui prévoit que, ne sont pas soumis aux dispositions du présent Code :

> « Les conventions portant sur des travaux, des fournitures, des services ou des prestations intellectuelles dont les montants sont inférieurs à dix (10) millions de francs CFA ».

Le Code camerounais exclut plusieurs types de marchés publics de son champ d'application. Il s'agit notamment, des marchés publics conclus dans le cadre d'une convention internationale et aux marchés publics financés sur fond d'aide étranger, des marchés sur bon de commande administratif, marchés spéciaux, marchés exécuter en régie totale, des contrats de partenariat[33].

La détermination du critère de communautarisation des marchés était sans doute louable pour l'harmonisation et la cohérence entre le droit communautaire et les droits nationaux, mais surtout pour la fixation des cadres normatifs du domaine de soumission du droit national au droit communautaire. Le législateur communautaire de 2019 a rendu cette détermination des critères inopérante.

---

[33] Article 4 du Code des marchés publics camerounais, du 20 juin 2019.

2. L'inopérationnalisation des critères de communautarisation fixés en 1999

La détermination des seuils communautaires de réglementation des marchés publics Étatiques par le droit communautaire permettait de comprendre le sens de l'expression *affectation du commerce entre les États membres* en matière de passation des marchés publics. Les marchés publics dont le montant était égal ou supérieur au seuil fixé par le Conseil des ministres de la CEMAC, devaient être soumis au Règlement communautaire de la CEMAC sur la concurrence alors que les marchés publics dont le montant était inférieur au seuil fixé par la Communauté n'étaient pas régis par le droit communautaire.

De ce qui précède, on retient que, même à l'intérieur des trois types de marchés publics consacrés par le législateur CEMAC, il y avait lieu de dissocier les marchés publics de travaux, de fournitures et des services soumis au droit communautaire, des marchés non soumis au droit communautaire. Cette dernière catégorie restant entièrement régie par le droit national, les textes nationaux pouvaient s'appliquer sans crainte de violation des normes communautaires. Pour la première catégorie, leur régime procédural était fortement influencé par les normes d'origine communautaire.

La décommunautarisation des contrats de marchés publics Étatiques par le droit communautaire en Afrique Centrale n'est pas seulement perceptible au niveau de l'identification mais alors au niveau du régime processuel des marchés publics. Cependant, à la différence de la décommunautarisation totale de la nature juridique des marchés publics, on peut relever une certaine communautarisation partielle du régime juridique desdits marchés.

II. La communautarisation partielle du cadre processuel des marchés publics

Il existe plusieurs méthodes de passation des marchés publics qui varient en fonction du type de marché. Certes, il y a toujours une procédure de droit commun de passation des contrats de marchés publics à laquelle s'ajoutent des procédures particulières. À cet effet, la doctrine distingue plusieurs procédures de mise en concurrence des marchés publics à savoir la procédure d'appel d'offre, la procédure négociée, la procédure de dialogue compétitif, le concours et le système d'acquisition dynamique[34].

Chaque système juridique détermine librement ses procédures de passation des contrats de marchés publics. Ainsi, le législateur CEMAC de 1999 avait imposé quelques sujétions aux États membres relativement au régime de passation (A) et de contestation (B) des marchés publics qui n'ont pas été totalement prises en compte par le Règlement communautaire de 2019 qui renvoie la règlementation complète des marchés publics à un texte futur[35].

A. La communautarisation partielle du régime de passation des contrats de marchés publics

Comme en droit public interne, le droit communautaire avait consacré ses modes de passation des contrats de marchés publics : les marchés sur appel d'offres et les marchés de gré à gré. Le législateur CEMAC de 1999 avait pris la peine de déterminer les modalités relatives aux modes de passation des marchés publics (1) avec des obligations introduites dans la procédure de passations desdits marchés (2).

1. La suppression des précisions communautaires relatives aux modes de passation des marchés

Le législateur communautaire de la CEMAC de 1999 avait consacré trois modes passation des contrats de marchés publics : les marchés sur appels d'offres ouverts, les marchés sur appels d'offres restreints et les marchés publics de gré à gré. Les marchés passés par voie d'appel d'offres ouvert constituaient le mode de droit commun fixé par la norme communautaire. Ainsi, l'article 13 du Règlement CEMAC n° 99/04 disposait que : « *Les marchés publics sont passés par voie d'appel d'offres ouvert…* ». Les marchés publics passés sur appel d'offres restreint ou passés de gré à gré constituaient le régime d'exception[36] de passation des contrats de marchés publics en zone CEMAC. Ce qui

[34] G. LEBRETON, ouvrage précité, pp. 296-298.

[35] Voir article 105 du Règlement N° 06/19 -UEAC-639-CM-33 relatif à la concurrence dans la CEMAC du 22 mars 2019.

[36] En ce sens M. L. NDIFFO KEMETIO, Mémoire de DEA précité p. 61.

justifiait les précisions apportées par le législateur communautaire au sujet de ces deux modes de conclusion des marchés publics.

Le règlement communautaire de 1999 avait précisé les circonstances dans lesquelles les États membres devront recourir à la procédure restreinte d'appel d'offres. Ce fut le cas « *lorsque l'urgence d'une situation est constatée ou lorsque la nature ou certaines caractéristiques particulières d'un marché le justifient ; pour des projets ou des programmes à caractère hautement spécialisé ; pour des marchés de grande importance, à la suite d'une présélection* »[37]. Ce qui ne signifiait nullement absence de la mise en compétition des appels d'offres restreints, ceux-ci devaient requérir au moins la participation de trois soumissionnaires sauf défaut de soumissionnaire compétent.

Relativement aux marchés publics passés selon la procédure de gré à gré, le législateur communautaire de 1999 avait précisé quatre circonstances dans lesquelles ceux-ci peuvent être utilisés[38]. Premièrement, dans des cas d'urgence ou pour des actions de coopération technique de très courte durée. Deuxièmement, pour des actions complémentaires ou nécessaires à l'achèvement d'autres déjà en cours. Troisièmement, lorsque l'exécution du marché est réservée exclusivement aux titulaires de brevets ou de licences régissant l'utilisation, le traitement ou l'importation des articles concernés. Quatrièmement, la procédure de gré à gré pouvait être utilisée à la suite d'un appel d'offres infructueux après une reconsultation.

Le Code camerounais des marchés publics consacre également les trois procédures de passation des marchés publics à savoir les marchés sur appel d'offres ouvert, les marchés sur appel d'offres restreint, avec concours, en deux étapes et les marchés de gré à gré[39]. Ces procédures sont ouvertes dans des circonstances presque similaires à celles prévues par le Règlement CEMAC. Il en est ainsi des cas d'ouverture des

[37] Voir article 14 alinéa premier du Règlement N° 04/99/UEAC-CM-639 précité.
[38] Voir article 15 alinéa premier du Règlement N° 04/99/UEAC-CM-639 précité.
[39] Voir les articles 71, 75, 76, 79 et 83 du Code des marchés publics de 2018 (enrichissement des articles 11, 12 et 28 du Code des marchés publics de 2004).

marchés sur appel d'offres restreint[40] et des marchés de gré à gré[41]. Seulement le législateur camerounais a consacré une variante de marché public sur appel d'offre non prévue par le texte communautaire. Il s'agit des marchés publics sur appel d'offres avec concours. Ce marché serait incompatible avec la norme communautaire si le législateur national n'avait pas fait cette précision :

> « L'appel d'offres avec concours s'effectue selon la procédure d'appel d'offres ouvert ou restreint »[42].

L'ancien article 17 du Code gabonais[43] prévoyait six modes de passation des marchés publics. Selon ce texte, les marchés publics peuvent être passés suivant trois types d'appel d'offres : l'appel d'offres ouvert, l'appel d'offres restreint ou bien sur appel d'offres en deux étapes. Ces marchés peuvent également être passés par consultation du fournisseur avec demande de remise de prix. Les marchés de prestations intellectuelles ne peuvent être attribués qu'après consultation et remise des propositions. En dehors de ces modes principaux de passation, les marchés publics peuvent exceptionnellement être passés par entente directe sur accord préalable et formel de la Direction générale des Marchés Publics. Il en est de même de l'article 56 de l'actuel Code des marchés publics au Gabon de 2018 qui prévoit plusieurs modes de passation des marchés publics.

Pour le législateur tchadien, les marchés dont le prix initialement estimé par l'Autorité contractante dépasse les seuils de dix (10) millions (article 5 alinéa premier du Code de 2015) doivent être obligatoirement conclus sur appel d'offres et exceptionnellement sous forme de marchés négociés. De ce fait le Code tchadien des marchés publics distingue cinq modes de passation des marchés sur appel d'offres même si l'article 71 dudit texte énumère seulement trois (appel d'offres ouvert, appel d'offres restreint et appel d'offres avec concours). Il s'agit : des

---

[40] Voir l'article 76 du Code des marchés publics de 2018 (deux circonstances d'ouverture des marchés).

[41] Voir l'article 108 du Code des marchés publics de 2018 (quatre circonstances d'ouverture des marchés).

[42] Voir l'article 16 du Code des marchés publics de 2004.

[43] Décret n° 0001140/PR/MEFBP du 18 décembre 2002 portant Code des marchés publics au Gabon abrogé en 2018 par un nouveau Code.

marchés sur appel d'offres ouvert (article 72), des marchés sur appel d'offres avec pré-qualification (article 73), des marchés sur appel d'offres restreint (article 78), des marchés sur appel d'offres en deux étapes (article 76) et des marchés sur appel d'offres avec concours (article 79). Contrairement au Code de 2003, l'actuel Code les distingue des marchés de prestations intellectuelles qui comprennent des Marchés d'études et des marchés de consultants (article 82). Les marchés de gré à gré (ex-marchés négociés dans le Code de 2003) sont selon le législateur tchadien, les marchés où l'Autorité contractante engage directement les discussions et attribue ensuite le marché au candidat qu'elle a retenu dans les situations limitativement énumérées par l'article 89 du Code des marchés publics[44].

En sus de cette dérèglementation apportée par le législateur communautaire au sujet des modes de passation des marchés publics en Afrique Centrale, le législateur communautaire de 2019 a réduit certaines modalités dans la procédure de passation des marchés publics.

2. La consécration partielle des modalités de passation des marchés publics

Le Règlement CEMAC de 1999 relatif aux marchés publics soumettait le droit des États membres à quatre types d'obligations : l'obligation de publicité des marchés publics, de transparence, l'obligation de libre concurrence et de préférence régionale (a) dans la passation des marchés publics. Le Règlement communautaire de 2019 n'en retient qu'une seule obligation : la préférence régionale (b).

a. La suppression de l'obligation de publicité, de transparence et de libre concurrence

Les obligations de publicité et de transparence étaient clairement posées par la norme communautaire. En effet, selon le Règlement communautaire de 1999, tous les États membres de la CEMAC s'engageaient à soumettre à des mesures de publicité, la passation des marchés publics dont le montant était égal ou supérieur au seuil fixé périodiquement par le Conseil des ministres de la Communauté.

---

[44] Voir l'article 88 du Décret n° 2417/PR/PM/2015 du 17 décembre 2015 portant Code des marchés publics au Tchad.

Le lieu de publicité était clairement déterminé par l'article 13 du Règlement CEMAC de 1999 indiquant que :

> « Les marchés publics sont passés par voie d'appel d'offres ouvert, et publiés aux Journaux officiels d'annonces légales de la Communauté et des États membres ».

Ce qui voudrait dire qu'une obligation d'information de la Communauté s'imposait et que tous les marchés publics soumis au droit communautaire devaient être notifiés à la Communauté à fin d'être insérés ou publiés au Bulletin officiel de la CEMAC, depuis l'avis du marché jusqu'à l'attribution finale du marché. Ce qui n'était pas le cas dans les législations nationales qui avaient jusque-là, ignoré complètement la publication des marchés publics au Bulletin officiel de la CEMAC.

La législation camerounaise ayant prévu que la publicité des marchés publics doit être faite à titre principal dans le Journal des marchés publics édicté par l'Agence de Régulation des Marchés Publics (ARMP) et accessoirement par communiqué radio-presse, affichage ou par voie électronique[45]. Dans un délai variant entre 25 et 50 jours de l'ouverture du marché, ou dans un délai de 20 jours en cas d'urgence et 90 jours au plus pour les appels d'offres internationaux (article 89). Après attribution du marché, la publicité doit être faite également dans le Journal des marchés publics (selon l'article 101 du Code de 2018).

Le Code des marchés publics tchadien précise que :

> « Les marchés publics par appel d'offres, dont le montant est supérieur ou égal au seuil fixé à l'article 15 alinéa (3) du présent Code, doivent faire l'objet d'un avis d'appel à la concurrence portée à la connaissance du public par une insertion faite, dans les mêmes termes, dans une publication nationale et/ou internationale à large diffusion et sous mode électronique, selon un document modèle qui en fixera les mentions obligatoires »[46].

[45] Voir l'article 88 du Code camerounais des marchés publics de 2018.

[46] Voir l'article 110 alinéa premier du Décret n° 2417/PR/PM/2015 du 17 décembre 2015 portant Code des marchés publics au Tchad.

La réception des candidatures d'appel d'offres ouvert ou restreint ne peut être inférieure à 30 jours à compter de la publication de l'avis pour les appels d'offres nationaux et de 60 jours pour les appels d'offres internationaux[47].

Comme les législateurs camerounais et tchadien, le législateur gabonais a aussi ignoré l'obligation de publication des marchés publics au Bulletin officiel de la CEMAC. À cet effet, l'article 21 du Code gabonais des marchés publics de 2002 disposait que :

> « L'Avis d'appel d'offres ouvert est toujours porté à la connaissance du public par une insertion dans un journal à diffusion nationale, une publication spécialisée dans les marchés publics ainsi que, éventuellement, par affichage et publicité électronique ».

Tout ceci dans un délai qui ne peut être inférieur à trente jours francs à compter de la date de parution de l'avis d'appel d'offres (article 22). Il en est de même de l'article 83 du Code gabonais de 2018 qui ignore également la publication des marchés publics au Bulletin officiel de la CEMAC.

Jadis reconnu à l'Organe de Surveillance de la Concurrence (OSC), la Commission de la CEMAC était désormais l'organe communautaire compétent pour recevoir les avis de marché, les appels d'offres, bref toute mesure soumise à la publicité pour une saine transparence dans la procédure de passation des marchés publics. En effet, les avis d'appels d'offres sont publiés aux journaux d'annonces légales. Les copies de ces avis devaient être communiquées à la Commission de la CEMAC pour information. Pour les marchés de travaux, le maître d'ouvrage est tenu de communiquer dans un délai de quinze jours à partir de la réception de la demande, à tout candidat ou soumissionnaire qui en fait la demande, les motifs de rejet de candidature ou de reprise de la procédure[48]. Le Règlement communautaire de 1999 obligeait déjà les États membres à soumettre tous les marchés publics prévus par le Règlement communautaire (les marchés sur appels d'offres ouverts, les

---

[47] Voir les articles 72 alinéa 2 et 111 alinéa premier du Décret n° 2417/PR/PM/2015 du 17 décembre 2015 portant Code des marchés publics au Tchad.

[48] Voir article 16 du Règlement N° 04/99/UEAC-CM-639 précité.

marchés sur appels d'offres restreints et les marchés de gré à gré) aux obligations de publicité[49].

De telles obligations de publicité[50] ne sont pas particulières à l'ordre juridique de la CEMAC, on les retrouve dans d'autres espaces d'intégration économique. C'est le cas dans l'Union européenne où par une Directive, le législateur communautaire a obligé les États membres à publier l'avis de marché avant et après passation, au Journal officiel de l'Union européenne (JOUE)[51], tout marché public affectant le commerce entre les États membres, parce qu'excédant un certain seuil, pour que ces marchés soient mis en concurrence.

Le libéralisme économique est une doctrine capitaliste fondée sur des principes tels que : la liberté d'entreprendre, la liberté de production, la liberté de commerce et le libre jeu du marché plus connu sur l'étiquette de la liberté de la concurrence. Les pays de l'Afrique Centrale n'ont pas hésité à opter pour le système libéral de production et distribution des biens et services. La CEMAC s'est inscrite dans cette logique par la consécration et la réglementation de la concurrence. De ce fait, elle impose la liberté de concurrence non seulement aux entreprises privées, mais alors à tous les États membres dont les pratiques affectent le commerce entre les États membres.

Il en est ainsi de l'obligation de libre concurrence que les États membres de la CEMAC doivent respecter dans le processus de passation des marchés publics nationaux. Ce fut le sens de l'article 11 alinéa 1 du Règlement communautaire de 1999 qui disposait que :

> « Les États membres s'engagent, en attendant l'harmonisation complète de la réglementation des marchés publics, à soumettre… à des procédures de mise en concurrence la passation des marchés publics dont le montant est égal ou supérieur à un seuil fixé »[52].

---

[49] Voir article 17 du Règlement N° 04/99/UEAC-CM-639 précité.

[50] **C. TECHIOTSOP**, *L'encadrement des interventions publiques économiques par le droit communautaire de la concurrence en Afrique centrale*, Mémoire de Master II, Université de Dschang, 2011, p. 47.

[51] **G. LEBRETON**, ouvrage précité, p. 298.

[52] Voir l'article 11 alinéa 1 du Règlement N° 04/99/UEAC-CM-639 précité.

Ce texte obligeait dès lors, tous les États membres de la CEMAC à ouvrir leur frontière et de permettre à toutes les personnes ou entreprises intéressées ressortissant de la CEMAC de concourir et de soumissionner à tout appel d'offres de marché public quel que soit son pays d'origine. C'est ce qui justifiait l'obligation de publicité des appels d'offres de marché jusqu'à l'échelon communautaire. Cette obligation d'ouverture des marchés publics, à la concurrence des ressortissants des autres États membres de la Communauté, vise à encourager le processus d'intégration sous-régionale. C'est la raison pour laquelle, le législateur communautaire avait institué des mécanismes de protection en optant pour la préférence régionale dans le but de favoriser la participation des ressortissants de la CEMAC à l'exécution des marchés publics dans d'autres États membres.

b. Le maintien de l'obligation de préférence régionale par le règlement communautaire de 2019

L'obligation de libre concurrence dans le processus de passation des marchés publics était tempérée par le respect de la préférence régionale instituée par le législateur communautaire de 1999. Ainsi, l'article 12 du Règlement communautaire de 1999, avait fixé le critère de préférence régionale en fonction du type de marché public. Pour les marchés des travaux publics, une préférence régionale est fixée au niveau de chaque État membre dans une fourchette de 0 % à 20 % du montant des offres, lors de la comparaison d'offres de qualité économique, technique et administrative équivalente. Pour les marchés publics de fournitures, quelle qu'en soit la valeur, la préférence régionale est située dans la fourchette de 0 % à 30 % lorsque les offres contiennent 40 % de produits d'origine communautaire. Pour les marchés publics de services, la préférence est accordée aux experts, organismes et sociétés ou entreprises de conseil, ressortissants des États membres, dans la fourchette de 0 % à 20 % lors de la comparaison d'offres de qualité économique et technique équivalente.

À la différence du législateur communautaire de 1999, le législateur communautaire de 2019 a conservé l'obligation du respect de la préférence régionale, mais sans toutefois donner des précisions comme ce fut le cas dans le Règlement communautaire de 1999. À ce sujet l'article 105 du Règlement communautaire de 2019 dispose :

> « En attendant l'harmonisation complète de la règlementation des marchés publics, les États membres, dans la procédure de passation des marchés publics, accordent une préférence régionale aux entreprises valorisant le contenu local ou régional ».

Au lieu de consacrer la préférence régionale telle que prévue par le Règlement CEMAC de 1999 et de 2019, les législations nationales du Cameroun, du Gabon et du Tchad ont plutôt institué la préférence nationale au seul profit des soumissionnaires nationaux. Certains États le font en indiquant qu'ils s'inspirent de la règlementation communautaire, pourtant, ils sont en train de prendre à contre-pied, la législation CEMAC en la matière. C'est justement le cas de du Code des marchés publics gabonais de 2002 qui parlant des avantages particuliers, prévoit en son article 37 que :

> « Conformément aux règles de la CEMAC et à la règlementation en vigueur, un droit de préférence peut être accordé par la personne responsable du marché à certaines entreprises gabonaises dans le cadre de l'attribution des marchés. Pour bénéficier de ce régime de préférence, ces entreprises doivent justifier d'un chiffre d'affaires inférieur ou égal à 50 000 000 F CFA et des capacités juridique, technique, financière, fiscale et d'embauche ».

Cette situation a évolué avec le nouveau Code gabonais des marchés publics de 2018. L'article 119 alinéa 2 de ce texte prévoit en substance que :

> « Dans le cadre régional, une préférence communautaire peut être attribuée à l'offre présentée par une entreprise ressortissante de l'espace de la Communauté économique et monétaire de l'Afrique Centrale (CEMAC) ».

Pour le législateur tchadien, le maître d'ouvrage ou le maître d'ouvrage délégué peut décider au moment de la préparation du dossier d'appel d'offres international, d'accorder une préférence à certains soumissionnaires, à condition que leur offre soit identique à celle du mieux-disant et que le prix proposé ne soit pas supérieur de plus de quinze pour cent (15 %) à celui proposé par ce dernier. C'est alors que :

> « Cette préférence peut être accordée : aux artisans et aux chefs d'entreprise de nationalité tchadienne, individuels ou en groupement, aux sociétés dont la majorité du capital social appartient soit à des personnes physiques de nationalité tchadienne soit à des personnes morales de droit tchadien dont la majorité du capital est détenue par des personnes physiques de nationalité tchadienne »[53].

Au Cameroun, le Code des marchés publics de 2018 consacre aussi la préférence aux nationaux. C'est ainsi que, l'article 106 dudit Code prévoit que, lors de la passation d'un marché, soit sur appel d'offres, soit de gré à gré, la priorité est accordée, à offres équivalentes en fonction des critères d'évaluation fixés dans le dossier de consultation, à la soumission présentée par plusieurs catégories de personnes. Il s'agit de toute personne physique de nationalité camerounaise ou une personne morale de droit camerounais ; toute personne physique ou personne morale justifiant d'une activité économique sur le territoire camerounais ; toute petite et moyenne entreprise nationale dont le capital est intégralement détenu par des personnes de nationalité camerounaise ou de droit camerounais ; des groupements d'entreprises associant des entreprises camerounaises ou prévoyant une importante sous-traitance aux nationaux. L'alinéa 3 de ce texte indique que :

> « Pour les marchés de travaux et des services quantifiables, la marge de préférence nationale est de dix pour cent (10 %) pour les entreprises visées à l'alinéa 1 ci-dessus ».

L'alinéa 4 du même texte indique que :

> « Pour les marchés de fournitures, le critère de préférence nationale ne peut être pris en compte que si la fourniture subit une transformation au niveau local ou régional d'au moins quinze pour cent (15 %) ».

Au regard et à l'analyse des dispositions de ces législations nationales, seul le législateur gabonais de 2018 a prévu la préférence régionale instituée par les soins de l'article 12 du Règlement CEMAC de 1999 et de l'article 105 du Règlement CEMAC de 2019. Cette obligation étant

---

[53] Voir l'article 69 alinéa 2 du Décret n° 2417/PR/PM/2015 du 17 décembre 2015 portant Code des marchés publics au Tchad.

ignorée par les autres États membres. Pourtant, le texte communautaire vise à protéger les soumissionnaires des marchés publics ressortissant de la sous-région contre les entreprises étrangères dans le but de faciliter le processus d'intégration régionale dans l'espace CEMAC. La seule liberté accordée aux États dans l'obligation de tenir compte de la préférence régionale lors de la passation des marchés publics, était relative à la détermination de leurs taux de préférence dans les fourchettes préalablement prévues par le législateur communautaire[54].

De ce qui précède, le non-respect de cette obligation de préférence régionale lors de la passation des marchés publics instituée par le Règlement communautaire donne lieu à des sanctions.

B. Le silence sur la communautarisation de la procédure contentieuse par le Règlement communautaire de 2019

L'appréhension des contrats de marchés publics par le droit communautaire en zone CEMAC avait entraîné le partage de compétence contentieuse entre les organes communautaires et les organes nationaux dans le règlement des litiges relatifs aux contentieux des marchés publics. Les organes communautaires exerçaient à ce titre, une compétence spéciale (1) alors que les organes nationaux conservent leur compétence de droit commun (2).

1. La déconsécration de la compétence spéciale des organes communautaires dans le contentieux de passation des marchés publics

Le législateur communautaire de la CEMAC de 1999 s'était particulièrement intéressé à la procédure de passation des marchés publics consacrés par le Règlement communautaire. Le non-respect de ces normes pouvant être constaté et sanctionné soit par les organes administratifs communautaires de la concurrence, soit par la Cour de Justice communautaire.

[54] Voir article 12 alinéa 2 du Règlement N° 04/99/UEAC-CM-639 précité.

a. *Le silence sur l'intervention des organes administratifs de la concurrence*

Deux organes administratifs communautaires étaient habilités à connaître du contentieux de passation des marchés publics dans les États membres de la CEMAC. Il s'agit de la Commission de la CEMAC et du Conseil Régional de la Concurrence remplacé par la réforme de 2019 par le Conseil Communautaire de la Concurrence[55]. La Commission saisie pour non-respect des modalités ou obligations introduites par le droit communautaire dans le processus de passation des marchés publics, peut renvoyer le dossier devant le Conseil Régional de la Concurrence pour avis. C'est ce qui ressortait de l'article 17 du Règlement CEMAC de 1999 qui prévoit qu'en cas de manquement aux obligations de publicité et de mise en concurrence auxquelles est soumise la passation des marchés publics visés dans les articles 11 à 16 (marchés de travaux, marchés de fournitures, marchés de services, marchés sur appel d'offres ouvert ou restreint et les marchés de gré à gré), la Commission peut être saisie avant la conclusion du contrat. Étaient ainsi habilités à saisir la Commission, comme le précisait le législateur CEMAC, les personnes ayant un intérêt à conclure le contrat et ceux qui sont susceptibles d'être lésées par le manquement[56] aux obligations communautaires par le maître d'ouvrage.

Les organes administratifs de la concurrence exerçaient cette compétence de manière exclusive. Comme le souligne un auteur :

> « Il n'est nulle part fait allusion au juge national. La compétence des autorités communautaires est exclusive. À travers cette compétence exclusive des autorités communautaires, le droit de la concurrence de la CEMAC marque sa différence avec celui de l'Union européenne. Ici en effet, en cas de manquement à la réglementation communautaire sur les marchés publics, les concurrents qui s'estiment lésés, disposent de deux

---

[55] Voir article 8 du Règlement N° 06/19/UEAC-639-CM-33 relatif à la concurrence du 07 avril 2019.

[56] Voir article 18 alinéa premier du Règlement N° 04/99/UEAC-CM-639 précité.

> moyens de recours : [saisir les organes communautaires ou les organes nationaux de la concurrence de leur convenance.) »[57]

Malgré la clarté de la norme communautaire, les législations des États membres de la CEMAC ont ignoré celle-ci en donnant compétence aux autorités administratives, organes administratifs et juridictions nationales pour connaître du contentieux de passation des contrats de marchés publics. Comme le souligne un auteur :

> « Au Cameroun, le maître d'ouvrage de son propre chef ou à la suite d'un recours du soumissionnaire lésé, dispose de la possibilité d'annuler un appel d'offres pour méconnaissance du principe de la concurrence »[58].

Au Cameroun, l'autorité chargée des marchés publics est l'ultime organe administratif adressataire des recours des soumissionnaires lésés[59] et peut d'ailleurs procéder au règlement amiable de la contestation selon l'article 187 du Code des marchés publics. Le législateur tchadien consacre plusieurs moyens de contestation dans la procédure de passation des marchés publics : le règlement amiable (article 193) et le recours contentieux devant les organes administratifs (articles 194 à 200) tels que, le maître d'ouvrage, l'autorité des marchés et le Comité de Règlement des Différends (article 199) du Code des marchés publics. Il en est de même au Gabon où le législateur prévoit le recours auprès de l'Autorité contractante (article 234 ex 114) et le recours devant l'Autorité de régulation des marchés publics (article 238 ex 115) et le recours contentieux conformément à la législation gabonaise (article 243 ex 119) du Code des marchés publics. Il s'agit là, des litiges qui relevaient de la compétence exclusive de la Commission de la CEMAC pour les marchés publics soumis à la législation communautaire selon le Règlement communautaire de 1999. Ce qui n'est plus le cas avec le silence du Règlement de 2019.

---

[57] A. L. NGUENA DJOUFACK, *La compétence du juge administratif camerounais à l'épreuve du droit communautaire de la CEMAC*, Mémoire de DEA, Université de Dschang, 2008, p. 59.

[58] F. H. KEMDJO TAGNE, Mémoire précité, p. 34.

[59] Voir articles 170, 176, 178 et 179 du Décret de 2018 portant Code des marchés publics.

Saisie de la question, la Commission de la CEMAC disposait d'énormes pouvoirs. Elle pouvait selon le droit communautaire, ordonner à l'auteur du manquement de se conformer à ses obligations et le cas échéant, suspendre la procédure de passation du contrat ou l'exécution de toute décision qui s'y rapporte[60]. Le non-respect des injonctions ou mesures prises par la Commission, pouvait faire l'objet de recours devant la Cour de justice de la CEMAC.

b. Le silence sur l'intervention de la Cour de Justice communautaire

L'article 2 de la Loi camerounaise n° 2006/022 confère au juge administratif la compétence pour connaître des litiges relatifs aux contrats administratifs. Cependant, lorsque le contentieux résulte du manquement aux règles communautaires de passation des marchés publics, l'article 18 alinéa 3 du Règlement CEMAC n° 04/99 prévoyait deux hypothèses où le contentieux des marchés publics échappait au juge national : « *lorsque le maître d'ouvrage passe outre les in jonctions du CRC* » (devenu la Commission) ou lorsque celle-ci est saisie « *après la conclusion du marché public* ». Dans ces deux hypothèses, « *le litige doit être renvoyé devant la Cour arbitrale instituée dans le Règlement n° 01/99/UEAC-CM-639 du 25 juin 1999 Portant réglementation des pratiques commerciales anticoncurrentielles* ». Cette Cour arbitrale instituée en 1999 a été remplacée en 2000 par l'actuelle Cour de Justice de la CEMAC.

Comme le souligne certains auteurs :

> « On aurait pu penser qu'en instituant la Cour Arbitrale, l'intention du législateur communautaire était de soumettre le règlement des différends liés au droit de la concurrence à un modèle arbitral. Cette vision semble totalement remise en cause par la création de la Cour de Justice étant donné qu'en principe, aucune disposition des textes communautaires ne permet de reconnaître à cette Cour dans un tel cas une compétence arbitrale »[61].

---

[60] Voir article 17 *in fine* du Règlement N° 04/99/UEAC-CM-639 précité.

[61] A. L. NGUENA DJOUFACK, Mémoire de DEA, précité, p. 62. Dans la même logique, la procédure à suivre en matière de concurrence devant la Cour Arbitrale ne

En effet, le traitement arbitral en droit de la concurrence CEMAC se résumerait à une parenthèse fermée avant d'avoir été ouverte[62].

En réalité, le traitement juridictionnel du contentieux de passation des marchés publics, relevait depuis 1999 de la compétence exclusive de la Cour de Justice de la CEMAC pour la catégorie des marchés régie par le droit communautaire. Cette compétence avait été jusqu'en 2019 méconnue par les législations nationales qui attribuaient systématiquement ladite compétence aux juridictions nationales[63]. C'est au regard et sous l'influence de la législation nationale, en méconnaissance de la législation communautaire, que certains auteurs pouvaient continuer à penser que :

> « Il découle de la législation en vigueur que le traitement juridictionnel des irrégularités de la passation des marchés publics peut être assuré par le concours du juge judiciaire et par celui du juge administratif et du juge des comptes »[64].

Avec la réforme communautaire de la CEMAC de 2019, on peut constater que les juridictions nationales ont retrouvé leur compétence exclusive dans le contentieux de passation et d'exécution des marchés publics. Même si la Cour de justice communautaire de la CEMAC pourra de temps à autre intervenir par le mécanisme de renvoi préjudiciel ou du recours en manquement.

---

correspond pas dans certains cas aux règles de procédure devant la Cour de Justice. Voir Y. R. KALIEU ELONGO, « la Cour de Justice de la CEMAC et le contrôle des pratiques anticoncurrentielles », *Actes du séminaire sous régional de sensibilisation au droit communautaire et à l'intégration dans la Zone CEMAC*, Libreville (Gabon), novembre 2004, pp. 48-50.

[62] S-J. PRISO ESSAWE, « L'émergence d'un droit communautaire africain de la concurrence : double variation sur une partition européenne », *Revue internationale de Droit Comparé*, n° 2, Avril-Juin 2004, pp. 329 et s.

[63] Voir les articles 170 à 200 du Code des marchés publics camerounais ; article 119 du Code de marchés publics gabonais ; les articles 199 alinéa 7 et 202 du Code des marchés publics tchadien.

[64] F. H. KEMDJO TAGNE, Mémoire précité, p. 99.

2. La confirmation de la compétence exclusive des organes nationaux dans le contentieux de l'exécution des marchés publics

La réglementation des contrats de marchés publics n'a pas été entièrement *expropriée* par le droit communautaire. En l'état actuel du droit communautaire, les organes communautaires ne pouvaient intervenir qu'en cas du contentieux de passation des marchés publics. Le contentieux de l'exécution des contrats des marchés publics[65] relève depuis le Règlement CEMAC de 1999 de la compétence exclusive des autorités nationales tel que régit par le droit interne de chaque État membre de la CEMAC. On peut distinguer à ce sujet deux types de contentieux de l'exécution des marchés publics : le contentieux de la résiliation abusive du contrat de marché public par l'administration[66] et le contentieux de la mutation des clauses contractuelles par l'administration donnant droit à une indemnité réparatrice[67]. En attendant l'harmonisation complète de la réglementation des marchés publics par le droit communautaire de la CEMAC comme indiqué par l'article 11 alinéa premier du Règlement n° 04/99 et l'article 105 du Règlement de 2019, chaque État membre conserve pratiquement sa législation nationale en matière des contrats de marchés publics dont la communautarisation est en cours.

C'est le cas du Code des marchés publics camerounais adopté en 2018 dont la lecture combinée avec la Loi n° 2006/22 fixant l'organisation et le fonctionnement des tribunaux administratifs détermine la procédure et les organes compétents pour connaître du contentieux des marchés publics. En réalité, le législateur camerounais prévoit trois étapes pour résoudre les litiges nés des contrats de marchés publics : l'arbitrage

---

[65] C. KAMAMEN NZEGOUE, *Le contentieux des marchés publics au Cameroun*, Mémoire de DEA de Droit public, Université de Yaoundé II, 2008 ; A. M. MOUNYEMB, *Le règlement du contentieux des marchés publics au Cameroun*, Mémoire de Master en Contentieux et Arbitrage, UCAC /ICY, 2008 ; S. AKONO ONGBA, *Les modes de résolution des litiges relatifs aux marchés publics au Cameroun,* Mémoire de DEA de Droit public, Université de Yaoundé II, 2008.

[66] C. KEUTCHA TCHAPNGA, *Précis de contentieux administratif au Cameroun*, ouvrage précité, p. 63.

[67] *Ibidem*, p. 64.

optionnel du Premier ministre[68], la contestation administrative devant le maître d'ouvrage ou devant l'autorité chargée des marchés avec copie à l'organisme de régulation des marchés publics[69] et la saisine du juge administratif en vertu de l'article 2 alinéa 3 (c) de la Loi de 2006. L'intervention du juge administratif permet d'effectuer le contrôle de la légalité et de sanctionner les atteintes à la réglementation des marchés publics tel que prévues par les articles 191 à 195 du Code des marchés publics camerounais de 2018.

Le législateur gabonais prévoit deux méthodes de règlement des difficultés nées de l'exécution du contrat de marché public. Il s'agit au préalable du recours hiérarchique du titulaire du marché devant le responsable du marché (article 244 ex 118) et du recours contentieux fait conformément à la législation gabonaise en vigueur (article 245 ex 119).

Le Code des marchés publics tchadien prévoit deux moyens de recours pour résoudre le contentieux de l'exécution des contrats de marchés publics. Il s'agit du recours hiérarchique et du recours juridictionnel. Relativement au recours hiérarchique, l'article 201 du Code des marchés publics précise que les titulaires des marchés publics peuvent recourir à l'autorité hiérarchique du maître d'ouvrage ou du maître d'ouvrage délégué en cas de persistance du désaccord, aux fins de rechercher un règlement amiable des différends les opposants en cours d'exécution du marché public. Quant au recours juridictionnel, l'article 202 de ce Code dispose que :

> « Tout litige qui aura fait préalablement l'objet d'un recours hiérarchique et qui n'aura pas été réglé amiablement dans les trente (30) jours calendaires suivent l'introduction du recours, sera réglé conformément au droit et aux stipulations contractuelles applicables, devant les juridictions ou les instances arbitrales compétentes ».

---

[68] Voir l'article 187 du Code des marchés publics camerounais de 2018.
[69] Voir l'article 186 du Code des marchés publics camerounais de 2018.

Conclusion

En somme, les marchés publics ont été réglementés par le droit communautaire de la CEMAC depuis 1999 et les législations nationales des États membres subissaient une influence certaine du droit de cette Communauté. Celle-ci se traduisait par la communautarisation partielle de l'identification des contrats de marchés publics d'une part, et la communautarisation partielle du régime processuel des contrats de marchés publics d'autre part. Les États ayant du mal à respecter cette règlementation devaient faire l'objet du recours en manquement devant le juge communautaire pour non-respect du Règlement CEMAC n° 04/99 en vertu de l'article 4 alinéa 2 du Traité révisé de la CEMAC de 2009 qui a consacré pour la première fois ce moyen de protection du droit communautaire par la Commission de la CEMAC. Cependant, les obligations communautaires relatives au régime juridique des contrats de marchés publics prévues par le Règlement CEMAC de 1999, n'ont pas été reprises totalement par la réforme communautaire de 2019 sur la concurrence qui renvoie la règlementation des marchés publics à un texte particulier ultérieur. Ceci résulte clairement de l'article 105 du Règlement CEMAC du 07 avril 2019 qui dispose :

> « En attendant l'harmonisation complète de la règlementation des marchés publics, les États membres, dans la procédure de passation des marchés publics, accordent une préférence régionale aux entreprises valorisant le contenu local ou régional ».

De ce texte qui décommunautarise l'essentiel de la réglementation communautaire de 1999, l'espoir est porté vers une recommunautarisation globale du droit des marchés publics en Afrique centrale par le futur texte communautaire en attente. Il reste à signaler qu'un projet de directive communautaire est en cours de préparation par la CEMAC au sujet de la commande publique et du partenariat public-privé.

ACTE III

LA RÉALISATION QUESTIONNÉE DU DROIT COMMUNAUTAIRE EN AFRIQUE

Sous la présidence
de Ali KAIROUANI[1] (Maroc)

La réalisation du droit communautaire ainsi présentée concerne certaines phases du droit communautaire et non pas toutes ses phases en Afrique. La réalisation implique *ipso de facto* une conception, une théorisation, des moyens juridiques et techniques liés à l'élaboration des normes par les institutions communautaires ainsi que le mixage et le montage normatif qui reste du ressort du juge communautaire. D'un point certain point de vue, la réalisation questionnée repose notamment sur le principe *jura vigilantibus* qui joue un rôle central dans la mise en œuvre des normes communautaires. D'un autre point de vue, le droit communautaire peut être considéré comme un atout, pour servir l'intérêt communautaire et non pas l'intérêt d'un seul État. La communautarisation juridique devient dès lors une voie de dépassement des clivages éventuelles entre les ordres juridiques nationaux. Toutefois, cette communautarisation juridique mise en avant dans les huit Communautés économiques régionales est actuellement concurrencée par la continentalisation en cours de l'intégration économique régionale.

[1] Professeur titulaire de droit international à la Faculté de Droit-Agdal de l'Université Mohammed V de Rabat, Chercheur associé au Centre Universitaire Rouennais d'Études juridiques (EA 4703) de l'Université de Rouen. Arbitre désigné sur la liste proposée par le Maroc au sein de l'ORD de la ZLECAf.

Thème 1

La résistance de l'État membre au Droit communautaire : cas des résistances aux cours de justice communautaires africaines

Benjamin ALLAHAMNE MINDA[1] (Tchad)

Résumé

Cet article s'est attelé à explorer les différentes formes de résistances qu'opposent traditionnellement les États africains aux cours de justice communautaire. Il est évident que l'intégration régionale par le prisme du droit est souvent mise à mal dans les communautés économiques régionales africaines. Les oppositions des États aux cours de justice communautaires sur le plan des contentieux et parfois l'imposition de réformes structurelles à ces juridictions sont autant d'obstacles à la mise en œuvre du droit de l'intégration régionale. Les illustrations provenant des cours d'Afrique de l'Est, de l'Ouest et du Tribunal de la Communauté de développement de l'Afrique australe (SADC) sont analysées dans cette contribution.

Abstract

This article sets out to explore the different forms of resistance that African states traditionally oppose to community courts of justice. It is obvious that regional integration through the prism of law is often undermined in African regional economic communities. The opposition of States to community courts of justice in terms of disputes and sometimes the imposition of structural reforms on these courts are all obstacles to the implementation of regional integration law. Illustrations from the East and West African courts and the Southern African Development Community (SADC) Tribunal are analyzed in this contribution.

Introduction

[1] *Doctorant en droit international public, Université Lyon 3 Jean Moulin, Équipe de Droit international public, européen et comparé* (ED492). *Email : mindaben@gmail.com*

Dans les communautés économiques régionales africaines (CER), l'application des textes issus du droit communautaire est balbutiante et même contestée. Cela résulte de la réticence des États membres à se plier aux normes secrétées par les organes et cours de justice communautaires. On parlera ainsi de résistance de l'État membre au droit communautaire dans le sens où la notion de résistance doit être comprise comme une notion générique qui suppose non seulement une opposition entre différentes volontés (*résistance active*), mais aussi une absence d'action due à un manque de volonté (*résistance passive*)[2]. Plus communément, s'agissant des cours régionales de justice, la littérature anglaise sur le sujet fait référence au « backhlash[3] » qui, au demeurant n'est pas un concept d'analyse scientifique mais plutôt une sorte de « notion populaire » ayant fait irruption dans les sciences sociales selon l'expression de Pierre Bourdieu[4]. En effet:

> « References to backlash concern counter-attacks against what is perceived as external phenomena to a community or society. Good illustrations are neo-sovereigntist or nationalist counter-attacks against international institutions or more generally against globalisation, based on arguments that those institutions or processes are losing sight of national cultures and values[5] ».

Évidemment, le phénomène n'est pas nouveau, et il n'est pas également limité aux seuls États africains puisque longtemps, du moins à certain degré, les États européens également résistent à la cour de Strasbourg. Les obstacles de natures constitutionnelles tenant au cadre d'exercice du pouvoir judiciaire national ou des hypothèses tendant à faire valoir le droit national sur les décisions de la Cour européenne des

---

2 SAURUGGER (S) et TERPAN (F), « Analyser les résistances nationales à la mise en œuvre des normes européennes : une étude des instruments d'action publique », *Quaderni* [En ligne], 80 | Hiver 2012-2013, p. 6.

3 MADSEN (M.R.), CEBULAK (P) and WIEBUSCH (M), "Backlash against international courts: explaining the forms and patterns of resistance to international courts", *International Journal of Law in Context*, N°14, May 2018, p. 199.

4 BOURDIEU (P) and WACQUANT (L), *An Invitation to Reflexive Sociology*, Chicago: University of Chicago Press, 1992, p. 212.

5 MADSEN (M.R.), CEBULAK (P) and WIEBUSCH (M), *Op. cit.*, p. 200.

droits de l'homme servent d'alibi pour écarter les décisions de la cour[6]. Il y a en réalité dans l'ordre international une « *réticence quasi-naturelle des États lorsqu'il s'agit pour eux de se plier à la reconnaissance de juridiction obligatoire d'une cour ou d'un organe de contrôle, chargé d'apprécier le respect des droits individuels conventionnellement garantis*[7] ».

Cela dit, la spécificité de la question par rapport aux États africains réside dans le fait que les cours exercent leurs fonctions dans des contextes marqués par la prédominance des pouvoirs politiques sur le droit de l'intégration régionale en construction[8]. En outre, les cours régionales ont une existence récente contrairement à leurs paires américaines[9] ou européennes[10]. Cet article tente ainsi de s'intéresser plus globalement à la manière dont les résistances des États membres au droit communautaire se manifeste et les formes qu'elles revêtent s'agissant des cours communautaires. Seront successivement traitées les contestations de l'État membre aux compétences des cours communautaires (**I**) et les résistances opérées sur le plan structurel (**II**).

I. La contestation systématique des cours communautaires par l'État membre

Elle est la plus manifeste au niveau des CER. L'objectif visé par l'État contestataire sur le plan juridique, est en général de réduire considérablement les compétences de la cour régionale. Tel fut le cas de la CJCDEAO où la Gambie avait introduit une véritable réforme pour que la cour ne puisse pas connaître des différends soulevés dans le cadre des instruments internationaux non ratifiés par l'État membre en

---

[6] À ce sujet voir Pierre FRANCOIS LAVAL, « Les limites constitutionnelles à l'exécution des arrêts de la Cour européenne des droits de l'homme à la lumière de la jurisprudence nationale comparée », RGDIP, 2017, N°3, pp. 661-682.

[7] TOUZE (S), « la remise en cause de l'autorité des cours supranationales », *in La protection des droits de l'homme par les cours supranationales, Actes de colloques des 8 et 9 octobre 2015*, Ed. A. Pedone, 2016, p. 195.

[8] FALL (M), *Les Cours de justice africaines et l'intégration*, L'harmattan, 2021, p. 395.

[9] La CIADH pour l'Amérique.

[10] La CEDH et la CJUE pour l'Europe.

matière des droits de l'homme[11] ; et que le principe de l'épuisement des voies de recours soit appliqué pour tout différend soumis à la cour[12]. L'État en cause n'a pas ratifié la Convention des Nations Unies contre la Torture[13] et avait soumis les requérants à ces types de pratiques lorsque la cour l'avait condamné[14]. Il y a là un véritablement souci d'encadrer et d'orienter les actions de la cour vers des buts moins favorables aux droits et libertés individuels dans des États où l'autoritarisme et l'arbitraire sont toujours présents.

La contestation systématique se traduit donc essentiellement par l'attitude de l'État membre à nier le droit communautaire en méconnaissant les compétences dévolues au juge (**A**), et parfois en refusant d'appliquer les décisions rendues dans les ordres juridiques internes (**B**).

A. L'argument de l'incompétence des cours communautaires

L'analyse de la jurisprudence communautaire établit que les États défendeurs mis en cause devant les cours communautaires invoquent en général l'incompétence de ces cours pour connaître du différend[15]. Les contestations touchent globalement les questions liées aux protections de droits de l'homme ou de la protection de l'État de droit[16]. L'activité contentieuse des juridictions de la CEDEAO (Communauté économique des États de l'Afrique de l'Ouest), de la CAE (Communauté africaine de l'Est) et du Tribunal de la SADC (Communauté de développement d'Afrique australe) permettra d'illustrer la récurrence de l'argument tenant à l'incompétence des cours régionales.

---

[11] West Africa: Country Submits Proposals to Amend ECOWAS Protocol', *FOROYAA Newspaper* (Serrekunda, 25 September 2009), available at http://allafrica.com/stories/200909250810.html (last visited 16 March 2016); see also N. Adu Ampofo, 'Gambian Authorities Seek to Limit Reach of Regional Human Rights Court', *Global Insight* (28 September 2009).

[12] *Ibidem.*,

[13] Convention contre la torture et autres peines ou traitements cruels, inhumains ou dégradants du 10 décembre 1984 et entrée en vigueur le 26 juin 1987, conformément aux dispositions de l'article 27 (1).

[14] Affaires *Manneh v. The Gambia*, ECW/CCJ/JUD/03/08, 5 June 2008.

[15] FALL (M), *Op. cit.*, p. 399.

[16] *Ibidem.*,

S'agissant de la CEDEAO, l'introduction de la procédure de saisine individuelle devant la CJCEDEAO, sans qu'il ne soit nécessaire d'épuiser les voies de recours internes pour les victimes de violations des droits de l'homme[17] va susciter les plus vives critiques de la part d'États membres. D'ailleurs à l'origine, la Cour de la CEDEAO n'avait aucune vocation à traiter des questions relatives aux droits de l'homme car elle fut conçue sur le modèle de la Cour de la Communauté économique européenne (CEE) instituée par le traité de Rome de 1957[18]. Dès lors, les premières affaires sur les droits de l'homme vont susciter la résistance des États comme la Gambie au sujet de l'affaire *Musa Saidykhan c. Gambie* et *Manneh c. Gambie*[19] où l'État défendeur excipait de façon radicale l'incompétence matérielle de la Cour et décrivait son action comme une « atteinte [à sa] souveraineté[20] ». Les procédures pénales parfois engagées au niveau national poussent les États défendeurs à nier la compétence de la Cour en invoquant la règle de l'épuisement des voies de recours[21] généralement écartée par la cour[22].

Outre la question de l'épuisement des voies de recours, les États comme le Niger ont eu tendance à invoquer l'incompétence de la Cour

---

[17] « *La Cour est compétente pour connaître des cas de violation des droits de l'Homme dans tout État membre* ». PROTOCOLE ADDITIONNEL (A/SP.1/01/05) PORTANT AMENDEMENT DU PRÉAMBULE, DES ARTICLES 1ER, 2, 9, 22 ET 30 DU PROTOCOLE A/P1/7/91 RELATIF À LA COUR DE JUSTICE DE LA COMMUNAUTÉ, AINSI QUE DE L'ARTICLE 4 PARAGRAPHE 1 DE LA VERSION ANGLAISE DUDIT PROTOCOLE.
Sur la saisine de la cour, article 10 dudit protocole « *toute personne victime de violations des droits de l'homme ; la demande soumise à cet effet* ».

[18] SALL (A), *Le contentieux de la violation des droits de l'homme devant la cour de justice de la CEDEAO, L'Harmattan*, 2019, p. 151.

[19] ECOWAS Court, *Manneh v. The Gambia*, ECW/CCJ/JUD/03/08, 5 June 2008; ECOWAS Court, *Saidykhan v. The Gambia*, ECW/CCJ/RUL/05/09, 30 June 2009. Affaires citées par ALTER (K.J.), GATHI (J.T.), HELFER (L.R.), « Backlash Against International Courts in West, East and Southern Africa: Causes and Consequences », The European Journal of International Law, Vol. 27, no. 2, 2016, p. 296.

[20] *Ibidem.,*

[21] À ce sujet nous citons l'affaire Alimu Akeem v. Nigeria où la République du Nigeria avait récusé la compétence de la cour au motif que « *le requérant ayant été condamné par une juridiction nigériane compétente pour les faits qui lui sont reprochés, la Cour ne saurait agir comme une juridiction d'appel et interférer avec la décision rendue par la juridiction d'un État membre* ». Affaire No. ECW/CCJ/JUD/01/14.

[22] FALL (M), *Op. cit.*, p.400.

pour des motifs politiques. Ce fut le cas dans l'affaire *Mamadou Tandja* où l'État (le Niger) a souligné que la détention du requérant « *qui fait suite à un coup* d'État *est purement politique et qu'elle ne peut être assimilée à une détention judiciaire soumise au formalisme ordinaire*[23] ». Cette thèse a été écartée par la Cour qui a toujours estimé que :

> « La particularité d'une procédure, notamment fondée sur des considérations politiques, ne constitue nullement un facteur propre à fonder son incompétence ou pouvant excuser des violations des droits de l'homme [24]».

Mais cela n'empêche pas les États membre de soulever constamment l'argument de l'incompétence de la Cour pour lui opposer un refus et cela a conduit parfois ces derniers à aller au-delà des arguments juridiques pour une opposition sur le plan politique en raison de l'architecture institutionnelle de l'organisation régionale[25].

Pareille situation avec une proportion mesurée a pu être visible avec la Cour de Justice d'Afrique de l'Est. En effet, contrairement à la CJCEDEAO et au Tribunal de la SADC, la CJCAE n'a pas une compétence expresse en matière des droits de l'homme en vertu de son traité constitutif[26], et c'est le « *most controversial aspect of the EAJ jurisdiction*[27] ». Un protocole devant permettre l'extension de cette compétence de la Cour n'a malheureusement jamais vu le jour et cela n'a pas empêché les États membres d'opposer des résistances à la Cour.

---

[23] CJCEDEAO, *Mamadou TANDJA c. République du Niger*, N°ECW/CCJ/JUD/05/10, point 16 (a). « *Ils ajoutent que le Requérant lui-même a affirmé devant le Collectif des Organisations de Défense des Droits de l'Homme et de la Démocratie « CODDHD », le 10 juin 2010 « être en détention politique pour des raisons politiques et n'avoir pas fait l'objet de mauvais traitements ». Les Défendeurs concluent qu'en raison de la nature politique de la détention de Monsieur Mamadou TANDJA, la Cour devrait se déclarer incompétente* ».

[24] Affaire *Djibril Yipene Bassole & Leonce Simeone Martine c. Burkina Faso*, ARRÊT N° ECW/CCJ/JUD/25/16.

[25] Ce point sera largement développé en deuxième partie sur les résistances structurelles.

[26] Treaty for the Establishment of the East African Community (EAC Treaty) 1999, 2144 UNTS 255, Art. 27(1).

[27] Gathii, "Mission Creep or a Search for Relevance: The East African Court of Justice's Human Rights Strategy", 24 *Duke Journal of Comparative and International Law,* 2014, p. 249.

La première résistance émane du Kenyan qui a contesté la décision de la CJCAE rejetant le choix de ses candidats pour siéger à l'Assemblée législative de la Communauté est-africaine[28]. Le requérant s'était fondé sur l'article 50 du traité pour dénoncer l'irrégularité de la nomination des candidats kenyans à l'Assemblée législative de la CAE[29]. Une injonction provisoire ordonnant un sursis à statuer sur les listes soumises a été prononcée par la Cour pour irrégularité de la nomination des représentants kenyans à l'Assemblée législative de la CAE[30], mais cette décision a été perçue par le Kenya comme une ingérence dans ses affaires intérieures[31]. Ensuite, le Kenya a contesté la conclusion de la Cour selon laquelle son interprétation du traité EAC lie les juridictions nationales et que la qualité pour agir et l'épuisement des recours n'empêchaient pas la Cour d'entendre les poursuites des parties privées[32]. Cette interprétation était un peu loin de la possibilité accordée à la cour s'agissant de sa base de compétence[33]. Heureusement, la question qui lui avait été soumise ne relevait pas des droits de l'homme mais plutôt des droits individuels tendant à la participation à une assemblée communautaire et c'est ce qui légalise son office en l'espèce. Et même dans ces conditions, son incompétence a été soulevée, mais pour des motifs plus politiques que juridiques en réalité[34]. Ceci

---

[28] EACJ, *Anyang Nyong'o v. Attorney General of Kenya*, Reference No. 1 of 2006, 27 November 2006.
Cette requête découlait de la référence n° 1 de 2006 du requérant qui affirmait notamment que le processus par lequel les représentants de la République du Kenya à l'Assemblée législative de l'Afrique de l'Est avaient été nommés était entaché d'un vice de fond, de droit et de procédure et contrevenait à l'article 50 du traité EAC. Les requérants ont demandé des ordonnances provisoires empêchant les 3e et 4e défendeurs de se réunir, de convoquer, de reconnaître, de prêter serment ou de présider ou de participer à l'élection du président ou d'émettre une notification en reconnaissance des noms des personnes en tant que représentants dûment nommés de la République du Kenya à l'EALA.

[29] AC Treaty, Art. 50 "*stipulates that the elected members shall, as much as feasible, be representative of specified groups, and sets out the qualifications for election*".

[30] EACJ, *Anyang Nyong'o v. Attorney General of Kenya, supra. Note 21,* p. 10.

[31] Speech delivered by Kenyan President Kibaki, 8th EAC Summit, Arusha Tanzania, 30 November 2006, available at www.jaluo.com/wangwach/1206/Leo_Odera_Omolo120106a.html.

[32] *Nyong'o, supra.,* note 21.

[33] *Supra.,* note de bas de page 20.

[34] Le motif d'ingérence dans les affaires intérieures susmentionnée. *Supra* note de bas de page 25.

étant, la Cour s'est toujours attelée à défendre les missions qui se rapportent au traité en dépit de tout.

Dans l'ensemble, les motifs utilisés par les États pour dénoncer l'incompétence des cours soumises à la présente analyse sont très politiques. L'on y voit très peu des moyens juridiques soulevés si ce n'est le fait de faire prévaloir que la cour s'inviterait dans des domaines relevant des « affaires intérieures ». Ces quelques contestations premières sont ce qu'il convient de qualifier de résistance active dans la définition de la notion perçue à l'introduction. Le pendant de cette dernière est l'attitude passive de l'État membre, consistant au refus pure et simple d'exécuter les décisions des Cours communautaires.

B. Le refus de l'État membre à appliquer les décisions des Cours communautaires

Si en opposant une résistance juridique, les Cours communautaires rendent une décision, la pratique démontre que l'État membre se préserve de l'appliquer dans son ordre juridique interne, ce qui dépouille la décision de tout effet et met, en principe, l'État inexécutant dans une situation d'illicéité vis-à-vis de l'obligation communautaire[35]. Pareils cas ont été observés au sein de l'espace CEDEAO où la Gambie a manifesté une opposition à la CJCEDEAO en ne reconnaissant pas la décision de la Cour dans les affaires *Chief Ebrima Manneh v. Gambia*[36] et *Musa Saidykan v. Gambie*[37] au sujet des détentions arbitraires et tortures subies par les requérants. La Gambie a jugé que ces décisions portaient atteinte à sa souveraineté et ne pouvaient être appliquées dans son ordre juridique interne[38] alors que dans sa nature, le droit communautaire prime sur l'ordre juridique national.

---

[35] Les traités et actes constitutifs des CER donnent pleins effets aux décisions rendues par les cours communautaires. Voir à ce niveau les articles 5 & 1 & 3 du Traité CEDEAO ; Art 5 & 1 & 2 du Traité COMESA, Art. 8 & 5 du traité de la CAE ; Art. 4 du Traité CEMAC ; Art. 6 du Traité SADC ; Art. 6 du Traité UEMOA.

[36] ECW/CCJ/JUD/03/08, 5 June 2008, *op. cit.*

[37] ECW/CCJ/RUL/05/09, 30 June 2009, *op. cit.*

[38] "*The government responded to Saidykhan's suit with a broadside of legal and political arguments, including a claim that the suit was 'an affront to [Gambian] sovereignty*'". Voir Affaire Saidykhan, *Op. cit.*, para 11.

S'appuyant aussi dans certains cas, sur les doctrines[39] de réception du droit international dans l'ordre juridique interne, le Ghana par exemple avait refusé d'appliquer la décision de la CJCEDEAO dans l'affaire *Chude Mba c. Ghana*[40] du 2 février 2016 au motif que le Protocole relatif à la Cour de Justice n'avait pas été intégré dans son ordre juridique interne. Cette subtilité par la modalité de ratification constitutionnelle ne peut être admise pour le protocole. Celui-ci emporte la valeur juridique puisqu'il s'agit d'un instrument connexe au traité principal, ratifié par le Ghana. Le refus est clairement identifié mais n'est pas conforme au droit régional.

Pareille situation avait été observée en 2015. Le Conseil constitutionnel du Burkina Faso avait refusé de prendre en considération la décision de la Cour dans l'affaire *CDP c. Burkina Faso*[41], où la Cour ordonnait à l'État du Burkina de « lever tous les obstacles » à la participation aux élections sans discrimination. Certes le motif de non-intégration du protocole relatif à la Cour ne fut pas évoqué comme au Ghana, mais le juge Constitutionnel s'était fondé sur le droit interne pour valider le code électoral[42], faisant fi de l'injonction du juge communautaire. Les États de la CEDEAO jouent ainsi sur la dualité qui entoure l'exécution des décisions de la Cour, se partageant entre règles d'application contenues dans les traités et actes fondateurs de la Cour, et règles nationales consignées et/ ou interprétées par les ordres juridiques nationaux.

---

[39] Les deux doctrines de réception du droit international dans l'ordre juridique interne que sont la doctrine de l'effet direct et celle de l'interprétation conforme sont le plus souvent réglées *« par le droit constitutionnel national »*. Voir Pierre FRANCOIS LAVAL, « Les limites constitutionnelles à l'exécution des arrêts de la Cour européenne des droits de l'homme à la lumière de la jurisprudence nationale comparée », *op., cit.,* p. 663-664.

[40] Affaire citée par Moustapha FALL, *Les Cours de justice africaine et l'intégration, op. cit.,* p.405.

[41] AFFAIRE NO°ECW/CCJ/APP/19/15.

[42] Affaire citée par Moustapha FALL, *Les Cours de justice africaine et l'intégration, op. cit.,* p. 406.

Du côté de la SADC, l'affaire *Campbell and Another v. Republic of Zimbabwe*[43], sera méconnue par le Gouvernement de Robert Mugabé. En substance, la Cour ordonna que:

> "The Respondent is directed to take all necessary measures, through its agents, to protect the possession, occupation and ownership of the land of the applicants… and to take all appropriate measures to ensure that no action is taken… directly or indirectly whether by its agents or others, to evict from, or interfere with, the peaceful residence on, and of these farms, by the applicants[44]."

Mais le Président fera une déclaration pour denier tout effet à cette décision. Il asserte que:

> "Some farmers went to the SADC Tribunal in Namibia, but that's nonsense, absolute nonsense, no one will follow that ... We have courts here in this country, that can determine the rights of people. Our land issues are not subject to the SADC Tribunal[45]".

Le ministre de la Justice a même allégué que l'article 32 du Protocole de la Cour ne liait pas le Zimbabwé sur le plan juridique car ce dernier ne l'avait pas ratifié[46]. Pour les experts, ce protocole était en vigueur depuis 2000 après l'adoption par les trois quarts des États participants à la SADC[47].

On peut voir à ce niveau la forte implication du politique sur le juridique. Mais cela n'étonne pas puisque la nature des différends soumis aux Cours régionales comporte des aspects éminemment politiques

---

[43] SADC Tribunal, *Campbell and Another v. Republic of Zimbabwe*, SADC (T) 03/2009, 5 June 2009. Avaible online : Campbell and Another v Republic of Zimbabwe (SADC (T) 03/2009) [2009] SADCT 1 (5 June 2009) (saflii.org).
[44] *Ibidem.*,
[45] CHINAKA (C), "Mugabe Says Zimbabwe Land Seizures Will Continue", Mail and Guardian (28 February
2009), available at http://mg.co.za/article/2009-02-28-mugabe-says-zimbabwe-land-seizures-will-continue.
[46] ALTER (K J), GATHII (J T) et HELFER (L R), "Backlash against International Courts in West, East and Southern Africa: Causes and Consequences", *The European Journal of International Law,* Vol. 27 no. 2, 2016, p. 310.
[47] *Ibidem.*,

bien que ces cours souhaitent toujours rester sur les questions purement légales des dossiers[48].

La situation de la CJCAE n'est pas en reste. En effet, la décision déjà citée de la cour de l'Est dans l'affaire *Anyang Nyong'o v. Attorney General of Kenya*[49], enregistrera une opposition frontale de la part de l'État défendeur. Le Président Kenyan s'était prononcé sur le sujet en estimant que :

> « La Cour a rendu une décision sur les élections à l'Assemblée législative. Cette décision pose de graves problèmes à la communauté...[50] ».

Ce qui a traduit son refus d'appliquer l'injonction en suspendant la procédure de désignation des Membres en cours dans son parti politique pour le siège de l'Assemblée législative[51].

La difficile application du principe de séparation des pouvoirs dans ces pays autoritaires rend l'office communautaire du juge national difficile. L'applicabilité ou l'inapplicabilité est en conséquence sujet de l'humeur politique et du contexte régional. Pire, au-delà de la contestation en matière contentieuse, les États membres vont plus loin en opposant des réformes structurelles pour diluer le pouvoir des Cours communautaires.

---

[48] SALL (A), *Le contentieux de la violation des droits de l'homme devant la cour de justice de la CEDEAO*, *op. cit.*, p. 193.

[49] *Anyang Nyong'o v. Attorney General of Kenya*, *Supra.*, *note 21.*

[50] Discours du Président KIBAKI au 8e sommet de la CAE traduit de l'anglais : "*The Court also heard another reference in the past two weeks on elections of EALA Members in Kenya . The ruling of the Court poses serious challenges to the East African Community*". Disponible en ligne : presentation of the report of the council of ministers for the period 30 march to 29 november 2006 to the 8th summit of heads of state by hon. John koech, chairperson of the council of ministers of the east african community (jaluo.com).

[51] ALTER (K.J.), GATHI (J.T.), HELFER (L.R.), « Backlash Against International Courts in West, East and Southern Africa: Causes and Consequences », *op. cit.*, p. 302.

II. La résistance structurelle aux cours communautaires par l'État membre

Étant donné que les cours régionales détiennent leurs compétences en vertu d'actes juridiques émanant des organes institutionnels communautaires, elles sont parfois menacées et réformées lorsque les États membres perçoivent que leurs intérêts sont lésés. L'application du droit communautaire devient ainsi tributaire des caprices étatiques. Ces derniers n'hésitent pas à réformer les Cours en passant par des réformes structurelles pour atténuer leurs impacts. Les cas de réformations de la Cour de l'Est par l'encadrement rigoureux de son champ de compétence (**A**) et le dépouillement quasi-complet du Tribunal de la SADC (**B**) permettent d'illustrer ces cas.

A. L'encadrement rigoureux des compétences de la Cour de l'Est

Il a consisté en une campagne de dénigrement de la Cour par le Kenya. En effet, suite à l'affaire *Anyang Nyong'o v. Attorney General of Kenya*[52], le Kenya n'a pas simplement contesté l'interprétation du traité notamment l'article 50[53] par la Cour, mais il a en outre initié des stratégies visant à compromettre les actions de la Cour. Il a par exemple demandé la récusation de deux juges sanctionnés pour des faits de corruption au niveau national et ayant siégé dans l'affaire en cause[54]. Le gouvernement a même tenté de manière infructueuse d'intimider les juges, mais ces éléments extra-juridiques ne sont pas déterminants[55]. Ce seront surtout les réformes initiées structurellement par ce dernier qui vont avoir un impact conséquent sur le rôle de la Cour.

Parmi les propositions d'amendement du traité de la CAE faites par le Kenya et adoptées le 14 décembre 2006, il y a la réduction des

---

[52] EACJ, *Anyang Nyong'o v. Attorney General of Kenya*, Reference No. 1 of 2006, *op. cit.*,

[53] Article portant sur la question de la nomination des juges au sein de l'Assemblée législative déjà mentionnée, *supra.*, note 22.

[54] ALTER (K.J.), GATHI (J.T.), HELFER (L.R.), « Backlash Against International Courts in West, East and Southern Africa: Causes and Consequences », *op. cit.*, p. 303.

[55] *Ibidem.*,

capacités de la Cour[56], l'encadrement des délais de recours des particuliers[57], l'établissement d'une seconde chambre[58] et la procédure de révocation des juges[59]. Cette révision facilite la révocation des juges et la chambre d'appel a, la possibilité de contrôler les décisions de la chambre de première instance qui ont une tendance libérale[60]. Les particuliers sont contraints également d'introduire dans des délais leur requête touchant leurs droits individuels[61]. Cette révision du traité va susciter la réaction de la société civile, notamment la société Est-Africaine qui introduisit un recours devant la cour communautaire pour contester la légalité de ces amendements[62]. La Cour avait estimé que l'absence de consultation du secteur privé et de la société civile dans la procédure d'amendement était contraire à l'objectif et l'esprit du traité certes[63], mais il n'en demeure pas moins que les amendements ne pouvaient être annulés pour éviter de constituer un précédent au processus de l'intégration régionale[64].

> « À travers cette décision la Cour dégage une subtilité argumentaire, intègre une touche diplomatique pour ne pas froisser la susceptibilité des États membres[65] ».

Dans tous les cas, la cour de l'Est s'est vue réformée dans sa structure et quelques aspects de sa compétence. La situation déplorable est celle du Tribunal de la SADC qui a essuyé la plus grande opposition de la part du Zimbabwe.

---

[56] Art. 27 du Traité CAE.
[57] Art. 30 (2), cité par FALL (M), *Op. cit.,* p.413.
[58] Art. 23 (2) et 24 cité par Moustapha FALL, *Op. cit.,* p. 413.
[59] Art. 26, cité par FALL (M), *Op. cit.,* p. 413.
[60] Moustapha FALL, *Op. cit.,* p. 413.
[61] *Ibidem.,*
[62] CJCAE, *East African Law society v. Attorney General of Kenya and others,* N°3/2007 du 31 Août 2008.
[63] Les dispositions de l'article 5, 7 et 32 du Traité notamment.
[64] FALL (M), *Op. cit.,* p. 414.
[65] *Ibidem.,*

B. La suspension du Tribunal de la SADC

Cette neutralisation en 2010[66] du TSADC résulte de l'affaire très controversée[67] *Campbell and Another v. Republic of Zimbabwe*[68]. En l'espèce, le Tribunal avait considéré que les droits du requérant avaient été méconnus par le Zimbabwe. Il s'agissait en l'occurrence, des droits de propriété et d'accès à la terre du requérant qui devraient être respectés et le gouvernement n'avait pas à prendre des mesures d'expropriation à visée discriminatoire[69]. Le Tribunal a par ailleurs porté la question de la méconnaissance de sa décision à l'organe suprême, le sommet des chefs d'État, afin d'adopter d'une sanction contre l'État défaillant mais le Zimbabwe avait menacé de bloquer toute discussion sur la situation des droits de l'homme dans son pays[70].

Au lieu de prendre des mesures permettant de garantir l'exécution des décisions de la Cour, le sommet des Chefs d'État et de gouvernement de la SADC a préféré revoir « *le rôle, les fonctions et les*

---

[66] "*In August 2010 the Member States of the Southern African Development Community (SADC) controversially decided to suspend the operation of its judicial organ, which had been set up in accordance with the Protocol on the Tribunal adopted in 2000 (it became operational only in 2007)*". **See** Gino J. Naldi & Konstantinos D. Magliveras, "The New SADC Tribunal: Or the Emasculation of an International Tribunal", *in Netherlands International Law Review*, July 2016, Volume 63, Issue 2, pp. 133-159.

[67] "*Recent years have seen growing resistance to international courts (ICs) in many parts of the world. The most striking example is the Southern African Development Community Tribunal (SADC Tribunal), which became a political target and ultimately was suspended when ruling on the highly controversial question of land rights in Zimbabwe*". **See** Mikael Rask Madsen, Pola Caulk and Micha Wiebusch, "Backlash against international courts: explaining the forms and patterns of resistance to international courts", *International Journal of Law in Context* (2018), 14, pp. 197.

[68] SADC Tribunal, *Campbell and Another v. Republic of Zimbabwe*, SADC (T) 03/2009, 5 June 2009. Avaible online : Campbell and Another v Republic of Zimbabwe (SADC (T) 03/2009) [2009] SADCT 1 (5 June 2009) (saflii.org).

[69] Nous reprenons la note de bas de page 31: la coup ordonna que "*the Respondent is directed to take all necessary measures, through its agents, to protect the possession, occupation and ownership of the land of the applicants... and to take all appropriate measures to ensure that no action is taken... directly or indirectly whether by its agents or others, to evict from, or interfere with, the peaceful residence on, and of these farms, by the applicants*". *Supra., note 31.*

[70] FALL (M), *Op. cit.*, p.411.

termes de références du Tribunal[71]». En plus, l'exécutif communautaire a décidé de ne pas renouveler le mandat des juges arrivé à expiration en réitérant « le moratoire sur la réception de toute nouvelle affaire ou audience portée devant le Tribunal jusqu'à ce que le protocole de la SADC relatif au Tribunal soit adopté, examiné et approuvé lors du sommet extraordinaire du 20 mai 2011[72] ». Dans cette neutralisation du Tribunal, certains auteurs comme Moustapha FALL regrette le fait que la conférence des chefs d'État a été impuissante pour prendre une sanction contre le Zimbabwe pour non-respect de ses obligations communautaires[73].

Lors du sommet réunissant les chefs d'État en 2014[74], le protocole portant amendement du Tribunal a été adopté. Parmi les points reconsidérés, il y a l'impossibilité pour le Tribunal de connaître des recours émanant des particuliers. L'article 33 de ce protocole pose le principe du règlement interétatique et l'article 50 introduit le droit de retrait au profit des États. Par ailleurs, les États ont instauré un tribunal administratif pour trancher des litiges entre les fonctionnaires de la SADC[75]. Ce protocole a vivement été critiqué au point où la cour constitutionnelle sud-africaine a condamné « *la participation du Président au processus de prise de décision et de suspension du tribunal de la SADC*[76] ». Elle qualifia cette participation comme « *(...)*

---

[71] "*Summit decided that a review of the role functions and terms of reference of the SADC Tribunal should be undertaken and concluded within 6 months*". See Communique of the 30th Jubilee Summit of SADC Heads of State and Government, 19 August, 2010, paragraphe 32.

[72] FALL (M), *Op. cit.*, p. 411.

[73] FALL (M), *Op. cit.*, p. 411.

[74] Communiqué of the 34th Summit of SADC Heads of State and Government, August 17-28, 2014, par. 18.

[75] Communiqué of the 35th Summit of SADC Heads of State and Government, Garabone, Botswana, August 17-28, 2015, par. 17.

[76] *Law Society of South Africa & Others v President of the Republic of South Africa & Others* [2018] ZACC 51; 2019 (3) SA 30 (CC) ('SADC Tribunal').
The High Court of Tanzania in Tanganyika Law Society v Ministry of Foreign Affairs and International Cooperation of the United Republic of Tanzania & Another, Miscellaneous Civil Cause No 23 of 2014 judgment of 4 June 2019, came to largely the same conclusion on the basis of the same reason. That judgment, however, depends less on international law and much more on Tanzanian domestic law. However, to the extent that the international law conclusions of that Court add anything to (or detract from) the analysis in this chapter, these will also be considered

inconstitutionnelle, illégale et irrationnelle[77] ». Cependant la résistance menée par le Zimbabwe à l'égard des décisions de la Cour a effectivement entrainé sa mort[78] et réduit considérablement sa contribution au processus d'intégration régionale dans la SADC.

Conclusion

In fine, il semble s'installer une forme de culture de résistance systématique de l'État membre au droit communautaire qui au demeurant, est nuisible à l'intégration régionale. Les différentes formes de résistances tant juridiques qu'institutionnelles illustrent à bien des égards le balbutiement des processus d'intégration régionale en Afrique et la nécessité de consolider une approche plus juridique dans l'intérêt des États africains et des peuples pouvant bénéficier des vertus de l'intégration régionale. Un tel chemin ne peut être parcouru que si les États, initiateurs des CER, s'obligent en vertu des textes qu'ils ont adopté.

Bibliographie

Affaire *Djibril Yipene Bassole & Leonce Simeone Martine c. Burkina Faso*, ARRÊT N° ECW/CCJ/JUD/25/16.

Alioune SALL, *Le contentieux de la violation des droits de l'homme devant la cour de justice de la CEDEAO, L'Harmattan*, 2019.

ALTER (K.J.), GATHI (J.T.), HELFER (L.R.), « Backlash Against International Courts in West, East and Southern Africa: Causes and Consequences », The European Journal of International Law, Vol. 27, no. 2, 2016.

CHINAKA, "Mugabe Says Zimbabwe Land Seizures Will Continue", Mail and Guardian (28 February 2009).

---

briefly. **See** DIRE TLADI, "The Constitutional Court's Judgment in the SADC Tribunal Case: International Law Continues to Befuddle", *Constitutional Court Review* 2020, Volume 10, pp. 129-153.

[77] *Law Society of South Africa & Others v President of the Republic of South Africa & Others, Ibidem.,*

[78] Gino J. Naldi & Konstantinos D. Magliveras, "The New SADC Tribunal: Or the Emasculation of an International Tribunal", *in Netherlands International Law Review*, July 2016, Volume 63, Issue 2, pp. 133-159.

CJCAE, *East African Law society v. Attorney General of Kenya and others,* N° 3/2007 du 31 août 2008.

CJCEDEAO, *Mamadou TANDJA c. République du Niger*, N° ECW/CCJ/JUD/05/10.

DIRE TLADI, "The Constitutional Court's Judgment in the SADC Tribunal Case: International Law Continues to Befuddle", *Constitutional Court Review* 2020, Volume 10, pp. 129-153.

EACJ, *Anyang Nyong'o v. Attorney General of Kenya*, Reference No. 1 of 2006, 27 November 2006.

ECOWAS Court, *Manneh v. The Gambia*, ECW/CCJ/JUD/03/08, 5 June 2008

ECOWAS Court, *Saidykhan v. The Gambia*, ECW/CCJ/RUL/05/09, 30 June 2009.

GATHII, "Mission Creep or a Search for Relevance: The East African Court of Justice's Human Rights Strategy", 24 *Duke Journal of Comparative and International Law,* 2014.

Gino J. NALDI et Konstantinos D. MAGLIVERAS, "The New SADC Tribunal: Or the Emasculation of an International Tribunal", *in Netherlands International Law Review*, July 2016, Volume 63, Issue 2, pp. 133-159.

Gino J. NALDI et Konstantinos D. MAGLIVERAS, "The New SADC Tribunal: Or the Emasculation of an International Tribunal", *in Netherlands International Law Review*, July 2016, Volume 63, Issue 2, pp. 133-159.

Karen J. ALTER, James T. GATHII and Laurence R. HELFER, "Backlash against International Courts in West, East and Southern Africa: Causes and Consequences", *The European Journal of International Law,* Vol. 27 no. 2, 2016.

MADSEN (M.R.), CEBULAK (P) and WIEBUSCH (M), "Backlash against international courts: explaining the forms and patterns of resistance to international courts", *International Journal of Law in Context*, N°14, May 2018.

Mikael Rask MADSEN, Pola CEBULAK and Micha WIEBUSCH, "Backlash against international courts: explaining the forms and patterns of resistance to international courts", *International Journal of Law in Context* (2018), 14.

Moustapha FALL, *Les cours de justice africaines et l'intégration*, L'harmattan, 2021.

Pierre FRANCOIS LAVAL, « Les limites constitutionnelles à l'exécution des arrêts de la Cour européenne des droits de l'homme à la lumière de la jurisprudence nationale comparée », *RGDIP*, 2017, N° 3, pp. 661-682.

Sabine SAURUGGER et Fabien TERPAN, « Analyser les résistances nationales à la mise en œuvre des normes européennes : une étude des instruments d'action publique », *Quaderni* [En ligne], 80 | Hiver 2012-2013.

SADC Tribunal, *Campbell and Another v. Republic of Zimbabwe*, SADC (T) 03/2009, 5 June 2009.

Sébastien TOUZE, « la remise en cause de l'autorité des cours supranationales », *in La protection des droits de l'homme par les cours supranationales, Actes de colloques des 8 et 9 octobre 2015*, Ed. A. Pedone, 2016.

Thème 2

L'état du renvoi préjudiciel dans les ordres juridiques de la Communauté économique et monétaire de l'Afrique centrale (CEMAC) et de la Communauté d'Afrique de l'Est (CAE)

Eugène Pascal Parfait NKILI MBIDA[1] (Cameroun)

Introduction

Économique ou politique, l'intégration est efficace lorsqu'elle se fait par le Droit, car selon le Professeur Fabrice PICOD, « le droit est bien ''au service d'un objectif'' et le but est le moteur du droit »[2]. C'est la raison pour laquelle, subséquemment à la chute du Mur de Berlin, le régionalisme économique africain a été éclaboussé d'une nouvelle idéologie. Ce qui a fait écrire au Docteur Dramane SANOU dans sa thèse de doctorat portant sur le sujet : *La juridictionnalisation des organisations régionales d'intégration économique en Afrique* que « tandis que des organisations régionales d'intégration économique, qui végétaient dans la léthargie se restructurent, de nouvelles organisations communautaires sont créées »[3], opérant par là même le *distingo* entre organisations d'intégration économique de

---

[1] Magistrat, Attaché au Parquet général près la Cour d'appel et le Tribunal administratif du Littoral. Docteur en Droit public, Université de Yaoundé II (Cameroun). Arbitre à la Cour d'Arbitrage des Comores (CACOM). Président de la Société africaine de Droit communautaire. Email : dipasquale92@ymail.com

[2] PICOD F., « Préface » *in* LECOURT R., *L'Europe des Juges*, Bruylant, Bruxelles, coll. « Droit de l'Union européenne », série « Grands écrits », 2008 (réimpression de l'ouvrage publié aux Éditions Bruylant en 1976), p. 5.

[3] SANOU D., *La juridictionnalisation des organisations régionales d'intégration économique en Afrique*, Thèse de Doctorat, Université Paris 1 Panthéon-Sorbonne, 2012, 706 p., *spéc.*, p. 67.

première génération et celles de seconde génération. La différence fondamentale entre les deux, reposait sur l'intergouvernementalité institutionnelle des premières et la supranationalité des secondes avec la création des juridictions communautaires en leur sein.

Le renouveau de l'intégration ainsi envisagé a été suivi d'une juridictionnalisation tous azimuts. C'est dans cette optique que les Cours de Justice de la CEMAC et de la CAE participent à l'érection de la fonction juridictionnelle au centre du régionalisme africain. Elles constituent avec leurs consœurs d'autres espaces communautaires (UEMOA[4], CEDEAO[5], COMESA[6], SADC[7]) la matérialisation de la volonté politique des États, d'instituer le règne du Droit au sein de leurs Communautés.

Les Cours de Justice CEMAC et CAE sont garantes du respect du Droit sécrété par leurs organisations souches[8]. Pour mener à bien cette mission, elles disposent de compétences plurielles mais aussi d'une organisation toute particulière, enracinant par la même occasion leur fonction régulatrice du Droit communautaire. Cette dernière est immanquablement l'expression indubitable de l'unité multiple qui caractérise ce Droit, en raison de sa force de pénétration dans l'ordre juridique interne des États membres.

En effet, les Droits CEMAC et CAE postulent le monisme juridique sur le fondement de leur primauté intégrale[9] et en assure la protection. Comme l'écrit le Professeur Gérard DRUESNE, la primauté dont s'agit englobe aussi bien le droit institutionnel que le droit matériel, le premier incluant « le statut, les compétences et les pouvoirs des institutions et des organes de la Communauté, ainsi que les rapports entre l'ordre juridique communautaire et les ordres juridiques des États membres (applicabilité directe et primauté du droit communautaire) [et le second],

---

[4] Union économique et monétaire ouest-africaine.
[5] Communauté économique des États de l'Afrique de l'Ouest.
[6] *Common Market for Eastern and Southern Africa.*
[7] *Southern African Development Community.*
[8] Cf. Art. 48 du Traité Révisé de la CEMAC de 2009, 23 et 27 du Traité Révisé CAE de 2007.
[9] Cf. Art. 44 du Traité Révisé de la CEMAC de 2009 et Traité Révisé CAE de 2007.

les règles régissant dans la Communauté les activités qui entrent dans le champ d'application des traités »[10].

Ainsi, l'architecture de l'édifice juridique communautaire laisse à voir un chœur à deux voies en ce qu'elle dispose d'une assise nationale, et le Juge qui est le gardien du pacte social national en est l'ultime artisan. Fort de cela et en application du principe de subsidiarité, le Juge national est le juge de droit commun du Droit communautaire[11], les Cours de justice n'ayant reçu qu'une compétence d'attribution. Or, le Juge national dans le cadre d'un litige pour lequel il est saisi, peut être amené à répondre à une question tendant à interpréter (renvoi en interprétation) voire à valider (renvoi en validité) une règle de droit communautaire de nature primaire ou dérivée.

Cependant, « permettre au juge national de répondre seul à ces interrogations conduirait à terme à rompre l'unité du droit communautaire et à lui substituer une vision morcelée et déformée par les pratiques juridictionnelles nationales »[12]. Si ce risque est ostentatoire en matière d'interprétation, il est tout aussi particulier en matière d'appréciation de la validité des normes. À ce titre, la CJCE[13] a dit pour droit que :

> « Cette exigence d'une uniformité est particulièrement impérieuse, lorsque la validité d'un acte communautaire est en cause. Des divergences entre les juridictions des États membres quant à la validité des actes communautaires seraient susceptibles de compromettre l'unité même de l'ordre juridique communautaire et de porter atteinte à l'exigence fondamentale de la sécurité juridique »[14].

L'idée fondatrice du raisonnement dans la logique communautaire est d'éviter de faire prévaloir une interprétation ou une application

---

[10] DRUESNE G., *Droit de l'Union européenne et Politiques communautaires*, PUF, Paris, 2006, p. 27.

[11] L'article 33 du Traité Révisé CAE est assez illustratif à ce sujet en ces termes: « [e]*xcept where jurisdiction is conferred on the Court by this Treaty, disputes to which the Community is a party shall not on that ground alone, be excluded from the jurisdiction of the national courts of the Partner States*. ».

[12] BERGERÈS M.-C., *Contentieux communautaire,* 3e éd., Paris, PUF, 1998, p. 255.

[13] Cour de Justice des Communautés européennes devenue Cour de Justice de l'Union européenne (CJUE).

[14] CJCE, 22 octobre 1987, *Foto-Frost et Hauptzollamt Lubck-Host,* aff. n° 314/85.

normative teintée de traditions juridiques propres à chaque Juge national mais d'assurer et de garantir une unité certaine de l'ordre juridique supranational. Pour y parvenir, les maîtres des Traités ont ingénieusement imaginé un « dialogue étroit et original entre le juge national et le juge de [la Communauté] par la voie du renvoi préjudiciel »[15], laquelle établit une connexion entre des cohérences juridiques et culturelles différentes, brisant au passage le pont de l'éloignement des ordres juridiques nationaux des États membres.

Sans rechercher une synonymie implacable mais davantage une symphonie des droits nationaux, la logique communautaire est déduite de la fonctionnalité CEMAC ou CAE du Juge national, dénotant ainsi une subsidiarité créatrice d'un système de communication juridictionnelle au bénéfice du Droit ainsi posé.

À l'occasion du colloque de lancement de ses activités, tenu le 12 novembre 2022 par visioconférence, la Société africaine de Droit communautaire offrait fort opportunément à la communauté scientifique, la possibilité de regarder dans le rétroviseur du Droit communautaire en Afrique, en vue d'en dresser un bilan. C'est à n'en point douter dans cette logique que s'inscrivait notre intervention sur « **l'état du renvoi préjudiciel dans les ordres juridiques CEMAC et CAE** ».

Ainsi, **quel est l'état de ce mécanisme préjudiciel depuis le démarrage effectif des activités de la CJ CEMAC en avril 2000, et de la CJ CAE le 30 novembre 2001** ? De ce questionnement, il sied d'y percevoir au-delà d'un intérêt à réaliser un diagnostic d'un objet de l'intégration qu'est le renvoi préjudiciel, la mise en relief des perspectives d'une intense et fructueuse collaboration entre les juges au sein de deux Communautés de traditions juridiques différentes.

En tout état de cause, vingt (20) ans après avoir été institué dans les ordres juridiques CEMAC et CAE, le renvoi préjudiciel se présente comme un mécanisme juridictionnel qui y est affirmé **(I)** et une technique de coopération juridictionnelle qui y est inusitée **(II)**.

---

[15] BOUTAYEB C., *Droit institutionnel de l'Union européenne. Institutions, Ordre juridique, contentieux*, 5e éd., Paris, LGDJ, coll. « Manuel », 2018, p. 745.

I. Le renvoi préjudiciel : un mécanisme juridictionnel affirmé dans les ordres juridiques CEMAC et CAE

Dans les ordres juridiques CEMAC et CAE, le renvoi préjudiciel rend compte d'un système juridique et juridictionnel articulé et intégré.

La réalisation juridictionnelle des Droits CEMAC et CAE appartient donc simultanément aux juridictions nationales et communautaires. Contrairement à ce qu'affirme le docteur Dramane SANOU[16], le renvoi préjudiciel est une procédure contentieuse. En effet, il ne s'agit nullement d'une procédure gracieuse. Le caractère contentieux procède du fait qu'il s'agit en réalité d'une action née d'un incident de procédure au niveau national[17]. Car, l'absence de contentieux est synonyme d'absence de recours préjudiciel. C'est pour souligner que, si un contentieux est adossé sur une contestation, il s'agit véritablement d'un contentieux de la validité et de l'interprétation[18].

Ce détour dans cette discussion ne nous éloigne pas du contenu du renvoi préjudiciel. Affirmé qu'il soit dans les ordres juridiques CEMAC et CAE, ce mécanisme à toutes les allures d'une procédure consultative juridictionnelle saisissable par son organisation (**A**) et son effectuation (**B**).

---

[16] SANOU D., *Op. cit.,* p. 192.

[17] C'est ce qu'écrit la CJ CEMAC dans son Arrêt n° 001 du 25 novembre 2010 suscité en ces termes : « [l] a procédure préjudicielle revêtant à l'égard des parties au principal le caractère d'un incident de procédure devant la juridiction de renvoi, il appartient à la Cour d'appel de Bangui de statuer sur les dépens ». Une position suivie par sa consœur de l'UEMOA. Cf. CJ UEMOA, Arrêt n° 003/2020 du 08 avril 2020, affaire *STMB-TOURS SARL c. La Commission de l'Union économique et monétaire Ouest-Africaine (UEMOA),* (Rôle 12) et Arrêt n° 01/2021 du 19 mai 2021, affaire *OUEDRAOGO Azize, YAMEOGO Jean-Baptiste SIDPAYANGDÉ, SEBEGO Désiré, ZONGO NABONSWINDÉ Barthélémy et LAMIEN AHMED FASO c. Le Conseil de l'Ordre des Avocats du Burkina Faso* (Rôle 9).

[18] L'on peut également argumenter avec la forme de l'Arrêt de la Cour de Justice en matière de renvoi qui est présentée sous forme de deux parties opposées dont l'une demanderesse et l'autre défenderesse sur une question de droit. D'autant plus que chacune est appelée à faire des observations y afférentes.

A. L'organisation du renvoi préjudiciel dans les ordres juridiques CEMAC et CAE

La procédure de renvoi préjudiciel est organisée dans les systèmes CEMAC et CAE respectivement par la Convention régissant la CJ CEMAC, l'Acte additionnel n° 03/21-CEMAC-CJ-CCE-15 du 05 octobre 2021 portant règlement de procédure de la Cour de justice communautaire et le Traité Révisé de la CAE.

Selon l'article 26 de la Convention ci-dessus :

> « La Cour statue à titre préjudiciel sur l'interprétation du Traité de la CEMAC et des textes subséquents, sur la légalité et l'interprétation des actes des Institutions, Organes et Institutions Spécialisées de la CEMAC, quand une juridiction nationale ou un organisme à fonction juridictionnelle est appelé à en connaître à l'occasion d'un litige.
>
> En outre, chaque fois qu'une juridiction nationale ou un organisme à fonction juridictionnelle saisi(e) des questions de droit ci-dessus doit statuer en dernier ressort, il (elle) est tenu(e) de saisir préalablement la Cour de Justice. Cette saisine devient facultative lorsque la juridiction nationale ou l'organisme à fonction juridictionnelle doit statuer à charge d'appel.
>
> Les interprétations données par la Cour en cas de recours préjudiciel s'imposent à toutes les autorités administratives et juridictionnelles dans l'ensemble des États membres. L'inobservation de ces interprétations donne lieu au recours en manquement. ».

Aux termes de l'article 34 du Traité sus évoqué:

> « Where a question is raised before any court or tribunal of a Partner State concerning the interpretation or application of the provisions of this Treaty or the validity of the regulations, directives, decisions or actions of the Community, that court or tribunal shall, if it considers that a ruling on the question is necessary to enable it to give judgment, request the Court to give a preliminary ruling on the question. »

Au demeurant, le renvoi préjudiciel est organisé autour d'une philosophie dont rend compte sa fonction (1) et d'une anthropologie que l'on rencontre à l'analyse de son objet (2).

1. La fonctionnalité partagée du renvoi préjudiciel entre les ordres juridiques CEMAC et CAE

Si le Juge compétent pour appliquer un droit, l'est naturellement pour l'interpréter[19], il n'en reste pas moins vrai que l'interprétation du droit communautaire ne saurait être abandonnée à la multitude de juges nationaux que connaissent chaque État membre pris individuellement et tous envisagés de manière collective.

Il s'agit en effet d'une exigence consubstantielle à la Communauté. Peut-on envisager une règle de droit adoptée en commun par plusieurs États pour une application et une interprétation uniformes, mais qui serait assujettie à une volonté individuelle de chacun desdits États ? Instituer un droit communautaire irrigué par une logique individualiste est à la limite de l'absurde.

Fonctionnellement, l'institution du renvoi préjudiciel est préventive d'une diversité d'interprétations de la règle de droit communautaire qui peut porter en elle-même le germe destructeur de la contradiction des jurisprudences.

En outre, les juges nationaux n'ayant pas reçu compétence pour invalider les actes communautaires, chaque fois qu'une question de validité se pose à leur niveau, ils sont tenus de s'en référer à la Cour de Justice. Le Juge **Pierre PESCATORE** le traduisant sous la forme négative soulignait : « qu'il ne faut pas que les mêmes dispositions soient tenues pour valables ici, et pour non valables ailleurs, ou directement opérantes dans un État et non directement opérantes dans un autre »[20].

Ces deux réalités façonnent le caractère unifiant de la fonction du renvoi préjudiciel véritable gage de la stabilité des ordres juridiques CEMAC et CAE.

À titre d'illustration, dans l'affaire ayant opposé les nommés OUEDRAOGO Azise, YAMEOGO Jean-Baptiste SIDPAYANGDÉ,

---

[19] Dans l'activité juridictionnelle proprement dite, il est difficile de trouver le point de relâchement entre les deux opérations, pour la raison qu'il n'est pas évident de soutenir avec succès qu'à l'occasion de l'application du Droit, le Juge n'effectue aucune opération d'interprétation du Droit.

[20] PESCATORE P., *L'ordre juridique des communautés européennes*, Bruylant, 2006, p. 215.

SEBEGO Désiré, ZONGO NABONSWINDÉ Barthélémy et LAMIEN Ahmed (tous Avocats-stagiaires), au Conseil de l'Ordre des Avocats du Burkina Faso, la Cour de cassation du même État membre a procédé à un renvoi préjudiciel au bénéfice de la CJ UEMOA en posant la question de savoir si l'application de l'article 27 du Règlement n° 5/CM/UEMOA, du 25 septembre 2014, relatif à l'harmonisation des règles régissant la profession d'avocat dans l'espace UEMOA, est subordonnée à la prise préalable du règlement d'exécution et de l'acte d'application prévus successivement aux articles 23 et 29 du même règlement[21].

Y faisant suite, la Haute Cour a dit pour droit que « l'application de l'article 27 sus-évoqué n'est subordonnée à aucune condition », non sans consacrer dans sa motivation, d'importants développements sur la primauté du Droit UEMOA sur le Droit burkinabé, l'inapplicabilité de la règle nationale en cas d'incompatibilité avec la norme UEMOA, la

---

[21] S'agissant des faits dans la présente cause, il convient de relever qu'ayant réussi au mois d'avril 2017, à l'examen du Certificat d'Aptitude à la Profession d'Avocat (CAPA), organisé par le Barreau du Burkina, les demandeurs OUEDRAOGO Azise, YAMEOGO Jean-Baptiste SIDPAYANGDÉ, SEBEGO Désiré, ZONGO NABONSWINDÉ Barthélémy et LAMIEN Ahmed, tous Avocats-stagiaires, ont demandé au Bâtonnier de l'Ordre des Avocats, leur admission au stage du barreau.
Par Délibération n° 011/2017 du 21 juillet 2017, le Conseil de l'Ordre des Avocats a fait droit à leur requête et, a fixé la durée de leur stage à trois (03) ans, pour compter de leur prestation de serment, en application de l'article 27 du Règlement n° 05/CM/UEMOA relatif à l'harmonisation des règles régissant la profession d'avocat dans l'espace UEMOA.
Estimant qu'ils ne peuvent être soumis au régime de stage prévu par ledit Règlement, OUEDRAOGO Azise et les quatre (04) autres ont saisi la juridiction d'appel paritaire de la Cour d'appel de Ouagadougou afin d'obtenir une infirmation partielle de la Délibération du Conseil de l'Ordre notamment, en vue d'annuler l'article 4 de ladite délibération fixant la durée du stage à trois (03) ans et l'entendre fixer cette durée à deux (02) ans, en application de l'article 34 de la Loi n° 016-2000 portant règlementation de la profession d'Avocat au Burkina Faso.
La juridiction paritaire ayant rejeté la demande et confirmé en toutes ses dispositions la Délibération attaquée, les requérants ont introduit un pourvoi en cassation et ont sollicité qu'il soit ordonné, avant-dire droit, un renvoi préjudiciel devant la CJ UEMOA à l'effet d'obtenir l'interprétation authentique de l'article 27 du Règlement n°05 du 25 septembre 2014 relatif à l'harmonisation des règles régissant la profession d'avocat dans l'espace UEMOA.

non-invocabilité du Droit burkinabé antérieur à une situation juridique régie par le Droit UEMOA[22].

---

[22] « Considérant que les requérants, Avocats-stagiaires, réclament le bénéfice des dispositions de l'article 34 de la loi portant règlementation de la profession d'Avocat au Burkina Faso, lesquelles prévoient un stage d'une durée de deux (2) ans, alors que le Règlement n° 5/CM/UEMOA 25 septembre 2014 relatif à l'harmonisation des règles régissant la profession d'Avocat dans l'espace UEMOA, en son article 27, prévoit une durée de trois (3) ans ;
Que si l'obtention du CAPA et les modalités de formation initiale et continue des Avocats sont assujetties à la prise de règlements d'exécution (lesquels textes ont finalement été adoptés en 2019 suivant Règlement d'exécution n° 001/2019/COM/UEMOA relatif au Certificat d'Aptitude à la Profession d'Avocat dans l'espace UEMOA et Règlement d'exécution n° 002/2019/COM/UEMOA relatif à la formation initiale et continue des avocats inscrits dans un des barreaux de l'espace UEMOA), la durée du stage, par contre, a été réglementée par le législateur communautaire UEMOA de manière précise, notamment à trois (3) ans effectifs ;
Que la Cour de céans a eu l'occasion de rappeler, dans son arrêt n° 005/2020 du 08 juillet 2020, que le Traité de l'UEMOA a institué un ordre juridique propre, intégré au système juridique des États membres lors de son entrée en vigueur et qui s'impose à leurs juridictions ;
Que cette particularité pour le droit de l'UEMOA est décrite dans l'article 6 du Traité de l'UEMOA en ces termes : *« Les actes arrêtés par les organes de l'Union pour la réalisation des objectifs du présent Traité et conformément aux règles et procédures instituées par celui-ci, sont appliqués dans chaque État membre nonobstant toute législation nationale contraire, antérieure ou postérieure » ;*
Qu'aussi, les États ont le devoir de veiller à ce qu'une norme de droit national incompatible avec une norme de droit communautaire qui répond aux engagements qu'ils ont pris, ne puisse pas être valablement opposée à celle-ci ;
Qu'ainsi, le juge national, en présence d'une contrariété entre le droit communautaire et une règle de droit interne, devra faire prévaloir le premier sur la seconde en appliquant l'un et en écartant l'autre ;
Qu'en outre, au sens de l'article 43 alinéa 1 du Traité de l'UEMOA, *« les règlements ont une portée générale. Ils sont obligatoires dans tous leurs éléments et sont directement applicables dans tout État membre » ;*
Qu'en tout état de cause, le Règlement n° 05/CM/UEMOA du 25 septembre 2014, entré en vigueur le 1er janvier 2015, compte tenu de ses caractéristiques intrinsèques, se suffit à lui-même et n'exige aucune autre conditionnalité pour être appliqué de façon préférentielle à toute norme interne ;
Que par ailleurs, l'article 92 dudit règlement *« abroge et remplace toutes dispositions antérieures contraires »* ;
Que cette mention expresse rappelle, à juste titre, le caractère non invocable des dispositions du droit interne antérieur régissant le même domaine, contrairement à l'analyse faite par les demandeurs, avocats-stagiaires ;
Que ce faisant, la règle nationale incompatible reste inapplicable et le juge national ainsi que les autorités nationales ont l'obligation de l'écarter ;
Qu'en conséquence, l'application de l'article 27 sus-évoqué n'est subordonnée à aucune condition ; »

Cependant, au-delà de ce qu'il est destiné à « garantir l'identité de la signification et de la portée des normes communautaires dans les ordres juridiques nationaux »[23], le renvoi préjudiciel participe de la protection des droits des ressortissants communautaires devant les juridictions nationales[24].

Par ailleurs, cette collaboration juridictionnelle entre les juridictions nationales et leurs Cours de Justice communautaires, traduit sur le plan judiciaire, « l'imbrication recherchée entre les deux ordres juridiques »[25] rangeant les premières parmi les juridictions originelles du droit communautaire et érigeant les secondes au rang de juridictions suprêmes, sentinelle et dernier rempart du processus interprétatif à travers les énonciations des articles 26 de la Convention régissant la CJ CEMAC, 127 à 130 de l'Acte additionnel du 05 octobre 2021 sus-évoqué et 34 du Traité Révisé de la CAE[26].

---

[23] SIMON D., *Le système juridique communautaire,* Paris, PUF, 1997, p. 487.

[24] Pour la CJUE, le renvoi préjudiciel est un mécanisme original avec des fonctions à retenir. Elle considère qu'il « appartient aux juridictions nationales et à la Cour de garantir la pleine application du droit de l'Union dans l'ensemble des États membres ainsi que la protection juridictionnelle des droits que les justiciables tirent dudit droit » (Cf. Avis n° 2/13 du 18 décembre 2014relatif à l'adhésion à la Convention européenne des droits de l'homme, Avis n° 1/9 du 8 mars 2011 relatif au projet d'accord portant création d'une juridiction du brevet européen et du brevet communautaire).

[25] SALL A., *La justice de l'intégration. Réflexions sur les institutions judiciaires de la CEDEAO et de l'UEMOA,* 2e éd., Dakar, L'Harmattan Sénégal, 2018, p. 35.

[26] Lire à ce sujet : CARTOU L., qui défend Cour européenne est une « juridiction constitutionnelle » eu égard à la suprématie de son pouvoir interprétatif, *in Le marché commun et le droit public,* Paris, Sirey, 1959, p. 53 ; CATALANO N., considère que la Cour de Justice s'apparente à une « Cour suprême fédérale », *in Manuel de droit des Communautés européennes*, Paris, Dalloz, Sirey, 2e éd., 1965, p. 27 ; Rapport de l'Avocat général LAGRANGE au Colloque des Facultés de droit tenu à Lille en 1959, *Les problèmes juridiques et économiques du marché commun,* Paris, Litec, 1960, pp. 41 et s. ; Le même Avocat général dans le cadre de l'affaire « Fédéchar » avait conclu en ces termes : « [o] n pourrait sans doute rappeler que notre Cour n'est pas une juridiction internationale, mais la juridiction d'une Communauté créée par six États sur un type qui s'apparente beaucoup plus à une organisation fédérale qu'à une organisation internationale » (CJCE, 16 juillet 1956, 8/55, Rec. Vol II, pp. 199 et s.) ; BEBR G., *Judicial control of the European Communities,* London Stevens, 1962, pp. 22-23 ; DONNER A. M., *Le rôle de la Cour de Justice dans l'élaboration du droit européen,* Heule Uga, 1964, p. 74 ; PESCATORE P., *Le droit de l'intégration*, Genève, IHEI, Leyden Sijthoff, 1972, p. 73 ; LECOURT R., *L'Europe des juges*, Bruxelles, Bruylant, 1976, pp. 57-58 ; LECOURT R., « Le rôle de la Cour de Justice

La fonctionnalité dévoilée du mécanisme préjudiciel participe à n'en point douter de son originalité, laquelle est de présentation intégrale à la suite de la déclinaison de son contenu.

2. La matérialité du renvoi préjudiciel spécifiée dans les ordres juridiques CEMAC et CAE

Le renvoi préjudiciel a un objet qui porte soit sur l'interprétation, soit sur la validité des actes communautaires.

Le recours préjudiciel en appréciation de validité consiste pour la Cour de justice en un contrôle de la conformité au Droit communautaire primaire d'un acte de droit dérivé. Seulement, à la lecture des dispositions de l'article 26 de la Convention régissant la CJ CEMAC, peut-on aisément répondre à la question de la synonymie entre « validité » et « légalité »[27]. Il est évident qu'il ne s'agit guère d'une antonymie mais d'une synonymie imparfaite. La validité étant une notion plus large que la légalité. L'appréciation de la validité d'un acte communautaire permet à la Cour de justice d'autoriser de manière implicite une juridiction nationale à l'écarter ou à l'appliquer. Dans cette hypothèse, cet acte demeure dans l'ordre juridique communautaire et partant, national. Contrairement au contrôle de la légalité qui permet au Juge compétent de procéder à une sortie de vigueur de l'acte attaqué de l'ordonnancement juridique.

Pourrait-on dans ces conditions, affirmer que le Droit CEMAC institue non un renvoi préjudiciel en appréciation de validité mais en légalité de l'acte communautaire ? Nous pensons que le Droit CEMAC a bel et bien institué un renvoi préjudiciel en légalité et par le truchement duquel, la Cour procède à une sortie de vigueur des actes communautaires objet du renvoi.

Par ailleurs, la compétence préjudicielle en légalité[28] de la CJ CEMAC est limitée aux actes unilatéraux pris par les Institutions, les

---

dans le développement de l'Europe », *Revue du Marché Commun*, 1963, p. 273 ; CARTOU L., « La CJCE et le droit communautaire », *Mélanges Waline,* Paris, LGDJ, 1074, T.1, p. 170.

[27] Qui est le terme usité dans La Convention régissant la CJ CEMAC.

[28] Seulement, dans l'Arrêt n° 001/CJ/CEMAC/CJ/10-11 du 25 novembre 2010, affaire *École Inter-Etats des Douanes (EIED) contre DJEUKAM Michel*, la CJ CEMAC entretient une confusion terminologique entre les notions de légalité et de validité.

Organes ou les Institutions spécialisées de la Communauté figurant à l'article 41 du Traité Révisé, exception faite des normes de droit primaire ou droit originaire (traité, actes additionnels, conventions…), conformément aux dispositions de l'article 26 de la Convention régissant la Cour de Justice[29] suscitée.

Dans le cadre du Droit CAE, l'article 34[30] du Traité Révisé institue un réel renvoi préjudiciel en appréciation de validité. La Cour est ainsi compétente pour apprécier la validité d'une norme communautaire (car relevant de son contrôle) et non la validité d'une norme nationale par rapport à la norme communautaire[31]. Ce mécanisme est élargi dans le Droit CAE en ce qu'il inclut en plus des actes juridiques, les actes matériels de la Communauté[32]. Le détail ici est que le renvoi préjudiciel n'est envisageable que lorsque la juridiction nationale estime la question d'interprétation ou de validité de la norme communautaire nécessaire à la résolution du litige à elle soumis[33]. La Cour doit pouvoir être en situation de répondre utilement à la question qui lui est posée et du litige sous-jacent[34].

Sauf que, le nombre important d'occurrences de la notion de légalité dans la motivation du Juge communautaire peut être servir d'indicateur de détermination du mécanisme réellement institué dans le droit primaire CEMAC.

[29] CJ CEMAC, Arrêt n° 001/CJ/CEMAC/CJ/10-11 du 25 novembre 2010, affaire *École Inter-Etats des Douanes (EIED) contre DJEUKAM Michel.*

[30] *« Where a question is raised before any court or tribunal of a Partner State concerning the interpretation or application of the provisions of this Treaty or the validity of the regulations, directives, decisions or actions of the Community, that court or tribunal shall, if it considers that a ruling on the question is necessary to enable it to give judgment, request the Court to give a preliminary ruling on the question. »*

[31] CJCE, 10 mars 1998, *République fédérale d'Allemagne contre Conseil de l'Union européenne* (accord-cadre sur les bananes), aff. 122/95.

[32] C'est ce que l'article 34 du Traité Révisé CAE nomme par l'expression *« actions of the Community »*.

[33] CJ CEMAC, Arrêt n° 05/2015-16 du 03 mars 2016, affaire *Société Civile NZAKOU, Société Civile MIREAU contre Liquidation Banque Méridien BIAO Cameroun.* Dans cette décision, « *la Cour, s'appuyant sur la jurisprudence de la Cour de Justice de l'Union européenne qui lui sert de référence, estime qu'* ***il ne suffit pas qu'une partie soutienne que le litige dont est saisie une juridiction de dernier ressort pose une question de droit communautaire pour que celle-ci procède automatiquement à un renvoi préjudiciel*** ».

[34] Voir les conclusions de l'Avocat général LENS dans l'affaire *Bosman* du 15 décembre 1995 (aff. C-415/93) et présentées le 20 septembre de la même année.

En matière de renvoi préjudiciel en interprétation, les Droits CEMAC et CAE se rejoignent davantage. En effet, *« comment concevoir une unité de marché entre États sans les soumettre, eux et leurs ressortissants, à une même loi ? »*[35] Laquelle, ne leur est nullement étrangère, en ce qu'elle est une règle que les États se sont librement donnés[36]. Cette unité est préservée par l'interprète suprême institué qu'est la Cour de justice[37]. L'interprétation de la norme communautaire est ainsi centralisée. Toute chose qui a conduit la CJ CAE a jugé que :

> « a) Article 34 of the Treaty for the Establishment of the East African Community grants this Court exclusive jurisdiction to interpret the Treaty and to invalidate Community Acts.[…] c) Decisions of this Court in the interpretation of the Treaty take precedence over decisions of the national courts and tribunals on similar matters. […] »[38]

Il y a lieu de souligner que les Cours sont compétentes pour connaître en renvoi en interprétation du Droit primaire, en validité et en interprétation des actes de Droit dérivé. La note d'information sur le recours préjudiciel devant la CJ CAE renseigne en ses points 9 et 10 que :

> « Under Article 34 of the Treaty, any court of a Partner State, in so far as it is called upon to give a ruling in proceedings intended to arrive at a decision of a judicial nature, may as a rule refer a question to the East African Court of Justice for a preliminary ruling.
>
> It is for the national court alone to decide whether to refer a question to the East African Court of Justice for a preliminary ruling. This is so irrespective of whether or not the parties to the main proceedings have requested it to do so ».

---

[35] LECOURT R., *L'Europe des juges, Op. cit.*, p. 222.

[36] *Ibid*, p. 223.

[37] Il est certain que la divergence voire la différence de langues, de traditions et de cultures juridiques, de comportements nationaux est susceptible de produire autant d'interprétations qu'il y a d'États membres.

[38] EACJ, Case Stated No. 1 of 2014, *Reference for a preliminary ruling under Article 34 of the Treaty made by the High Court of the Republic of Uganda in the proceedings between the Attorney General of the Republic of Uganda and Tom KYAHURWENDA*, 31st July 2015, Appellate Division.

> « Under the preliminary ruling procedure, the Court's role is to give an interpretation of East African Community law or to rule on its validity, not to apply that law to the factual situation underlying the main proceedings, which is the task of the national court. It is not for the Court either to decide issues of fact raised in the main proceedings or to resolve difference of opinion on the interpretation or application of rules of national law »[39].

Ainsi, si la validité ou l'interprétation du Droit CEMAC ou CAE est remise en cause, les juridictions nationales peuvent saisir la Cour de justice communautaire concernée. Par consequent :

> « In ruling on the interpretation or validity of [the] Community law, the Court makes every effort to give a reply which will be of assistance in resolving the dispute, but it is for the referring court to draw the appropriate conclusions from that reply »[40].

Au demeurant, il sied de retenir que la compétence préjudicielle en interprétation est générale et globale de l'ensemble de tous les actes normatifs de la Communauté[41]. Cette action permet de préciser le sens et la portée de l'acte entrepris en réalisant le phénomène de concrétisation de la norme abstraite[42]. Elle participe de l'effectivité de la norme communautaire[43]. L'on se retrouve ainsi dans un schéma de discussion[44]

---

[39] *Guidelines on a reference from national courts for a preliminary ruling. Information Note, Point 7.*
Disponible sur le site : https://www.eacj.org//wp-content/uploads/2012/08/Guidelines-Reference-for-Preliminary-Ruling.pdf; consulté le 20 octobre 2020.

[40] *Guidelines on a reference from national courts for a preliminary ruling. Information Note, Point 8.*

[41] Cf. **Articles 26** de la Convention régissant le CJ CEMAC et **34** du Traité Révisé CAE.

[42] À ce titre, dans ses conclusions présentées le 25 juin 1964 dans l'affaire *Costa contre ENEL*, l'Avocat général Maurice LAGRANGE, a posé que « *la délimitation de la frontière entre l'application et l'interprétation est certainement un des problèmes les plus délicats que pose le maniement de l'article 177 et il l'est d'autant plus que cette frontière est celle de la compétence respective de la juridiction communautaire et des juridictions nationales, qu'aucun juge n'a reçu la mission de régler en cas de conflit* ».

[43] LEROY Y., « La notion d'effectivité du droit », *Droit et société* 2011/3 (n° 79), pp. 715-732.

[44] Elle traduit la bilatéralité ou la multilatéralité.

où le Juge communautaire prescrit par le truchement d'un discours[45] que le Juge national applique[46]. Une fragmentation processuelle indispensable à la réalisation du Droit communautaire.

En tout état de cause, ces juridictions agissent de manière solidaire et non en solitaire, pour la réalisation de ce mécanisme dans leurs ordres juridiques respectifs.

B. L'effectuation du renvoi préjudiciel dans les ordres juridiques CEMAC et CAE

Le renvoi préjudiciel se caractérise par une absence de formalisme. La forme du renvoi préjudiciel est un élément de l'autonomie procédurale des États membres. C'est compréhensible parce qu'elle est une procédure dont l'initiative est régie par le droit national *a contrario* des autres formes de saisine des CJ CEMAC et CAE qui elles, sont purement communautaires.

Dès lors, il convient de préciser, les conditions de mise en œuvre du renvoi (**1**) et la portée de la décision sur renvoi de la Cour de Justice (**2**).

1. La conditionnalité variée de la mise en œuvre du renvoi préjudiciel dans les ordres juridiques CEMAC et CAE

La mise en mouvement du mécanisme préjudiciel est tributaire de l'identification des organes habilités à saisir la Cour de Justice, d'une question préjudicielle.

Dans cet exercice, les articles 26 de la Convention régissant la Cour de Justice CEMAC et 34 du Traité Révisé de la CAE renseignent différemment sur les auteurs du renvoi. Dans le premier cas, sont habilités à procéder au renvoi, les juridictions et les organes à fonction juridictionnelle et dans le second, seules les instances juridictionnelles[47] peuvent y procéder.

Toutefois, les Traités n'ont pas pris la peine de déterminer le contenu de ces notions. La CJ CAE dans son Arrêt préjudiciel du 31 juillet 2015 s'en est faite l'obligation en ces termes :

---

[45] Il rend compte de l'unilatéralité.

[46] LECOURT R., *L'Europe des juges, Op. cit.*, p. 267.

[47] Cours et Tribunaux.

> « This Court opines that for a national to be considered a "court or tribunal" for purposes of preliminary reference, the entity should possess the following attributes: established by law; have permanent existence; endowed with compulsory jurisdiction; have ability to entertain procedures inter partes; apply rules of law; and, be endowed with functional independence. »[48]

Cependant, la progression de l'analyste doit être ralentie pour une meilleure compréhension des notions de « juridictions nationales » ou d'« organismes à fonction juridictionnelle »[49]. Sur ce point, les

---

[48] Il s'agit donc de tout juge sur le plan national, ordinaire ou spécial, judiciaire, administratif, financier ou constitutionnel, de jugement, d'instruction, des référés ou des requêtes, d'instance, d'appel ou de cassation.

[49] Il y a lieu de préciser que les organismes à fonction juridictionnelle dont s'agit, peuvent être nationaux ou communautaires. Au rang de ces dernières, l'on peut citer la COBAC qui, selon les dispositions de l'**article 7 bis** de la Convention du 16 octobre 1990 portant sa création, « [l] *a Commission Bancaire est chargée, dans les conditions fixées en annexe, de veiller au respect par les établissements de crédit des dispositions législatives et réglementaires édictées par les Autorités, par la Banque ou par elle-même et qui leur sont applicables, et de* ***sanctionner les manquements constatés*** ». Sur ce point, ses décisions sont exécutoires de plein droit dès leur notification aux Autorités monétaires nationales et aux établissements concernés (Article 7 de l'Annexe à la Convention suscitée).

La COBAC est d'autant plus un organisme à fonction juridictionnelle que selon les dispositions de l'**article 48 § b 3** de l'Acte additionnel n° 4/00/CEMAC-041-CCE-CJ-02 du 14 décembre 2000 portant Règles de Procédures de la Chambre judiciaire de la CEMAC, la CJ CEMAC statue en dernier ressort sur les litiges opposant la COBAC aux établissements de Crédit assujettis.

Les décisions du Juge CEMAC ci-après, l'illustrent amplement :

– CJ CEMAC, *affaire TASHA LOWEH Lawrence*, référé aux fins d'interdiction de modification du montant ou de la structure du capital d'*Amity Bank Cameroon*, décidée par la Commission bancaire de l'Afrique Centrale (COBAC), Arrêt n° 001 /R/CJ/CEMAC/CJ/02 du 15 janvier 2002, où la Cour a dit pour Droit « q*ue la Chambre n'est saisie présentement que de l'appel de la décision n° 2000/22 du 17 octobre 2000 ayant démis le sieur TASHA Loweh Lawrence de ses fonctions de Directeur général et de Président du Conseil d'administration* » ;

– CJ CEMAC, *affaire TASHA LOWEH Lawrence*, exception de procédure soulevée par la COBAC, considérée comme partie au procès (défenderesse), Arrêt n° 003/ADD/CJ/CEMAC/CJ/02 du 16 mai 2002, la Cour a jugé qu'« a*ttendu que le pouvoir ainsi reconnu à la COBAC de rendre des décisions exécutoires de plein droit et susceptibles de recours devant la Cour de Justice confère implicitement et nécessairement un caractère juridictionnel tant auxdites décisions qu'à cet organisme statuant en matière disciplinaire.*

CJ CEMAC et CAE sont restées muettes. À titre de Droit comparé, l'on peut citer les décisions du Juge communautaire européen, lequel a déterminé dans son Arrêt *Vaassens Göbells* de 1966[50] et rappelé dans bien d'autres[51], les critères afférents à une appréhension concrète de ces notions. Il s'agit de l'origine légale de l'organisme, sa permanence, le caractère obligatoire de sa juridiction, la nature contradictoire de la procédure, l'application par l'organisme de règles de Droit ainsi que son indépendance. Ces critères sont évalués en relation avec les indices

---

Que considérer la COBAC comme partie à l'instance en cours reviendrait non seulement à négliger la haute spécificité de sa mission disciplinaire, mais aussi à l'empêcher d'accomplir cette mission avec toute la sérénité requise. […]
Qu'enfin, et de coutume constante, les juridictions d'instance ne sont jamais appelées à intervenir devant les juridictions d'appel ou de cassation pour justifier leurs décisions ou a fortiori pour y répondre des conséquences dommageables desdites décisions.
Qu'en statuant en l'espèce comme instance disciplinaire, la COBAC a agi comme organisme à compétence juridictionnelle possédant les mêmes droits que les juridictions de premier ressort.
Qu'elle ne saurait par la suite être valablement considérée comme partie devant la Cour saisie du recours en annulation de la décision rendue.
Qu'il convient de déclarer sa demande incidente justifiée au fond et de la mettre hors de cause. » ;
– CJ CEMAC, arrêt n° 001/CJ/2016-17 du 30 mars 2017, *affaire CFD – MICAJA contre État de Guinée Équatoriale.*
La COBAC exerce également une fonction administrative comme le souligne l'Arrêt n° 017/2011 du 23 juin 2011, *affaire Afriland First Bank S. A et Afriland First Group S. A contre Décision COBAC D-2009/223 du 03 décembre 2009* (défendue par la COBAC) en ces termes : « *Attendu que la Commission Bancaire objecte que la décision COBAC D-2009/223 ne comporte pas de sanction disciplinaire ; qu'elle constitue un acte administratif dont elle (la COBAC) peut valablement assurer la défense devant la Cour de céans ;*
Attendu qu'en effet, la décision portant refus de modification de la structure de l'actionnariat au sein de Afriland First Bank est prise par la Commission bancaire dans ***sa fonction administrative****, de sorte qu'elle peut valablement en assurer la défense devant la Cour de céans* ».

[50] CJCE, 30 juillet 1966, *Veuve G. Vaassen-Göbbels contre direction du Beambtenfonds voor het Mijnbedrijf*, 61/65.

[51] CJCE, 17 septembre 1997, *Dorsch Consult Ingenieurgesellschaft mbH contre Bundesbaugesellschaft Berlin mbH*, C-54/96, point 23 ; CJCE, 21 mars 2000, *Gabalfrisa SL e. a. contre Agencia Estatal de Administración Tributaria (AEAT)*, C-110/98 à C-147/98, point 33 ; CJCE, 30 novembre 2000, *Österreichischer Gewerkschaftsbund, Gewerkschaft öffentlicher Dienst contre Republik Österreich*, C-195/98, point 24 ; CJCE, 30 mai 2002, *Walter Schmid*, C-516/99, point 34.

du Droit national[52]. Ainsi, au rang des organes à fonction juridictionnelle, l'on peut citer : les ordres professionnels et les autorités administratives indépendantes à l'instar des autorités de régulation, excluant par la même occasion, les juridictions arbitrales et les organes susceptibles de recevoir des instructions de l'État[53].

Par ailleurs, *a contrario* de ce qui s'est fait devant le juge de la CAE, la plume de son homologue de la CJ CEMAC[54] a précédé, le guide de renvoi préjudiciel contenu aux articles 127 à 130 de l'Acte additionnel du 05 octobre 2021 par le truchement duquel sont précisées les conditions d'exercice du renvoi au profit de la juridiction communautaire.

En effet, dans son unique arrêt de cette nature, la CJ CEMAC a dit pour Droit que la juridiction nationale qui saisit la Cour d'un renvoi

---

[52] CJCE, 31 mai 2005, *Synetairismos Farmakopoion Aitolias & Akarnanias (Syfait) et autres contre GlaxoSmithKline plc et GlaxoSmithKline AEVE*, C-53/03.
Dans cette affaire, L'***Epitropi Antagonismou*** (Commission hellénique de la concurrence) ne satisfait pas aux critères précités. Tout d'abord, elle est soumise à la tutelle du ministre du Développement, ce qui implique que celui-ci est habilité, dans certaines limites, à contrôler la légalité de ses décisions. Ensuite, même si ses membres jouissent d'une indépendance personnelle et fonctionnelle, il n'apparaît pas que la révocation ou l'annulation de leur nomination soit soumise à des garanties particulières, ce qui ne semble pas de nature à faire obstacle efficacement aux interventions ou pressions indues du Pouvoir exécutif à l'égard desdits membres. En outre, son président est chargé de la coordination et de l'orientation générale de son secrétariat et est l'autorité hiérarchique du personnel de celui-ci, de sorte que l'*Epitropi Antagonismou*, organe décisionnel, de par le lien fonctionnel qui l'unit à son secrétariat, organe d'instruction sur proposition duquel elle décide, ne se distingue pas nettement en tant que tiers par rapport à l'organe étatique qui, de par son rôle, peut s'apparenter à une partie dans le cadre d'une procédure en matière de concurrence. Enfin, une autorité de la concurrence telle que l'*Epitropi Antagonismou* est tenue de travailler en étroite collaboration avec la Commission et peut, en vertu de l'article 11, paragraphe 6, du Règlement n° 1/2003 relatif à la mise en œuvre des règles de concurrence prévues aux articles 81 et 82 du traité, être dessaisie par une décision**Erreur ! Signet non défini.** de la Commission, avec la conséquence que la procédure engagée devant elle n'aboutira pas à une décision de caractère juridictionnel (Cf. points 29-37).

[53] SOW I., *La fonction judiciaire dans les systèmes communautaires de l'UEMOA et de la CEDEAO*, Dakar, L'Harmattan Sénégal, 2021, pp. 77-93.

[54] CJ CEMAC, Arrêt n° 001/CJ/CEMAC/CJ/10-11 du 25 novembre 2010, affaire *École Inter-États des Douanes (EIED) contre DJEUKAM Michel.*

préjudiciel en appréciation de validité, doit indiquer en quoi la légalité de l'acte querellé est contestée[55].

Dans le Droit CAE,

> « (1) a reference by a Partner State, the Secretary General or any person under Articles 28, 29, 30[56] respectively of the Treaty shall be instituted by lodging in the Court **a statement of reference**.
>
> (2) A statement of reference under sub-rule (1) shall state:
>
> (a) the name, designation, address and where applicable the residence of the applicant;
>
> (b) the name, designation, address and where applicable the residence of the respondent;
>
> (c) the subject-matter of the reference and a summary of the points of law on which the reference is based;
>
> (d) where appropriate, the nature of any evidence to be offered in support; and
>
> (e) the reliefs sought by the applicant.

---

[55] « *Eu égard à toutes les considérations qui précèdent, il y a donc lieu de répondre à la question posée que l'article 17 précité [l'article 17 de la Convention régissant la Cour de Justice prévoit que « chaque fois qu'une juridiction nationale doit statuer, elle est tenue de saisir préalablement la Chambre judiciaire* [désormais Cour de Justice] ». *l'article 26 paragraphe 2 de la Convention de 2009 régissant la Cour de Justice communautaire prévoit que chaque fois qu'une juridiction nationale ou un organisme à fonction juridictionnelle saisi des questions de droit ci-dessus doit statuer en dernier ressort, il est tenu de saisir préalablement la* [Cour de Justice] *doit être interprété en ce sens qu'il ne s'oppose pas à ce que, dans des circonstances telles que celles de l'affaire au principal, la Cour de Justice puisse connaître d'une question préjudicielle portant sur des décisions prises par le directeur dans le cadre de l'organisation ou le fonctionnement des services de l'École inter-États des Douanes ; il suffit que soit invoqué le motif de l'illégalité ou de l'irrégularité suspectée, ce qui n'est pas le cas en l'espèce ;*
Mais le contentieux préjudiciel n'étant que l'archétype d'une justice dialogique, la Cour d'appel de Bangui qui ne dit pas en quoi la légalité de la décision n° 23/CEMAC/EIED concernée est contestée, ne met pas la Cour en l'état d'apprécier la validité de cette décision ».

[56] Ces dispositions du Traité Révisé CAE renvoient aux recours ouverts aux États membres (Recours en carence et en annulation), au Secrétaire général de la Communauté (Recours en manquement) et ceux ouverts aux particuliers (Recours en annulation des actes de Droit dérivé CAE).

(3) Where the reference seeks to challenge the legality of an Act, regulation, directive, decision or action, the statement of reference shall be accompanied by an affidavit.

(4) Where the reference is made by a body corporate the statement of reference shall be accompanied by documentary evidence of the existence in law of that body corporate »[57].

S'agissant de la procédure écrite en matière de renvoi préjudiciel, il y a lieu de souligner que la CJ CAE est saisie par voie de notification de la décision de renvoi d'une juridiction nationale. Par la suite, notification de cette décision est faite par les soins du Greffier aux parties, États membres, Secrétaire général et tout autre Organe ou Institution de la Communauté ayant édicté l'acte concerné et dont la validité est questionnée ou l'interprétation sollicitée. Ces derniers doivent produire leurs écritures en réponse dans les deux (02) mois qui suivent leur notification. La date de l'audience leur est notifiée en même temps que celle évoquée en sus[58]. Ainsi, s'ouvre la phase orale de la procédure devant les Cours de justice communautaires.

Il y a lieu de relever que, quelle que soit la portée du renvoi[59], le juge national est l'émetteur et donc l'encodeur dans le système de communication établi avec la Cour. Il en est le maître, en ce qu'il commande à son **opportunité**, son **contenu** et son **moment** avec la Cour de Justice. Ce, contrairement à la qualification de « *partenaire obligé en matière de renvoi préjudiciel* »[60] qui lui est attribuée. La maîtrise qu'a le juge national sur ce mécanisme a également pour adjuvant la théorie de l'acte clair[61] selon laquelle, les questions préjudicielles ne seront posées qu'en cas de vraie difficulté. Difficulté dont il est le seul à pouvoir

---

[57] **Règle n° 25** de la *East African Court of Justice Rules of Procedure, 2019.*

[58] **Annexe 6** de la *East African Community Court of Justice Rules of procedure*, 2019.

[59] Facultatif ou obligatoire selon que la juridiction ou l'organe à fonction juridictionnelle statue en dernier ressort ou pas.

Cependant, si les juridictions nationales de la CEMAC disposent d'une grande latitude en ce qui concerne l'obligation ou la faculté de procéder au renvoi préjudiciel en ce qu'elles sont des juridictions statuant soit en premier ressort, soit en dernier ressort, celles de la CAE sont toutes obligées au même titre, de procéder à un tel renvoi.

[60] KENFACK J., « Le juge camerounais à l'épreuve du droit communautaire et de l'intégration économique », *Juridis Périodique n° 63*, Juillet-Septembre 2005, p. 66.

[61] CE, 19 juin 1964, *Société des pétroles Shell-Berre.*

déterminer les contours. C'est donc le règne de la souveraineté et de la subjectivité du Juge national[62].

De manière schématique, la procédure préjudicielle se déroule en trois (3) phases :

[62] À titre d'illustration, le Tribunal administratif du Littoral statuant en premier et dernier ressort dans l'affaire *NGUELEFACK Pierre contre État du Cameroun (ministère des Finances)* avait jugé inopportun le renvoi préjudiciel à la Chambre judiciaire de la CJ CEMAC. En effet, le renvoi avait été sollicité par le Procureur général près ledit Tribunal administratif dans ses conclusions afin que la CJ CEMAC réponde à la question ainsi formulée « *conformément aux dispositions des articles 23 de l'Annexe de la Convention du 17 janvier 1992 portant harmonisation de la Réglementation Bancaire dans les États de l'Afrique Centrale et 35 du Règlement n° 01/02/CEMAC/UMAC/COBAC relatif aux conditions d'exercice de l'activité de Microfinance dans la Communauté économique et monétaire de l'Afrique Centrale, quelles sont les conditions substantielles d'agrément qui le cas échéant, justifient son retrait d'office aux dirigeants des établissements de crédit par l'autorité monétaire nationale ?* ». La formation collégiale de céans a jugé que « *le renvoi préjudiciel sollicité par le ministère public est inopportun, le débat sémantique introduit par son représentant* [portant sur le distinguo à opérer entre les « conditions d'agrément » et les « conditions d'octroi d'agrément »] *n'étant pas relatif au problème juridique que pose la présente espèce* », Tribunal administratif du Littoral (Cameroun), Jugement n° 053/FF/19 du 28 mars 2019, affaire *NGUELEFACK Pierre contre État du Cameroun (ministère des Finances)*, Recours n° 133/RG/FF/CS/17 du 27 juin 2017.
C'est aussi le cas devant la même juridiction, dans l'affaire *Société PERENCO CAMEROON (PERCAM) S.A contre Caisse Nationale de Prévoyance Sociale (CNPS)*, Jugement n°52/FD/23 du 23 mars 2023, Recours n° 42/RD/FF/21 du 10 août 2021. Dans le cadre de cette affaire, le Juge administratif du Littoral s'est refusé à procéder à un renvoi préjudiciel, nonobstant les Conclusions écrites n° 89-2039/SC$_{94-7}$/PG/DLA/TA/305-F du 19 octobre 2022 de Monsieur le Procureur général près ledit Tribunal (M. FOÉ Jean-Claude Robert) à travers lesquelles, le ministère public invitait la formation collégiale à poser la question suivante à la Cour de Justice communautaire : « à quel moment peut-on dire que le paiement est effectif à la lumière des dispositions de l'article 179 du Règlement n° 02/03/CEMAC/UMAC/CM du 04 avril 2003 relatif aux systèmes, moyens et incidents de paiement ? »
Dans sa motivation, le Juge a dit pour Droit : « [a] ttendu que ledit article179 dispose : ''L'ordre de virement est irrévocable à compter du débit du compte du donneur d'ordre. Le virement est définitif à compter du crédit du compte du bénéficiaire''
Attendu qu'il appert de l'interprétation de ce texte communautaire, qu'en cas de virement bancaire, le paiement n'est effectif qu'à compter du crédit du compte du créancier ; qu'en d'autres termes, le donneur d'ordre n'est libéré de sa dette qu'à partir de la date à laquelle le compte du bénéficiaire est crédité ».

– la première, devant le Juge national, aboutit, éventuellement, à la décision de ce dernier de poser à la Cour de Justice, une question préjudicielle ;

– la deuxième, devant la Cour, aboutit à l'arrêt ou à une ordonnance de celle-ci qui statue sur l'interprétation ou la validité/légalité d'une disposition du Droit communautaire ; et

– la troisième, de nouveau devant le Juge national, aboutit à l'application ou à l'exclusion de l'application (hypothèse d'une déclaration d'invalidité) de la disposition du Droit communautaire au litige qui est pendant devant ce juge, aux fins de la solution de ce litige[63].

2. La portée uniforme des décisions rendues sur renvoi préjudiciel par les CJ CEMAC et CAE

L'autorité des arrêts de la Cour de justice communautaires est garantie par ses prérogatives de sanction juridictionnelle et de construction communautaire[64]. Elle bénéficie d'une portée *inter partes* en ce qui concerne le dispositif de la décision et *erga omnes* s'agissant des motifs.

En effet, c'est le dispositif qui constitue le verdict du juge sur l'objet de la contestation qui a été porté à sa censure par les parties. Or, les motifs qui certes, constituent la base du raisonnement du juge et le fondement de sa décision, demeurent largement porteurs d'énonciations théoriques qui permettent de fixer le Droit, communautaire en l'occurrence. C'est à ce niveau que l'on cerne les « *obiter dicta* » du Juge, c'est dans les motifs que se révèle, le pouvoir normateur du Juge. C'est un moule où se forge la jurisprudence. De ce fait, les motifs acquièrent une autorité bien supérieure à celle de l'objet du litige tranché.

S'agissant spécifiquement du recours en appréciation de validité/légalité dont l'autorité n'a pas été précisée dans les textes, il faut distinguer selon que la Cour rend un arrêt préjudiciel constatant la validité ou l'invalidité.

---

63 CHRISTIANOS, « Le renvoi préjudiciel et le rôle du juge national », Cf. http://www.era-comm.eu/oldoku/snllaw/10_preliminary_ruling_procedure/2009-109dv61-christianos-fr.pdf, consulté le 22 juillet 2020.

64 DENIZEAU C., « L'autorité des arrêts de la Cour de justice de l'Union européenne », *Zbornik Radova*, vol. 112, Split, 2014, p. 291.

Dans le premier cas, la réponse de la Cour à l'interrogation de la juridiction nationale concernée, s'impose à toutes les autres juridictions qui auraient à statuer sur un litige où la validité de cette règle sera remise en cause par les mêmes moyens. Toutefois, cette autorité est limitée sur le plan matériel aux moyens d'invalidité, examinés à l'occasion de la procédure préjudicielle.

Dans le second cas, il s'impose à toutes les juridictions nationales postérieurement saisies. La CJCE semble l'affirmer en ces termes :

> « qu'un arrêt de la cour constatant en vertu de l'article 177 du traité l'invalidité d'un acte d'une institution, en particulier d'un règlement du Conseil ou de la Commission, bien qu'il ne soit adressé directement qu'au juge qui a saisi la cour, constitue une raison suffisante pour tout autre juge de considérer cet acte comme non valide pour les besoins d'une décision qu'il doit rendre ; cette constatation n'ayant cependant pas pour effet d'enlever aux juridictions nationales la compétence que leur reconnaît l'article 177 du traité, il appartient à ces juridictions d'apprécier l'existence d'un intérêt à soulever à nouveau une question déjà tranchée par la cour dans le cas où celle-ci a constaté précédemment l'invalidité d'un acte d'une institution de la communauté. Un tel intérêt pourrait notamment exister s'il subsistait des questions relatives aux motifs, à l'étendue et éventuellement aux conséquences de l'invalidité précédemment établie »[65].

Concernant l'arrêt préjudiciel en interprétation, l'article 26 § 3 de la Convention régissant la CJ CEMAC énonce :

> « Les interprétations données par la Cour en cas de recours préjudiciel s'imposent à toutes les autorités administratives et juridictionnelles dans l'ensemble des États membres. L'inobservation de ces interprétations donne lieu au recours en manquement »[66].

---

[65] CJCE, 13 mai 1981, *SpA international Chemical Corporation contre Amministrazione delle finanze dello Stato*, Demande de décision préjudicielle du *Tribunal civil et pénal di Roma* (Italie), aff. 66/80.

[66] Selon l'article 23 du même texte, « la Cour connaît notamment : des recours en manquement des États membres des obligations qui leur incombent en vertu du Traité de la CEMAC et des textes subséquents ».

En outre, la préoccupation qui s'impose immédiatement à la suite de cette démonstration, repose sur l'application des arrêts préjudiciels dans le temps. La réalité est que les textes des deux Communautés ne se sont pas appesantis sur les effets dans le temps des arrêts préjudiciels. En pareille circonstance, nous soulignons qu'iceux ont un effet rétroactif.

En effet, l'interprétation que rend la Cour est telle qu'elle doit être, ou aurait dû être comprise et appliquée depuis l'entrée en vigueur de l'acte dont interprétation a été effectuée. C'est le principe de l'effet *ex tunc* de l'arrêt interprétatif[67]. Pour les arrêts d'invalidité/illégalité, ils

---

[67] La CJCE l'a consacré dans son arrêt du 27 mars 1980 rendu dans l'affaire *Amministrazione delle finanze dello Stato contre Denkavit italiana Srl* à l'occasion de la demande préjudicielle du Tribunal civil et pénal de Milan (Italie), en ces termes : « *l'interprétation que, dans l'exercice de la compétence que lui confère l'article 177 du traité CEE, la Cour donne d'une règle du droit communautaire, éclaire et précise, lorsque besoin en est, la signification et la portée de cette règle telle qu'elle doit ou aurait dû être comprise et appliquée depuis le moment de sa mise en vigueur. Il en résulte que la règle ainsi interprétée peut et doit être appliquée par le juge même à des rapports juridiques nés et constitués avant l'arrêt statuant sur la demande d'interprétation, si par ailleurs les conditions permettant de porter devant les juridictions compétentes un litige relatif à l'application de ladite règle se trouvent réunies. Ce n'est qu'à titre exceptionnel que la cour pourrait, par application d'un principe général de sécurité juridique inhérent à l'ordre juridique communautaire, en tenant compte des troubles graves que son arrêt pourrait entrainer pour le passé dans les relations juridiques établies de bonne foi, être amenée à limiter la possibilité pour tout intéressé d'invoquer la disposition ainsi interprétée en vue de remettre en cause ces relations juridiques.* ».
Lire également, CJCE, 2 février 1988, *Vincent BLAIZOT contre Université de Liège et autres*, Demande de décision préjudicielle du Tribunal de première instance de Liège (Belgique), aff. 24/86. Dans cette décision, la Cour ajoute à ce qu'elle avait posé en 1980 que : « d*oit, à cet égard, être pris en considération le fait que, si les conséquences pratiques de toute décision juridictionnelle doivent être pesées avec soin, on ne saurait cependant aller jusqu'à infléchir l'objectivité du droit et compromettre son application future en raison des répercussions qu'une décision de justice peut entrainer pour le passé* ».
En ce qui concerne l'application dans le temps de l'arrêt préjudiciel en appréciation de validité, la Cour a décidé que : « [s] *i le traité n'établit pas expressément les conséquences qui découlent d'une déclaration d'invalidité dans le cadre d'un recours préjudiciel, les articles 174 et 176 comportent des règles précises en ce qui concerne les effets de l'annulation d'un règlement dans le cadre d'un recours direct. C'est ainsi que l'article 176 dispose que l'institution dont émane l'acte annulé est tenue de prendre les mesures que comporte l'exécution de l'arrêt de la cour. Dans ses arrêts du 19 octobre 1977, dans les affaires 117/76 et 16/77 (Ruckdeschel et Hansa-Lagerhaus Stroh, 'Quellmehl', recueil p. 1753) et dans les affaires 124/76 et 20/77*

ont un effet dès l'instant que la situation juridique visée met en cause l'acte déclaré comme tel.

Conscient tout de même que la rétroactivité peut édulcorer le principe de sécurité juridique, les CJ CEMAC et CAE devraient pouvoir limiter dans le temps le jeu de la rétroactivité.

Toutefois, il demeure constant que l'autorité de la chose jugée suppose l'obligatoriété[68], c'est-à-dire qu'aucune des parties au litige ne peut se soustraire aux termes du dispositif de l'arrêt, encore moins transigé en vue d'une exécution à la carte de la décision du Juge communautaire. Cette autorité est opposable de manière intégrale à la juridiction de renvoi[69].

Par ailleurs, la seconde déclinaison de la portée des arrêts préjudiciels reposent sur leur force exécutoire, laquelle est consacrée dans le Droit primaire et dérivé CEMAC et CAE[70]. Selon l'article 30[71] suscité, les décisions de la CJ CEMAC ont autorité de la chose jugée et force exécutoire. Se pose alors le problème du moment de la force exécutoire. En d'autres termes, à quel moment, une décision de justice communautaire devient-elle exécutoire ?

(Moulins et Huileries de Pont-à-Mousson et Providence Agricole de la Champagne, 'Gritz', recueil p. 1795), la Cour s'est déjà référée à cette règle dans le cadre d'un recours préjudiciel.
En l'occurrence, l'application par analogie de l'article 174, deuxième alinéa, du traité, selon lequel la Cour peut indiquer quels effets d'un règlement déclaré nul doivent être considérés comme définitifs, s'impose pour les mêmes motifs de sécurité juridique que ceux qui sont à la base de cette disposition ». CJCE, 15 octobre 1980, *Société coopérative "Providence agricole de la Champagne" contre Office national interprofessionnel des céréales (ONIC)*, Demande de décision préjudicielle du Tribunal administratif de Châlons-sur-Marne (France), aff. 4/79.

68 Selon l'article 38 (3) du Traité Révisé de la CAE: « *[a] Partner State or the Council shall take, without delay, the measures required to implement a judgment of the Court.* »

69 « En droit, à ce jour, le juge national qui a saisi la Cour d'un renvoi préjudiciel doit appliquer l'arrêt dans tous ses éléments », cf. MÉGRET C., « La portée juridique et les effets de droit de la déclaration d'invalidité d'un acte communautaire prononcée par la CJCE dans le cadre de la procédure instituée par l'article 177 CEE » *in Mélanges offerts à Pierre-Henri Teitgen*, Paris, Pedone, 1984.

70 Il convient de souligner que la force exécutoire est davantage supposée que posée dans les textes communautaires.

71 Convention de 2009 régissant la CJ CEMAC.

Selon les textes CEMAC[72] et CAE[73], c'est **dès son prononcé** que la décision de justice devient exécutoire. Il existe de ce fait une concomitance entre le moment de la force exécutoire et son irrévocabilité.

Ce faisant, tous les actes édictés par les Cours de justice communautaire doivent avoir la même force à l'égard de tous les États membres. Il s'agit là, de l'essence même du Droit communautaire. Parce qu'elles priment sur tous les Droits nationaux de manière intégrale, les décisions rendues par les Cours de justice s'imposent à toutes les autorités nationales sans exception[74]. C'est ainsi que « l*a règle* [communautaire doit] *donc être authentique et garantie dans sa force, en dehors du bon vouloir passager des États membres*[75] ». Qu'est-ce qui justifierait bien que les États membres décident d'édicter des règles communes en vue de consolider une dynamique d'intégration juridiquement consacrée, si chacun pouvait appliquer de manière singulière la règle qu'il aurait choisie[76].

Le raisonnement de la CJCE dans son arrêt rendu dans l'affaire *Costa contre Enel* est la parfaite illustration de cette invariabilité et de cette inconditionnalité de la force exécutoire de l'ordre juridique communautaire et partant, des décisions rendues par le juge en charge de la protection de sa structure[77].

---

[72] **Article 86** de l'Acte additionnel n° 03/21-CEMAC-CJ-CCE-15 du 05 octobre 2021 portant règlement de procédure de la Cour de Justice communautaire.

[73] **Article 38 (3)** du Traité Révisé CAE.

[74] Centrales, déconcentrées et décentralisées d'une part, législatives, juridictionnelles et exécutives d'autre part.

[75] LECOURT R., *L'Europe des juges, op. cit.*, pp. 226-227.

[76] **Article 2** des Traités Révisés CEMAC et CAE.

[77] Cette juridiction a dit pour Droit : « [q] *u'en effet, en instituant une communauté de durée illimitée, dotée d'institutions propres, de la personnalité, de la capacité juridique, d'une capacité de représentation internationale et plus particulièrement de pouvoirs réels issus d'une limitation de compétence ou d'un transfert d'attributions des États à la communauté, ceux-ci ont limité, bien que dans des domaines restreints, leurs droits souverains et créé ainsi un corps de droit applicable à leurs ressortissants et à eux-mêmes ;*
Attendu que cette intégration au droit de chaque pays membre de dispositions qui proviennent de source communautaire, et plus généralement les termes et l'esprit du traité, ont pour corollaire l'impossibilité pour les États de faire prévaloir, contre un ordre juridique accepté par eux sur une base de réciprocité, une mesure unilatérale ultérieure qui ne saurait ainsi lui être opposable ;

Seulement, la pratique de la justice dialogique[78] dans l'espace communautaire d'Afrique centrale et orientale est davantage imagée que réalisée.

II. Le renvoi préjudiciel : une technique de coopération juridictionnelle inusitée dans les ordres juridiques CEMAC et CAE

« Archétype d'une justice dialogique »[79], le renvoi préjudiciel assure aussi la survivance de la tétralogie luxembourgeoise[80] formée des arrêts *Van Gend en Loos*[81], *Costa contre Enel*[82], *Internationale*

Que la force exécutive du droit communautaire ne saurait, en effet, varier d'un État à l'autre à la faveur des législations internes ultérieures, sans mettre en péril la réalisation des buts du traité visé à l'article 5 (2), ni provoquer une discrimination interdite par l'article 7 ;
Que les obligations contractées dans le traité instituant la Communauté ne seraient pas inconditionnelles mais seulement éventuelles, si elles pouvaient être mises en cause par les actes législatifs futurs des signataires ; […]
Attendu qu'il résulte de l'ensemble de ces éléments, qu'issu d'une source autonome, le droit né du traité ne pourrait donc, en raison de sa nature spécifique originale, se voir judiciairement opposer un texte interne quel qu'il soit, sans perdre son caractère communautaire et sans que soit mise en cause la base juridique de la communauté elle-même ;
Que le transfert opéré par les États, de leur ordre juridique interne au profit de l'ordre juridique communautaire, des droits et obligations correspondant aux dispositions du traité, entraine donc une limitation définitive de leurs droits souverains contre laquelle ne saurait prévaloir un acte unilatéral ultérieur incompatible avec la notion de communauté ».

[78] De notre point de vue, la justice dialogique ne se résume pas au dialogue des juges, elle comprend également les interactions des jurisprudences. Lire à cet effet, KAMTO M., « Les interactions des jurisprudences internationales et des jurisprudences nationales », *in Société française de Droit international, La juridictionnalisation du droit international, Colloque de Lille, Paris, Pedone, 2003,* pp. 393-460.

[79] Cf. CJ CEMAC, Arrêt n° 001/CJ/CEMAC/CJ/10-11 du 25 novembre 2010, affaire *École Inter-Etats des Douanes contre DJEUKAM Michel*, Rôle n° 7.

[80] AUBY (Jean-Bernard) (dir.), *L'influence du droit européen sur les catégories du droit public,* Paris, Dalloz, p. 198.

[81] CJCE, 05 février 1963, *NV Algemene Transport - en Expeditie Onderneming van Gend & Loos contre Administration fiscale néerlandaise*, aff. n° 26-62. Cet arrêt est rendu à la suite de la demande préjudicielle de la *Tariefcommissie* (Pays-Bas), par décision du 16 août 1962.

[82] CJCE, 15 juillet 1964, *Flaminio Costa contre E.N.E.L (ENTE NAZIONALE ENERGIA ELETTRICA, IMPRESA GIA DELLA EDISON VOLTA)*, aff. n° 6-64. La

Handelsgesellschaft[83] et *Simmenthal*[84], socle de la structuration de l'ordre juridique de l'Union européenne avec les principes de primauté, d'effet et d'applicabilité directs du Droit communautaire sur le Droit national des États membres[85]. Et ce n'est pas le Professeure Chariha BOUTAYEB qui développera un argumentaire contraire[86].

Autant est-il avéré que la saisine préjudicielle de la CJUE est une constance, autant il est constant que, celle des CJ CEMAC et CJ CAE est une absence. Toute chose qui interpelle sur l'accessibilité des ressortissants communautaires *lato sensu* à la norme communautaire.

À l'observation, il existe donc une raison justifiant le caractère inusité du renvoi préjudiciel dans les ordres juridiques CEMAC et CAE : c'est

---

Cour a rendu cet arrêt à la suite de la demande de décision préjudicielle du *Giudice conciliatore di Milano* (Italie), par Ordonnance du 16 janvier 1964.

[83] CJCE, 17 décembre 1970, *Internationale Handelsgesellschaft mbH contre Einfuhr – und Vorratsstelle für Getreide und Futtermittel*, aff. n° 11-70. Cette décision de justice est consécutive à la demande de décision préjudicielle du *Verwaltungsgericht (Tribunal administratif) Frankfurt am Main* (Allemagne), par Ordonnance du 18 mars 1970.

[84] CJCE, 09 mars 1978, *Administration des finances de l'État contre Société Anonyme Simmenthal*, aff. n° 106/77. Cet Arrêt de la Cour est conséquent à la demande de décision préjudicielle du *Pretura di Susa* (Italie), par Ordonnance du 28 juillet 1977.

[85] « *Attendu que la primauté évoquée est une condition existentielle du droit communautaire qui, en raison de sa nature spécifique originale, ne peut se voir opposer un texte interne quel qu'il soit, sans perdre son caractère communautaire et sans que soit mise en cause la base juridique de la Communauté elle-même ' ;*
que la norme interne incompatible est donc inapplicable, et de plein droit ; que selon la doctrine établie et la jurisprudence constante, tout juge de l'application du droit communautaire, toute autorité nationale ou communautaire a l'obligation absolue de la laisser inapplicable ».
« [C] *ette déclaration d'inapplicabilité n'aura d'autorité de chose jugée qu'à l'égard des parties à l'instance »*, cf. *Arrêt n° 012/2011 du 31 mars 2011, Banque Atlantique du Cameroun, COBAC, Autorité monétaire du Cameroun et Amity Bank Cameroon PLC contre Arrêt n° 010/CJ/CEAC/CJ/09 du 13 novembre 2009 défendu par messieurs Christophe SIELIENOU, Raphael FUTE, Mathurin NGASSA et la Compagnie d'Assurance C.P.A.*

[86] En effet, de son avis, « [l] e mécanisme préjudiciel s'est révélé être un moyen efficace pour le juge de l'Union afin de consacrer certains principes structurants du processus d'intégration, comme la primauté ou l'applicabilité directe. Il a également offert l'occasion de définir les spécificités marquantes du droit de [la Communauté] ou le rôle du juge national », BOUTAYEB C., *Droit institutionnel de l'Union européenne. Institutions, Ordre juridique, contentieux*, *Op. cit.*, p. 745.

son bilan décevant (**A**) dont il conviendrait de tirer une leçon, celle de la valorisation de la pratique d'une justice dialogique (**B**).

A. La raison : le bilan décevant du renvoi préjudiciel dans les ordres juridiques CEMAC et CAE

Le bilan du renvoi préjudiciel dans les ordres juridiques CEMAC et CAE est décevant en ce qu'aux termes de vingt (20) années au moins de fonctionnement, les Cours supranationales n'ont été saisies que deux fois par les juges nationaux dont une fois chacune, leur offrant ainsi la possibilité de ne rendre qu'un arrêt préjudiciel.

En effet, la CJ CEMAC a été saisie d'une procédure en renvoi préjudiciel par la Cour d'Appel de Bangui[87] et la CJ CAE, l'a été par la *High Court of the Republic of Uganda.* À l'occasion, ces juridictions ont rendu les Arrêts préjudiciels des **25 novembre 2010**[88] et **31 juillet 2015**[89].

Relativement à un tel bilan, il conviendrait de réfléchir sur sa substance (1) et ses conséquences (2).

1. La substance du bilan décevant du renvoi préjudiciel dans les ordres juridiques CEMAC et CAE

Contrairement, à l'ordre juridique Est-africain où il existe une règlementation de la procédure de renvoi préjudiciel[90], dans l'ordre juridique de la CEMAC, il s'agit d'une œuvre essentiellement prétorienne.

Dans son unique Arrêt préjudiciel, la CJ CEMAC a fait un certain nombre de précisions.

---

[87] République Centrafricaine.

[88] CJ CEMAC, Arrêt n° 001/CJ/CEMAC/CJ/10-11, Affaire *École Inter-États des Douanes (EIED) contre DJEUKAM Miche*l

[89] EACJ, Case Stated No. 1 of 2014, *Reference for a preliminary ruling under Article 34of the Treaty made by the High Court of the Republic of Uganda in the proceedings between the Attorney General of the Republic of Uganda and Tom KYAHURWENDA,* Appellate Division.

[90] Cf. Annexe n° 6 du Règlement de procédures 2019 et Note d'information sur le renvoi préjudiciel des juridictions nationales disponible à l'adresse électronique : https://www.eacj.org//wp-content/uploads/2012/08/Guidelines-Reference-for-Preliminary-Ruling.pdf. Consulté le 09 septembre 2023.

S'agissant de la compétence de la Cour en la matière[91], elle a jugé que sa « compétence préjudicielle en validité ou légalité est limitée à l'appréciation de validité des actes de Droit dérivé, c'est-à-dire des actes unilatéraux pris par les Institutions, les Organes ou les Institutions spécialisées de la Communauté, à l'exception des normes de Droit primaire ou Droit originaire (traité, actes additionnels, conventions…).

Concernant les modalités et conditions d'exercice du renvoi préjudiciel, la Cour a :

– fixé le domaine du renvoi préjudiciel en référence à l'article 17 de la Convention du 5 juillet 1996 régissant la Cour de Justice (devenu article **26** de la Convention de 2009 portant sur le même objet) : l'interprétation du Droit CEMAC d'une part et, la légalité et l'interprétation des actes des Institutions, Organes et Institutions Spécialisées de la Communauté d'autre part ;

– délimité les actes de Droit dérivé objet du renvoi préjudiciel : Règlement, Directive, Décision, Avis et Recommandations ;

– élaboré le principe de la liberté de la juridiction nationale dans l'introduction d'un recours préjudiciel ; et

– déterminé le principe de la formulation précise de la question préjudicielle.

Dans la continuité, elle y a apporté d'autres indications à travers son Arrêt n° 05/2015-16 du 03 mars 2016 rendu dans l'affaire *Société Civile NZAKOU, Société Civile MIREAU contre Liquidation Banque Méridien BIAO Cameroun* où elle consacre au profit des juges nationaux, un pouvoir d'appréciation dans la mise en mouvement du système préjudiciel.

En effet, « l'engagement des juges internes dans [le] processus de coopération s'apprécie principalement au moment de la formulation de

[91] Dans ses Arrêts n° 005/2015-16 du 03 mars 2016, Affaire *Soci2té civile immobilière NZAKOU (SCI NZAKOU), Société civile MIREAU (SCI MIREAU) c. Liquidation de la Banque Méridien BIAO Cameroun (BMBC)* et n° 006/2015-16 du 03 mars 2016, Affaire *Société civile immobilière KENT devenue EKITA GROUP c. Liquidation de la Banque Méridien BIAO Cameroun (BMBC)*, la CJ CEMAC s'est déclarée incompétente pour connaître des allégations de violation des obligations en matière de renvoi préjudiciel.

la question préjudicielle, d'une part, et de l'exécution de la réponse préjudicielle d'autre part »[92].

Le constat est que la saisine préjudicielle des Cours de justice est l'un des parents pauvres de la juridictionnalisation des droits CEMAC et CAE en termes de volume. Les Juges nationaux offrent ainsi une coopération nulle aux Juges communautaires. Le Juge national africain est naturellement réfractaire au « *Droit venu d'ailleurs* ». Par principe et à l'expérience, il a pour référent unique, la Loi et les actes juridiques à valeur *infra* législative lorsqu'il n'est pas juge constitutionnel sur le plan organique. Il développe donc une attitude de méfiance soit par ignorance, soit par suffisance. Cette suffisance peut être dissimulée à travers la théorie de l'acte clair développée par le Conseil d'État français dans son arrêt *Société des pétroles Shell-Berr*, laquelle conditionne le renvoi à ce que l'interprétation du Droit communautaire présente une difficulté avérée. Le cas échéant, le juge national ne devrait pas s'estimer tenu de procéder à un quelconque renvoi.

Au Cameroun, à titre d'illustration, le Tribunal administratif du Littoral[93] statuant en premier et dernier ressort dans l'affaire *NGUELEFACK Pierre contre État du Cameroun (ministère des Finances)* avait jugé inopportun le renvoi préjudiciel à la Chambre judiciaire[94] de la CJ CEMAC. En effet, le renvoi avait été sollicité par le Procureur général près ledit Tribunal administratif dans ses conclusions[95] afin que la Cour réponde à la question ainsi formulée :

> « Conformément aux dispositions des articles 23 de l'Annexe de la Convention du 17 janvier 1992 portant harmonisation de la Réglementation Bancaire dans les États de l'Afrique Centrale et 35 du Règlement n° 01/02/CEMAC/UMAC/COBAC

---

[92] DUBOUT É. et NABLI B., *Droit français de l'intégration européenne,* Paris, LGDJ, Lextenso éditions, 2015, p. 166.

[93] Il est l'un des dix Tribunaux administratifs institués par la Constitution camerounaise du 02 juin 1972 révisée par la Loi n° 96/06 du 18 janvier 1996 modifiée et complétée par la Loi n° 2008/001 du 14 avril 2008, en ses articles **40** et **42 (2)**, ainsi que par la Loi n° 2006/022 du 29 décembre 2006 fixant l'organisation et le fonctionnement des Tribunaux administratifs en son article **5**.

[94] Devenue Cour de Justice à la faveur de la réforme institutionnelle de 2009.

[95] Conclusions n° 2018-155/SC_1/PG/DLA/TA/103 F du 28 mars 2018 de Monsieur le Procureur général, AWALA WODOUGUE Jean-Claude.

relatif aux conditions d'exercice de l'activité de Microfinance dans la Communauté économique et monétaire de l'Afrique Centrale, quelles sont les conditions substantielles d'agrément qui le cas échéant, justifient son retrait d'office aux dirigeants des établissements de crédit par l'autorité monétaire nationale ? ». La formation collégiale de céans a jugé que « le renvoi préjudiciel sollicité par le ministère Public est inopportun, le débat sémantique introduit par son représentant [portant sur le distinguo à opérer entre les « conditions d'agrément » et les « conditions d'octroi d'agrément »] n'étant pas relatif au problème juridique que pose la présente espèce »[96].

Pour ce qui est de la CJ CAE, la Cour Suprême de la République d'Ouganda lui a posé les questions ci-après :

– les articles 6, 7, 8 et 123 du Traité, lus ensemble avec les articles 27 et 33 sont-ils justiciables devant les juridictions nationales des États membres ?

– les articles 6, 7, 8 et 123 du Traité lus ensemble avec les articles 27 et 33 confèrent-ils des pouvoirs suffisants aux juridictions nationales des États membres pour connaître des affaires liées à la violation du Traité et condamner un État membre au paiement des indemnisations et/ou dommages-intérêts ?

Y répondant ; la Cour a défini la procédure de renvoi préjudiciel comme la clé de voûte permettant au Traité de conserver son caractère communautaire et d'être interprété et appliqué de manière uniforme dans les États membres.

Vidant sa saisine, la Cour a décidé que :

a) l'article 34 du Traité confère une compétence exclusive à la Cour pour interpréter le Traité et invalider les actes communautaires ;

b) les Cours et tribunaux nationaux sont habilités à connaître des affaires relatives à la violation du Traité et à appliquer les dispositions du Traité selon les articles 33 et 34 ;

---

[96] TA Littoral, Jugement n° 053/FF/19 du 28 mars 2019, affaire *NGUELEFACK Pierre contre État du Cameroun (ministère des Finances)*, Recours n° 133/RG/FF/CS/17 du 27 juin 2017.

c) les décisions de la Cour en matière d'interprétation du Traité priment sur les décisions des Cours et tribunaux nationaux rendues sur les matières similaires ;

d) les articles 6, 7 et 8 du Traité sont justiciables devant les Cours et tribunaux des États membres de la Communauté.

S'il est indéniable que les ordres juridiques CEMAC et CAE n'ont connu que des étincelles en matière de renvoi préjudiciel, il convient de reconnaître que les Cours supranationales ont su qualitativement apporté une contribution significative à l'œuvre de construction communautaire.

Cependant, la rareté des saisines préjudicielles n'est pas sans conséquence.

2. Les conséquences du bilan décevant du renvoi préjudiciel dans les ordres juridiques CEMAC et CAE

De l'indigence du renvoi préjudiciel dans la pratique juridictionnelle de la CEMAC et de la CAE, se déduisent des conséquences multiples

En effet, à l'égard des juridictions, elle dénote de ce que les juges nationaux n'évoluent pas dans un cadre communautaire, motif pris de ce que les Droits CEMAC et CAE constituent des faits pour eux plutôt qu'un véritable ordre juridique dans lequel, ils doivent se mouvoir. Ainsi, l'on observe une exacerbation d'une interprétation neutralisante des règles de droit communautaire.

Concernant les justiciables, les juges nationaux n'officient pas dans un cadre communautaire. Si le cadre est voulu, il n'est cependant pas vécu. Les Droits CEMAC et CAE sont des faits pour les juges nationaux. Or, il existe plusieurs cas où, le juge est interpellé sur des questions intéressant le Droit communautaire sans qu'il s'en aperçoive[97] ou sans qu'il ne manque de les ignorer. Dès lors, on observe

---

[97] TA du Littoral, Jugement n° 094/QD/21 du 15 avril 2021, affaire *POM Pierre Roger contre État du Cameroun (ministère des Finances)*, Recours n° 50/RG/QD/19 du 14 octobre 2019.
En effet dans le cadre de l'instruction de cette affaire, le Juge-rapporteur s'était interrogé sur la nature juridique de l'acte attaqué (la **Quittance d'importation temporaire d'un véhicule n° 243/MINFI/DGD/SDSU1/BPHCAM** délivrée par le Chef de Bureau principal des Douanes hors classe d'Abang-Minko'o du 15 juin 2019) devant le Tribunal administratif en excès de pouvoir, à tel point qu'il a entrevu l'éventualité d'une irrecevabilité au motif que l'acte ne faisait pas grief.

une exacerbation de l'interprétation neutralisante, la recherche d'une interprétation conforme et l'inexistence de l'interprétation constructive des Droits CEMAC et CAE[98].

En outre, l'absence de renvoi préjudiciel est susceptible d'exposer les États membres à des recours en manquement d'État[99] du fait de

---

Dans un raisonnement assez proche, le ministère public avait soulevé une exception d'incompétence en application des dispositions de l'article 2 (3) de la Loi n° 2006/022 du 29 décembre 2006 fixant l'organisation et le fonctionnement des Tribunaux administratifs, au motif que si le juge administratif est compétent pour connaître des actions en indemnisation du préjudice causé par un acte administratif, la quittance d'importation temporaire de véhicule sans mise en demeure dont l'annulation est sollicitée n'est pas un acte administratif faisant grief au sens de la jurisprudence camerounaise *NGONGANG NJANKE Martin.*

Vidant sa saisine sur sa compétence, le Tribunal administratif du Littoral a ainsi motivé sa décision :

« *– Attendu cependant qu'une décision administrative est un acte juridique édicté par une autorité administrative dans l'exercice d'un pouvoir administratif, créant des droits et/ou obligations à l'égard des tiers ;*

– Attendu qu'en l'espèce, l'acte intitulé « IMPORTATION TEMPORAIRE DE VEHICULE N°243/MINFI/DGD/SDSU1/BPHCAM, a été édicté par le Chef de Bureau principal des Douanes hors classe d'Abang-Minko, lequel a créé des obligations à l'égard de sieur ***POM Pierre Roger*** *;*

– Qu'il s'en dégage qu'il s'agit d'un contentieux de l'excès de pouvoir contre un acte de l'administration des Douanes, et non d'une contestation sur l'espèce, l'origine ou la valeur d'une marchandise telle que règlementée par l'article 130 du code des Douanes CEMAC, comme le souligne le ministère public en évoquant la quittance d'importation temporaire *;*

– Qu'au regard de l'objet de la demande, il y a lieu de dire inopérante l'exception d'incompétence soulevée »

[98] Lire à cet effet SUDRE F., « À propos du « dialogue des juges » et du contrôle de conventionnalité », *in Les dynamiques du droit européen en début de siècle : études en l'honneur de Jean Claude GAUTRON,* Paris, Pedone, 2004, pp. 207-224.

[99] Les traités communautaires ne déterminent pas le contenu de la notion de manquement. Ils se bornent à ne rappeler que les manquements dont s'agit, doivent être inhérents aux obligations découlant du Droit communautaire.

Cependant, en Droit de l'UE, la notion de manquement a fait l'objet d'une définition prétorienne très élaborée.

En la considérant comme une procédure « dépassant de loin les règles jusqu'à présent admises pour assurer l'exécution des obligations des États » (CJCE, 15 juillet 1960, *Italie c/ Haute Autorité,* 20/59, Rec. 663) et qui constitue « *l'ultima ratio* permettant de faire prévaloir les intérêts communautaires consacrés par les traités contre l'inertie et contre la résistance des États membres » (CJCE, 15 juillet 1960, *Pays-Bas c/ Haute Autorité,* 25/59, Rec. 1021), la Cour retient une conception large du manquement qui résulte de la « constatation objective du non-respect par un État membre des

l'activité juridictionnelle nationale. Il est utile de rappeler dans ce cas précis que, le recours en manquement qui est une action réservée exclusivement à la Commission et aux États membres dans les traités et protocoles communautaires africains, seul le Droit CEMAC prévoit un mécanisme permettant de faire constater un manquement par la Cour, au détour de la dénonciation du fonctionnement défectueux du renvoi préjudiciel[100]. Il s'agit notamment de l'article 27 de la Convention régissant la CJ CEMAC de 2009 qui énonce :

> « Si, à la requête du Président de la Commission, du premier responsable de toute Institution, Organe ou Institution Spécialisée de la CEMAC ou de toute personne physique ou morale, la Cour constate que dans un État membre, l'inobservation des règles de procédure du recours préjudiciel donne lieu à des interprétations erronées du Traité de la CEMAC et des conventions subséquentes, des statuts des Institutions, Organes et Institutions Spécialisées de la Communauté ou d'autres textes pertinents, elle rend un Arrêt donnant les interprétations exactes. Ces interprétations s'imposent à toutes les autorités administratives et juridictionnelles de l'État concerné ».

Les conséquences d'une mise en mouvement squelettique du mécanisme de renvoi préjudiciel peuvent également être dommageables à l'égard de la Communauté elle-même. En réalité, cette réalité des faits met l'ordre juridique en péril du point de vue de sa cohérence et de son effectivité. C'est du reste, la raison pour laquelle, « le mécanisme préjudiciel est un rempart à l'éparpillement des interprétations et des

---

obligations » (CJCE, 10 décembre 1969, *Commission c/ France,* Aff. jointes 6 et 11/69). Tout acte contraire au Droit de l'Union quel qu'il soit est constitutif de manquement. Selon elle, « un manquement d'un État membre peut être constaté, en principe […] quel que soit l'organe de cet État dont l'action ou l'inaction est à l'origine du manquement même s'il s'agit d'une institution constitutionnellement indépendante » (CJUE, 09 décembre 2003, *Commission c/ Italie*, Aff. C-129/00, point 29 ; 12 décembre 2009, *Commission c/ Espagne*, Aff. C-154/08, point 125 ; 04 octobre 2018, *Commission c/ France*, Aff. C-416/17, point 107).

[100] FALL M., *Les Cours de justice africaine et l'intégration*, Dakar, L'Harmattan Sénégal, 2021, p. 103.

applications du droit de l'Union dans les États membres »[101]. Dans le même sens, le Docteur Moustapha FALL souligne en le décriant que :

> « L'usage très épisodique du mécanisme de renvoi préjudiciel entraîne la stagnation du contentieux des libertés du marché commun. Son utilisation généreuse par les juridictions nationales constitue la voie attendue pour garantir une protection efficace des droits conférés aux particuliers par les traités découlant de l'interprétation uniforme du juge communautaire. »[102]

Au demeurant, il est constant que la faiblesse de la saisine préjudicielle constitue une entrave sérieuse à l'enracinement du reflexe communautaire dans le cadre de l'exercice de la fonction juridictionnelle dans la CEMAC et la CAE. Seulement, pour inverser la courbe d'une réalité factuelle désolante, il est indiqué de penser une revalorisation de ce mécanisme.

B. La leçon : la valorisation du renvoi préjudiciel au service de l'édification des ordres juridiques CEMAC et CAE

L'ancrage du Droit communautaire dans les espaces intellectuels et socio-professionnels des États constituent encore une réalité peu aboutie. Il est constant que l'efficacité des Droits CEMAC et CAE en général et du mécanisme de renvoi préjudiciel en particulier résident en leur appropriation par les ressortissants des Communautés et les « gens de justice » s'entend (1) tout en institutionnalisant une véritable coopération juridictionnelle entre les Cours de Justice Communautaires et les juridictions nationales (2).

1. L'incontournable appropriation du droit communautaire par les « gens de justice »

Par l'expression « *gens de justice* », nous désignons tous les intervenants dans la chaîne d'administration et de distribution de la

---

[101] LEPOUTRE N., « Le renvoi préjudiciel et l'instauration d'un dialogue des juges. Le cas de la Cour de justice de l'Union européenne et du juge administratif français », *in Jurisdoctoria* n° 6, 2011, « Les questions préjudicielles en question », p. 44.
[102] FALL M., *Les Cours de justice africaine et l'intégration,* Thèse, Université de Nantes, 05 juin 2020, p. 181.

justice communautaire. Ainsi, qu'ils soient Magistrat, Fonctionnaire de greffe, Avocat, Huissier de justice, Notaire et personnel de la police judiciaire, tous sont concernés.

En effet, l'observation ici est que les programmes de formation professionnelle de ces corps ignorent ou minorent les Droits CEMAC et CAE. Au Cameroun, la prise en compte du Droit CEMAC est nulle dans la formation professionnelle des « *gens de justice* ». Au Rwanda, la formation des avocats accorde une place périphérique à un cours de Droit institutionnel de la CAE.

En réalité, le degré d'implication des sus-évoqués n'est pas le même dans le cadre de l'implémentation des Droits communautaires. Les figures du Magistrat et de l'Avocat étant les plus marquées dans cette œuvre[103].

L'Avocat exerce une mission d'assistance et de représentation. En cela, il effectue des consultations écrites ou orales, défend les intérêts de son client à l'occasion d'un procès et accomplit des actes de procédure au nom et pour le compte de ce dernier. Dans ce cadre, l'Avocat peut recourir au Droit communautaire.

L'absence de connaissances en Droit CEMAC ou CAE peut amenuiser la qualité de la défense ou de la consultation à laquelle se livre l'Avocat. Ainsi, il peut perdre un procès pour n'avoir pas su qu'il existe un moyen de Droit communautaire utile à sa défense. Il peut en outre donner un conseil inopérant dans sa fonction d'assistance à ses clients. L'exploitation des réponses aux questionnaires servis aux Avocats permet de se rendre compte à quel point, le Droit CEMAC ou CAE, leur est étranger.

Les Magistrats ne sont pas en reste car, pour s'être soumis au même exercice, cette carence a également pu être relevée.

Le Magistrat national (dans sa double posture de juge et de parquetier), artisan désigné et privilégié du Droit communautaire est étranger à la discipline. « Formé essentiellement aux disciplines du

---

[103] Il convient de souligner que l'Avocat et le Magistrat sont en effet placés dans des situations différentes compte tenu du statut et de la mission de chacun. Le premier est lié à une partie et il agit dans son intérêt, en engageant sa responsabilité personnelle. Le second est indépendant de toutes les parties et selon les cas, est impartial (le juge) ou défenseur des intérêts de la Loi (ministère public).

droit interne, pénétré d'une culture principalement puisée aux sources nationales, tenu le plus souvent éloigné par ses fonctions des relations internationales, légitimement soucieux de la jurisprudence de son propre corps judiciaire »[104], le Magistrat national soit s'abstient de se prononcer sur le moyen de Droit communautaire[105] soulevé, soit fait une interprétation biaisée de celui-ci. En outre, faute de connaissances, il évite de recourir à un moyen de droit communautaire au soutien de la motivation de sa décision, lorsqu'il est juge ou de ses réquisitions, lorsqu'il est parquetier.

Ainsi, l'invocation d'un moyen de Droit communautaire suppose qu'il s'est produit un fait ou a été élaboré un acte violateur du Droit communautaire. Pour apprécier son caractère fondé, le Magistrat national doit disposer des outils intellectuels et techniques. En leur absence, il l'écartera non pas en raison de son impertinence mais du fait de son ignorance à lui. Bien plus, le moyen de Droit communautaire peut être soulevé d'office par le juge ou le ministère public, en vue de la préservation de l'ordre public communautaire. Toutefois, en situation d'ignorance, le Magistrat national ne peut faire écho au Droit communautaire. Il manque par là même à ses obligations tendant à assurer l'effectivité de ce Droit, à déterminer l'étendue de ses pouvoirs en matière de contrôle de compatibilité entre les ordres juridiques national et communautaire, assurant par la même occasion, la coordination entre les règles communautaires et les règles internes.

Par ailleurs, les milieux universitaires devraient jouer un rôle significatif dans l'appropriation intellectuelle[106] du Droit communautaire dont le défaut ne rejaillit sur la capacité institutionnelle à l'invoquer et l'appliquer, tout près des maisons de justice, qui en assurent une appropriation opérationnelle.

En tout état de cause, l'exigence de la qualité de la justice nationale et communautaire est mise à rude épreuve face à l'ignorance des Droits CEMAC et CAE des principaux acteurs de sa distribution, dans un

---

[104] LECOURT R., *L'Europe des juges, Op. cit.*, p. 306.

[105] C'est une règle tirée du Droit communautaire (primaire ou dérivé) et ayant pour but d'appuyer juridiquement la prétention d'une partie ou de justifier la motivation des réquisitions du ministère public ou d'une décision de justice.

[106] Il s'agit de la connaissance du Droit.

monde où elle se présente comme la « *valeur des valeurs* » et la « *condition des conditions* »[107].

Au demeurant, il est incontestable que les milieux universitaire et juridictionnel sont peu irrigués par les Droits CEMAC et CAE. Les développements précédents posent en réalité un problème de promotion desdits Droits auquel, les institutions nationales et communautaires doivent apporter des solutions.

Fort de cela, il y a lieu de souscrire à un plaidoyer d'une appropriation institutionnelle du Droit communautaire[108] par le truchement de l'aménagement institutionnel réservé aux Droits CEMAC et CAE[109]. Dans le cadre de la CEMAC depuis l'entrée en vigueur de l'Acte additionnel n° 18/08-CEMAC-CCE-09 du 25 juin 2008 portant adoption du principe de la mise en place généralisée des ministères chargés de l'intégration régionale au sein des gouvernements des États membres de la CEMAC, seule la République de Guinée Équatoriale s'est

---

[107] « Sa fonction est désormais triple : elle est l'une des composantes essentielles du régime démocratique, elle constitue une garantie déterminante voire indispensable de l'effectivité de l'État de droit et, enfin, elle est l'un des éléments constitutifs du droit fondamental à un procès équitable, c'est-à-dire du droit sur lequel repose l'effectivité des autres libertés individuelles. » *in* LAZAROVA-DÉCHAUX G., « L'exigence de qualité de la justice dans la nouvelle stratégie d'élargissement de l'Union européenne », *Revue du droit public et de la science politique en France et à l'étranger,* 2015, n° 3, p. 731.

[108] Par les Institutions nationales et communautaires.

[109] D'après la CEA, seuls 32 % des États africains disposent d'un ministère consacré exclusivement à l'intégration.

conformée[110]. Dans la CAE, la Tanzanie, la RDC et le Rwanda ont adopté la même posture institutionnelle[111].

Dans la même veine, les Institutions nationales devraient procéder à la socialisation des droits CEMAC et CAE par leur promotion tous azimuts à l'instar d'une envisageable institutionnalisation d'une coopération formelle entre les Cours supranationales et les juridictions nationales.

---

[110] Cet acte juridique communautaire énonce dans son préambule, que la Conférence des Chefs d'État est « convaincue que l'appropriation totale du projet d'intégration par les États membres de la CEMAC passe par le renforcement de leur capacité à traiter des questions communautaires ; [et] soucieuse de la nécessité d'avoir dans le Gouvernement de chaque État membre le même interlocuteur pour le traitement des questions communautaires ».
Depuis son entrée en vigueur en 2008, cinq (5) des six (6) États de la Communauté ont fait le choix de la création des directions de l'intégration, rattachées à un ministère déterminé. L'État du Cameroun a logé la sienne au ministère de l'Économie, de la Planification et de l'Aménagement du Territoire. L'État congolais, a placé sa direction générale de l'intégration au sein du ministère du Plan, de la Statistique, de l'Intégration Régionale, des Transports, de l'Aviation Civile et de la Marine Marchande. Au Gabon et au Tchad, elle est rattachée au ministère des Affaires étrangères. La RCA a plutôt opté pour une direction générale des affaires multilatérales et stratégiques qui a pour mission, de traiter et d'analyser les grands problèmes internationaux et les rapports des Organisations internationales, régionales et des Organisations Non Gouvernementales, d'en dégager les implications sur la politique étrangère de la République Centrafricaine, laquelle est logée au ministère des Affaires étrangères et des Centrafricains de l'Étranger.
La Guinée Équatoriale est le seul État membre de la CEMAC à s'être conformé à l'Acte additionnel sus-évoqué en créant un ministère autonome chargé de l'intégration. Elle est le membre de la CEMAC qui se rapproche le plus de l'Ouganda, du Kenya, du Burundi et du Soudan du Sud dans la CAE.

[111] En effet, les gouvernements ougandais, kenyan, burundais et sud-soudanais, sont composés chacun d'un ministère en charge des affaires de la CAE entièrement consacré à la cause. En Tanzanie, l'on retrouve plutôt un ministère des Affaires étrangères et de la Coopération de l'Afrique de l'Est. Le Rwanda apparaît comme le seul État membre de la CAE où l'on retrouve une Direction générale de l'Afrique formant l'un des piliers de l'ossature du ministère des Affaires étrangères et de la Coopération internationale.

2. L'envisageable institutionnalisation d'une coopération formelle entre les Cours de Justice CEMAC et CAE et les Juridictions nationales

Le système juridictionnel d'intégration mis en place dans la CEMAC et la CAE doit s'appesantir pour un fonctionnement optimal, sur une coopération franche et sincère adossée sur une loyauté sans failles entre les juridictions.

Pour y arriver les juridictions devraient se connaître et pour se faire, elles doivent se fréquenter. Cela induit des rencontres inter-juridictionnelles entre les Cours de Justice Communautaires et leurs Juges nationaux.

Il s'agit à la vérité d'instaurer une véritable justice dialogique dans la compréhension intégrale de l'expression. C'est cela qui nous conduit à effectuer une distinction entre le dialogue des juges, le dialogue des juridictions et celui des jurisprudences, étant donné qu'il y a du contenu au-delà de la paronymie apparente. Le premier ne peut intervenir qu'à l'occasion d'un renvoi préjudiciel. Il s'agit réellement d'un échange procédural institué entre les juges dans le cadre de leur fonction juridictionnelle en vue de trancher un litige. Or, le deuxième implique des échanges davantage non institutionnels entre les juridictions par le truchement de colloques, séminaires, « missions de sensibilisation » et autres sessions de formation afin de niveler les divergences entre les juridictions appelées à se prononcer sur des questions similaires voire identiques en faisant intervenir les mêmes parties. Le sable de la discorde juridictionnelle est donc exposé sur les plages de la convergence dans et par le dialogue. Le troisième pour sa part, se veut une opération de fertilisation, de densification et d'enrichissement du raisonnement d'un juge dans sa décision par celui d'un autre n'appartenant pas au même ordre juridique et qui l'a précédé sur l'analyse d'une question de droit, en vue de légitimer sa motivation et de conforter l'autorité de sa décision à l'égard des parties et de la société[112].

---

[112] EACJ, Appeal No. 3 of 2013, *Alcon International Ltd vs The Standard Chartered Bank of Uganda, The Attorney General of the Republic of Uganda & The Registrar, High Court of Uganda*, 27th July 2015, Appellate Division.
« *100. In **Borowski vs. The Attorney General of Canada** (supra), the Supreme Court of Canada expresses itself in similar vein, as follows:*

De manière prosaïque, coopérer veut dire **se rencontrer** d'abord, **discuter et se comprendre** ensuite, et **agir comme convenu** enfin.

Conclusion

Juge des conflits entre le Droit national et le Droit communautaire[113], le juge national joue un rôle essentiel dans l'édification de l'ordre juridique communautaire. La « *fonctionnalité" communautaire* »[114] est celle-là qui confère aux juges nationaux, les attributs de juges communautaires de droit commun. Et c'est sur le fondement de ce titre de compétence qu'il participe par son office, « *au processus d'insertion des normes internationales et communautaires dans les ordres juridiques internes* »[115].

"The doctrine of mootness is an aspect of a general policy practice that a Court may decline to decide a case which raises merely a hypothetical or abstract question. The general principle applies when the decision of the Court will not have the effect of resolving some controversy which affects or may affect the rights of the parties. If the decision of the Court will have no practical effect on such rights, the Court declines to decide the case. This essential ingredient must be present not only when the action or proceeding is commenced but at the time when the Court is called upon to reach a decision. Accordingly, if; subsequent to the initiation of the action or proceeding, events occur which affect the rights of the parties, the case is said to be moot. The general policy or practice is enforced in most cases unless the Court exercises its discretion to depart from its Policy or Practice."
101. We entirely agree with this postulation of the doctrine. It is totally apposite to the case at hand before us. »
* EACJ, Reference No. 6 of 2016, *Grands Lacs Supplier S.A.R.L & Others vs The Attorney General of the Republic of Burundi,* 19th June 2018, First Instance Division, « […] *Relying on the Opinion of European Court of Justice in* ***Andrea Francovich and Danila Bonifaci vs. Italy (1991) ECR 1-5357****, the Appellate Division further opined that "the full effectiveness of East African Community Laws including the Treaty and the protection of the rights granted by such laws requires the Court to grant effective relief by way of appropriate remedies in the event of breach of such laws. Otherwise such laws would be no more than pious platitudes."* […] »

113 TA du Littoral, Jugement n° 385/FF/19 du 05 décembre 2019, affaire *La Société Africaine de Distribution (SAFDI) SARL contre État du Cameroun (ministère des Finances)*, Recours n° 14/RG/FF/19 du 26 mars 2019.

114 SIMON D., « Les fondements de l'autonomie du droit communautaire », *in* SFDI, *Droit international et droit communautaire*, Perspectives actuelles, Paris, Pedone, 2000, p. 245.

115 ONDOUA A., « La jurisprudence internationale des juridictions constitutionnelles des États d'Afrique noire francophone », *in La justice constitutionnelle*, actes du colloque international de l'Association nigérienne de Droit constitutionnel (ANDC) NAREY O. (dir.), Paris, L'Harmattan, 2016, p. 295.

Moyen juridique de discussion entre les juridictions nationales et les Cours de justice communautaires, le renvoi préjudiciel est la poutre de l'unité et de l'uniformisation du Droit communautaire au sein des Communautés. Elle est la traduction juridique et procédurale de la volonté politique d'intégration entre les États membres au sein des Communautés. Son absence est une voie ouverte aux divergences d'interprétation ou d'appréciation de validité, occasionnant ainsi l'épuration des Droits primaire et dérivé de leur substance. C'est de la sorte qu'aurait été sacrifiée sur l'autel de la différence, la construction de la CEMAC et de la CAE et mettant en péril la sécurité juridique des justiciables et des ressortissants communautaires.

En 2023, les CJ CEMAC et CAE enregistrent chacune un arrêt préjudiciel, ce qui révèle la faiblesse de la mise en mouvement de ce mécanisme et partant, de l'appropriation individuelle et juridictionnelle du Droit communautaire de ces espaces géographiques.

Pour y parvenir, les milieux universitaires et les maisons de justice, avec des actions concrètes de la société civile ne doivent ménager aucun effort, pour créer un esprit communautaire dans la conscience collective

En effet, les juridictions nationales et communautaires sont tenues d'échanger sur l'application du droit communautaire. Cette dernière est immanquablement, le miroir du conflit dormant entre le Droit national et le Droit communautaire. Le renvoi préjudiciel est cette originalité de l'ordre juridique communautaire[116], démineur de conflit normatif à l'ère du pluralisme.[117]

---

[116] Par rapport au Droit international classique (car, il n'y existe pas de mécanisme pareil) et par rapport au Droit national (en ce que le renvoi préjudiciel en droit interne davantage dans les pays de tradition romano-germanique à l'instar du Congo, du Gabon, du Burundi et dans une certaine mesure du Cameroun n'a ni le même objet, ni la même finalité. Il s'agit ici de demander soit au Juge d'un autre ordre juridictionnel de trancher une question incidente soulevée lors du litige au principal en raison de sa compétence exclusive, soit à un Juge supérieur d'un même ordre de juridiction de se prononcer sur la nature d'une violation des droits individuels dont la compétence lui a été dévolue par la Loi).

[117] « [S] *ituation (...) de coexistence des ordres juridiques non hiérarchisés entre eux qui néanmoins interagissent les uns avec les autres sans qu'aucun des systèmes ne nie l'indépendance ou la normativité de l'autre ; une situation où domine donc non pas la hiérarchie mais le "réseau"* », BRUNET P., « L'articulation des normes. Analyse critique du pluralisme ordonné », *in* AUBY J.-B. (dir.), *L'influence du droit européen sur les catégories du droit public,* Paris, Dalloz, 2010, p. 196.

Thème 3

L'exécution des décisions des cours de justice communautaires : les cas de la CJUEMOA et de la CJCEMAC

Roland GUIRAO[1] (Côte d'Ivoire)

Introduction

Le système juridique d'intégration de l'Union Économique et Monétaire Ouest africain (UEMOA) et celui de la Communauté économique et monétaire d'Afrique Centrale (CEMAC) sont des systèmes juridiques d'intégration fortement inspirés de celui de l'Union européenne. Cette inspiration s'est révélée tant dans l'organisation juridico-institutionnelle de ces deux systèmes d'intégration que dans le fonctionnement de leur justice.

Dans le cadre du système juridique d'intégration de l'Union européenne, « les arrêts ont non seulement force obligatoire du jour de son prononcé, mais force exécutoire [2]». Ce même principe a été également suivi dans le cadre de l'exercice du contrôle juridictionnel de la Cour de justice de l'UEMOA et de celle de la CEMAC.

Dans le cadre de l'UEMOA, c'est le protocole additionnel n°1 relatif aux organes de contrôle qui dispose que : « les arrêts de la Cour de justice ont force exécutoire, conformément aux dispositions de son règlement de procédures. Ils sont publiés au Bulletin officiel de l'Union [3]».

---

[1] Docteur en droit public (CRDT), Université de Reims Champagne-Ardenne, ATER en droit public, Université Paris-Est Créteil (UPEC)

[2] Articles 280 et 299 TFUE ; ex-articles 244 et 256 TCE.

[3] Article 20 du protocole additionnel n° 1 relatif aux organes de contrôle de l'UEMOA.

La CEMAC ne déroge pas à ce principe. Dans son acte additionnel relatif à la Cour de justice communautaire, il est mentionné que « l'arrêt a autorité de la chose jugée et force exécutoire dès son prononcé[4] ».

Malheureusement, en ayant un regard un peu plus prononcé sur les effets des décisions de ces deux Cours de justice communautaires africaines, l'on constate que leur inspiration du système de l'Union européenne ne s'est pas étendue à la veille du strict respect des décisions des deux Cours. Or, pour la crédibilité de ces deux systèmes d'intégration, il est impératif que les mesures nécessaires soient établies afin de faire respecter les décisions de justice.

On est donc curieux de savoir quels sont les mécanismes juridiques mis en place dans le cadre de l'UEMOA et la CEMAC afin de faire exécuter les décisions violées de leurs Cours de justice ? Et quelle est la pertinence de ces mécanismes juridiques ?

Pour satisfaire la curiosité qui nous anime, il convient de mettre en exergue la portée des décisions de la Cour de justice de l'UEMOA et de la CEMAC (I) et d'évaluer par la suite, la pertinence des mécanismes juridiques qui permettent de faire exécuter les arrêts des deux Cours de justice communautaires lorsque ceux-ci sont inexécutés (II).

I. La portée des décisions de la Cour de justice de l'UEMOA et de la CEMAC

L'inspiration de l'UEMOA et de la CEMAC sur le système juridique d'intégration de l'Union européenne les a conduits à déterminer avec cohérence la portée des décisions que leurs Cours rendent. À cet effet, tant dans l'UEMOA que dans la CEMAC, il a été consacré une autorité sans ambiguïté des décisions de leurs Cours de justice (A). Mais malgré cette consécration, des inexécutions des décisions surviennent (B).

---

[4] Article 86 de l'Acte additionnel n°03/21-CEMAC-CJ-CCE-15 du 05 octobre 2021 relatif à la Cour de justice communautaire de la CEMAC.

A. L'autorité consacrée des décisions des deux Cours de justice de l'UEMOA et de la CEMAC

La consécration de l'autorité des décisions des Cours de justice de l'UEMOA et de la CEMAC ne souffre d'aucune ambiguïté dans ces deux systèmes d'intégration.

Pour l'application effective des décisions rendues par ces juridictions supranationales, il faut que celles-ci soient dotées d'une pleine autorité. Cette autorité des décisions permet aux Cours de justice de contribuer à la construction de l'édifice communautaire. En effet, les Cours de justice des organisations d'intégration ont pour mission d'assurer le respect du droit dans l'interprétation et l'application du traité[5]. Elles ont comme le Conseil ou la Commission, la charge de veiller à la réalisation des tâches de leur système d'intégration. Selon la professeure Charlotte Denizeau[6], elles ne sont pas des organes judiciaires, ni de simples autorités. Elles ont dépassé la fonction d'une justice internationale. C'est la raison pour laquelle elles sont considérées comme le juge interne de la Communauté.

De ce fait, « la Cour de justice est un pouvoir judiciaire autonome, suprême et souverain [7]». Autonome parce qu'elle est une institution à part entière qui agit en toute indépendance tout comme la Commission et le Conseil. Suprême, car ces décisions ne peuvent faire l'objet d'aucun recours. Pour finir souveraine, dans la mesure où aucune juridiction ne peut condamner sa jurisprudence et aucune autorité n'est autorisée à la contester.

C'est suivant ces standards que l'UEMOA et la CEMAC ont consacré l'autorité des décisions de leurs Cours de justice dans leurs textes. Ainsi d'une part, le Protocole additionnel n° 1 relatif aux organes de contrôle de l'UEMOA dispose que : « les arrêts de la Cour ont force exécutoire, conformément aux dispositions de son règlement de

---

[5] Article premier du Protocole additionnel n°1 relatif aux organes de contrôle de l'UEMOA et article 2 alinéa 2 de la Convention régissant la Cour de Justice de la CEMAC du 5 juillet 1996.

[6] DENIZEAU. C, « L'autorité des arrêts de la Cour de justice de l'Union européenne », Pravni fakultet Sveučilišta u Splitu, Croatie, p. 290.

[7] *Ibid.*

procédures [8]». Le Règlement de procédures auquel il est fait allusion dans les dispositions précitées, renchérit en énonçant que « L'arrêt à force obligatoire à compter du jour de son prononcé[9] ».

D'autre part, il est prévu dans la Convention régissant la Cour de Justice de la CEMAC que : « les décisions rendues par la Cour de Justice en application de l'article 4 ci-dessus ont autorité de la chose jugée et force exécutoire [10]». Par ailleurs, avec les réformes institutionnelles de 2008 qui ont intégré l'additif relatif au système institutionnel et juridique de la Communauté au traité CEMAC pour en faire un seul texte, il a ainsi été décidé en ce qui concerne la portée des décisions de la Cour de la CEMAC que conformément à l'article 92 de l'Acte additionnel n° 04/00/CEMAC-041-CCE-CJ-02 portant règle de procédure devant la Chambre judiciaire, « les arrêts reçoivent sur le territoire de chacun des États force exécutoire dans les conditions prévues à l'article 24 de l'additif du traité de la CEMAC »[11].

Par l'autorité de la chose jugée, la juridiction établit une version des faits comme la seule valable. C'est un principe selon lequel il n'est nullement possible de revenir judiciairement sur un fait qui a déjà été jugé. Dans le cadre de l'Union européenne, ce principe est de source prétorienne. Il est non écrit mais largement appliquer par la Cour de justice qui a fini par le reconnaître comme un élément nécessaire du système juridictionnel de l'Union et globalement, comme un principe du droit de l'Union européenne. L'autorité de la chose jugée est utile dans tout système juridique parce que les règles de ce principe « visent à garantir la stabilité des rapports juridiques, non seulement lorsque cela paraît nécessaire pour sauvegarder les droits subjectifs des parties, mais,

---

[8] Article 20 du Protocole additionnel n°1 relatif aux organes de contrôle de l'UEMOA.

[9] Article 57 du Règlement N°01/96/CM portant Règlement de procédures de la Cour de justice de l'UEMOA.

[10] Article 5 de la Convention régissant la Cour de Justice de la CEMAC du 5 juillet 1996.

[11] GNEBA, J, « La problématique de l'exécution des arrêts des Cours de Justice de la Communauté économique et monétaire de l'Afrique Centrale (CEMAC) et de l'Union Économique et Monétaire Ouest Africain (UEMOA) », Lexbase, Dschang, 2020.

d'une manière générale, afin de maintenir la sécurité de toutes les situations établies dans l'ordre juridique[12]».

Quant à la force exécutoire, elle est consacrée dans les textes européens et bien évidemment dans ceux de l'UEMOA et de la CEMAC comme nous l'avons vu plus haut. Grâce à ce principe reconnu aux arrêts des deux Cours, le justiciable auquel la décision de justice a reconnu des droits, peut faire procéder à une exécution forcée de celle-ci par le biais d'un officier qui a compétence pour requérir la force publique[13].

Ainsi, en consacrant ces deux principes en ce qui concerne les décisions de leurs Cours de justice, le système d'intégration de l'UEMOA et celui de la CEMAC mettent un pied d'honneur à l'exécution des décisions de leurs Cours et semblent ne laisser place à aucune velléité de violation de celles-ci. Pourtant des violations des décisions des deux Cours surviennent.

B. Les violations de l'autorité des décisions des deux Cours de justice

Malgré la force exécutoire et l'autorité de la chose jugée des arrêts clairement établi dans les textes qui régissent la CJUEMOA et la CJCEMAC, les arrêts de ces deux Cours de justice sont assez souvent confrontés à des violations.

Aussi étonnant que cela puisse paraître, le non-respect des décisions des Cours de l'UEMOA et de la CEMAC est du fait des institutions de ces systèmes d'intégration et de leurs États membres.

Conformément à leurs attributions, les Cours de justice communautaires peuvent sanctionner leurs institutions pour certaines de leurs actions mais également pour les dommages extracontractuels qu'elles peuvent causer. Ces sanctions peuvent être prononcées par le biais du recours en annulation aussi appelé recours en contrôle de la légalité à l'encontre des actes obligatoires de la communauté. En cas d'illégalité de l'acte, les Cours prononcent sa nullité. Ce principe est reconnu à l'article 15-2 du Règlement de procédures de la Cour de l'UEMOA, à l'article 9

[12] TURMO. A, *L'autorité de la chose jugée en droit de l'Union européenne,* Bruylant, Bruxelles, 2017, p. 104.
[13] BRAUDO. S, *Dictionnaire de droit privé,* Dictionnaire en ligne 1996-2023.

du Protocole additionnel relatif aux organes de contrôle de l'UEMOA et à l'article 14 de la Convention de 1996 de la Cour de la CEMAC.

Des sanctions peuvent aussi être prononcées à travers le recours en responsabilité extracontractuelle qui permet aux Cours de justice de condamner la Communauté à indemniser les dommages causés en dehors de l'inexécution d'un contrat. Ce recours est prévu à l'article 15 du Protocole additionnel relatif aux organes de contrôle de l'UEMOA et à l'article 20 de la Convention de 1996 de la Cour de la CEMAC.

Les Cours de justice communautaires peuvent également sanctionner les États membres à travers le recours en manquement qui est un outil à leur disposition pour veiller à ce que les États membres respectent les obligations qu'ils ont préalablement acceptées en adhérant à la Communauté. Ce recours est prévu à l'article 5 du Protocole additionnel relatif aux organes de contrôle de l'UEMOA et à l'article 14 de la Convention de 1996 de la Cour de la CEMAC.

C'est donc un truisme d'affirmer que les Cours de justice sont compétentes pour s'il le faut, prononcer des sanctions à l'encontre des institutions de la Communauté et des États membres de celle-ci. Cependant, lorsque les Cours prononcent des décisions de sanction, il arrive parfois que celles-ci ne soient pas respectées.

Pour preuve, dans la tristement célèbre affaire *Eugène Yaï c/ Conférence des Chefs d'État et de gouvernement et Commission*, la Cour de l'UEMOA a, dans les arrêts N°03/2005 et n° 01/2006, annulé respectivement les actes additionnel n°06/2004 du 15 novembre 2004 et n° 01/2005 du 11 mai 2005 qui avaient nommés puis confirmé monsieur Jérôme BRO GREBE comme Commissaire à l'UEMOA en remplacement de monsieur Yaï alors que son mandat courrait toujours.

Malheureusement, ces arrêts de la Cour de justice n'ont pas été respectés par la Conférence et la Commission qui ont même entamé un bras de fer avec la Cour en vue d'imposer monsieur Jérôme BRO GREBE. L'État de Côte d'Ivoire, pays originaire des deux commissaires et État membre de l'UEMOA n'est pas resté en marge de ce bras de fer. Il a même confisqué les recettes dues à la Communauté jusqu'à ce qu'une décision favorable à la nomination de monsieur Jérôme BRO GREBE soit prononcée.

Dans le cadre de la CEMAC, c'est à travers l'affaire *Mokamanede John Wilfried c/ l'École Inter-Etats des Douanes (EIED)* que la violation des décisions de la Cour s'est fait remarquer. Dans cette affaire, à la suite de l'inexécution de l'arrêt en annulation de l'acte de licenciement prononcé par la Cour de justice de la CEMAC, monsieur MOKAMANEDE a à nouveau saisi la même Cour cette fois, pour un recours en responsabilité. Ayant affiché un caractère sévère à l'endroit de la Communauté, ladite Cour a déclaré que : « la résistance abusive de l'exécution de l'arrêt devenu définitif a causé un préjudice au requérant ». Fort de cela, elle a affirmé disposer d'éléments d'appréciation suffisants pour évaluer ce préjudice et a ainsi condamné la Communauté au paiement de la somme évaluée. Quoiqu'il en soit, la multiplication de ces résistances est susceptible de mettre à nu les espoirs placés aux juridictions communautaires « comme instruments d'instauration d'une Communauté de droit »[14].

II. La pertinence des mécanismes juridiques existants en cas d'inexécution des arrêts des deux Cours de justice communautaire africaine

Le phénomène de l'inexécution des arrêts des juridictions n'est pas inédit dans les systèmes d'intégration en Afrique. Il a été constaté dans le cadre de la CIJ et dans celui de l'Union européenne. Même s'il a été présenté comme un phénomène minoritaire au niveau européen, il n'empêche que ce système d'intégration a tenu à être le moins tolérant possible avec cette pratique.

C'est à cet effet que ce système d'intégration prévoit un moyen de veiller à l'uniformité du droit communautaire et à la bonne application des décisions de justice. Il s'agit du recours en manquement qui est institué également dans l'UEMOA et la CEMAC (A). Cependant, dans l'UEMOA tout comme dans la CEMAC, la faiblesse parfois constatée

---

[14] GNEBA. J, « La problématique de l'exécution des arrêts des Cours de Justice de la Communauté économique et monétaire de l'Afrique Centrale (CEMAC) et de l'Union Économique et Monétaire Ouest Africain (UEMOA) », *op. cit.*

de ce recours ne présente aucune alternative en vue de réellement appliquer les décisions des Cours (B).

A. Les mécanismes prévus pour le respect et l'application des décisions des Cours de justice de l'UEMOA et de la CEMAC

Comme moyen prévu en vue d'intervenir en cas d'inexécution des arrêts des Cours de justice de l'UEMOA et de la CEMAC, nous pouvons premièrement évoquer le recours en manquement. Le recours en manquement peut intervenir pour donner suite à la violation de l'ensemble des normes du droit communautaire sans distinction, ce qui inclut les arrêts de la Cour. De façon plus explicite, cette violation ou ce manquement à l'ensemble des normes du droit communautaire peut se présenter soit par la prise de dispositions nationales incompatibles avec les normes communautaires, soit par le refus volontaire de transposer une norme communautaire ou par le fait de se garder d'adopter des mesures prescrites par le droit communautaire y compris la jurisprudence.

C'est une compétence qui est prescrite aux articles 114 §9 et 348, alinéa 2 TFUE à l'égard d'abus de mesures dérogatoires qu'un État peut prendre pour des motifs de sécurité intérieure ou de sécurité internationale. C'est sur ce fondement de l'intégration européenne que l'UEMOA et la CEMAC ont adopté le recours en manquement à travers l'article 5 de son protocole additionnel n° I relatif aux organes de contrôle et l'article 14 de la Convention de la Cour de la CEMAC.

Il est vrai que ce recours n'est pas exclusivement consacré pour intervenir en cas d'inexécution des arrêts des Cours de justice mais il semble adéquat en cas de non-exécution de ceux-ci. En effet, il s'agit d'une voie de recours de droit propre aux Organisations d'intégration économique[15]. Elle ne donne pas compétence à la Cour pour annuler un acte illicite ou adresser des injonctions à un État, mais il n'empêche que cette voie de recours donne compétence à la Cour pour condamner un

[15] Selon la CJCE dans son arrêt du 15 juillet 1960, Italie c/CECA, affaire 20/59. « Il s'agit d'une procédure dépassant de loin les règles jusqu'à présent admises en droit international classique pour assurer l'exécution des obligations des États. » Cité par ZOGBELEMOU. T, *Droit des organisations d'intégration économique en Afrique,* L'Harmattan, Paris, 2012, p. 263.

État pour manquement à ses obligations. Cette condamnation intervient afin de demander à l'État mis en cause de se tenir à ses obligations. Selon certains auteurs, « le recours en manquement confirme en outre le rôle important dévolu à la Commission en tant que gardienne du droit de l'Union[16]».

Comme certains auteurs avant nous[17], on constate que le recours en manquement peut être soulevé seulement à l'encontre d'un État pour violation de ses engagements communautaires en total exclusion des organes et institutions communautaires susceptibles également de violer des engagements communautaires.

Le règlement de procédure de la Cour de l'UEMOA définit, en son article 15-1, les modalités de l'action en manquement. Dans le cadre de la CEMAC, on peut se référer aux compétences de la Commission prévues à l'article 35 du traité ainsi qu'aux propos du Juge Georges TATY[18].

Cela étant, tout comme dans le cadre de l'Union européenne, dès que la procédure est initiée par la Commission de l'UEMOA ou celle de la CEMAC, que ce soit à la suite de plaintes où des rapports de bureaux de représentation de l'Union ou de la Communauté dans les États membres, celle-ci transmet dans un avis motivé le ou les manquements qu'elle reproche à l'État. Elle le fait surtout après avoir permis à l'État concerné d'expliquer la ou les raisons pour lesquelles le manquement est intervenu.

Aux termes du dernier alinéa de l'article 15-1 du Règlement de procédures de la Cour UEMOA par exemple, si la Cour estime le recours fondé, elle constate le manquement. Tous les organes de l'État membre concerné ont l'obligation d'assurer dans les domaines de leurs

---

[16] BLUMANN. C, DUBOUIS. L, *Droit institutionnel de l'Union européenne*, *op. cit*, p. 751.

[17] GNEBA. J, « La problématique de l'exécution des arrêts des Cours de Justice de la Communauté économique et monétaire de l'Afrique Centrale (CEMAC) et de l'Union Économique et Monétaire Ouest Africain (UEMOA) », *op. cit.*

[18] TATY. G (juge à la Cour de justice de la CEMAC), « Le Règlement du contentieux communautaire par la Chambre judiciaire de la Cour de Justice de la CEMAC », Revue de l'ERSUMA : Droit des affaires – Pratique Professionnelle, N° 6 – Janvier 2016.

pouvoirs respectifs, l'exécution de l'arrêt qui a force exécutoire dans tout l'espace communautaire[19].

Toujours selon le même article du Règlement de procédures, lorsque l'abstention de l'État membre dont le manquement a été constaté est avérée, la Commission a la possibilité de saisir la Conférence des Chefs d'État et de gouvernement afin qu'elle invite l'État membre défaillant à s'exécuter, sans préjudice des sanctions prévues dans le cadre de la surveillance multilatérale[20].

On estime qu'à ce jour, même si le recours en manquement ne peut être soulevé que contre les États membres, elle pourrait à travers le pouvoir d'indépendance du juge communautaire être utilisée à l'encontre des organes et institutions de la communauté sur le fondement de la violation de l'ensemble des normes du droit communautaire dont la jurisprudence en fait partie.

Deuxièmement, on peut évoquer comme moyen prévu en vue d'intervenir en cas d'inexécution des arrêts des Cours de justice de l'UEMOA et de la CEMAC les impulsions textuelles des deux systèmes d'intégration.

Dans le cadre de l'UEMOA, cela se manifeste par le Protocole additionnel n° 1 relatif aux organes de contrôle de l'UEMOA qui dispose que :

> « Si la Cour de Justice constate qu'un État membre a manqué à une des obligations qui lui incombe en vertu du traité de l'Union, cet État est tenu de prendre toutes les mesures que comporte l'exécution de l'arrêt. En cas d'abstention de l'État membre dont le manquement a été constaté, la Commission a la faculté de saisir la Conférence des Chefs d'État et de gouvernement afin qu'elle invite l'État membre défaillant à s'exécuter [21]».

Si l'initiative est salutaire, force est de constater que le texte est assez timoré en ce qui concerne les sanctions vis-à-vis de l'État défaillant. Et comme si cela ne suffisait pas, une autre disposition du même Protocole

---

[19] Article 20 du protocole additionnel n°1 relatif aux organes de contrôle.

[20] Conformément aux dispositions de l'article 74 du Traité UEMOA.

[21] Article 6 Protocole additionnel n° 1 relatif aux organes de contrôle de l'UEMOA

additionnel n° 1 vient aussi atténuer le caractère contraignant de la précédente. Il s'agit de l'article 10 du Protocole additionnel n° 1 qui dispose que :

> « L'organe de l'Union dont émane l'acte annulé est tenu de prendre les mesures que comporte l'exécution de l'arrêt de la Cour de Justice. Celle-ci a la faculté d'indiquer les effets des actes annulés qui doivent être considérés comme définitifs ».

Dans le cadre de la CEMAC, c'est à la lecture des dispositions de la Convention de la Cour relative à la Chambre judiciaire de la Cour de Justice de la CEMAC de 1996 que cette impulsion se manifeste. Les dispositions de la Convention énoncent que :

> « L'État membre, l'Institution, l'Organe ou l'Institution Spécialisée dont émane l'acte annulé est tenu de prendre des mesures que comporte l'exécution de l'arrêt rendu par la Chambre judiciaire. Et en cas de refus de se conformer, tout État membre ou tout Organe de la CEMAC en saisit la Conférence des Chefs d'État[22] ».

Ces dispositions à l'instar de celles de l'UEMOA ne présentent pas un caractère réellement contraignant.

On peut en déduire que tant dans l'UEMOA que dans la CEMAC, les moyens prévus en vue d'intervenir en cas d'inexécution des arrêts des Cours de justice présentent une pertinence peu reluisante. En s'inspirant du système d'intégration européenne, les systèmes d'intégration de l'UEMOA et de la CEMAC auraient dû adopter le mécanisme mis en place dans ce système d'intégration pour résoudre les problèmes d'inexécution des décisions de leurs Cours de justice.

B. L'absence d'alternative permettant de garantir l'exécution des arrêts de la Cour au sein des deux systèmes d'intégration africaine

Contrairement au droit de l'UE, celui de l'UEMOA et de la CEMAC n'a pas su combler cette faiblesse relative au bon fonctionnement de

---

[22] Article 16 de la Convention relative à la Chambre judiciaire de la Cour de Justice de la CEMAC de 1996.

son contrôle juridictionnel. Compte tenu du caractère déclaratoire des arrêts en manquement, l'État contrevenant serait tenté de persister dans son manquement et de refuser de se conformer aux obligations relatives à ceux-ci. À cet effet, le système d'intégration européenne a institué le recours en manquement aggravé par le biais d'une procédure spécifique contenue à l'article 260 TFUE[23]. Cette procédure a été qualifiée par la jurisprudence de « procédure juridictionnelle spéciale d'exécution des arrêts de la Cour [24]», c'est-à-dire qu'elle est « une voie d'exécution [25]».

En cas de persistance au manquement, la Commission a la possibilité de demander au récalcitrant de présenter ses observations. Par ailleurs, jusqu'au traité de Lisbonne, la Commission avait pour obligation d'émettre un avis motivé afin de déterminer avec précision la nature du manquement persistant. Désormais, cette obligation d'émettre un avis motivé est bannie[26]. Si l'État ne s'exécute pas, la Commission a la prérogative conformément à l'article 260 § 2 TFUE de saisir la Cour d'une action en manquement aggravé afin qu'elle inflige des sanctions sous forme d'amende et/ou astreinte par jour d'inexécution[27]. « C'est une procédure contentieuse qui connaît une application régulière[28]». L'amende est à distinguer de l'astreinte. L'amende, ou somme forfaitaire « revêt un caractère punitif mais également dissuasif quant à la répétition du manquement en cas de comportement infractionnel répétés[29]». L'astreinte, quant à elle, a pour unique but de contraindre l'État réfractaire à exécuter l'arrêt pour lequel son manquement a été

---

[23] BOUTAYEB. T, *Droit institutionnel de l'Union européenne*, Paris, LGDJ, 5e éd, 2018, p.738.

[24] CJCE, 12 juillet 2005, Commission c/France, dite « affaire des poissons sous taille », aff. C-304/02, Rec. p. I 6263.

[25] CJCE, 10 septembre 2009, Commission c/Portugal, aff. C-457/07.

[26] BOUTAYEB. C*, Droit institutionnel de l'Union européenne*, *op. cit*, p.739.

[27] L'article 260 § 2 TFUE dispose que : « Si la Commission estime que l'État membre concerné n'a pas pris les mesures que comporte l'exécution de l'arrêt de la Cour, elle peut saisir la Cour, après avoir mis cet État en mesure de présenter ses observations. Elle indique le montant de la somme forfaitaire ou de l'astreinte à payer par l'État membre concerné qu'elle estime adapté aux circonstances. Si la Cour reconnaît que l'État membre concerné ne s'est pas conformé à son arrêt, elle peut lui infliger le paiement d'une somme forfaitaire ou d'une astreinte (…) ».

[28] BOUTAYEB. C, *Droit institutionnel de l'Union européenne*, *op. cit.* p.739.

[29] CJCE, 9 décembre 2008, Commission c/France, aff. C-121/07 ; CJUE, 19 décembre 2012, Commission c/Irlande.

constaté. En d'autres termes, il doit s'acquitter de ses obligations communautaires en contribuant à la bonne et parfaite application du droit de l'Union[30].

L'apport du traité de Lisbonne a été de doublement renforcé la procédure contenue à l'article 260 TFUE. Ce double renforcement tient premièrement à l'amélioration de la portée du paragraphe 2 dudit article et, deuxièmement, à l'introduction d'un nouvel élément qu'est le paragraphe 3.

La nouvelle portée du paragraphe 2 de l'article 260 TFUE voudrait qu'en cas de constatation de non-exécution d'un arrêt de la Cour, la Commission n'accomplisse qu'une seule étape de la procédure précontentieuse. Il s'agira pour elle de simplement envoyer une lettre de mise en demeure incitant l'État à présenter ses observations. En cas de non-satisfaction desdites observations ou de silence radio de la part de l'État concerné, elle saisit la Cour au titre du paragraphe 2 de l'article 260 TFUE dont la procédure sera fortement accélérée[31].

Quant au second renforcement, il autorise la Commission à suggérer à la Cour, dès l'introduction de son recours en manquement, d'infliger une somme forfaitaire ou une astreinte qu'elle estime adapter aux circonstances à l'État coupable[32].

Ce sont autant d'éléments qui manquent au droit de l'UEMOA et à celui de la CEMAC. Le manque de ces éléments constitue à l'heure actuelle, une faiblesse de leur contrôle juridictionnel et, par ricochet, de la parfaite application de leurs normes.

---

[30] CJUE, 17 novembre 2011, Commission c/ Italie (paiement de 30 millions d'euros complété par une astreinte évolutive au regard de la récupération de l'aide d'État) ; CJUE, 21 octobre 2014, Italie c/ Commission (arrêt validant la décision de la Commission qui ordonne le versement d'une astreinte de plus de 16 millions d'euros).

[31] BOUTAYEB. C, *Droit institutionnel de l'Union européenne*, *op. cit.* p. 743.

[32] Article 260 TFUE § 3 « Lorsque la Commission saisit la Cour d'un recours en vertu de l'article 258, estimant que l'État membre concerné a manqué à son obligation de communiquer des mesures de transposition d'une directive adoptée conformément à une procédure législative, elle peut, lorsqu'elle le considère approprié, indiquer le montant d'une somme forfaitaire ou d'une astreinte à payer par cet État, qu'elle estime adapter aux circonstances ».

Thème 4

L'avenir des communautés économiques régionales à l'aune de l'opérationnalisation de la ZLECAF

Pierre-Claver KAMGAING[1] (Cameroun)

Introduction

Si certains auteurs voient en la zone de libre-échange continentale africaine (ZLECAf) l'« espoir d'une croissance durable pour l'économie africaine »[2], c'est bien parce qu'elle intervient dans un contexte économique défavorable. En effet, l'Afrique est très généralement présentée comme un paradoxe[3], car en dépit de sa taille et de l'abondance de ses ressources naturelles, elle a longtemps évolué en marge de l'économie mondiale[4]. Elle n'est donc pas considérée en tant qu'actrice majeure des échanges commerciaux mondiaux et les raisons invoquées pour expliquer ce retard ne manquent pas de pertinence. Tout d'abord, le passé colonial du continent ne lui a pas permis de rivaliser de manière équilibrée avec les anciennes puissances colonisatrices. Ensuite, au lendemain des indépendances la

---

[1] Docteur en droit, Université Côte d'Azur et Université de Dschang. Enseignant-chercheur à l'Université Sorbonne Paris Nord – Paris 13. Membre de l'Institut de Recherche pour un Droit Attractif (EA 3970). Enseignant associé à l'Institut Catholique de Bafoussam – Cameroun

[2] J. GOURDON, W OUATTARA, C. ZAKI, « Intégration régionale et zone de libre-échange continentale africaine : espoir d'une croissance durable pour l'économie africaine ? », *L'économie africaine 2022*, Agence française de développement, Paris, La Découverte, 2022, pp. 59-77.

[3] J.-A. C. MOUNKENI, *Paradoxe africain et ses réalités*, Manuscrit.com éd., 2007, 335 p. ; ONU, Commission économique pour l'Afrique, *La croissance et la pauvreté : les paradoxes des économies africaines*, communiqué, novembre 2015.

[4] Certes l'Afrique est ouverte au commerce mondial (44 des 54 pays africains sont membres de l'OMC), mais sa capacité à en tirer profit est remise en cause.

plupart des pays du continent ont opté pour des politiques économiques à la fois protectionnistes et complètement extraverties. En témoignent les régimes commerciaux à l'échelle continentale, longtemps restés restrictifs par rapport aux autres régions du monde. En effet, une étude sur la libéralisation du commerce dans les pays bénéficiant du soutien du FMI a révélé qu'au début des années 1990, plus de 75 % des pays africains avaient des régimes commerciaux restrictifs. Les barrières tarifaires entre les pays africains étaient très élevées, avec des approches économiques basées sur la substitution aux importations. Enfin, aujourd'hui encore, même avec la multiplication des communautés économiques régionales sur le continent[5], l'Afrique développe une économie orientée et dictée par les puissances extérieures. Les pays consomment ce qu'ils ne produisent et produisent ce qu'ils ne consomment pas. La principale conséquence de cet état de choses est que le commerce intra-africain ne représente que 15 % du commerce africain global, un chiffre très faible lorsqu'on le compare à celui d'autres continents comme l'Europe et l'Asie où le commerce intracontinental est estimé à 67 % et à 58 % respectivement.

C'est ce statut économique défavorable que la ZLECAf veut rectifier, grâce notamment à la réduction des coûts commerciaux et à l'intégration de l'Afrique dans les grandes chaînes d'approvisionnement mondiales[6]. Il s'agit d'un projet phare de l'Union africaine (UA) qui constitue son plan directeur pour un développement inclusif et durable dans le cadre de l'Agenda 2063. La ZLECAf trouve son origine dans une décision de l'UA, adoptée lors d'une réunion des chefs d'État en 2012, visant à établir une zone de libre-échange continentale qui aboutira à un marché continental commun pour les biens et les services, à l'intérieur duquel les gens d'affaires et les investissements pourront circuler librement au-delà des frontières. L'Accord est signé en 2018, entre en vigueur en 2019 et devient opérationnel le 1er janvier 2021. L'opérationnalisation de la ZLECAf marque donc une nouvelle ère pour le continent

---

[5] C. T. DIEYE, « L'Afrique et le chevauchement des accords régionaux », *Revue Interventions économiques* [Online], n° 55, 2016, pp. 1-10 ; A. DIOUF, « Afrique : l'intégration régionale face à la mondialisation », *Politique étrangère*, 2006/4, pp. 785-797.

[6] La finalité de l'accord de la ZLECAf est d'éliminer 97 % des tarifs sur le commerce intra-africain.

puisqu'elle a concrétisé une aspiration africaine, celle de l'unité. Et s'il y a quelqu'un qui devrait s'en réjouir en premier, c'est sans doute Kwame Nkrumah, lui qui légué à la postérité son célèbre ouvrage intitulé « *Africa most unite* »[7]. Tout était donc dit ! Cependant, l'opérationnalisation de ce nouvel instrument d'intégration régionale pose inéluctablement la question de la survie des communautés économiques régionales (CERs) qui pullulent sur le continent[8]. En effet, « les pays membres de ces CERs, comme les CERs elles-mêmes, sont parties à de nombreux accords régionaux, espérant à la fois tirer profit des avantages commerciaux qu'ils peuvent y gagner et renforcer leur propre intégration »[9]. Ce chevauchement des accords explique – en partie tout du moins – la mauvaise intégration de l'Afrique dans le commerce mondial, du fait d'une pluralité des normes commerciales parfois contradictoires. Dans un tel contexte, l'on peut craindre que l'Accord créant la ZLECAf ne soit qu'un accord de plus, voire de trop. Dès lors, peut-on légitimement se poser la question de savoir l'opérationnalisation de la ZLECAf compromet l'avenir des CERs préexistantes. Très concrètement, ces dernières sont-elles vouées à disparaître ? Si oui, quand et comment ? Sinon, pourquoi et comment ? Ces questions sont d'autant plus fondamentales que ce sont les mêmes États africains qui, appartenant déjà pour certains à plusieurs communautés économiques, sont appelés désormais à faire vivre la nouvelle zone de libre-échange.

Plus globalement, la réflexion permet d'analyser les changements qu'apporte la ZLECAf dans l'ordre communautaire africain ainsi la place réservée aux différents acteurs que sont les États et les différents autres instruments d'intégration régionale. Ainsi, au regard de l'ambition et des espoirs que charrie la ZLECAf, l'avenir des communautés économiques régionales s'inscrit nécessairement dans la durée et présente

---

[7] K. NKRUMAH, *Africa must unite*, Panaf books, 1998, 276 p.

[8] L'Afrique compte 14 CERs, mais seulement 8 sont officiellement reconnus par l'Union africaine et l'Accord de la ZLECAf : la Communauté économique des États de l'Afrique de l'Ouest (CEDEAO) ; la Communauté de Développement de l'Afrique du Sud-est (SADC) ; la Communauté économique de l'Afrique Centrale (CEEAC) ; l'Union du Maghreb Arabe (UMA) ; la Communauté de l'Afrique de l'Est (CAE) ; le Marché Commun de l'Afrique du Sud-est (COMESA) ; la Communauté économique des États Sahélo-Sahariens (CENSAD) et l'Autorité Intergouvernementale pour le Développement (IGAD).

[9] C. T. DIEYE, « L'Afrique et le chevauchement des accords régionaux », art. préc.

deux moments importants dont l'analyse entend rendre compte. Le premier moment c'est « l'instant » ou encore le court terme et il permet de constater qu'au lendemain de l'opérationnalisation de la ZLECAf, les communautés économiques régionales continuent de fonctionner et en constituent même les piliers. On peut donc dire que l'existence des communautés économiques est préservée pour l'instant (**I**). Cependant, pour éviter les risques de chevauchement entre ces entités, l'Accord de la ZLECAf pose le principe de sa primauté sur les autres accords régionaux, ce qui aurait pour conséquence de réduire le champ d'application de ces derniers. Le second moment de l'analyse de l'avenir des communautés économiques amène à s'intéresser à « demain » ou au long terme. De ce point de vue, force est de constater que la ZLECAf à vocation à devenir un marché unique pour tout le continent, ce qui permet d'envisager une disparition lente mais progressive des différentes communautés économiques. En témoigne d'ailleurs le processus de rationalisation accéléré depuis ces dernières années. Les États s'érigent alors en acteurs principaux de la ZLECAf, ce qui permet d'estimer que l'existence des communautés économiques régionales sera menacée avec le temps (**II**).

I. Les communautés économiques régionales, une existence préservée pour l'instant

Certes, l'opérationnalisation de la ZLECAf marque l'avènement d'un Nouveau Monde, mais l'Ancien Monde ne s'en est pas complètement allé. Les CERs ne disparaîtront pas d'aussitôt, ce qui peut contenter leurs défenseurs. D'ailleurs, l'Accord de la ZLECAf prend le soin de consacrer expressément la place réservée à ces institutions préexistantes et à parcourir les différents textes, force est de constater qu'elles constituent les piliers sur lequel repose l'édifice du libre-échange. En effet, l'Accord entend préserver les acquis réalisés dans le cadre des CERs (**A**). Cependant, il ne faut pas perdre de vue que l'avènement d'un Nouveau Monde pose nécessairement la question de son articulation avec le monde ancien, car il faut éviter, en les anticipant, les situations d'incompatibilité entre les règles juridiques issues des différentes CERs et celles issues de l'Accord de la ZLECAf et ses textes subséquents. C'est la raison pour laquelle ce dernier texte consacre le principe de sa primauté, tempérant ainsi l'influence desdites communautés économiques régionales (**B**).

A. La préservation des acquis des CERs

Avant l'entrée en vigueur de l'Accord créant la ZLECAf, le continent africain connaît plusieurs communautés économiques régionales dont la rationalisation paraît s'imposer depuis bientôt deux décennies[10]. Ces communautés ont mis en place divers programmes d'intégration allant de la création des zones de libre-échange à la mise en place de véritables unions douanières. Cela signifie que la ZLECAf n'a pas trouvé un terrain d'intégration économique vierge. Bien au contraire, elle se situe dans le prolongement et le renforcement de ce qui existait déjà. Ainsi, l'article 5 de l'Accord, envisage « *les zones de libre-échange (ZLE) des CERs comme les piliers de la ZLECAf* ». De même, toujours aux termes de la même disposition, la nouvelle zone de libre-échange repose sur la « préservation des acquis » et la « prise en compte des meilleures pratiques au sein des CERs et dans le cadre des conventions internationales applicables à l'Union africaine »[11]. Dans cette optique, de toutes les communautés économiques régionales existantes sur le continent, l'Accord reconnaît seulement huit (8)[12], probablement parce qu'elles sont les mieux avancées en matière d'intégration. En effet, ces communautés ont le mérite de ne laisser aucun État sur le bord du chemin. Aucun État africain ne vit en autarcie, chacun appartient au moins à une Communauté économique ou à une Initiative régionale de coopération, si ce n'est aux deux instruments.

Quoi qu'il en soit, en mentionnant les communautés économiques régionales, les pays signataires de l'Accord de la ZLECAf étaient sans doute conscients de « l'urgente nécessité de s'appuyer et de consolider les réalisations obtenues en matière de libéralisation des services et d'harmonisation réglementaire au niveau des communautés économiques régionales (CERs) et à l'échelle continentale »[13]. Dans cette perspective, les CERs ont été associées aux différentes phases de négociation de l'Accord et ont eu l'occasion de mettre en commun leurs expériences. Ainsi, la nouvelle zone de libre-échange est le fruit d'un large consensus, comme en témoigne d'ailleurs sa signature par la grande

[10] Union africaine, Rapport de la commission sur la rationalisation des communautés économiques régionales (cer), 16-21 janvier 2006.
[11] V. l'article 5 (b), (f) et (l) de l'Accord de la ZLECAF.
[12] Article 1er de l'Accord de la ZLECAF.
[13] Accord de la ZLECAF, préambule du protocole sur le commerce des services.

majorité des États. À cette date 54 États membres de l'Union africaine ont signé l'Accord. Cette volonté de s'appuyer sur les communautés économiques régionales se traduit également par le rôle qu'elles sont appelées à jouer au sein de l'architecture institutionnelle de la ZLECAf. En effet, aux termes de l'article 12.5 de l'Accord de la ZLECAf, « *les CER sont représentées au sein du Comité des Hauts fonctionnaires du commerce à titre consultatif* ». Il s'agit d'une institution très importante chargée de mettre en œuvre les décisions du Conseil des ministres. Il est également responsable du développement des programmes et plans d'action pour la mise en œuvre de l'Accord. En outre, il assure le suivi, examine en permanence et s'assure du bon fonctionnement et du développement de la ZLECAf. Ainsi, il supervise la mise en œuvre des dispositions de l'Accord.

Dans le cadre de sa mission, le Comité des Hauts fonctionnaires du commerce crée des comités techniques ou autres groupes de travail afin d'étudier toute question particulière. Au regard de ses missions et des rapports déjà rendus par ce Comité[14], force est de constater qu'il est la véritable cheville ouvrière dans l'ambitieux projet qu'est la ZLECAf. D'ailleurs, il peut instruire le Secrétariat de la ZLECAf de mener des missions spécifiques et assume toutes autres fonctions conformément à l'Accord ou qui peuvent être requises par le Conseil des ministres. Sous réserve de toutes directives émanant du Conseil des ministres, le Comité des Hauts fonctionnaires du commerce se réunit au moins deux fois par an et fonctionne conformément au règlement intérieur, tel qu'adopté par le Conseil des ministres[15]. Sur le plan organique, outre les CERs représentées, le Comité des Hauts fonctionnaires du commerce est composé de secrétaires généraux ou directeurs généraux, ou de tout autre fonctionnaire désigné par chaque État partie. Si les représentants des États parties ont voix délibératives lors des réunions du Comité, les représentants des CERs n'ont que voix consultatives. En d'autres termes, les CERs ne peuvent influencer directement la prise des décisions au sein Comité, cela étant l'apanage des représentants des pays membres, comme il sera donné de le constater plus tard dans l'analyse. Une partie de la doctrine a pu voir dans ce rôle résiduel « une véritable

---

[14] V. par exemple, le projet du rapport de la 10e réunion de la ZLECAF des ministres du Commerce de l'UA, du 14 décembre 2019.

[15] Article 12-4 de l'Accord de la ZLECAF.

contradiction avec l'affirmation du Préambule selon laquelle [nous rappelons] "les Zones de libre-échange des communautés économiques régionales, servent de piliers à la création de la Zone de libre-échange continentale africaine (ZLECAf)" »[16].

Mais à regarder de près, il ne peut en être autrement, car il serait paradoxal d'accorder une voix délibérative aux représentants des différentes communautés économiques régionales. Et cela tient en une raison simple et évidente. En effet, les communautés CERs n'étant pas signataires de l'Accord de la ZLECAf, n'en sont pas parallèlement des sujets de droit. D'ailleurs, si les Communautés économiques et les États devaient être concurremment des parties à l'Accord de la ZLECAf, il en résulterait un imbroglio qui entraînerait inéluctablement la disparition des premiers[17]. Ainsi, les communautés économiques régionales conservent leur autonomie et leur indépendance. Il s'agit d'entités bien distinctes de la ZLECAf. Partant de là, l'on peut comprendre que l'apport des Communautés dans l'opérationnalisation de zone de libre-échange soit essentiellement technique, comme le prévoit l'article 29 alinéa 1er du Protocole sur le commerce des marchandises[18]. En somme, en scrutant les différents protocoles de l'Accord de la ZLECAf ainsi que leurs annexes – notamment protocole sur le commerce des marchandises[19] et le protocole sur le commerce des services[20] –, il n'est pas de doute que les acquis substantiels ou fondamentaux des communautés économiques régionales ont été préservés.

---

[16] M.-C. KAMWE MOUAFFO-KENGNE, « Quel est le devenir de la CEEAC face à la ZLECAf ? », disponible en ligne https://www.legavox.fr/blog/dr-kamwe-mouaffo/quel-devenir-ceeac-face-ZLECAf-26602.htm, consulté le 30 octobre 2022.

[17] Autrement dit, si les CERs étaient des sujets de droit de la ZLECAF, leur existence, en tant qu'entités autonomes, serait sans objet.

[18] « Le Secrétariat, en collaboration avec les États parties, les CERs et les partenaires coordonne et fournit l'assistance technique et le renforcement des capacités dans le domaine du commerce et les domaines connexes dans le cadre de la mise en œuvre du présent Protocole ».

[19] Ses annexes sont les suivants : listes des concessions tarifaires, règles d'origine, coopération douanière et assistance administrative mutuelle, facilitation des échanges, barrières non tarifaires, obstacles techniques au commerce, mesures sanitaires et phytosanitaires, transit, mesures correctives commerciales.

[20] Ses annexes sont les suivants : listes d'engagement spécifiques, exonérations du traite NPF, services de transport aérien, listes des secteurs prioritaires, document-cadre sur la coopération règlementaire.

Qu'en est-il cependant des acquis processuels ou juridictionnels des différentes Communautés ? À n'en pas douter, « l'idée selon laquelle un organe juridictionnel est indispensable dans la panoplie institutionnelle des organisations d'intégration économique est largement reçue de nos jours »[21]. Dès lors, la question des acquis juridictionnels des Communautés devient fondamentale surtout quand on sait que la plupart des Communautés ont mis en place de véritables juridictions charger de trancher les litiges. Ces organisations juridictionnelles sont à l'origine d'une jurisprudence abondante portant sur des problématiques d'intégration. Ainsi, toute la question est celle de savoir si la jurisprudence d'un juge communautaire peut être mobilisée dans le cadre de la résolution d'un litige né plutôt en application de l'Accord de la ZLECAf. Certes l'Accord de 2018 ne fournit aucune réponse à cette question, mais elle peut se déduire lorsqu'on scrute l'architecture juridique globale de la ZLECAf. En effet, l'Accord de la ZLECAf met en place, à travers son protocole sur les règles et procédures relatives au règlement des différends[22], son propre mécanisme de résolution des différends. Nous y reviendrons. Mais l'on peut déjà relever qu'en vertu de l'article 3 alinéa 4 du texte, « un État partie qui invoque les règles de procédures de ce Protocole en relation avec une question spécifique, ne doit pas recourir à un autre forum de règlement des différends sur la même affaire ». En clair, de même qu'on ne peut pas soumettre un litige né dans le cadre de la ZLECAf à une juridiction communautaire, pareillement on ne peut pas invoquer la jurisprudence d'une juridiction communautaire pour faire valoir des droits ou obligations résultant des dispositions l'Accord de la ZLECAf. De cette situation, un constat clair peut se dégager : celui d'un éventuel rétrécissement du champ de compétences des juridictions communautaires préexistantes, du moins lorsque les contentieux dont elles sont saisies portent sur des matières régies par la ZLECAf. Ce

---

[21] M. KAMTO, « Les Cours de justice des communautés et des organisations d'intégration économique africaines », *African yearbook of international Law*, vol. 6, 1999, pp. 107-150 : « Le foisonnement observé dans ce domaine exprime assurément l'ouverture désormais avérée des États africains à la régulation juridictionnelle des rapports internationaux ». Dans le même sens, v. A. SOW, « La diffusion du droit communautaire ouest-africain », *Civitas Europa*, n° 37, 2016/2, pp. 351-370.

[22] Ses annexes sont les suivants : procédures du groupe spécial, groupes consultatifs d'experts, code de conduite des arbitres et du groupe spécial.

rétrécissement du domaine de compétences des juridictions communautaires découle évidemment et nécessairement, de la primauté de l'Accord de la ZLECAf sur les accords régionaux.

B. La consécration de la primauté de la ZLECAf

Comme relevé plus haut, avant l'entrée en vigueur de la ZLECAf, les pays africains étaient déjà engagés dans divers accords commerciaux régionaux et internationaux, de sorte que les difficultés observées dans le fonctionnement des différentes communautés économiques régionales faisaient craindre un échec de la ZLECAf. Comment en effet, réaliser à l'échelle panafricaine, ce qu'on parvient difficilement à implémenter à 8, à 11 ou à 16 États ? La difficulté est d'autant plus sérieuse que l'Accord de la ZLECAf se superpose au droit secrété par les communautés économiques préexistantes. Dès lors, se pose inéluctablement la question du sort des accords communautaires. À ce propos, il est important de noter que « les accords commerciaux préexistants conclus entre les États parties et des tiers demeurent, l'accord de la ZLECAf n'annule, ne modifie et n'abroge pas leurs obligations »[23]. C'est dire que les accords communautaires et l'Accord de la ZLECAf ont vocation à coexister, avec cependant des risques d'incompatibilité. Ces risques d'incompatibilité tiennent essentiellement au fait que les différentes mesures proposées dans le cadre de la ZLECAf, à l'échelle continentale, sont pour certaines déjà mises en place au sein des communautés économiques régionales.

Ainsi, pour prévenir des risques de chevauchement, l'Accord de la ZLECAf consacre le principe de sa primauté sur les autres accords régionaux. Son article 19 alinéa 1er dispose qu'en cas de conflit et d'incompatibilité entre l'Accord et tout autre accord régional, le présent Accord prévaut dans la mesure de l'incompatibilité spécifique, sauf dispositions contraires du présent article. L'alinéa 2 du même texte ajoute toutefois que les États parties qui sont membres d'autres communautés économiques régionales, d'autres accords commerciaux régionaux et d'autres unions douanières, et qui ont atteint entre eux des niveaux d'intégration régionale plus élevés que ceux prévus par l'Accord,

---

[23] Ministère français de l'économie, des finances et de la relance, DGT, *La lettre économique de l'Afrique de l'Est et de l'océan Indien*, n° 15, 2021, p. 6.

maintiennent ces niveaux entre eux. Une interprétation combinée de ces deux dispositions permet de constater que l'Accord de la ZLECAf envisage deux catégories d'incompatibilités, à savoir les incompatibilités négatives et les incompatibilités positives. L'on peut parler d'incompatibilités négatives lorsque les mesures et les règles mises en place par les autres accords régionaux préexistants sont de nature à freiner l'opérationnalisation de la zone de libre-échange continentale. En revanche, il y a incompatibilité positive lorsque ces mesures et règles sont plus favorables que celles issues de l'Accord de la ZLECAf. Ainsi, l'on en vient à la conclusion selon laquelle, « en situation de conflit, l'accord de la ZLECAf prévaut sauf dans le cas où une union douanière ou communauté économique régionale reflète un niveau d'intégration plus élevé que celui prévu dans l'accord de la ZLECAf »[24].

Cette approche de l'Accord de la ZLECAf est judicieuse, dans la mesure où la question de l'incompatibilité tient finalement au niveau d'intégration réalisé par les accords régionaux. Or, une simple observation permet de constater que le niveau d'intégration n'est pas le même au sein des différentes communautés économiques régionales. En effet, à observer les différentes communautés économiques régionales, l'on peut distinguer une première catégorie de communautés qui ont franchi le cap de l'union douanière qui, si l'on se fie à la typologie des degrés d'intégration élaborée par M. BALASSA[25], se situe à un niveau d'intégration supérieur à celui que propose actuellement la zone de libre-échange continentale. Un exemple est donné par l'union douanière de la Communauté d'Afrique de l'Est (CAE). En effet, en 2014, à Bujumbura, s'est tenue une rencontre entre les mandataires de la COMESA, de la CAE et de la SADC. Cette réunion a abouti « en juin 2015 à la signature d'un accord sur une union douanière entre les trois communautés. Cette grande union douanière rassemblerait 625 millions d'habitants venus de vingt-six pays de l'Est africain, pour un PIB correspondant à 58 % du

---

[24] *Ibid.*

[25] B. BALASSA, *The theory of economic integration, Homewood*, Richard D. Irwin, Inc., 1961, 304 pp. Selon l'auteur, il existe globalement plusieurs degrés d'intégration économique, notamment la zone de libre-échange, l'union douanière, le marché commun et l'union économique.

total du continent africain »[26]. Il en va de même en Afrique de l'Ouest[27], ou encore en Afrique australe avec la mise en place d'une union douanière présentée comme la plus vieille au monde[28]. Une deuxième catégorie regroupe les communautés qui sont pratiquement au même niveau d'intégration que celui que propose la ZLECAf. Il s'agit notamment de la COMESA et la SADC qui ont mis en place des zones de libre-échange effectives, mais sans tarif extérieur commun[29]. Une dernière catégorie est envisageable et regroupe les communautés qui peinent à avancer dans leur processus d'intégration. C'est notamment le cas de l'UMA, la CEN-SAD[30], la CEEAC ou encore de l'IGAD. C'est davantage dans cette dernière catégorie que les risques d'incompatibilités négatives risquent de survenir.

Si l'Accord de la ZLECAF règle les risques d'incompatibilités avec les autres accords régionaux, il demeure cependant silencieux sur les accords internationaux, notamment avec le nouvel accord entre les pays de l'Union européenne et les pays de l'Organisation des États de l'Afrique, du Caraïbe et du Pacifique (Accord UE-OEACP). Il est cependant intéressant et même frappant de constater que ce nouvel accord fait mention expresse de zone de libre-échange continentale Ainsi, les parties soutiennent l'intégration économique régionale en Afrique grâce, entre autres, à la création de marchés plus étendus, au renforcement de la connectivité et à la libre circulation des personnes, des marchandises, des services, des capitaux, des travailleurs et des

[26] J. RÉVILLON, « Une Afrique de l'Est ou des Afriques de l'Est ? L'intégration régionale à l'épreuve de la multiplicité », *Afrique contemporaine*, n° 253, 2015/1, p. 69-86.

[27] En Afrique de l'Ouest, l'union douanière de l'UEMOA a été mise en place en 2000. Sur la question, B. DECALUWÉ, Y. DISSOU et A. PATRY, « Union douanière au sein de l'UEMOA. Une analyse quantitative », *Revue économique*, vol. 52, 2001/4, p. 811-830. Dans le cadre de la CEDEAO, le tarif extérieur commun, qui rend opérationnel l'union douanière, est entré en vigueur le 1er janvier 2015.

[28] « *As the world's oldest custom union, the Southern African Customs Union (SACU) dates back to the 1889 Customs Union Convention between the British Colony of Cape of Good Hope and the Orange Free State Boer Republic* », v. site de la SACU (Southern African Customs Union). Il faut noter cependant que l'union douanière de l'Afrique australe ne figure pas parmi les CER reconnues par l'Union africaine.

[29] C. BUYONGE MIRITO, « La zone de libre-échange continentale africaine : historique, aperçu et rôle de la douane », *OMD actu*, n° 96, octobre 2021.

[30] Communauté des États sahélo-sahariens.

technologies « dans le cadre de la mise en œuvre des traités instituant la Communauté économique africaine et la zone de libre-échange continentale africaine »[31]. De même, les États « coopèrent pour soutenir, avec leurs moyens respectifs, la mise en œuvre de la zone de libre-échange continentale africaine »[32]. Au regard de cette prise en compte textuelle de la ZLECAf, l'on peut estimer qu'il n'y aucun risque d'incompatibilité entre les deux accords, mais plutôt un rapport de complémentarité. Cette complémentarité est d'ailleurs reconnue à l'article 4.2 de l'Accord UE-OEACP qui stipule que « la mise en œuvre des APE, la zone de libre-échange continentale africaine et les autres accords commerciaux applicables sont complémentaires, se renforcent mutuellement et contribuent à approfondir le processus d'intégration régionale et continentale engagé au titre du programme de l'UA pour le commerce et la transformation structurelle ».

En somme, la consécration de la primauté de l'Accord de la zone de libre-échange continentale sur tous les autres accords régionaux est en soi un signal fort déjà donné à travers quelques « considérants » de son préambule. En effet, l'ambition de la ZLECAf est, entre autres, « de résoudre les problèmes posés par les régimes commerciaux multiples et qui se chevauchent afin d'assurer la cohérence des politiques, notamment dans les relations avec les parties tierces ». Pour dire les choses autrement, il s'agit d'intégrer les marchés africains conformément aux objectifs et principes énoncés dans le Traité d'Abuja lors de la 25e session ordinaire de la Conférence des chefs d'État et de gouvernement de l'Union africaine tenue à Johannesburg les 14 et 15 juin 2015. Cette intégration rejoint pleinement les aspirations de l'Agenda 2063 de l'Union africaine visant à créer « un marché continental »[33] – et non plusieurs – avec la libre circulation des personnes, des capitaux, des marchandises et des services, qui sont essentiels pour le renforcement de l'intégration économique, la promotion du développement agricole, la sécurité alimentaire, l'industrialisation et la transformation structurelle économique. Si cette ambition de créer un marché continental unique s'inscrit nécessairement dans le temps, elle n'est pas moins affirmée, ce

---

[31] Article 3.3 de l'Accord UE-OEACP.

[32] Article 6.5 de l'Accord UE-OEACP.

[33] Préambule de l'Accord portant création de la ZLECAF.

qui permet alors d'estimer que l'avenir des communautés économiques régionales risque d'être menacé avec le temps, c'est-à-dire plus ou moins à long terme.

II. Les communautés économiques régionales, un avenir menacé avec le temps

À n'en pas douter, l'opérationnalisation de la ZLECAf institue un nouvel ordre juridique et institutionnel en Afrique. Ses objectifs généraux déclinés à l'article 3 de l'Accord sont très clairs pour être entièrement repris ici. L'on pourra néanmoins insister sur le 1er et le 5e objectifs qui paraissent illustrer convenablement la reconfiguration des rapports économiques à l'échelle du continent. Le premier objectif est de créer un marché unique pour les marchandises et les services (**A**) facilité par la circulation des personnes afin d'approfondir l'intégration économique du continent africain et conformément à la vision panafricaine d'une « Afrique intégrée, prospère et pacifique » telle qu'énoncée dans l'Agenda 2063. Le cinquième objectif est de promouvoir et réaliser le développement socio-économique inclusif et durable, l'égalité de genres et la transformation structurelle des États parties. C'est dire que seuls les États parties sont les sujets de droits et obligations découlant de l'Accord. En cela, ils sont les véritables acteurs de la zone de libre-échange (**B**). Il en résulte un rapport direct entre la ZLECAf et les États parties, sans la moindre immixtion des Communautés économiques régionales.

A. L'objectif de création d'un marché unique à l'échelle continentale

Il existe autant de marchés africains que de communautés économiques régionales, avec le résultat peu satisfaisant qu'on connaît. En effet, dès le lendemain des indépendances, la plupart des pays du continent ont opté pour des politiques économiques à la fois protectionnistes et complètement extraverties. En témoignent les régimes commerciaux à l'échelle continentale, longtemps restés restrictifs par rapport aux autres régions du monde. Une étude sur la libéralisation du commerce dans les pays bénéficiant du soutien du FMI a révélé qu'au début des années 1990, plus de 75 % des pays africains avaient des régimes commerciaux restrictifs. Les barrières tarifaires entre les pays africains étaient très élevées, avec des approches économiques basées sur la substitution aux importations. De nos jours et en dépit de la mise en place des différentes communautés économiques régionales, l'économie africaine semble orientée et dictée par les puissances extérieures. Les pays consomment ce qu'ils ne produisent et produisent ce qu'ils ne consomment pas. La principale conséquence de cet état de choses est que le commerce intra-africain ne représente que 15 % du commerce africain global, un chiffre très faible lorsqu'on le compare à celui d'autres continents comme l'Europe et l'Asie où le commerce intracontinental est estimé à 67 % et à 58 % respectivement. De ce point de vue, la mise en place d'un marché unique aurait pour conséquence, en tout cas on l'espère, d'accroître le commerce intra-africain et de poser les bases d'une union douanière continentale.

Pour atteindre cet objectif, l'Accord de la ZLECAf entend jouer sur deux fronts, en accélérant d'une part la mise en œuvre des règles et institutions qu'il prévoit et en œuvrant à la résolution des « défis de l'appartenance à une multitude d'organisations qui se chevauchent »[34]. La mise en œuvre des règles et des institutions de la ZLECAf repose sur un principe de progressivité, ce que traduisent les différentes phases de négociations. La première phase a porté sur le commerce des biens et des services ainsi que les règles et procédures pour le règlement des différends. La deuxième phase couvre les investissements, les droits de propriété intellectuelle et la politique de concurrence. La troisième phase des négociations, décidée lors du sommet de l'Union africaine de février 2020, portera quant à elle sur un protocole de commerce électronique[35]. À ce jour, seule la première phase du processus est entièrement achevée. Elle a donné lieu à plusieurs textes, notamment le protocole sur le commerce des marchandises[36], le protocole sur le

---

[34] Article 5 de l'Accord portant création de la ZLECAF.

[35] Bien qu'elles ne soient pas explicitement spécifiées par l'Accord, les négociations de la phase III sont liées à l'objectif de faire en sorte que les États parties « *coopèrent dans tous les domaines liés au commerce* ».

[36] Ses annexes sont les suivants : listes des concessions tarifaires, règles d'origine, coopération douanière et assistance administrative mutuelle, facilitation des échanges, barrières non tarifaires, obstacles techniques au commerce, mesures sanitaires et phytosanitaires, transit, mesures correctives commerciales.

commerce des services[37] et le protocole sur les règles et procédures relatives au règlement des différends[38]. Ces protocoles sont accompagnés de près d'une vingtaine d'annexes, qu'on ne saurait présenter en détail dans le cadre de cette réflexion. L'on peut cependant relever que l'une des annexes les plus importantes a été adoptée en juillet 2022 et porte sur les règles d'origine. Il s'agit là d'un élément clé puisque les règles d'origine déterminent quel est le pays source d'un produit ou d'un service destiné au libre-échange. En clair, elles détaillent les critères et les conditions permettant de déterminer si une marchandise est susceptible d'être échangée en tant que marchandise originaire d'un État membre de la ZLECAf. De manière générale, cette diversité des textes juridiques témoigne de la volonté des États africains d'envisager et d'encadrer tous les contours du nouvel instrument d'intégration régionale.

On peut cependant regretter que l'Accord de la ZLECAf ne prenne pas en compte les instruments d'intégration juridique telle que l'OHADA. Cette organisation encadre divers secteurs économiques à travers ses actes uniformes et dispose d'une Cour commune de justice et d'arbitrage (CCJA). Elle a su harmoniser les législations nationales[39] au point où elle sert de référence pour les pays européens qui peinent à mettre sur pied un droit uniforme des affaires[40]. Ainsi, l'OHADA pourrait être d'un apport considérable pour la ZLECAf[41]. Évidemment, il n'est pas question de transposer les actes uniformes de l'OHADA dans l'ordre juridique de la ZLECAf. Il s'agit simplement de prendre en compte le « système d'harmonisation qui existe entre les divers actes

---

[37] Ses annexes sont les suivants : listes d'engagement spécifiques, exonérations du traite NPF, services de transport aérien, listes des secteurs prioritaires, document-cadre sur la coopération règlementaire.

[38] Ses annexes sont les suivants : procédures du groupe spécial, groupes consultatifs d'experts, code de conduite des arbitres et du groupe spécial.

[39] D. MBOW, « L'attractivité juridique et économique de l'OHADA », *Revue libre de Droit*, 2020, pp. 87 et s.

[40] C. GOREICHY, « La nécessité de créer une zone OHADA-ZLECAf », *Village de la justice,* 13 décembre 2019, p.2. Pour l'auteur, les États africains « *ont ainsi réussi là où l'Europe pèche encore* »

[41] V. dans ce sens, S. E. DARANKOUM, « Le Secrétaire Permanent de l'OHADA appelle à la création d'une zone OHADA/ZLECAf », *disponible à l'adresse www.ohada.com, décembre 2019* ; E. MARTIN, « Les défis de la ZLECA », *Afrique*, 11 juin 2019, www.fr.irefeurope.org.

uniformes et d'unification des règles de chaque acte uniforme au sein du système juridique de la ZLECAf »[42]. Or, l'OHADA n'a pas été associée aux différentes phases des négociations relatives à la zone de libre-échange. Cette situation a été déplorée par son secrétaire permanent qui estimait que « *les pays puissants économiquement défendront en groupe leur position au sein de la ZLECAf et seule l'OHADA sera en mesure de porter la voie de tous [ses États membres]* »[43]. Cette préoccupation est d'autant compréhensible que le droit OHADA puise dans les grandes traditions juridiques (*Civil Law* et *Common Law*) qui influencent le monde économique. Au regard du risque de conflit de normes, il aurait été prudent pour les États parties au Traité de l'OHADA de discuter au préalable, dans ce cadre, avant de ratifier l'Accord de la ZLECAf[44]. En effet, aux termes de son article 6, l'Accord relatif à la ZLECAf « régit le commerce des marchandises, le commerce des services, les investissements, les droits de propriété intellectuelle et politique de concurrence ». Or, le droit OHADA encadre déjà certains de ces domaines à travers l'Acte uniforme relatif au droit commercial général, l'Acte uniforme portant organisation des sociétés commerciales et du groupement d'intérêt économique ou encore l'acte uniforme relatif aux contrats de transport de marchandises par route.

Le même constat peut être fait en ce qui concerne le mécanisme de résolution des litiges institué par l'Accord de la ZLECAf et à propos duquel nous avons déjà touché quelques mots[45]. Le Protocole ZLECAf dédié aux règles et procédures de règlement des différends crée un Organe de Règlement des Différends – ORD[46] dont la saisine est réservée

---

[42] P. SAMBIANI et M. A. À SITA, « L'OHADA et la ZLECAf », *Recueil LGA*, n° 6, décembre 2021.

[43] OHADA, Actualité, « Le Secrétaire Permanent de l'OHADA appelle à la création d'une zone OHADA/ZLECAf », 06 décembre 2019, (disponible sur www.OHADA.com).

[44] Pourtant, depuis 2013, la Conférence des Chefs d'État et de gouvernement de l'OHADA envisageait déjà *« une promotion intense de l'organisation auprès de l'UA, à l'effet d'en faire un outil privilégié de production et de promotion du droit des affaires »,* Communiqué du 17 octobre 2013.

[45] V. supra, I.-A.

[46] Article 5 du Protocole sur les *règles et procédures relatives au règlement des différends.*

uniquement aux États[47]. Cet organe est le reflet de celui mis en place dans le cadre l'OMC. Or, l'analyse a révélé que les États africains membres de l'OMC ne recourent presque jamais à ce mécanisme[48], pas plus qu'ils ne recourent aux mécanismes de résolution des litiges mis en place par les communautés économiques régionales africaines[49]. Il est donc permis de questionner la viabilité et l'efficacité de cet Organe. Selon notre manière de voir, il serait judicieux de mettre en place une véritable « Cour » comme celle mise en place par l'OHADA et d'élargir son accès aux particuliers. L'on sait que c'est élargissement de la saisine aux particuliers qui a permis à la Cour de justice de l'Afrique de l'Est de juger, dans une affaire récente, que le droit d'accise ougandais imposé sur les marchandises importées en Afrique de l'Est constituait une violation du traité du Marché commun[50]. Ainsi, en créant une véritable Cour de justice de la ZLECAf, on pourrait assurer une application uniforme de l'Accord dans tous les pays membres et garantir la sécurité juridique des investisseurs. Bien plus, cela évitera un télescopage malheureux entre les missions des Cours de justice des communautés économiques régionales et celles de l'ORD de la ZLECAf.

---

[47] R. SIMO, « Chronique d'une mort annoncée ? À propos du mécanisme de règlement des différends commerciaux de la Zone de libre-échange continentale africaine (ZLECAf) », *AfronomicsLaw*, 19 août 2019.

[48] O. O. ODUWOLE, « Revisting the non-participation of african countries in the WTO dispute settlement mechanism: does it still matter? », *African yearbook of international Law online/Annuaire africain de droit international online*, 11 novembre 2014. Par exemple, en 2013, seules 4 plaintes avaient été déposées par des pays en développement et seules 3 plaintes avaient été déposées contre eux. V. sur la question, R. A. TORRES, *Use of the WTO trade dispute settlement mechanism by the latin american countries – dispelling myths and breaking the barriers, document de travail de l'OMC ERSD 2012 03*, février 2012 ; OMC, *Le règlement des différends dans le cadre de l'OMC : un différend, une page 1995-2016*, éd. 2017, 243 pp.

[49] Les exemples de la Cour de justice de la COMESA et du Tribunal de la SADC sont assez topiques ; J. THUO GATHII, « The COMESA Court of justice », in R. HOWSE et *alii* (dir.), *The legitimacy of international trades courts and tribunals*, Cambridge University Press, 2018, pp. 314-348 ; E. DE WET, « The rise and de fall of the tribunal of the Southern African Developement Communité : implications for dispute settlement in Southern Africa », *ICSID Review – Foreign Investment Law Journal*, vol. 28, Issue 1, Spring 2013, pp. 45-63.

[50] Il s'agit de l'affaire *British American Tobacco* qui a donné lieu à une décision le 26 mars 2019.

Quant à la résolution des défis que pose l'appartenance des États parties à une multitude d'organisations qui se chevauchent, elle passe par la rationalisation des communautés économiques régionales. Cette multitude d'organisations rappelle le discours de Nkrumah sur la « balkanisation » du continent, alors que le traité d'Abuja de 1991 pose les fondations d'une communauté économique africaine qui devrait voir le jour avant 2030[51]. C'est dans ce sillage que déclaration solennelle sur le cinquantième anniversaire de l'OUA/UA en 2013 avait mis l'accent sur la nécessité « d'avancer rapidement vers l'intégration et la fusion des Communautés économiques régionales en tant que piliers de l'Union ». De son côté et comme on l'a relevé plus haut, l'Accord de la ZLECAf a déjà discriminé parmi les communautés économiques régionales, en en désignant seulement huit. Il reste cependant que les modalités de cette rationalisation soient actuellement débattues au sein des différentes institutions communautaires. En Afrique centrale par exemple, l'on envisage une fusion-constitution entre la CEEAC et la CEMAC, l'objectif étant de créer une entité nouvelle, puisant dans les deux organisations[52]. Ce modèle nous paraît raisonnable, même si l'on n'exclut pas que les autres communautés optent pour une fusion-absorption. Quoi qu'il en soit et par simple conjecture, l'on peut estimer que ce processus de rationalisation débouchera sur la mise en œuvre de la Communauté économique africaine prévue par le traité d'Abuja et qui pourra constituer le cadre politique dans lequel sera discuter les initiatives d'intégration, dont les États seront les principaux acteurs et bénéficiaires.

B. Les États parties comme acteurs principaux de la ZLECAf

Il convient de noter d'emblée que la ZLECAf est l'œuvre des États parties. En effet, c'est à travers les signatures et les ratifications que les derniers ont donné naissance au premier. En cela, ils sont les principaux acteurs et les principaux bénéficiaires des droits et obligations qui

---

[51] J. RÉVILLON, *op. cit.*

[52] C. MBALA BETINE, « Afrique centrale : la fusion de la Cemac et de la Ceeac annoncée pour 2023 », *EcoMatin*, 15 mars 2022 ; I. HALILOU, « La nécessité de la fusion CEEAC-Cemac », *Intégration. La tribune des communautés*, 3 novembre 2022 ; J. NDOUYOU, « La nécessité de la fusion CEEAC-Cemac », *Cameroon Tribune*, 8 septembre 2022.

découlent de l'Accord. Les obligations des États transparaissent tout au long du texte, mais les objectifs spécifiques déclinés à l'article de l'Accord en fournissent un résumé intéressant. Ainsi, les États se sont-ils engagés à éliminer progressivement les barrières tarifaires et non-tarifaires au commerce des marchandises[53], à libéraliser progressivement le commerce des services et à coopérer en matière d'investissement, de droits de propriété intellectuelle, de politique de concurrence et dans tous les domaines liés au commerce et aux douanes. Quant aux droits, ils semblent découler logiquement des principes de réciprocité et de loyauté sur lesquels reposent les conventions internationales. Pour dire les choses plus simplement, chaque État est en droit d'attendre de ses cocontractants qu'ils exécutent les obligations contractées.

De manière globale, le l'opérationnalisation de la ZLECAf se pose davantage en termes de défis pour les États. En effet, bien que la zone de libre-échange soit présentée comme un levier potentiel du développement des pays africains, ceux-ci ne peuvent réellement en bénéficier que s'ils se participent pleinement aux échanges. Dès lors, les mêmes difficultés rencontrées dans le fonctionnement des communautés économiques et régionales seront transposées dans le cadre de la ZLECAf. Les défis auxquels sont confrontés les États parties au nouvel instrument d'intégration nous paraissent de deux grands ordres : le premier est infrastructurel et le second est sécuritaire. L'Afrique a mal à ses infrastructures (eau, électricité, routes, etc.)[54] et le continent accuse un retard significatif par rapport au reste du monde en matière d'équipements énergétiques, routiers, aériens et ferroviaires. Les études

---

[53] L'indice d'ouverture sur les visas, *Rapport 2022 sur l'ouverture des régimes de visa en Afrique*, 2022, p. 20 : « Lors de la neuvième réunion du Conseil des ministres de la ZLECAf en juillet 2022, les parties ont convenu d'inviter les 29 pays qui avaient soumis leurs listes tarifaires à entamer leurs échanges commerciaux dans le cadre de la ZLECAf. L'objectif était de tester les dispositions opérationnelles, institutionnelles et juridiques de la ZLECAf, son environnement de politique commerciale, et de démontrer que la ZLECAf est prête et qu'elle permet des échanges commerciaux importants ».

[54] B. BALLARD, « Bridging Africa's infrastructure gap », *World finance*, 20 avril 2018; D. SLATER, « Africa needs to beef up and integrate infrastructure for AFCFTA to have desired impact », *Engeneering News*, 21 janvier 2022.

sur le déficit infrastructurel en Afrique sont assez alarmantes[55] et l'on craint leur impact sur l'opérationnalisation de la ZLECAf. Par exemple, « douze jours sont nécessaires pour exporter un conteneur depuis l'Égypte, pour un coût de 625 dollars, tandis que le transport du même conteneur depuis la République centrafricaine prend quatre fois de temps et coût neuf fois plus cher »[56]. Au niveau du transport maritime, seule une trentaine d'installations portuaires sont aptes au trafic mondial[57] et gèrent à peine 6 % du transport de marchandises diverses et 3 % du trafic mondial de conteneurs[58]. De même, à l'échelle intra-africaine, le transport maritime ne représente que 22,1 % du transport des marchandises. Certes, on a pu noter une évolution du trafic au cours de ces dernières années[59] et même un meilleur classement de certains ports africains[60]. Il n'en demeure pas moins que la mise en œuvre de la ZLECAf va accroître la demande en transport.

Le même constat mitigé peut être fait en ce qui concerne le trafic aérien africain qui, en 2019, ne représentait que 2,2 % du trafic mondial régulier de passagers et de fret et 0,9 % du fret intra-africain[61]. C'est dire que le trafic entre l'Afrique et le reste du monde (2,2 %) est nettement supérieur au trafic intra-africain (seulement 0,9 %). On comprend alors que tandis que les compagnies aériennes extra-africaines (Air France, Turkish Airlines, Brussels Airlines, etc.) pullulent sur le continent et réalisent des bénéfices colossaux, les compagnies aériennes nationales sont à bout de souffle, voire au bord du gouffre. L'exemple topique est celui de la compagnie aérienne camerounaise, *CamairCo*,

---

[55] Par exemple, en Afrique centrale, près de 600 millions de personnes n'ont pas accès à l'électricité, K. LAKMEEHARAN, Q. MANJI et *alii*, « Solving Africa's infrastructure paradox », *McKinsey & Compagny*, 06 mars 2020.

[56] J. MIMBALE MOLANGA, « Le paradoxe des infrastructures en Afrique : la ZLECAF à l'aune du duel Chine/États-Unis », *Revue internationale et stratégique*, n° 127, 2022/3, pp. 29-38 ; C. REYNARD, « Does investing in infrastructure bring benefit to everybody ? », *International Investor*, juillet 2021.

[57] Rédaction, « Les ports d'Afrique en concurrence », *Financial Afrik*, 05 janvier 2020.

[58] Staff Writer, « Africa's biggest shipping ports », *Businesstech*, 08 mars 2015.

[59] Ocean Shipping Consultants, *Diagnostics des infrastructures nationales en Afrique. Au-delà des goulots d'étranglement : les ports en Afrique subsaharienne*, Document de référence 8, juin 2008, pp. 1-9.

[60] « 7 of Africa's biggest contenairs ports, in pictures », *Big box*, 2018.

[61] J. MIMBALE MOLANGA, « Le paradoxe des infrastructures en Afrique : la ZLECAF à l'aune du duel Chine/États-Unis », art. préc., spéc. p. 30.

qui peine à se relever de ses nombreuses chutes[62]. Le même mal peut être diagnostiqué en Afrique subsaharienne : trésorerie en berne[63], dessertes intracontinentales quasi abandonnées, avions vétustes[64], coûts exorbitants et qualité de service médiocre. Pourtant, aux dires d'experts, « la mise en œuvre de la ZLECAf doublerait le nombre de tonnes transportées par avion (…) amenant également le trafic aérien doublé en 2030 »[65]. D'où la nécessité, voire l'urgence d'investir davantage afin de moderniser ce pan de l'économie.

En ce qui concerne le réseau routier africain, il est considéré comme le plus faible au monde, avec environ 7 kilomètres de routes praticables (bitumées) pour 100 kilomètres carrés[66]. À l'échelle continentale, l'Afrique centrale a le taux de bitumage le plus faible, avec seulement 2,2 kilomètres de route pour 100 kilomètres carrés. Certes, les États fournissent des efforts considérables pour améliorer leur réseau routier interne, à travers des projets de bitumage des routes reliant les campagnes aux principales villes[67]. Cette initiative mérite d'être encouragée et elle devrait s'accélérer en vue de la mise en place d'un réseau routier transafricain permettant de relier les principales villes économiques des différents pays[68]. Ce développement est important dans la mesure où selon les prévisions, la ZLECAf devrait doubler le trafic routier qui passera alors de 201 à 403 millions de tonnes de marchandises[69]. Enfin, plus grave est l'état du réseau ferroviaire qui remonte à l'époque coloniale. La plupart des lignes de train sont à très faible vitesse, elles sont sous-capitalisées et ne permettent que le

---

[62] R. DARRAS, « Aérien : pourquoi Camair-Co s'est enfoncé dans la crise ? », *Jeune Afrique*, 03 juin 2019.

[63] Y. KENNE, « Transport aérien : le chiffre d'affaires de Camair-Co chute de 78 % en 2020 », *EcoMatin*, 20 janvier 2022.

[64] Parfois, les avions sont saisis par les fournisseurs ; J.P. NGUEMATA, « Difficultés : Les vrais problèmes de Camair-Co », *Camer.be*, 25 août 2016.

[65] *Ibid.*

[66] En Amérique, le réseau routier est de 12 km pour 100 km^2. Il est de 18 km pour 100 km^2 en Asie.

[67] Cas du Cameroun, du Gabon, du Congo.

[68] Investir au Cameroun, « Corridor Sangmélima-Ouesso (Congo) : inauguration annoncée des sections camerounaises longues de 321,5 km », 21 décembre 2021.

[69] J. MIMBALE MOLANGA, art. préc.

transport de faibles charges à l'essieu[70]. Bien plus, elles ont été conçues dans une logique de « *rentabilité externe* », vu qu'elles devaient relier l'intérieur de l'Afrique à la mer et favoriser ainsi les échanges mondiaux. Or, on sait bien que le transport ferroviaire se démarque par sa capacité à assurer le déplacement des marchandises pondéreuses dans un temps réduit. Ainsi, dans la perspective de l'opérationnalisation de la ZLECAf, il est nécessaire de créer de grandes lignes de chemin de fer devant raccorder l'*hinterland* des pays, généralement agricole[71], aux métropoles. Pour ce faire, la zone de libre-échange aura besoin, d'ici 2030 de « *97 614 wagons pour les marchandises en vrac et 20 668 wagons pour les conteneurs* »[72].

Les problématiques de paix et de sécurité sont intimement liées à celle de développement[73]. Assurément, il ne peut y avoir de véritable développement sans paix durable. Or, au cours de ces dernières années, il y a une recrudescence des menaces sécuritaires tant à l'intérieur qu'à l'extérieur des frontières de plusieurs pays africains, au point où certains auteurs estiment que le « *système régional [est] accoutumé à la violence* »[74]. À l'intérieur des frontières, plusieurs États africains font face à des, à des affrontements intercommunautaires[75], à des rébellions, voire à des velléités sécessionnistes. Aux bords des frontières, le terrorisme international, la piraterie maritime et la contrebande sévissent[76].

---

[70] Infrastructure Africa, « Restoring Africa's aging networks rail networks to good operating condition would require a one-time effort of $3 billion », 2020.

[71] H.-G ABELE, « L'agriculture, la clé du libre-échange en Afrique », *Afrique renouveau*, avril 2021. Lire aussi, J. B. KANYANGOGA, *Les paysans et la zone de libre-échange continentale africaine (ZLECAF). Positionnement des organisations paysannes africaines dans le contexte de la ZLECAF*, PAFO (Panafrican Farmers Organization), Étude, février 2021, 39 pp.

[72] J. P. DAUGHTON, « A grim account of the construction of the Congo-Ocean Railway », *The Economist*, 21 juillet 2021.

[73] M. CHELPI-DEN HAMER, « Sécurité et développement sont-ils interdépendants ? L'approche Nexus vue du Cameroun », *Les analyses géopolitiques de l'aide*, IRIS, 2020, pp. 1-24.

[74] E. CHAUVIN et G. MAGRIN, « Violences et régionalisation en Afrique centrale », *Belgeo. Revue belge de géographie*, n° 4, 2020.

[75] En 2019 au Mali, plus de 160 peuls ont été massacrés à Ogossagou, près de la frontière avec le Burkina Faso.

[76] Par exemple, en septembre 2019, le Nigéria a décidé la fermeture de ses frontières avec ses voisins le Niger et le Bénin dans le but de freiner la contrebande des produits qui impliquait les trois pays.

Le propos ici n'est pas d'inventorier toutes les difficultés sécuritaires que connaît chacun des pays de ZLECAf, ce qui serait assez fastidieux. Tout au plus, peut-on prendre l'exemple d'un pays pour illustrer la gravité de ces menaces ainsi que leurs conséquences sur le libre-échange. Dans ce sillage, l'on étudiera le cas du Cameroun. Très souvent présenté comme l'« Afrique en miniature »[77], ce pays rend également compte du défi sécuritaire auquel l'Afrique doit faire face[78]. En effet, le pays est secoué par la crise dite « anglophone »[79] qui a pris corps en 2016 et qui connaît des proportions de plus en plus inquiétantes aujourd'hui[80]. En effet, d'une contestation civile, on a rapidement basculé dans une insurrection armée qui fait de milliers de morts, de déplacés et de réfugiés. Ce n'est pas le lieu de discuter sur les causes d'un tel embrasement, tant les études spécialisées sur la question sont formelles : ce conflit a pour soubassement de nombreuses frustrations politiques, des problèmes de gouvernance et de répartition équitable des fruits de la croissance[81]. Quoi qu'il en soit, cette guerre paralyse le fonctionnement des institutions publiques et entrave la circulation des personnes et des biens dans les régions principales affectées. Bref, l'État camerounais peine à garantir la sécurité du trafic routier dans ces parties de son territoire, alors qu'elles sont stratégiques pour les échanges. Par exemple, la région du Sud-Ouest a une ouverture sur le Golfe de Guinée tandis que la région du Nord-Ouest est frontalière avec le Nigéria.

Cette menace sécuritaire est également perceptible au niveau des frontières. Selon l'Union africaine, la liste des groupes terroristes ne cesse de se rallonger et l'on compte désormais plus de 16 groupes actifs sur le continent, qu'il s'agisse notamment de la secte islamiste Boko

---

[77] P. TCHAWA, « Le Cameroun : une “Afrique en miniature” ? », *Cahiers d'Outre-Mer*, n° 259, juillet-septembre 2012, pp. 319-338.

[78] R. NGASSAM, « Insécurité aux frontières du Cameroun », *Études*, n° 3, 2014, mars 2014, pp. 7-16.

[79] TCHAKOUNTE KEMAYOU, « Accords de Foumban : aux origines du problème anglophone au Cameroun », *Club Matango. La pensée révolutionnaire autour d'un pot*, 30 novembre 2016.

[80] International Crisis Group, *Cameroun : la crise anglophone à la croisée des chemins*, Rapport Afrique, n° 250, ICG, Bruxelles, 2017.

[81] M. RAZAFINDRAKOTO et F. ROUBAUD, « Aux soubassements de la crise anglophone au Cameroun : frustrations politiques et défiance à l'égard des institutions publiques », *Statéco*, n° 16, 2022, pp. 121-137.

Haram[82], des milices Shebab[83] ou encore des groupes extrémistes se réclamant d'Al-Qaïda[84]. La particularité du terrorisme est sa capacité à se répandre tels un maelström ou une traînée de poudre. Au Cameroun en particulier, la secte Boko Haram a été en 2019 à l'origine d'au moins 76 attaques dans la région de l'Extrême-Nord du pays, dont 15 étaient des attentats-suicides[85]. De même, dans la région de l'Est du Cameroun, les villages frontaliers avec la République centrafricaine avaient subi des attaques sporadiques des milices anti-balaka[86], ce qui avait entravé gravement les échanges économiques entre ces deux pays[87]. On se souvient également des attaques des insurgés nigérians qui avaient paralysé le trafic à la frontière avec le Cameroun[88]. À tout cela, s'ajoute la résurgence du phénomène de coups d'État[89] dont l'une des conséquences est la restriction des libertés. Allant plus loin, certains ont pu évoquer « la particularité des conflits du continent [qui tient à] l'implication de certains pays dans les situations conflictuelles de leurs voisins, voire leur complicité dans leur maintien ou leur aggravation »[90]. Parfois encore, on attribue ces déstabilisations aux grandes puissances qui n'auraient aucun intérêt à ce que les Africains s'unissent davantage à travers la mise en œuvre d'une zone de libre-échange[91]. Quoi qu'il en soit, l'insécurité est frein au développement. D'ailleurs, dans une étude

---

[82] Cette secte sévit notamment au Cameroun et au Nigéria.

[83] Ces terroristes menacent la Somalie et la Corne de l'Afrique de manière générale.

[84] Il s'agit notamment de Aqmi et de Ansar Dine qui paralysent la zone sahélienne.

[85] Conseil des Nations Unies, *Rapport du Secrétaire général sur la situation en Afrique centrale et les activités du Bureau régional des Nations Unies pour l'Afrique centrale*, n° S/2017/465, p. 4.

[86] UNHCR France, *Des réfugiés victimes d'une attaque durant la fuite en exil vers le Cameroun*, 11 avril 2014.

[87] M. MENGA et *alii*, « Violences en Centrafrique : alerte à la frontière camerounaise », *France 24*, 27 janvier 2021.

[88] UNHCR, France, *Crise au Nigéria : l'insécurité à la frontière entrave le transfert des réfugiés vers le Cameroun*, 31 octobre 2014.

[89] Depuis les indépendances, « *85 % des pays africains ont été touchés par des coups d'État* », N. COURTIN et *alii*, « Contours, entours et détours des armées en Afrique. Introduction thématique », *Afrique contemporaine*, n° 260, 2016/4, pp. 15-25.

[90] D. LECOUTRE, « Le Conseil de paix et de sécurité de l'Union africaine, clef d'une nouvelle architecture de stabilité en Afrique ? », *Afrique contemporaine*, n° 212, 2004/4, pp. 131-162.

[91] The Press Free, « L'insécurité en Afrique affectera négativement la mise en œuvre de la ZLECAF », 10 septembre 2021.

publiée en 2014, la Banque africaine de développement indiquait que, « sur une période 1980-2010, les pays fragiles ont enregistré une croissance négative de leur PIB par tête à 0,4 % par an en moyenne, contre une croissance de 1 % par an pour les états non fragile »[92].

Conclusion

À la question de savoir quel est l'avenir des communautés économiques régionales à l'aune de l'opérationnalisation de la ZLECAf, les développements qui précèdent ont essayé de démontrer que tout se résume à une question de temps. Dans l'immédiat, leur avenir est préservé car ils constituent les piliers sur lesquels s'appuie la zone de libre-échange. De même, leurs acquis et leurs expériences seront mis au service de ce projet plus vaste et plus ambitieux. Toutefois, c'est le principe de primauté de la Zone de libre-échange continentale qui semble désormais baliser le champ de déploiement de ces accords régionaux. À partir de ce moment, il y a lieu d'envisager une disparition des différentes communautés puisque la ZLECAf a vocation à devenir le seul instrument d'intégration économique et les États parties, les acteurs principaux. Quoi qu'il en soit, dans la ZLECAf, ce sont les mêmes États avec les mêmes problèmes infrastructurels et sécuritaires, ce sont les mêmes États avec les mêmes velléités souverainistes. Bref, la zone de libre-échange semble hériter des tares et des avatars des communautés économiques régionales. Mais faut-il pour autant en désespérer ? Absolument non, car à côté des défis qu'elle pose, la ZLECAf offre au continent l'opportunité de s'intéresser une fois de plus aux questions de bonne gouvernance de prévention et de résolution des conflits qui sont les gages de son rayonnement dans le concert des nations[93]. De ce point, toute initiative en faveur de l'intégration régionale ne peut qu'être saluée et encouragée. La « balle » est pour ainsi dire dans le camp des États, car la ZLECAf sera ce qu'ils voudront qu'elle soit. On ne peut qu'espérer qu'ils en fassent quelque chose de grand et de beau pour le continent africain !

---

[92] M. ADJIBI NOUROU, « L'insécurité devient l'obstacle n° 1 à la réalisation de la zone de libre-échange continentale africaine », *Ecofin Hebdo*, n° 130, 04 octobre 2019.
[93] V. le Préambule de l'Accord de la ZLECAf.

POSTFACE

Hajer GUELDICH (Tunisie)

C'est à la fois un plaisir et un honneur de rédiger la postface d'un ouvrage aussi intéressant, avec des contributions aussi fournies effectuées dans le cadre d'un colloque ayant porté sur l'état du Droit communautaire en Afrique.

Le dynamisme du Droit communautaire sur le continent africain ne peut qu'amener tout internationaliste averti à s'y intéresser. Aussi, au-delà du continent africain, les balbutiements et les perpétuelles remises en cause du Droit international au niveau global, mis à nu par l'actualité internationale, ne peuvent que conduire à se demander si l'avenir de ce Droit ne se jouera pas au niveau communautaire ? En d'autres termes, ne serait-on pas en train d'assister à une communautarisation du Droit international ?

Droit de proximité visant avant tout l'harmonisation et la coordination, l'importance et l'utilité du Droit communautaire ne sont plus à démontrer. À l'évidence, ce Droit est très dynamique et en pleine expansion en Afrique. En témoigne le nombre des organisations d'intégration ainsi que leur apport à la construction de ce qu'il convient désormais de qualifier de Droit communautaire africain.

Il faut bien admettre, même si tel n'est pas l'objet principal de cet ouvrage, qu'il existe bel et bien un Droit communautaire en Afrique. Et, ce Droit, pour être qualifié de tel n'a pas nécessairement besoin de reproduire les modèles existants. S'il existe une nécessité d'assurer une bonne articulation des Droits communautaires et partant, une meilleure cohérence du Droit international, cela ne ferme pas la porte à la prise en compte des spécificités liées au contexte de chaque communauté.

Toutefois, le Droit communautaire africain, il faut le reconnaître, n'est pas une réalité homogène en ce que le Droit produit et les moyens de vérification de la mise en œuvre varient d'une organisation à une autre. De même, comme cela ressort de plusieurs contributions dans cet ouvrage, le Droit communautaire africain couvre différentes thématiques et va au-delà d'un simple mimétisme du Droit communautaire européen. La contribution de l'Afrique en la matière est d'autant plus importante qu'il est possible d'affirmer qu'il s'agit d'un enrichissement du Droit communautaire, comme cela était précédemment connu.

Par ailleurs, ce développement du Droit communautaire en Afrique ne va pas sans défis. L'un de ces défis reste la coordination entre les organisations ayant la responsabilité de l'intégration. En effet, la multiplicité sur le continent de ces organisations qui sont les moteurs de la production du Droit communautaire pose inévitablement le problème des interactions entre elles. D'une part, les risques de conflits de compétences sont très élevés dans la mesure où ces organisations interviennent souvent sur des thématiques similaires au sein de la même sous-région ou région. D'autre part, les États qui sont les véritables acteurs et premiers destinataires de ce Droit sont membres à la fois de plusieurs de ces organisations, augmentant ainsi les risques de contradiction de leurs obligations. À cela s'ajoute la nécessité de coordination au niveau continental avec l'Union africaine (UA) qui aspire à être une organisation d'intégration. Et, même si le passage d'une organisation de coopération à une véritable organisation d'intégration susceptible de produire du Droit communautaire à proprement parler n'est pas encore chose effective, les besoins de coordination avec les organisations sous-régionales n'en demeurent pas moins réels. À cet égard, l'organisation continentale africaine a décidé de faire des organisations sous-régionales d'intégration, les piliers de son intégration et s'est lancée depuis un certain temps, dans un exercice de coordination avec ces dernières. Ainsi, une réunion de coordination mi-annuelle est organisée et sert de principal forum permettant à l'UA et aux organisations sous-régionales d'harmoniser leurs travaux et de coordonner la mise en œuvre du programme d'intégration continentale.

En définitive, le Droit communautaire ne sera que ce que les États, qui en sont les principaux acteurs, voudraient qu'il soit. De la production de ce Droit à la vérification de son effectivité, les États demeurent les maîtres du jeu, comme ont pu le démontrer des exemples dans le cadre de cet ouvrage, où les États vont jusqu'à s'abstenir de mettre en œuvre des décisions de juridictions qu'ils ont eux-mêmes mises en place.

Hajer GUELDICH (Tunisie)

Professeure titulaire/Université de Carthage
Conseiller Juridique de l'Union africaine
Ancienne Présidente de la Commission
de l'Union africaine pour le Droit international

TABLE DES MATIÈRES

Structures éditoriales du groupe L'Harmattan

L'Harmattan Italie
Via degli Artisti, 15
10124 Torino
harmattan.italia@gmail.com

L'Harmattan Hongrie
Kossuth l. u. 14-16.
1053 Budapest
harmattan@harmattan.hu

L'Harmattan Sénégal
10 VDN en face Mermoz
BP 45034 Dakar-Fann
senharmattan@gmail.com

L'Harmattan Cameroun
TSINGA/FECAFOOT
BP 11486 Yaoundé
inkoukam@gmail.com

L'Harmattan Burkina Faso
Achille Somé – tengnule@hotmail.fr

L'Harmattan Guinée
Almamya, rue KA 028 OKB Agency
BP 3470 Conakry
harmattanguinee@yahoo.fr

L'Harmattan RDC
185, avenue Nyangwe
Commune de Lingwala – Kinshasa
matangilamusadila@yahoo.fr

L'Harmattan Congo
219, avenue Nelson Mandela
BP 2874 Brazzaville
harmattan.congo@yahoo.fr

L'Harmattan Mali
ACI 2000 - Immeuble Mgr Jean Marie Cisse
Bureau 10
BP 145 Bamako-Mali
mali@harmattan.fr

L'Harmattan Togo
Djidjole – Lomé
Maison Amela
face EPP BATOME
ddamela@aol.com

L'Harmattan Côte d'Ivoire
Résidence Karl – Cité des Arts
Abidjan-Cocody
03 BP 1588 Abidjan
espace_harmattan.ci@hotmail.fr

Nos librairies en France

Librairie internationale
16, rue des Écoles
75005 Paris
librairie.internationale@harmattan.fr
01 40 46 79 11
www.librairieharmattan.com

Librairie des savoirs
21, rue des Écoles
75005 Paris
librairie.sh@harmattan.fr
01 46 34 13 71
www.librairieharmattansh.com

Librairie Le Lucernaire
53, rue Notre-Dame-des-Champs
75006 Paris
librairie@lucernaire.fr
01 42 22 67 13

www.ingramcontent.com/pod-product-compliance
Lightning Source LLC
LaVergne TN
LVHW011145061026
849535LV00003B/611